Tschechien

Eva Gründel
Heinz Tomek

Inhalt

Im Brennpunkt des Kontinents

Unterwegs in Böhmen und Mähren

Prag – Weltstadt an der Moldau

Mittelböhmen: Rund um Prag

Südböhmen:
Wo die Moldau entspringt

Westböhmen:
Kaltes Bier und heiße Quellen

Nordböhmen:
Sündenfall im Paradies

Ostböhmen: Erinnerungen an die Welt von gestern

Nordmähren: Idylle vor rauchenden Schloten

Südmähren: Weinkeller und barocke Schlösser

Serviceteil

Verzeichnis der Karten und Pläne

Im Brenn-
punkt des
Kontinents

Tschechische Republik im Schnelldurchgang

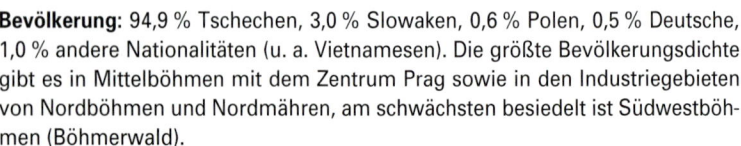

Fläche: 78 862 km^2
Einwohner: 10,3 Mio.
Hauptstadt: Praha (Prag)
Amtssprache: Tschechisch
Währung: 1 *Koruna* (*Kč*; Krone) = 100 *Haleru* (Heller)
Zeit: Mitteleuropäische Zeit

Bevölkerung: 94,9 % Tschechen, 3,0 % Slowaken, 0,6 % Polen, 0,5 % Deutsche, 1,0 % andere Nationalitäten (u. a. Vietnamesen). Die größte Bevölkerungsdichte gibt es in Mittelböhmen mit dem Zentrum Prag sowie in den Industriegebieten von Nordböhmen und Nordmähren, am schwächsten besiedelt ist Südwestböhmen (Böhmerwald).

Religion: Etwa 40 % der Bevölkerung sind römisch-katholisch, weitere 40 % konfessionslos. Von den verbliebenen bekennen sich ca. 470 000 zum Protestantismus, davon die meisten zur Evangelischen Kirche der Böhmischen Brüder oder zur Tschechoslowakischen Hussitischen Kirche; der Orthodoxen Kirche gehören knapp 20 000 Gläubige an und etwa 3000 bekennen sich zum Judentum.

Geographie: Das Territorium der heutigen Tschechischen Republik *(Česká Republika, ČR)* umfaßt im Großen und Ganzen die historischen Länder Böhmen, Mähren und Schlesien, wobei letzteres als Nieder- oder Österreichisch-Schlesien Mähren zugerechnet wird. Tschechien grenzt im Süden an Österreich, im Westen und Nordwesten an Deutschland, im Norden an Polen und im Osten an die Slowakische Republik. Höhere Mittelgebirge, die zugleich den Grenzverlauf markieren, bilden eine natürliche, hufeisenförmige Umrahmung des Staatsgebietes. Erst im Südosten öffnet sich der Gebirgsring mit der Marchniederung zu Österreich und der Slowakei. Im Landesinneren erstrecken sich flachwellige Hochländer sowie die Beckenlandschaften von Elbe, Moldau und Eger. Die meisten tschechischen Flüsse münden in die Elbe und fließen somit in die Nordsee, die restlichen führen ihr Wasser über die Oder der Ostsee oder via Donau dem Schwarzen Meer zu. Vor allem an der Moldau wurde eine Kaskade von Staudämmen errichtet. Südböhmen besitzt den größten Reichtum an Teichen, die ergiebigsten Mineralquellen sprudeln im sogenannten Bäder-Dreieck Westböhmens.

Geschichte: Unter den Přemyslidenherrschern, die Ende des 9. Jh. die Macht errangen, wurden Böhmen, Mähren und die Slowakei erstmals in einem Königreich zusammengefaßt. Im 14. Jh., unter Kaiser Karl IV., wurde Prag zur Hauptstadt des Römischen Reiches und europäische Kulturmetropole. Nach den Hussitenkriegen fielen die böhmischen Länder 1526 an die Habsburger, die im 17. Jh.

den Hof nach Wien verlegten und die Donaustadt zur Reichs- und Residenzstadt erhoben. Erst 1918 erlangte die Tschechoslowakische Republik ihre Souveränität, die sie jedoch 1939 an das faschistische Deutschland verlor, die kommunistische Herrschaft ab 1948 führte das Land in die Abhängigkeit des Warschauer Pakts. 1989 wurde in den ersten freien Wahlen Václav Havel zum Staatspräsidenten gewählt. Am 1. 1. 1993 wurde die Abtrennung der Slowakischen Republik vollzogen.

Politik und Verwaltung: Die ČR ist in insgesamt 76 Bezirke *(okres)*, die etwa einem Landkreis der BRD entsprechen, und 3 Stadtbezirke – Brno, Ostrava, Plzeň – gegliedert, Hauptstadt ist die selbständige Verwaltungseinheit Prag mit 1,2 Mio. Einwohnern. Die demokratische Gewalt wird von dem aus 2 Kammern bestehenden Parlament ausgeübt: von den 200 Abgeordneten des Repräsentantenhauses (Wahl alle 4 Jahre) und den 81 Mitgliedern des Senats (für 6 Jahre gewählt, alle 2 Jahre zu einem Drittel erneuert). Der Staatspräsident wird vom Parlament mit absoluter Mehrheit für 5 Jahre gewählt, wobei eine unmittelbar folgende Wiederwahl nur einmal zulässig ist.

Wirtschaft und Umwelt: Mit den Industriestandorten Prag, Plseň und Ostrava zählte die Tschechoslowakische Republik der Zwischenkriegszeit zu den reichsten Ländern des Kontinents. Zwar setzte auch das kommunistische Regime auf die traditionellen Industriezweige – Eisen, Stahl, Kohle, Maschinenbau, Glas, Porzellan, Textil, Holz, Papier, Zellstoff – sowie die Bierproduktion, doch mit den planwirtschaftlich organisierten Betrieben ging es innerhalb von 41 Jahren stetig bergab. Das heutige Tschechien übernahm ein katastrophales ökonomisches und ökologisches Erbe. Nach der Wende erlebte die Wirtschaft zunächst einen unglaublichen Boom, geriet aber 1997 in eine Krise, was nicht zuletzt auch auf die kostspielige Sanierung der schwerst geschädigten Umwelt zurückzuführen war. In den Bergbaugebieten Nordostböhmens und Nordmährens, aber auch in und um Prag sind Luft, Wasser und Boden nach wie vor am stärksten vergiftet.

Klima und Reisezeit: Vorherrschend ist gemäßigt-kühles Kontinentalklima, das jedoch im Westen ozeanisch beeinflußt ist. Besonders warm ist der Sommer im Böhmischen und Mährischen Becken, das durch Gebirgsränder gegen Kälteeinbrüche abgeschirmt ist. Extreme Temperaturunterschiede sind nur durch Höhenunterschiede bedingt (z. B. betragen die durchschnittlichen Juliwerte in Prag 18°C, im Hochgebirge nur 4 °C, das entsprechende Januarmittel liegt bei +3°C bzw. −10 °C). Während Prag immer Saison hat, bereist man Böhmen und Mähren am besten von April bis Oktober, zumal auch die meisten Schlösser und Sehenswürdigkeiten während der Wintermonate geschlossen sind. Die touristische Infrastruktur ist noch nicht überall zufriedenstellend, für Streifzüge durchs Land empfehlen sich daher einige feste Standorte, die außer einer bereits gut entwickelten Hotellerie eine optimale Ausgangslage für Tagestouren bieten.

»Pomalu« lebt es sich gemütlicher

Wenn Deutsche locker mit »Tschüs«, Österreicher mit »Servus« oder Italiener mit »Ciao« grüßen, dann sagen die Tschechen »Ahoi«. Daß sich ausgerechnet die Bewohner eines Binnenstaates für den legeren Umgang untereinander der Seemannssprache bedienen, ist nur eine der vielen Widersprüchlichkeiten im Herzen Europas.

Tatsächlich erweist es sich als alles andere als einfach, der vielschichtigen Seele dieses Landes auf den Grund zu kommen. Schwejkhafte Pfiffigkeit und hintergründiger Humor schließen tiefverwurzelten Skeptizismus und Melancholie keineswegs aus. Im Gegenteil, himmelhochjauchzende Fröhlichkeit und abgrundtiefe Schwermut scheinen untrennbar miteinander verbunden. Aus diesem Wechselbad der Gefühle schöpft das tschechische Wesen seinen beispiellosen Mutterwitz und seine enorme Kreativität in allen Bereichen der Kunst. In dieser Zerrissenheit liegen aber auch die Wurzeln für jene Resignation, die sich bisweilen in zur Schau getragener Gleichgültigkeit gegenüber Fremden offenbart.

Kein Wunder, daß einem zwischen positiven und negativen Begegnungen hin- und hergerissenen Reisenden das Verständnis für die tschechische Mentalität oft schwerfällt. In die Begeisterung für die ideensprühende Dynamik, mit der innerhalb kürzester Zeit landauf, landab abbruchreife Häuser in komfortable Hotels verwandelt wurden, mischt sich nicht selten Ärger über die enervierende Interesselosigkeit des Personals. Freilich, nicht immer ist die kalte Schulter eines Kellners oder Verkäufers wirklich als Unfreundlichkeit gemeint. Weit

Feierabend in Marienbad

Morgenstimmung in Český Krumlov

öfter heißt das nichts anderes als »po- malu, hübsch langsam – es läuft uns bei- den doch nichts davon«.

Langsamkeit oder, anders gesagt, Muße und Bedächtigkeit zählen unbe- streitbar zu den Hauptsäulen tschechi- scher Lebensart. Wiederum wäre es ein Irrtum, nun vielleicht deswegen auf einen Mangel an Temperament oder gar Fleiß zu schließen. Das eine schließt das andere nämlich keineswegs aus. Nur, warum sollte man in Hektik verfallen, wenn sich die Angelegenheit auch in Ruhe erledigen läßt?

Noch ist Streß tatsächlich ein Fremd- wort für die Tschechen, wie lange das allerdings anhalten wird, mag die Zu- kunft zeigen. Derzeit aber konnten weder Wende noch aufregende Aufbau- jahre ihrem seit jeher gepflogenen Rhythmus, mit den Hühnern aufzuste- hen und dementsprechend auch zeitig in die Federn zu kriechen, etwas anha-

ben. Am Arbeitsbeginn um sechs Uhr halten die meisten nach wie vor gerne fest, um den gewohnt frühen Feier- abend entsprechend genießen zu kön- nen – in der Bierkneipe oder bei Sport, Spiel und Promenade.

Bald nach Mittag strahlen die meisten tschechischen Kleinstädte sonntägliche Freizeitatmosphäre aus, zumal schon am frühen Nachmittag auch die Rollbal- ken sämtlicher Läden heruntergelassen werden und der ahnungslose Tourist auf der Suche nach Souvenirs, Postkar- ten oder Lebensmitteln ab 17 Uhr fas- sungslos vor versperrten Portalen steht. Nur in Prag hat man sich längst den in- ternationalen Gepflogenheiten ange- paßt, die aus ihrem Dornröschenschlaf erwachte Millionenmetropole ver- bannte gemächliche Lebensart – und damit auch vielleicht ein gutes Stück Le- bensqualität – in die Rumpelkammer der Erinnerungen.

Die Landschaften:
Eine Hymne auf die Schönheit

Nach einer neuen Hymne mußte die Tschechische Republik nach der Trennung von der Slowakei nicht erst lange suchen: Man singt einfach den ersten Teil der alten und läßt die Slowaken ihr »Brüder, wir erwachen« seit 1993 ganz für sich allein intonieren. Die beschwörenden Worte entsprachen ohnedies nie so ganz dem Geschmack der Tschechen, viel lieber tragen sie ihr romantisches Herz auf der Zunge. Doch bei allem Hang zur Sentimentalität, schwejkhaftes Augenzwinkern gehört ebenfalls dazu. Als wohl einziges Volk Europas entnahmen die Tschechen ihr Nationallied ausgerechnet einer Gesangsposse.

In »Fidlovačka« stellte Kajetán Tyl seinen Landsleuten 1831 zum ersten Mal die Frage »Kde domov můj« (Wo ist meine Heimat?), die seither jeder Tscheche voll Inbrunst mit den Dichterversen beantwortet:
Wo durch Wiesen Bäche brausen,
Wo auf Felsen Wälder sausen,
Wo ein Eden uns entzückt,
Wenn der Lenz die Fluren schmückt:
Dieses Land, so schön vor allen,
Böhmen ist mein Heimatland!
Die Staatshymne als Hymne auf die Schönheit – gibt es eine größere Liebeserklärung an ein Land?

»Wo auf Felsen Wälder sausen« – an allen Seiten des Böhmischen Massivs, das von waldreichen Mittelgebirgen eingerahmt wird: Im Südwesten grenzen Böhmerwald (bis 1378 m), Oberpfälzer Wald und Fichtelgebirge an Bayern, im Nordwesten Elster- und Erzgebirge (bis 1244 m) an Sachsen. Das Elbsandsteingebirge und die Sudeten mit Lausitzer-, Iser- und Riesengebirge (bis 1602 m, Nationalpark), Adlergebirge, Glatzer Schneegebirge, Reichensteiner- und Altvatergebirge bilden im Norden und Nordosten die Grenze zu Polen. Im Osten sind es die Westkarpaten mit den Weißen Karpaten (bis 970 m), das Javornikgebirge (bis 1071 m) und die Mährisch-Schlesischen Beskiden (bis 1323 m) am Rand der Slowakischen Republik. An der Böhmisch-Mährischen Höhe umgibt sich das Böhmische Massiv ein letz-

Südböhmen: Weites Land

tes Mal mit einer breiten Schwelle, um Pilsen und Budweis hingegen muß es Beckeneinbrüche hinnehmen. Nur gegen Österreich riegelte die Natur das tschechische Territorium nicht ab. Die Thaya-Schwarzawa-Niederung südlich von Brünn gehört geologisch bereits zum Wiener Becken – »wo durch Wiesen Bäche brausen«, wie auch in der teils slowakischen, teils österreichischen March-Niederung im Südosten.

Mit ihren 358 km ist die am Glatzer Schneeberg entspringende March freilich nicht der längste Fluß des Landes. Diesen Titel darf die Moldau aus dem Böhmerwald mit 433 km für sich in Anspruch nehmen. Dafür kann sich die Elbe (Ursprung im Riesengebirge, 372 km auf tschechischem Gebiet, insge-

samt 1165 km lang) des größten Wasserreichtums (306 m^3/sec) rühmen. Dennoch besitzt die ab Prag schiffbare Moldau bei Orlík nicht nur das ergiebigste Kraftwerk, sie speist bei Lipno auch den größten Stausee der ČR (4870 ha).

Von den Weinhügeln Mährens über die melancholische Teichlandschaft Südböhmens bis zu Rübezahls Märchenreich im Norden reicht das landschaftliche Spektrum mit all seinen reizvollen Facetten. »Wo ein Eden uns entzückt« könnten die Tschechen wahrlich schon ohne ihr »Böhmisches Paradies« singen. Doch sogar das gibt es: Einen wildromantischen Garten Eden zu Füßen des Riesengebirges, mit uralten Burgen, bizarren Felsgebilden und duftenden Kiefernwäldern.

Bilder aus der Heimat

I n den 30er Jahren schrieb der berühmte tschechische Dichter Karel Čapek mit seinem Buch »Bilder aus der Heimat« eine Hommage an sein Land.

Böhmerwald
Du geht über die Wiese, und sie quatscht unter deinen Füßen und wiegt sich verdächtig; du rettest dich mit gewaltigen Sprüngen in den Wald, und beim ersten Schritt versinkst du bis zu den Knien im Moos, während dein Stock bis zum Knauf in den morschen Baumstamm hineinfährt, auf den du dich stützen wolltest. Ich sage nicht, daß es Urwald ist; aber tief ist der Wald, und Pilze gibt es hier, das ist beinahe unheimlich: violette, kirschrote, weiße, safranfarbene, durchsichtige wie Eis, riesige, nässende, schwärzlich zerfallene, beulenförmige, solche, die Kuhmägen, Entenfüßen, Keulen und allem möglichen auf der Welt ähnlich sind; und was das Moos betrifft, das gedeiht in allen Schattierungen von Grün, angefangen von Blaugrün bis Orangegrün und Torfmoosschwarz, von seiner staunenswerten Zartheit, Dicke und Dichte ganz zu schweigen.

Das Erzgebirge
Das ist, möchte ich sagen, das sanfteste von unseren Grenzgebirgen, weise und nüchtern anzusehen zwischen allen. Nichts vom tiefen, zottigen Böhmerwald, nichts von dem aus nacktem Gestein aufgetürmten Riesengebirge; hier ist nur ein Kamm mit langgezogenen Wellen, nur ein gedrungener Rücken, der sich nicht sonderlich in die Ebene ausbreitet mit den mächtigen Gliedern eines Vorgebirges und den überwucherten Achselhöhlen von Tälern.

Geschichte: Zurück in die Zukunft

Es wechseln die Zeiten. Die riesigen Pläne
Der Mächtigen kommen am Ende zum Halt.
Und gehn sie einher auch wie blutige Hähne
Es wechseln die Zeiten, da hilft kein' Gewalt.

Bertolt Brecht (1943)

In der historischen Entwicklung spielten sie bloß eine winzige Rolle, ihren Namen hingegen kennt die ganze Welt: Von den im 4. Jh. v. Chr. ins Gebiet der heutigen Tschechischen Republik eingewanderten keltischen *Boiern* leitet sich das lateinische *Bohemia* und in der Folge das deutsche Wort »Böhmen« ab. Nach dem Willen der Přemysliden, jenem Geschlecht, das im 9. Jh. n. Chr. erstmals eine slawische Nation aus der Taufe hob, sollte ihr Reich künftig nicht länger »böhmische«, sondern »tschechische Länder« heißen – nach dem legendären Anführer Tschech, der um die Mitte des 5. Jh. die westslawischen Stämme geeint ins »gelobte Land« Böhmen, Mähren und Schlesien geführt hatte.

Ein kluger Plan, denn nichts schweißt ein junges Staatsgebilde enger zusammen als die Erinnerung an eine charismatische Persönlichkeit. Nur klappte es nicht, denn außerhalb des Přemyslidenreiches hielt man hartnäckig an *Bohemus* als Herkunftsbezeichnung für »Leute aus Böhmen« fest, was überdies nicht immer schmeichelhaft gemeint war. Das damalige Westeuropa betrachtete das Land der Slawen nämlich vorwiegend als Heimat umherziehender Zigeuner, mit denen niemand etwas zu tun haben wollte. In der französischen Variante *Bohème* trat das Synonym für Menschen mit einem ungeregelten, unbürgerlichen Lebenswandel schließlich vom Pariser Künstlerviertel Quartier Latin aus einen unglaublichen Siegeszug an. Spätestens seit Giacomo Puccinis Oper »La Bohème« weiß jedermann, daß ein echter Bohémien durchaus nichts Negatives sein muß.

Bis zum Beginn unseres Jahrhunderts mußten sich die Tschechen damit abfinden, in »Böhmischen Ländern« zu wohnen, erst mit dem Ende der Österreichisch-Ungarischen Monarchie und der Gründung der Ersten Tschechoslowakischen Republik erfüllte sich der uralte Přemyslidenwunsch nach einem Staat der Slawen, der den Namen ihres Stammvaters Tschech trägt.

Von der Urzeit zum Großmährischen Reich

Bereits in der Altsteinzeit lebten Menschen in den böhmischen Ländern. Vor allem in Mähren gruben Archäologen nicht nur Überreste des Neandertalers sowie der sogenannten »Mammut-Jäger« aus, sie fanden auch eine Reihe kultischer Fruchtbarkeits-Figürchen, von denen die »Venus von Věstonice« mit einem Alter von 25 000 Jahren als kostbarste und berühmteste gilt (s. S. 300).

Im 8. Jh. v. Chr. ließen sich die Kelten nieder, ihr bekanntester Stamm, die Boier, traf allerdings erst 400 Jahre später ein. Um die Zeitenwende strömten die von den Römern zurückgeschlagenen Germanen, Markomannen vom Main, ins Land, die Epoche der Völkerwanderung begann. Von einigen blutigen Auseinandersetzungen am *Limes Romanus* an der Grenze zu Mähren abgesehen, erlebten die Bewohner Böhmens Glanz und Niedergang des Römischen Reiches nur aus der Ferne.

Im 5. und 6. Jh. v. Chr. gewannen die vom Südosten in die mährischen Tiefebenen und in den böhmischen Kessel vordringenden Slawen die Oberhand über die germanischen Stämme und konnten im 7. Jh. schließlich auch mit den Überfällen des in Ungarn seßhaft gewordenen asiatischen Nomadenvolks der Awaren fertigwerden. Die Lage stabilisierte sich, und 833 kam es in den Marchniederungen zur Gründung des »Großmährischen Reiches« (s. S. 291 ff.), wie die hochtrabende Historiker-Bezeichnung für die mehr oder minder freiwillige Vereinigung slawischer Stämme unter einen Herrscher lautet. 907 löschten die aus dem Ural in Ungarn eingefallenen Magyaren dieses frühe Staatsgefüge aus. Erst jetzt endete die Epoche der Völkerwanderung, war die Zeit reif für die Bildung von Nationalstaaten.

400 Jahre Přemysliden-Dynastie

Mit Fürst Bořivoj betrat nicht nur der erste historisch belegte Angehörige der Přemysliden-Dynastie die politische Bühne, er wurde gleichzeitig zum Geburtshelfer der tschechischen Nation. Nachdem er aus den Machtkämpfen mit zwei Slawenstämmen, die nicht dem Großmährischen Reich angehörten, als unumstrittener Sieger hervorgegangen war, festige er seine Position erst einmal intern. Und zwar mit der verblüffend modern anmutenden Methode, sich mit einem ebenso edlen wie falschen Stammbaum zu schmücken. Bořivoj ernannte sich ganz einfach selbst zum direkten Nachfahren jenes sagenhaften

Pflügers Přemysl, den die Fürstin Libussa zum Gemahl erwählt, damit in den Adelsstand und schließlich auch zum Mitregenten erhoben hatte. Riskiert hat der frischgebackene Přemyslide von eigenen Gnaden dabei wenig, denn an Daten und Details der unstandesgemäßen Hochzeit erinnerte sich schon damals niemand mehr so ganz genau. Nicht in Vergessenheit geraten aber war die Prophezeiung der Tochter Kroks, des mächtigen Herrn über die riesigen Wälder um Levý Hradec: »Ich sehe vor mir eine große Stadt, deren Ruhm wird einst bis an die Sterne reichen.« Die Legende siedelt Libussas Prag-Vision um das Jahr 700 an. Historiker datieren die Gründung der Prager Burg auf 870 – die Zeit Bořivojs.

Symbolwirkung besaß auch Bořivojs Bekehrung zum Christentum durch den aus Byzanz gesandten Slawenapostel Methodios, der gemeinsam mit seinem Bruder Cyrill die böhmischen Länder missionierte und zu einer von Rom mißtrauisch beäugten Konkurrenz zu den katholischen Missionaren aus Bayern und Salzburg heranwuchs (s. S. 292). Ende des 9. Jh. liefen so in der Persönlichkeit Bořivojs sämtliche Fäden zusammen, aus denen die slawische Identität gewoben wurde.

Der bedeutsamste Schritt des ersten Přemyslidenregenten, der seinen Machtanspruch erfolgreich durchgesetzt hatte, war die Übersiedlung seines Hofes von Levý Hradec in das nahe Prag. Indem er die künftige Residenz seines Geschlechtes festlegte, signalisierte er gleichzeitig seinen Anspruch auf Kontinuität. Damals entwickelte sich die Moldaustadt zum politischen und kulturellen Zentrum des Landes – und blieb es ohne Unterbrechung bis heute.

Nach Bořivojs Tod tobten im Hause der Přemysliden die schlimmsten

Střekov: Wehrburg an der Elbe

Machtkämpfe. Mord und Totschlag standen auf der Tagesordnung und machten auch vor den Frauen nicht halt. Als erstes Opfer fiel Bořivojs Witwe Ludmila den von ihrer Schwiegertochter gedungenen Mördern in die Hände, wenig später ereilte ihren Enkelsohn Wenzel das gleiche grausame Schicksal. Als Märtyrer heiliggesprochen, avancierten beide bald zu Schutzpatronen des Landes, wobei der von seinem Bruder aus politischen Gründen ermordete Wenzel bis in unsere Tage eine enorme Symbolkraft ausstrahlt. Seit mehr als einem Jahrtausend gilt der Heilige als idealer und ewiger Herrscher des Landes, repräsentiert er die Kontinuität tschechischer Staatlichkeit.

Im letzten Drittel des 10. Jh. erreichte die junge Nation unter der Regierung Boleslav II. ihre größte Ausdehnung. Sie umfaßte Böhmen, Mähren, entferntere Gebiete der Slowakei sowie Teile Galiziens. Das 11. Jh. sah eine Reihe erfolg-

reicher Přemysliden auf dem böhmischen Fürstenthron, bis es Vratislav II. erstmals zur – noch nicht erblichen – Königswürde brachte. Die Verwandlung Böhmens vom Fürsten- zum Königtum erfolgte erst unter Přemysl Ottokar I. Erlassen hat dieses Privilegium neben weiteren anderen Vergünstigungen der Staufer Friedrich II. 1212 in der »Goldenen Sizilianischen Bulle«.

Ebenso wichtig wie die Königskrone aber war für Přemysl Ottokar I., daß er die Kurfürstenwürde errang. Erst sie ermöglichte es Böhmen, bei der Wahl des Herrschers über das deutsche Reich entscheidend mitzubestimmen. Die ehrenvolle Aufnahme in den Kreis der mitteleuropäischen Großmächte kam freilich nicht von ungefähr, wie stets bestimmten Gold und Geld die Politik. Seit dem 12. Jh. füllten die Přemyslidenherrscher ihre Staatskasse, indem sie die wirtschaftliche Nutzung bisher unbewohnter Wälder und Moorgebiete konsequent vorantrieben. Zu Beginn des 13. Jh. strömten Kolonisten auf der Suche nach Arbeit aus den überbevölkerten deutschen Gebieten nach Böhmen, Mähren und Schlesien. Die Zuwanderer verfügten über neue und meist bessere Technologien in Landwirtschaft und Bergbau, die weiteren Wohlstand brachten. Aus der fruchtbaren Zusammenarbeit von Tschechen und Deutschen entstand ein von zwei Nationalitäten bewohnter Staatenkomplex, der seinen schlummernden Sprengsatz erst Jahrhunderte später zünden sollte.

Vorerst aber führte die friedliche Koexistenz zu einem weiteren Aufstieg Böhmens. Der wegen seines Reichtums und seiner Militärmacht der »goldene und eiserne König« genannte Přemysl Ottokar II. strukturierte sein Reich neu, indem er ein weitverzweigtes Netz von Wehrburgen und Städten aufbaute. Die Privilegien der »königlichen Städte« – etwa das Markt- oder Bierbraurecht – ließ sich die Krone in klingender Münze bezahlen. Dank des reichen Silbergehaltes aus den schier unerschöpflichen Minen avancierte der »Böhmische« oder »Prager Groschen« bald zu den begehrtesten Währungen Europas (s. S. 94).

Auch außenpolitisch verbuchte der Přemyslide einen Erfolg nach dem anderen und brachte per Heirat sogar die babenbergischen Länder Kärnten, Steiermark und Krain unter seine Souveränität. Ottokars Glücksfaden riß erst, als er nach den Sternen griff und die Hand nach der Krone der Römisch-Deutschen Kaiser ausstreckte. Prompt machten ihm die übrigen Kurfürsten einen Strich durch die Rechnung und wählten statt dessen Graf Rudolf von Habsburg, der sofort die Rückgabe der verlorengegangenen Gebiete einforderte. Zur Konfrontation kam es 1278 in der für Ottokar tödlichen Schlacht auf dem March-feld. Mit ihm starb auch der imperiale tschechische Traum. Knapp drei Jahrzehnte später, nach dem frühen Tod von König Wenzel II. und der Ermordung des erst 16jährigen Ottokar-Enkels Wenzel III. in Olmütz, erlosch die männliche Linie der Přemysliden, am Ende einer mehr als 400jährigen Regentschaft.

Das Goldene Zeitalter Karls IV.

Da für die Gründerdynastie kein direkter Weg mehr zur Macht führte, kehrte sie quasi durch die Hintertür auf den verwaisten Thron zurück. Dem neuen böhmischen König Johann von Luxemburg zur Seite stand seine Gemahlin Elisabeth, Schwester des letzten Přemysliden Wenzel III. und Enkeltochter Ottokars II. Weil sich der am französischen Hof erzogene Johann trotz seiner tschechischen

Karl IV.

Prag, die Hauptstadt des Reiches

Ehefrau in Böhmen nie wirklich so richtig wohlfühlte, erwählte er nur allzugern seinen erstgeborenen Sohn zum frühestmöglichen Zeitpunkt zum Mitregenten. In dem zunächst auf den Namen Wenzel getauften und bei seiner Firmung auf Karl umbenannten Mann mit ebensoviel luxemburgischem wie tschechischem Blut in seinen Adern erfüllten sich schließlich doch noch die Hoffnungen des einstigen Königsgeschlechts. Erstmals errang ein böhmischer Herrscher die deutsche Krone, und 1355 wurde Karl IV. zum römischen Kaiser und somit zum Haupt des gesamten christlichen Abendlandes erwählt.

Prag, nunmehr Hauptstadt des Römischen Reiches, rückte schlagartig zur bedeutendsten Metropole Europas auf. Noch fehlte es freilich an imperialem Glanz, doch innerhalb kürzester Zeit verwandelte Karl IV. seine Residenz, die er um die Neustadt bereicherte und überdies auf das Dreifache ihrer ursprüngli-

chen Größe anwachsen ließ, in ein Wunderwerk der Gotik. Die wesentlichen Bauten des großen Kaisers tragen bis heute seinen Namen, ebenso die erste Hochschule Mitteleuropas: Die Karls-Universität in Prag entwickelte sich rasch zu einem der führenden geistigen Zentren des Mittelalters.

Erben großer Persönlichkeiten haben es schwer, wie das Beispiel von Karls Sohn Wenzel IV. zeigt. Eine katastrophale Pestepidemie, erbitterte Machtkämpfe zwischen Adel und Klerus sowie die zunehmende Kritik intellektueller Kreise an der römisch-katholischen Kirche erschütterten überdies die Position des neuen Regenten. Um 1400 neigte sich das Goldene Zeitalter dem Ende zu, es begann die blutige Epoche der hussitischen Revolution, die auf die Verbrennung des Reformators Jan Hus 1415 in Konstanz und den sogenannten »Ersten Prager Fenstersturz« 1419 folgte (s. S. 52).

Ein Hussit
auf Böhmens Thron

Weil auch nach dem offiziellen Ende der Glaubenskriege das Verhältnis der zu mehr als 70 % hussitischen Bevölkerung Böhmens zu einem katholischen Herrscher mehr als problematisch gewesen wäre, wählte der Landtag 1458 den Hussitenführer Georg von Poděbrad und Kunštat zum König. Wie außergewöhnlich und kühn diese Entscheidung war, beweist allein die Tatsache, daß nahezu das gesamte christliche Abendland den neuen Regenten als Ketzer und Emporkömmling ablehnte. Der tschechische Adelige und Abtrünnige Roms konnte nämlich nicht einmal die weitschichtigste Verwandtschaft mit einer der europäischen Herrscherdynastien nachweisen. Die Beurteilung der Nachwelt sieht freilich anders aus: König Poděbrad machte seine Sache ausgezeichnet.

Unruhige Zeiten brachen erst wieder mit den Jagellonen an. Nach einem kurzen Gastspiel auf Böhmens und gleichzeitig auch Ungarns Thron fungierte das polnische Herrschergeschlecht, das mit der akuten Türkengefahr nicht fertigwerden konnte, lediglich als Steigbügelhalter für die Habsburger.

Böhmens Wappentier

400 Jahre Haus Habsburg

Nach der verlorenen Schlacht gegen die osmanischen Heere und dem Tod des kinderlosen Ludwig Jagiello fielen Böhmen und Ungarn nach einem bereits 1490 ausgehandelten Erbvertrag im Jahr 1526 an den Habsburger Ferdinand I. Nun war der kometenhafte Aufstieg dieser Dynastie nicht mehr aufzuhalten. Nur vier Jahre später errang Ferdinands Bruder Karl V. neben der spanischen Königswürde die Kaiserkrone des Heiligen Römischen Reiches, 1556 ging diese in die Hände des ungarischen und böhmischen Königs Ferdinand über.

Mit der Regentschaft des katholischen Habsburgers fand die Epoche weitgehender Religionstoleranz in den böhmischen Ländern ein Ende. Zur Unterstützung seiner frommen Intentionen, die gleichzeitig auf eine politische Entmachtung der hussitischen Stände und die Durchsetzung seines absolutistischen Herrschaftsanspruchs zielten, berief Ferdinand den Jesuitenorden nach Prag, der mit dem Collegium Clementinum an der Moldau ein geistiges Bollwerk Roms begründete. Die Lunte zum Pulverfaß war bereits gelegt, als Maximilian II. 1562 die Thronnachfolge antrat. Zur Explosion aber kam es erst ein paar Generationen später. Unter der Regentschaft Rudolfs II., wohl eine der interessantesten und vielschichtigsten Persönlichkeiten des Hauses Habsburg, durfte

Prag noch einmal zum geistigen Zentrum Europas erblühen. Dem geheimnisumwitterten einsamen Kaiser auf dem Hradschin gelang es, die wahre Stimmung unter seinem mehrheitlich zum Luthertum übergewechselten böhmischen Volk weitgehend zu ignorieren. Doch nach seinem Tod entlud sich der schwelende Konflikt zwischen national-protestantisch orientiertem Adel und der aufgezwungenen katholischen Regentschaft 1618 im »Zweiten Prager Fenstersturz«, dem Auftakt zu einem Dreißigjährigen Krieg in Europa (s. S. 52).

Nur kurze Zeit währte in Prag die Freude über den tiefen Fall der kaiserlichen Beamten, die Vertreibung der Jesuiten und die Wahl Friedrichs von der Pfalz zum böhmischen König. Nach der verlorenen Schlacht auf dem Weißen Berg (1620) und der triumphalen Rückkehr der Habsburger hielt der neue Kaiser Ferdinand II. grausam Gericht. Unbarmherzig ließ er 27 Anführer des Ständeaufstandes 1621 auf dem Prager Altstädter Ring hinrichten. Gleichzeitig wurden zehntausende Nichtkatholiken nach Beschlagnahme ihrer Güter des Landes verwiesen. 1634 entledigte sich der Habsburger seines ehemaligen Generals Wallenstein erfolgreich per Mordauftrag (s. S. 188 u. 214). Nach diesem gleichermaßen gewaltsamen wie erfolgreichen Auftakt zur Rekatholisierung schloß Ferdinand II. 1637 für immer die Augen und überließ es seinen Nachfolgern Ferdinand III., Leopold I., Karl VI. und dessen Tochter Maria Theresia, die vom Dreißigjährigen Krieg verwüsteten böhmischen Länder in einen prosperierenden und romtreuen Vasallen zu verwandeln.

Mitte des 17. Jh. gliederten die absolutistisch regierenden Kaiser aus Wien Böhmen, Mähren und Schlesien in den von ihnen beherrschten mitteleuropäischen Staatskomplex ein und ließen bis zur Aufklärung und der beginnenden Industrialisierung am Ende des 18. Jh. weder politisch noch konfessionell die Zügel locker. Der Barock wurde zum künstlerischen Ausdruck der Gegenreformation in der Habsburgermonarchie. Ob kaiserliche Burg auf dem Hradschin oder prunkvolles Adelsschloß, ob protziges Patrizierpalais oder schlichtes Bauernhaus, der barocke Baustil fand selbst im kleinsten böhmischen Dorf seinen Niederschlag. Die größte Pracht aber entfalteten die unermeßlich reich gewordenen Orden, die sich zur Errichtung ihrer Klöster und Kirchen der besten Architekten bedienten.

Unter Maria Theresia erreichten Katholisierung und Barockisierung Böhmens ihren Höhepunkt, der Zenit der Habsburgermacht hingegen war seit dem Verlust großer Teile Schlesiens an den Preußenkönig Friedrich II. überschritten. Auch innenpolitisch stand schon längst nicht mehr alles zum Besten, der zentralistische Absolutismus hatte sich als Regierungsform längst überlebt. Die Kaiserin erkannte die Notwendigkeit zu einem Kurswechsel, viele der theresianischen Reformen – wie jene für das Schulwesen und die Verwaltung – sind unter diesem Blickpunkt zu sehen. Ihr Sohn Joseph II. setzte schließlich voll und ganz auf die Ideen der Aufklärung und erließ 1782 sein »Toleranzpatent«, das unter anderem Glaubensfreiheit für alle Konfessionen gewährte. Daraufhin bekannten sich allein in Böhmen spontan 80 000 Untertanen zum Protestantismus. Für eine kurze Weile aufatmen konnten damals auch die Juden, die seit den ersten Verfolgungen während der Kreuzzüge im 11. Jh. Ghettoverbannung, blutige Pogrome und schließlich die traditionell juden-

*Prager Hradschin:
Vom Kaiser- zum
Präsidentenpalast*

feindliche Politik der Habsburger über sich ergehen lassen mußten.

Weniger sensibel ging der Reformkaiser, der übrigens im Gegensatz zu seiner Mutter und seinem ihm nachfolgenden Bruder Leopold II. auf die zeremonielle Krönung im Veitsdom verzichtet hatte, mit dem Sprachproblem um. So kompromißlos, wie Joseph innerhalb weniger Jahre mehr als 700 Klöster säkularisierte, führte er auch Deutsch als einzige Amtssprache im gesamten Habsburgerreich ein. Daß er mit dieser rigorosen Hintansetzung des Tschechischen die längst aufgebrochene Kluft zwischen Deutschen und Slawen zu einem bald

unüberbrückbaren Graben erweiterte und das Wiedererwachen eines tschechischen Nationalbewußtseins beschleunigte, bedachte der Wiener Hof nicht. Dort hatte man nämlich bald andere Sorgen. Unter dem Druck der napoleonischen Politik liquidierte Franz II. 1806 das römische Kaisertum. Von Stund an regierte er als Franz I., Kaiser von Österreich, die bald als »Völkerkerker« abgestempelte Donaumonarchie.

Während sich Europa nach den napoleonischen Kriegen neu ordnete, nahm das davon weitgehend unberührt gebliebene Böhmen einen enormen wirtschaftlichen Aufschwung. Mitte des 19.

Jh. zählte es dank der reichen Kohleförderung, den Eisenhüttenwerken, der florierenden Maschinenbau-, Glas-, Porzellan- und Textilindustrie zu den industriell fortschrittlichsten Ländern Mitteleuropas. Im Revolutionsjahr 1848 präsentierten die von einem neuen nationalen Bewußtsein beflügelten Tschechen Wien ihre Forderung nach einer Umwandlung des Kaiserreiches in einen Bund gleichberechtigter Völker. 1867 gab Franz Joseph I. schließlich den gleichlautenden Ansprüchen der Magyaren nach – und bildete die Doppelmonarchie Österreich-Ungarn. Die böhmischen Länder aber gingen leer aus, was zwangsläufig zu einer Verschärfung der nationalen Politik der tschechischen Parteien und einer weiteren Belastung des Verhältnisses zwischen Tschechen und Deutschen führte.

1918–1989: Der lange Weg in die Freiheit

Erst mit dem Sieg der Entente-Mächte 1918 schlug die Geburtsstunde der Ersten Tschechoslowakischen Republik unter dem charismatischen Präsidenten Tomáš Garrigue Masaryk. Erwartungsgemäß zeigte sich die deutsche Bevölkerung wenig begeistert, in einem von Tschechen regierten Staat zu leben. 1935 errang die von Konrad Henlein geführte Sudetendeutsche Partei bei den Parlamentswahlen einen überwältigenden Erfolg. 1938 unterzeichnete der tschechoslowakische Präsident Edvard Beneš unter dem Druck der Westmächte England, Frankreich und Italien das »Münchner Abkommen« und bestätigte damit die Abtretung der deutsch besiedelten Grenzgebiete an das Deutsche Reich.

1939 erklärte die Slowakei unter dem Faschisten Jozef Tiso ihre Unabhängig-

keit, gleichzeitig vereinnahmte Hitler die tschechischen Gebiete als »Reichsprotektorat Böhmen und Mähren« und machte dieses zum »Schutzstaat des Deutschen Reiches«. Brauner Terror und Nazigreuel erreichten nach der Ermordung des stellvertretenden Reichsprotektors Reinhard Heydrich 1941 durch tschechische Partisanen den Höhepunkt.

Mittlerweile erwirkte Präsident Beneš in London die Anerkennung seiner Exilregierung durch die Alliierten, was einer Bestätigung des Weiterbestandes eines tschechoslowakischen Staates gleichkam. Nach der Befreiung durch die Armeen der Sowjetunion und der USA 1945 nahm Beneš die Regierung wieder auf. Daß sich jedoch bei Kriegsende der begreifbare Haß auf alles Deutsche in der grausamen Vertreibung von 2,9 Mio. Sudetendeutschen entlud, wurde zu einer schwerwiegenden Hypothek für die Zukunft. Einer Hypothek, mit der sich erstmals Václav Havel 1990 als Präsident der vom Kommunismus befreiten Tschechoslowakei in seiner offiziellen Entschuldigung für das begangene Unrecht auseinandersetzte.

Vorerst aber senkte sich 1948 mit dem Sieg der Kommunistischen Partei unter der Führung des Stalinisten Klement Gottwald eine 41 Jahre währende politische Nacht über das Land. Zwar hörten die schlimmsten Repressalien gegen Kirche und Kritiker der marxistisch-leninistischen Ideologie – Hinrichtungen von Kommunisten und Nichtkommunisten sowie Verbannungen in neugeschaffene KZ-Lager in den Uran-Gruben – 1953 nach dem Tod Stalins und Gottwalds auf, doch erstickte Moskau 1968 brutal die Liberalisierungsbestrebungen an der Moldau. Mit dem Einmarsch der Warschauer-Pakt-Truppen endete der als »Prager Frühling« in die Geschichte

»Die Zeit der Entschuldigungen geht zu Ende«

Auszüge aus Václav Havels Rede an der Prager Karls-Universität im Februar 1995

Es wäre eine gefährliche Vereinfachung, wenn man das tragische Ende des tausendjährigen Zusammenlebens der Tschechen mit den Deutschen ausschließlich in der Aussiedlung der Deutschen nach dem Krieg sähe. Ohne Zweifel stellte die Aussiedlung das physische Ende dieses Zusammenlebens in einem gemeinsamen Staat dar. Der tödliche Schlag, der es verursachte, wurde ihm jedoch durch etwas anderes versetzt, und zwar durch ein fatales Versagen eines großen Teils unserer Bürger deutscher Nationalität, die der in Hitlers Nationalsozialismus verkörperten Diktatur, Konfrontation und Gewalt den Vorzug vor Demokratie, Dialog und Toleranz gaben. Während sie sich auf ihr Recht auf Heimat beriefen, sagten sie sich in Wirklichkeit von ihrer Heimat los.

So mangelhaft die Lösung der Nationalitätenfrage in der Vorkriegs-Tschechoslowakei auch gewesen sein mag, kann sie dieses Versagen nicht rechtfertigen. Wir können unterschiedliche Ansichten über die Nachkriegsaussiedlung haben, wir können sie jedoch nicht aus dem geschichtlichen Kontext lösen. Wir können sie nicht getrennt sehen von all den Schrecken, die sich davor abgespielt hatten und ihre Ursache darstellten. Bis vor kurzem hielt ich dies für etwas derart Selbstverständliches, daß

ich keinen Bedarf spürte, es wiederholt zu betonen. Heute muß ich es jedoch klar zum Ausdruck bringen, weil sich in Deutschland Menschen, die dies alles ignorieren oder sogar in Frage stellen, wieder zu Wort melden.

Darüber, wer als erster den Dschinn eines tatsächlichen Nationalhasses aus der Flasche ließ, kann kein Zweifel bestehen. Und wenn wir – als Tschechen – unseren Teil der Verantwortung für das Ende des tschechisch-deutschen Zusammenlebens in den böhmischen Ländern anerkennen sollen, müssen wir der Wahrheit halber auch sagen, daß wir uns zwar von dem heimtückischen Virus der ethnischen Auffassung von Schuld und Bestrafung anstecken ließen, daß wir diesen Virus jedoch nicht – wenigstens nicht in dessen moderner verheerender Form – in unser Land gebracht haben.

Welchen Weg sollen wir heute gehen? Wir müssen unsere Vergangenheit und unsere Geschichte kennen und unsere eigene Meinung dazu bilden. Das bedeutet jedoch nicht, daß wir uns in unsere Geschichte zurückversetzen müssen, daß wir versuchen sollten, uns in unsere Vorfahren zu verwandeln.

Vor allem würde es bedeuten, daß die Zeit der Entschuldigungen zu Ende geht und eine Zeit der sachlichen Suche nach der Wahrheit kommt. Kurz, es ist erforderlich, ein für allemal klar zu sagen, was in die Geschichte gehört und als Geschichte behandelt werden soll.

Zu den logischen Konsequenzen gehört somit eine eindeutige Ablehnung aller Versuche, aus längst vergangenen historischen Ereignissen oder Ungerechtigkeiten einen ganzen Komplex von aktuellen politischen oder rechtlichen Forderungen und Ansprüchen herauszuholen, welche selbst die Grundlage der Nachkriegsordnung in Frage stellen.

Keine Geldsumme in keiner Währung wird je all das wiedergutmachen, was wir oder unsere Vorfahren durch das Verschulden des Nationalsozialismus durchmachen mußten. Und wir sind nicht so töricht, den heutigen Generationen des demokratischen Deutschland Rechnungen für all das Unrecht zu senden, welches einige von den Vätern, Großvätern und Urgroßvätern vor vielen Jahren begangen haben, ebenso wie wir den Völkern der ehemaligen Sowjetunion für die in den Jahrzehnten des Kommunismus an unserem Land sowie an unseren Seelen angerichteten Schäden keine Rechnungen aufstellen.

Und weil das so ist, halten wir all die Versuche, von uns entweder in materieller oder anderer Form Ersatz für die Nachkriegsaussiedlung zu verlangen, für um so absurder.

Ein gutes Verhältnis zwischen Völkern, und daher auch unsere Versöhnung, kann nur der Zusammenarbeit freier Bürger entspringen, die der Versuchung widerstehen, sich unter kollektivistischen Bannern zu scharen und in deren Schatten die Geister der Stammesfehden hervorzurufen.

Mit anderen Worten: Die Zeit der Konfrontation muß ein für allemal zu Ende gehen und eine Zeit der Kooperation beginnen.

eingegangene Versuch eines »Sozialismus mit menschlichem Gesicht«.

Der Freiheitswille aber blieb ungebrochen, in der Proklamierung der »Charta 77« lieferten sich Hunderte Dissidenten freiwillig den Verfolgungen der kommunistischen Regierung aus. Weder jahrelange Haftstrafen noch Zwangsausbürgerungen konnten die Protagonisten des verzweifelten Kampfes um Demokratie und Menschenrechte, basierend auf den auch von der ČSSR unterzeichneten Schlußakten der Internationalen Helsinki-Konferenz, brechen. In den Novembertagen des Jahres 1989 siegte schließlich doch noch David über Goliath. Die »Samtene Revolution« fegte nach dem Zusammenbruch des kommunistischen Monolithen das alte Regime hinweg, und die Nationalversammlung wählte den Schriftsteller Václav Havel zum Staatsoberhaupt der Tschechischen und Slowakischen Föderativen Republik.

Ebenso unblutig wie die Befreiung vom Kommunismus verlief auch die Trennung der Tschechen von den Slowaken, die 1992 Vladimir Mečiars »Bewegung für eine demokratische Slowakei« mehrheitlich unterstützten. Bereits am 1. Januar 1993 war die Spaltung in zwei neue, selbständige Staaten vollzogen. Seither geht die »Slowakische Republik« mit rund 5,3 Mio. Einwohnern ihre eigenen Wege, während der 1993 mit absoluter Mehrheit gewählte und 1998 in seinem Amt bestätigte Präsident Havel die Heimkehr der doppelt so großen »Tschechischen Republik« nach Mitteleuropa wahr werden ließ.

Innerhalb kürzester Zeit zog Tschechiens Regierungschef Václav Klaus sein rein kapitalistisch orientiertes Reformprogramm durch, doch scheiterte er Ende 1997 am eigenen Tempo und wurde zum Rücktritt gezwungen. Zwar hatte er mit der Umwandlung ökonomisch darniederliegender staatlicher Betriebe die Basis für ein neues Unternehmertum geschaffen und mit vielen Exiltschechen, denen er die einst beschlagnahmten Besitzungen zurückerstattete, dringend benötigtes Kapital ins Land geholt, aber das alles ging viel zu schnell vor sich. Nicht nur der hohe tschechische Adel arbeitete seit der Rückgabe seiner Schlösser und Güter intensiv am wirtschaftlichen Aufbau mit (s. S. 128), auch viele Fabrikanten und

Industrielle nutzten ihre in der Verbannung erworbenen Qualifikationen und Kontakte, um ihre alten Betriebe mit dem im Ausland erworbenen Knowhow auf internationales Niveau zu bringen (s. S. 233).

Keinen Anspruch auf Wiedergutmachung hingegen kann und will die Tschechische Republik den 1945 vertriebenen Deutschen gewähren. Daß an dieser Entscheidung nicht zu rütteln ist, legte Präsident Havel 1995 unmißverständlich klar.

Tschechien heute

1993 schloß die Tschechische Republik ein Assoziierungsabkommen mit der Europäischen Union, im Frühjahr 1998 begannen die Gespräche über die Aufnahme in die EU, die noch im ersten Jahrzehnt des neuen Jahrtausends erfolgen sollte. Wenn auch der jungen Republik auf dem Marathonlauf in die Marktwirtschaft ein wenig die Puste ausgegangen ist, hat sie doch innerhalb kürzester Zeit einen unglaublichen Aufschwung geschafft. Nach einer nur einjährigen Vorbereitungsphase nach der Samtenen Revolution im November 1989 realisierten die Tschechen Schlag auf Schlag ihr marktwirtschaftliches Konzept: Deregulierung von 80 % aller Preise, Teilkonvertibilität der Währung, Liberalisierung der Außenwirtschaft, straffe Stabilitätspolitik und Aufbau eines starken Privatsektors.

So begann man bereits 1990 mit der Förderung von Neugründungen, 1991 mit der Rückgabe von enteigneten Betrieben sowie der »kleinen Privatisierung« von 130 000 staatlichen Handwerks-, Handels- und anderen Dienstleistungsfirmen. 1992 fiel der Startschuß zur »großen Privatisierung«, zur Jahreswende 1996 waren bereits mehr als 85 % des staatlichen Unternehmensvermögens in privaten Händen.

Dabei sorgte die »Kuponmethode«, die auf den ersten Blick an Spiele wie »Monopoly« erinnert, für internationales Aufsehen: Jeder Staatsbürger, der an der Privatisierung teilnehmen wollte, mußte in einer Vorrunde (ab Mai 1991) beim Postamt für 1000 Kronen (das entsprach einem Viertel des durchschnittlichen Monatseinkommens) ein Kuponheft mit 1000 Punkten erwerben. In der Hauptrunde wurden diese Investitionspunkte an die zu privatisierenden Betriebe überschrieben und anschließend bewertet. Der Startkurs für alle Aktien wurde einheitlich festgelegt (100 Punkte für 3 Stück). In den folgenden Bestellungsrunden regelten Angebot und Nachfrage den realen Aktienwert. Wer selbst keine Entscheidung treffen wollte, konnte – allerdings nur in der Vorrunde – seine Kupons den von Banken und Beratungsgesellschaften zu diesem

Zweck gegründeten Investment-Privatisierungs-Fonds überlassen und sich dafür Anteile an diesen Fonds einhandeln. Aktionär hingegen konnte man nur auf eigenes Risiko werden, indem man selbst seine Punkte verteilte. Bei der ersten Kupon-Aktion, die vor der tschechisch-slowakischen Trennung erfolgte und einen Buchwert von 300 Mrd. Kronen aufwies, nahmen 8,5 Mio. Bürger teil (von 11,5 Mio. Berechtigten), bei der zweiten (Januar 1993 bis Dezember 1994; 340 Mrd. Kronen) war die Beteiligung mit 6 Mio. Staatsbürgern der Tschechischen Republik prozentual sogar noch höher. Seither wird das anfänglich mißtrauisch betrachtete Kupon-System von der Weltbank als schnellste und effektivste Methode zur Überführung von Staatsvermögen in Privateigentum sogar ausdrücklich empfohlen.

Konnte sich Tschechien noch 1995/96 dank des radikalen Reformkurses von Václav Klaus im Vergleich zu Polen, Ungarn und der Slowakei der niedrigsten Arbeitslosenquote, der geringsten Staatsverschuldung, der höchsten Devisenreserven und der stabilsten Währung rühmen, so zeigt sich das Wirtschaftswunder einige Jahre später ein wenig ramponiert. Was aber den Optimismus der Tschechen und ihren konsequenten Weg in die Europäische Union nicht beeinträchtigen kann.

Architektur und Kunst: Schatzkammer Mitteleuropas

Daß im Schnittpunkt großer Völkerbewegungen und wichtiger Handelsstraßen seit jeher kulturelle Einflüsse unterschiedlicher Art zusammentrafen, bescherte den böhmischen Ländern eine einzigartige Fülle an Impulsen. Nur an der Einflußnahme durch die Antike mangelte es jenseits der Grenzen des Römischen Reiches zunächst. Auch die frühchristliche Kunst- und Architekturauffassung erreichte die böhmischen Länder mit einiger Verzögerung erst Mitte des 9. Jh. während des Großmährischen Reiches (s. S. 18). Von den nach byzantinischen Vorbildern errichteten Sakralbauten blieb freilich nach der endgültigen Zuwendung zur Westkirche kein Stein auf dem anderen. Nur in den bereits mit dem Segen Roms erbauten frühromanischen Rotunden klingen noch die Inspirationen aus dem Osten nach.

Romanik und Gotik

Vom 11. bis zum frühen 13. Jh. drückte die abendländische Romanik den böhmischen Ländern mit den Bauunternehmungen des Přemyslidengeschlechts ihren unverwechselbaren Stempel auf. Der hohe Adel folgte dem Herrscherbeispiel, die großzügige Erweiterung der Prager Burg sowie die Stiftung bedeutender Klosteranlagen im Umfeld der Residenzstadt zog die Errichtung zahlloser Wehrburgen in den Vasallenfürstentümern nach sich. Von Anbeginn entstanden Sakralbauten auch innerhalb der Befestigungswälle, schlichte, einschiffige, mit dem Wohntrakt verbundene Kirchen, denen gleichzeitig eine enorme Wehr- und Schutzfunktion zukam. Ihre Türme waren nämlich die letzte feuerfeste Bastion. Noch heute verraten bisweilen die Silhouetten romanischer Gotteshäuser – meist mit gotischem Abschluß und barockem Zwiebelturm – weithin sichtbar den Standort frühmittelalterlicher Zentren, während von den einstigen Höfen oft nicht einmal mehr Ruinen übrigblieben.

Die in den 30er Jahren des 13. Jh. einsetzende Gotik – und mehr noch Renaissance und Barock – verwandelten jedoch die meisten romanischen Bauten so grundlegend, daß vom ursprünglichen Stil kaum noch Elemente erhalten sind. Prominentestes Beispiel im sakralen Bereich ist die grandiose Barockanlage des Prager Strahov-Klosters, das

»Schöne Madonna« (Gotik)

einen gänzlich unbeachteten romanischen Komplex umschließt. Eine grundlegende Wandlung erfuhren um 1250 auch die frühmittelalterlichen Wallburgen, als Přemysl Ottokar II. sein Reich mit einem zeitgemäßen Netz von Verteidigungsstützpunkten überzog.

Mitte des 14. Jh., unter der Regierung Karls IV. und dessen genialem Baumeister Peter Parler, erreichte die Gotik ihren Zenit. Der Prager Veitsdom ist das bedeutendste Zeugnis dieser an Kunstwerken so reichen Epoche. Nicht unerwähnt sollte aber auch das Schaffen gotischer Maler, Bildhauer und Schnitzer bleiben, man denke nur an die Tafelbilder des Meisters Theoderich auf Burg Karlštejn oder die einzigartige Sammlung »Schöner Madonnen« im Prager Georgskloster (s. S. 77 und 53).

Renaissance und Barock

Um 1500 löste die Frührenaissance allmählich die Spätgotik ab, und mit der neuen Stilrichtung kamen nun vorwiegend italienische Künstler zum Zug. »Welsche« (italienische) und später deutsche Architekten errichteten den Adelsgeschlechtern die ersten Schlösser. Und das wohlhabende Bürgertum erbaute die schönsten Renaissancehäuser, die nach wie vor zahllosen Provinzstädtchen zur Zierde gereichen. Damals faßte die aus Norditalien stammende Sgraffito-Technik als Fassadenschmuck erstmals in ganz Mitteleuropa Fuß, doch nirgendwo fand der »Kratzputz« so begeisterte Aufnahme wie in den böhmischen Ländern.

Nach der Zäsur des Dreißigjährigen Krieges schlug die Stunde des Barock, wobei vorerst wiederum hervorragende italienische Architekten wie Alliprandi, Orsi, Lurago oder Canevale dominierten, bis schließlich der Name der ober-

Renaissance-Sgraffito am Samson-Haus im Prachatice

bayrischen Familie Dientzenhofer zum Synonym für die höchste Entfaltung böhmischen Barocks wurde. Wie kein anderer eignete sich dieser extrovertierte Baustil dazu, die Ehre Gottes im Sinn jesuitischer Glaubensauffassung mit mächtigen Klöstern und reich geschmückten Kirchen zu preisen, wie mit keiner anderen Kunstrichtung zuvor konnte der finanzkräftige katholische Adel seine überschäumende Lebenslust in noch prächtigeren, noch verspielteren Schlössern und kunstvollen Parkanlagen zur Schau tragen.

Die Finanzierung der Prunkpalais, Bischofsresidenzen und Kathedralen stellte kein Problem dar, schwieriger dagegen erwies sich das Engagement der stets ausgebuchten berühmten Baumeister und Künstler. Maler wie Peter Brandl, Wenzel Lorenz Reiner oder Karel Škréta und Bildhauer wie Ferdinand Maximilian Brokoff, Ignaz Platzer und allen

Von der Wehrburg zum Schloß

Während man sich im 10. und 11. Jh. in den böhmischen Ländern noch mit befestigten Plätzen – sogenannten Burgstätten – begnügte, kannte Westeuropa bereits die Vorteile steinerner Burgen. Erst die Přemysliden gaben mit dem Ausbau ihrer Prager Residenz im 12. Jh. den Anstoß für die Gründung einer Vielzahl von romanischen Wallburgen, die sich allerdings kaum hundert Jahre später als veraltete Verteidigungsposten erwiesen und noch vor der Mitte des 13. Jh. von Burgen unserer heutigen Vorstellung abgelöst wurden: Befestigte Anlagen mit einem runden Wehrturm, dem Bergfried, an der Stirnseite und bescheidenen Wohnräumen, dem Palas, an der sichersten Stelle. Unter Ottokar II. brach schließlich ab 1250 ein wahrer Bauboom in frühgotischem Stil aus, wobei nicht selten reiche Geschlechter mit der Errichtung von Stammsitzen die Krone sogar noch zu übertreffen suchten. Aus den großen königlichen Fluchtburgen entwickelten sich mehrtürmige Stadtburgen und schließlich das mitteleuropäische Kastell.

Im 14. Jh. stellte die Stabilität des Reiches unter Karl IV. die Wehrfähigkeit der Burgen jahrzehntelang nicht mehr auf die Probe, der Verteidigungsaspekt trat zugunsten der Wohnqualität zurück. Damit entwickelte sich auf dem Höhepunkt der Gotik ein Herrschersitz neuen Typs – das Schloß. Bald jedoch machten die Hussitenkriege den zwar komfortablen, aber nicht mehr länger uneinnehmbaren Befestigungen den Garaus. Jetzt suchte der Adel sein Heil in der Flucht auf einsame Anhöhen und verschanzte sich in eilends errichteten Gipfelburgen, um nicht länger als Zielscheibe für die immer raffinierteren Artilleriewaffen zu dienen. Der Preis für diese relative Sicherheit war freilich hoch, wobei der Verlust an Bequemlichkeit noch das geringste Problem darstellte. Nur allzu leicht saß man aufgrund der enormen Schwierigkeiten, sich mit Wasser, Lebensmitteln und Waffen zu versorgen, in der Falle.

Als Alternative zu den bald verlassenen und zu Ruinen verfallenen Hochburgen bot sich Ende des 15. Jh. die Errichtung aufwendiger Wehranlagen an, wobei sich halbkreisförmige Basteien oder massive Rundtürme als wirksamste Ergänzung der häufig von Wassergräben umgebenen Bollwerke erwiesen. Die damals entstandenen Burgen mit diversen Innenhöfen, für die sich ihre Erbauer nicht selten finanziell ruinierten, weisen einen länglichen Grundriß auf, bei dessen Anlage man die Richtung möglicher Angriffe stets einkalkulierte.

Rascher jedoch als die stärksten Mauern emporwachsen konnten, entwickelte sich die Militärtechnik, so daß die meisten spätmittelalterlichen Festungen bereits während der Bauzeit zu Auslaufmodellen einer zu Ende gehenden Ära wurden. Statt weiterhin an der Doppelfunktion von Wohn- und Wehr-

Nordböhmens Paradeburg Kost

sitz festzuhalten, errichtete man nun erstmals einzig und allein der Verteidigung dienende Kastelle. Die strategisch nutzlos gewordenen gotischen Stammburgen hingegen verwandelten sich ab dem 16. Jh. entsprechend dem aus Italien über die Alpen vorgedrungenen neuen Baustil in herrliche Renaissanceschlösser.

Mit der Enteignung und Vertreibung des protestantischen Adels nach der Schlacht am Weißen Berg schlug 1620 für die drei nachfolgenden Jahrzehnte die Stunde der Kaisergünstlinge, Emporkömmlinge und Kriegsgewinnler. Zwar brachte es nicht jeder kleine Provinzadelige wie ein Waldstein alias Wallenstein gleich zu einem eigenen Herzogtum, doch zum Bau und Unterhalt prachtvoller Barockpaläste in Prag oder inmitten gewaltiger Ländereien langte es für ehrgeizige Aufsteiger allemal.

Skrupellos griff auch der hohe katholische in- und ausländische Adel zu. Die alteingesessenen Familien Liechtenstein, Schwarzenberg, Czernin, Kinsky, Lobkowicz, Sternberg oder Kolowrat rafften damals ebenso unermeßliche Vermögen zusammen wie der neue

habsburgische Kriegsadel der Piccolomini, Colloredo, Gallas oder Thun. Ihre Namen spielen seither in den Annalen der rund 300 noch erhaltenen Schlösser und Burgen Tschechiens eine führende Rolle. Dank seiner schier unerschöpflichen Geldmittel konnte es sich der Adel nun leisten, jede neue Stilrichtung aufzugreifen und in Neu- oder Umbauten umzusetzen.

So zeigt die Schloßarchitektur des Frühbarock zumeist vierflügelige, geschlossene Bauten italienischen Typs, die gegen Ende des 17. Jh. hufeisenförmigen, reich gegliederten und mit Ehrenhöfen versehenen Anlagen nach französischem Muster und schließlich im 18. Jh. dem Hochbarock und Rokoko wichen. Um die Jahrhundertwende erreichten Klassizismus und Empire auch die böhmischen Länder, doch dieser Stil stieß auf nur wenig Gegenliebe, wie eine vergleichsweise kleine Anzahl von Bauten beweist. Mit der romantischen Epoche der Neogotik, an der erstaunlich viele Adelshäuser Gefallen fanden, endet im ausklingenden 19. Jh. die 400jährige Geschichte böhmischer Schlösser.

Barockes Meisterwerk: Prager Jesulein

voran der Tiroler Matthias Bernhard Braun können sich vor Aufträgen kaum retten.

Dennoch gelang es an der Moldau selbst den hochkarätigsten Architekten nicht, die Habsburgerresidenz an der Donau zu übertreffen. Die Wiener Meister des Hochbarock, vor allem Johann Bernhard Fischer von Erlach und Johann Lucas von Hildebrandt, verwandelten nicht nur die Kaiserstadt Wien in ein Juwel, mit ihren Entwürfen setzten sie auch im gesamten Deutschen Reich Maßstäbe. Um so erstaunlicher erscheint es, daß sich zu Beginn des 18. Jh. in Böhmen eine in Mitteleuropa einzigartige kunsthistorische Entwicklung anbahnte: Die Barockgotik, eine eigenwillige Stilmischung, die in Giovanni Santini alias Johann Santin Aichel, dem Prager Architekten italienischer Herkunft und Schöpfer der Klosterkirche von Kladruby, ihren hervorragendsten Vertreter fand. Deutlicher als bei »stilrei-

nen« Gebäuden hat hier in Wahrheit nie der Künstler, sondern einzig und allein der Auftraggeber die architektonische Gestaltung bestimmt. Zu Beginn des 18. Jh., also in der zweiten Phase der Rekatholisierung Böhmens, kamen nach den Jesuiten auch die wiedererstarkten alten Orden wie die Zisterzienser und Prämonstratenser zum Zug. Erst jetzt konnten sie es sich leisten, ihre zerstörten Klöster und Kirchen in altem Glanz wiedererstehen zu lassen – und das meinten sie durchaus wörtlich. Indem sie sich nicht wie die Jesuiten ausschließlich dem Baustil des Zeitgeists – dem Barock – verschrieben, sondern zusätzlich noch auf die Formenwelt der Gotik zurückgriffen, knüpften sie gezielt an die klösterlichen Traditionen des Mittelalters an. Indem sie optisch die Illusion von Kontinuität schufen, spielten sie das Jahrhundert der Glaubenskriege und der Reformation zum unbedeutenden Intermezzo herunter. Ein romantischer Aspekt wie in der Neugotik des 19. Jh. war diesen Stiftsherren völlig fremd. Die Schöpfer der Barockgotik wollten die »gute alte Zeit« nicht idealisieren, sondern als missionarisches Machtmittel einsetzen.

Historismus, Jugendstil, Kubismus

Ende des 18. Jh. wichen Spätbarock und Rokoko dem in Böhmen allerdings eher bedeutungslosen Klassizismus, bis schließlich der Historismus und später weit mehr noch der Jugendstil zum architektonischen Ausdruck der »nationalen Wiedergeburt« tschechischen Selbstbewußtseins werden. Häufiger als der pseudogotische Windsorstil, in dem beispielsweise die Fürstenfamilie Liechtenstein ihr südmährisches Schloß Lednice umgestalten ließ, findet sich bis in die entlegensten Winkel Nordböhmens Neogotik nach Wiener Vorbildern. Dazu gehören z. B. die Kapitelkirche St. Peter und Paul am Prager Vyšehrad, Schloß Lednice (Eisgrub) in Südmähren oder Schloß Hluboka (Frauenberg) in Südböhmen.

Erst der Jugendstil brachte wieder frischen Wind in die Kulturszene und fegte die zutiefst provinzielle Epoche des böhmischen Historismus hinweg. Vor allem in Prag begeisterte man sich für die in verspielte Ornamentik und symbolhafte Dekorationen verliebte Kunstrichtung, die bald auch sämtliche Bereiche der bildenden und angewandten Kunst – von der Malerei und Bildhauerei über Möbel- und Schmuckdesign bis zu Keramik, Kleidung oder Buchgraphik – in einem beispiellosen Siegeszug eroberte. Unter der Vielzahl exzellenter tschechischer Künstler ragt um die Jahrhundertwende ein Name hervor: Alfons Mucha, Maler, Illustrator und Plakatgestalter, genoß

weit über die Grenzen hinaus eine solche Popularität, daß Frankreich die gesamte Jugendstilbewegung der böhmischen Länder bloß noch »Le Style Mucha« nannte.

Während der Wiener Sezessionismus noch jahrelang seiner Schmucklust frönte, brach man an Seine und Moldau bereits vor 1910 wieder zu neuen Ufern auf: Kubismus lautete die Antwort der von Paris beeinflußten Prager Künstler auf den Jugendstil. Dem schwelgerischen Formenreichtum setzten Kubisten wie die Architekten Josef Gočár oder Josef Chochol strenge, klare Linien entgegen und schufen damit eine gänzlich revolutionäre Ausdrucksform, die einzig und allein mit dem Effekt scharfer, schräger Brüche und dem Kontrast von Licht und Schatten arbeitete. Abrupt endete mit dem Ersten Weltkrieg nach nicht einmal einem Jahrzehnt in Böhmen die zukunftweisende Stilrichtung,

Nové Město: Jugendstil in Renaissance-Rahmen

von der bereits sämtliche Gattungen bildender Kunst erfaßt waren.

Die Architektur zwischen den beiden Weltkriegen wird vom sogenannten »Nationalstil«, einer durch robust gegliederte, farblich auffallende Fassaden gekennzeichneten Weiterentwicklung des Kubismus, vom Konstruktivismus (Merkmal: »Die Form des Baus wird von seiner Konstruktion, d. h. vom Stahlbeton, bestimmt, Dekorationen sind zu vermeiden«) sowie von dem letzterem geistig verwandten Funktionalismus (»Gestalt ist Zweck«) geprägt. Steinerne Zeugen dieser Epoche sind vor allem Bankgebäude, Hotels sowie Miets- und Mehrfamilienhäuser vornehmlich in Prag und Brünn. Nach 1945 erschöpfte sich die Phantasie der Architekten im sozialistischen Realismus nach Moskauer Vorbild (Hotel International in Prag) oder in Allerweltsbauten wie dem Kulturpalast, den nüchternen U-Bahn-Stationen und einigen Hochhäusern in Prag sowie dem World Trade Center auf dem Messegelände in Brünn.

Musik und Literatur: Kraft aus nationalen Quellen

Sieht man von einigen der sprichwörtlich gewordenen böhmischen Musikanten ab, die – wie Jiří Antonín Benda oder Josef Mysliveček – zwischen dem 16. und 18. Jh. die Adelspaläste Europas mit ihren Kompositionen eroberten, so beginnt die Geschichte der tschechischen Nationalmusik erst in der zweiten Hälfte des 19. Jh. Mit Bedřich (Friedrich) Smetana (s. S. 248) steht einer der leuchtendsten Sterne des Opernhimmels für die neue Zeit, die auch durch die Eröffnung des Nationaltheaters in Prag symbolisiert wurde (s. S. 70). Die Opern »Dalibor«, »Libuše« und vor allem »Die verkaufte Braut« haben ebenso wie die symphonische Dichtung »Má vlast« (»Mein Vaterland«) mit der populären »Moldau« ihren Schöpfer unsterblich gemacht. Seinem Beispiel folgte Antonín Dvořák (s. S. 84), der die tschechische Musik um die Gattung der Märchenoper erweiterte, aber auch ein großes symphonisches und kammermusikalisches Werk hinterließ.

Mit dem Mährer Leoš Janáček (1854–1928) setzte eine neue musikalische Richtung ein, seine Vokalmusik, Instrumentalwerke und Opern bauen stilistisch vor allem auf der Volksmusik auf. Nicht vergessen sollte man, daß auch die Wiege Gustav Mahlers (s. S. 333) in böhmischen Ländern stand und seine Werke ihre Herkunft niemals verleugnen. Die tschechische Moderne leitete Bohuslav Martinů (1890–1959) ein, der Folkloristisches geschickt mit gemäßigten Neutönen verband. Nach 1945 verlief die Entwicklung stilistisch mehrschichtig, viele Komponisten knüpften an die Tradition an, andere wieder verschrieben sich der internationalen Avantgarde.

Regelmäßige Konzertzyklen in allen größeren Städten, Festivals landauf, landab (s. S. 377) und ein umfassendes Pop-, Rock- und Jazz-Angebot zeugen vom regen Musikleben Tschechiens. Der berühmte Violinvirtuose David Oistrach brachte es auf den Punkt, als er

Nichts geht in Böhmen ohne Musik

Böhmen einmal als das »musikalische Herz Europas« bezeichnete.

Die Entwicklung der **Literatur** erfolgte auf zwei Schienen, die zwar weitgehend eines Geistes waren, sich aber zweier Sprachen bedienten, des Deutschen und des Tschechischen. Der Böhmerwälder Adalbert Stifter (s. S. 120) und die Dichter des humanistisch-pazifistischen »Prager Kreises« – Franz Kafka, Max Brod, Oskar Baum, Franz Werfel, Willy Haas, Johannes Urzidil, Rainer Maria Rilke, Egon Erwin Kisch und Gustav Meyrink – prägten die deutschsprachige Literatur, der ausgerechnet durch die Nationalsozialisten ein gewaltsames Ende bereitet wurde. Manchmal gemeinsam, manchmal in Konkurrenz zu den »Deutschen«, aber stets gegenseitig sich befruchtend, wuchs die tschechische Literatur zu weltweit anerkanntem Niveau, das längst nicht mehr in Frage gestellt wird.

Das Leben der kleinen Leute schilderte der Schriftsteller Jan Nepomuk Neruda (1834–1891), mit dem idyllischen Roman »Babička« (»Großmütterchen«) schuf Božená Němcová (s. S. 238) bereits im 19. Jh. ein bleibendes Werk, dessen Popularität bis heute ungebrochen ist. Und wer kennt nicht den »Braven Soldaten Schwejk«? Mit seinem Schelmenroman, der für die Mentalität eines ganzen Volkes steht, ging Jaroslav Hašek (1883–1923) in den Dich-

terhimmel ein. In der Zwischenkriegszeit schrieben vor allem Karel Čapek (1890–1938) mit seinen utopischen Romanen und der nach wie vor vielgespielte Komödienautor František Langer (1888–1965) tschechische Literaturgeschichte.

Der Nazi-Unterdrückung folgte die kommunistische »Eiszeit«. Wirklich bedeutende Autoren konnten und wollten nicht mit dem Regime kooperieren. Die tschechische Literatur manifestierte sich daher vorwiegend in nichtoffiziellen Abschriften und Veröffentlichungen in Exil-Verlagen. Sie fand zwar im Westen starke Beachtung, blieb aber im eigenen Land bis zur Samtenen Revolution weitgehend unbekannt. Sternstunden des Theaters verdankt das Publikum Persönlichkeiten wie dem Dichter und Staatspräsidenten Václav Havel, den Bühnen-Autoren Pavel Kohout, Ivan Klíma, Josef Topol und Milan Uhde. Ota Filip, Ludvík Vaculík, der seit Jahren in Paris lebende Milan Kundera und nicht zuletzt der legitime Hašek-Nachfolger Bohumil Hrabal begeistern mit ihren – durchwegs auch in deutscher Übersetzung vorliegenden – Romanen Leser in aller Welt. Weniger Popularität, dafür aber den Literatur-Nobelpreis 1984, errang der Lyriker Jaroslav Seifert (1901–1986), dessen – kaum übersetzte – Gedichte sich vorwiegend mit der Schönheit seiner Heimatstadt Prag befassen.

Essen und Trinken:
Zu Gast bei begnadeten Schlemmern

Die Zeiten langweiliger Einheitskost, wie sie in den ehemaligen kommunistischen Staatsbetrieben buchstäblich bis zum Erbrechen serviert wurde, sind vorbei. Glücklicherweise gerieten all die verführerischen Köstlichkeiten der berühmten Küche Böhmens und Mährens nicht in Vergessenheit, zu Hause kochte man nämlich auch in den dunklen Jahrzehnten phantasievoll und kalorienreich wie eh und je. So ist es kein Zufall, daß Kochbücher hierzulande stets reißenden Absatz fanden. Den ersten Bestseller, ein bis heute unübertroffenes Standardwerk, veröffentlichte 1838 Magdalena Dobromila Rettigová unter dem Titel »Hausköchin«. Dank der in Salzburg erschienenen Rezeptsammlung waren böhmische Spezialitäten bald auch in Bayern und Österreich in aller Munde.

Den Höhepunkt erreichte der Kult um die Kochkunst im 19. Jh., als ein stattliches, von schweren goldenen Uhrketten geschmücktes Bäuchlein als Statussymbol wohlhabenden Bürgertums galt. Wie ihre Männer konnten sich damals auch die meisten Damen nicht »hinter einer Peitsche umkleiden«. Zwar hat sich das Schönheitsideal auch in Böhmen längst schon gewandelt, doch fanatische Schlankheitsapostel bleiben weiterhin einsame Rufer in der Wüste. Liebhaber üppiger Formen hingegen finden mit einem berühmt gewordenen Zitat von Jaroslav Seifert, dem tschechischen Literatur-Nobelpreisträger des Jahres 1984, weit öfter Gehör: »Die Schönheit der Frauen gründet sich auf dem Oval, nur eine Vase hat schlank zu sein.«

Heute feiern die Privatrezepte böhmischer Großmütter auch in immer mehr Restaurants und Gasthäusern fröhliche Urständ. Freilich trauen sich viele Jungunternehmer auf der anderen Seite noch nicht so recht, Landestypisches anzubieten, und setzen unsicher auf Pseudo-Internationalität. Doch erinnern wir uns: Auch Deutschland oder Österreich durchlief die unglückselige »Hawaii-Schnitzel-Phase«, bis keiner mehr die Ananasscheibe aus der Dose sehen konnte.

Wenn der Duft von knusprigem Schweinebraten und würzigem Sauerkraut die Luft gemütlicher Bierstuben oder Weinkeller schwängert und die dazugehörigen locker-leichten Knödel ankündigt, sind alle kulinarischen Fehltritte rasch vergessen. Wem bei Borstenvieh und Schweinespeck schon das Wasser im Mund zusammenläuft, den führen zarter Gänsebraten oder gefüllte Entenbrust, gebeizter Rehschlegel oder Hasenpastete in den Himmel der Fleischeslust. Nicht zu vernachlässigen sind auch die Fischgerichte. Die einstige Fastenspeise des Klerus, in Böhmens Klöstern raffiniert verfeinert, fand bald auch in der Küche des einfachen Volkes Aufnahme. Als besondere Delikatesse gelten Schwarze Karpfen aus den südböhmischen Teichen, die keineswegs bloß zu Weihnachten auf den Tisch kommen. Gern delektiert man sich aber auch an Forelle blau oder Hecht gespickt und gebraten, Zander gratiniert oder Aal in Rotwein gedämpft.

Um das Maß voll – und den Gürtel endgültig weiter – zu machen, sei nun noch eine kleine Auswahl böhmischer

Mehlspeisen vorgestellt, wie die kalorienreichen süßen Sünden so verharmlosend genannt werden. Von Obstknödeln aus Kartoffel-, Topfen- oder Brandteig und Strudeln mit verschiedenen Füllungen reicht die Palette über Powidltascherl, Zwetschgenpovesen und Liwanzen bis zu böhmischen Dalken, Dukatenbuchteln, Kaiserschmarrn und Palatschinken. Was sich hinter den für norddeutsche Ohren ganz und gar exotisch klingenden Namen verbirgt, wird nicht verraten. Wer prinzipiell Süßes mag, soll getrost bestellen und sich einfach überraschen lassen.

Und weil Käse bekanntermaßen den Magen schließt, kommt nun noch der berühmte Olmützer Quargel auf den Tisch. Mit Butter und Zwiebeln serviert, verströmt dieser würzige, langsam gereifte Quarkkäse schon von weitem sein unverkennbares Aroma. Dazu gehört natürlich ein gut gekühltes Glas Bier, womit nun endlich auch von tschechischer Braukunst die Rede ist.

Becherovka: Ein Gläschen zur Verdauung

»Hopfen, Gerste und Malz, Gott erhalt's« – das Stoßgebet aller Liebhaber des nachweislich seit dem 11. Jh. in Böhmen heimischen Getränks findet vor allem in Pilsen und Budweis Erhörung (s. S. 123 und 167). Daß die Nation der Biertrinker aber auch einen guten Tropfen edlen Rebensafts durchaus zu schätzen weiß, davon zeugen die weitläufigen Weinanbaugebiete vor allem in Südmähren und nördlich von Prag.

Historisches Wirtshaus in Český Krumlov

Unter-
wegs in
Böhmen
und
Mähren

Prag: Weltstadt an der Moldau

Zwetschge im böhmischen Knödel

Was haben doch Dichter und Denker im Lauf der Jahrhunderte über Prag nicht alles gesagt! Schwärmer wie Alfred Meissner sprachen von einem »Steinernen Geschichtsbuch«, der Romantiker Clemens Brentano prägte für alle Zeiten den Beinamen »Goldene Stadt«, und der Preuße Detlev von Liliencron verstieg sich gar zur Behauptung: »In Prag bin ich entschieden mal geboren.« Weit kritischer als ihre deutschen Kollegen gingen die Tschechen selbst mit ihrem »Mütterchen Prag« um, das laut Franz Kafka durchaus auch Krallen hat, während Rainer Maria Rilke gutmütig über den provinziellen Heiligenkult spottete: »Nun, Sankt Wenzel laß ich gelten. Aber diese Nepomucken! Von des Torgangs Lucken gucken und auf allen Brucken spucken lauter, lauter Nepomucken!«

Doch ob Spott oder Kritik, unüberhörbar klingt zwischen jeder Zeile dieser beiden großen Prager Literaten, die hier stellvertretend für viele andere stehen, die tiefverwurzelte Liebe zu ihrer Geburtsstadt mit. Oder, um es – etwas salopp und frei nach Pavel Kohout – zu sagen, sie alle »gehören nach Prag wie der Kern in die Zwetschge«: Mütterchen Prag, die herb-süße Frucht im böhmischen Knödel, und tief drinnen im Kern stecken lebenslang ihre Kinder – gleichgültig, wohin auch immer sie das Schicksal verschlagen haben mag.

Weil man aber glücklicherweise kein gebürtiger Prager sein muß, um in Prag verliebt zu sein, sei einmal ohne jegliches Pathos festgehalten: Niemand kann sich der Faszination dieser Stadt entziehen. Ihr unvergleichliches Flair können ihr nicht einmal die Touristenmassen rauben, die sich heute in einem kaum mehr regulierbaren Strom über die historischen Zentren ergießen. Mögen sie auch zu Hauptreisezeiten die Karlsbrücke überschwemmen, das Goldmachergäßchen in ein Disney-Land und den Alten Jüdischen Friedhof in einen Rummelplatz verwandeln – Prag trägt auch diese Invasion mit Würde. Mit jener unnachahmlichen Gelassenheit der wahrhaft Großen, denen nichts mehr ihre Ruhe rauben kann. Dazu hat »Caput regni« – die einstige Hauptstadt eines Kaiserreiches – schon zu viel gelitten, zu viel gesehen.

Vieles könnte sie erzählen. Von marodierenden Horden mit ganz anderen Dingen im Tornister als einem Haufen Devisen. Von ehrgeizigen und von gleichgültigen Herren auf dem Hradschin, von klugen oder dummen, grausamen oder gerechten. Von wenigen guten Tagen, von langen schlechten Zeiten. Und von den seltenen Sternstunden der Geschichte – zuletzt im November 1989. Doch Mütterchen Prag gehört nicht zur geschwätzigen Sorte, die ihre Geheimnisse jedem Besucher freudig enthüllt. Dem Gast auf der Suche nach Kunstschätzen und Sehenswürdigkeiten zeigt sie bloß ihr kaltes, steinernes Gesicht. Wer dem goldenen Prag hingegen ins Herz blicken will, darf sich nicht vom Glanz schimmernder Kuppeln und Türme blenden lassen. In Wahrheit verbirgt sich hinter all den Zeugnissen längst versunkener Tage nämlich jene tiefe Melancholie, an der Schwache zerbrechen, während die wirklich Starken und Weisen aus dem Wissen um die Vergangenheit ihre Kraft für die Zukunft schöpfen.

Wenzelsplatz: Hier begannen Revolutionen

Daten und Taten

Die 1,2 Mio. Einwohner zählende Hauptstadt Prag (Praha) breitet sich auf einer Fläche von knapp 500 km² in einem weiten Talkessel auf Flußterrassen der Moldau aus. Zwischen Vyšehrad-Felsen und dem Burgberg liegt das zum UNESCO-Weltkulturerbe zählende historische Zentrum: Altstadt *(Staré Město)* und Neustadt *(Nové Město)* am rechten und Kleinseite *(Malá Strana)* am linken Ufer.

9./10. Jh.: Gründung fürstlicher Burgstätten auf Hradschin und Vyšehrad sowie des Prager Bistums.

11. Jh.: Niederlassung deutscher und jüdischer Handwerker und Kaufleute. Erste Judenverfolgung durch Kreuzritter.

12. Jh.: Bau der steinernen Judithbrücke (spätere Karlsbrücke), Absiedlung der Juden ans rechte Moldauufer.

13. Jh.: Befestigung der Altstadt, Ausbreitung auf die Kleinseite, Stadtrecht unter Přemysl Ottokar II. Beschränkung jüdischer Bürger auf Geldhandel und abgegrenztes Wohnviertel (1215), nach schweren Pogromen schützt das »Judenprivileg« (1254) vor schlimmsten Übergriffen.

14. Jh.: Unter Karl IV. wird Prag Erzbistum und Kaiserresidenz, großzügige städtebauliche Umgestaltung und Gründung der Neustadt mit der ersten Universität Mitteleuropas.

15. Jh.: Nach der Verbrennung des Reformators Jan Hus in Konstanz (1415) wird der erste Prager Fenstersturz (1419) zum Auftakt der Hussitenkriege (1420–1433).

16. Jh.: Das Haus Habsburg regiert auf dem Hradschin (1526). Großbrand auf Kleinseite und Prager Burg (1541). Unter Rudolf II. (1576–1611) letzte Blüte, Verlegung der Reichsresidenz nach Wien.

17. Jh.: Der zweite Prager Fenstersturz löst den Dreißigjährigen Krieg aus (1618–1648). Nach der Schlacht auf dem Weißen Berg (1620) läßt Ferdinand II. auf dem Altstädter Ring ein Blutgericht abhalten (1621), bei dem die Führer des Aufstands gegen die Habsburger hingerichtet werden. Plünderung Prags durch die Sachsen (1631) und Schweden (1648). Verheerende Brände in Alt- und Neustadt (1684) und schwere Pestepidemie (1680).

Kein Fremder hat jemals die Seele dieser Stadt besser begriffen als Bertolt Brecht: »Am Grunde der Moldau wandern die Steine. Es liegen drei Kaiser begraben in Prag. Das Große bleibt groß nicht und klein nicht das Kleine. Die Nacht hat zwölf Stunden, dann kommt schon der Tag.« Der jüngste Tagesanbruch brachte nach jahrzehntelangem Dunkel vieles ans Sonnenlicht – Positives, aber auch Negatives. In atemberaubender Geschwindigkeit, mit der Schritt zu halten Einheimischen bisweilen schwerfällt, ist Prag in den Westen zurückgekehrt. Hat sich herausgeputzt und mit dem neuen Wind den Muff des kommunistischen Provinzialismus hinweggefegt, bis selbst für die größten Skepti-

18. Jh.: Österreichischer Erbfolgekrieg: Bayerische und französische Truppen besetzen Prag (1741). Per Erlaß verfügt Maria Theresia die Ausweisung aller Juden aus Prag (1744, 1750 widerrufen). Beschädigungen durch die preußische Artillerie im Siebenjährigen Krieg um Schlesien (1756). Joseph II. hebt den Ghetto-Zwang auf, um die übervölkerte Judenstadt zu entlasten (seither Josefstadt genannt), und vereinigt die vier Prager Städte Altstadt, Neustadt, Kleinseite und Hradschin (1784) unter einer Verwaltung.

19. Jh.: Die Bewegung der Nationalen Wiedergeburt führt zur Gründung des Patriotischen Museums (1818, Vorläufer des heutigen Nationalmuseums), das Anliegen der Bewegung wird 1848 auf dem »Slawischen Kongreß« unter der Leitung des Historikers František Palacký formuliert. Teilung der Universität in eine deutsche und eine tschechische Hochschule (1882). Die Spannungen zwischen den nach bürgerlichen Freiheiten strebenden Tschechen und der Habsburger Bürokratie entladen sich 1848 in Barrikadenkämpfen. Mit dem Aufstieg Prags zum Industriezentrum und der Inbetriebnahme der Eisenbahnlinie Prag–Wien (1845) gehen wichtige Schritte zur Stadtentwicklung einher, u. a. wird das ehemalige Ghetto zum 5. Prager Stadtbezirk erhoben (1849) und ab 1885 saniert, 1849 entstehen die Stadtgemeinden Vinohrady und Žižkov. 1896 fährt die erste Elektrische Straßenbahn.

20. Jh.: Wirtschaftlicher und kultureller Aufschwung Prags als Hauptstadt der Ersten Tschechoslowakischen Republik (1918–1939): 750 000 Einwohner, 1674 Zeitungen und Journale (1929). Hitler besetzt Prag (1939), Massenhinrichtungen nach dem Attentat auf den »NS-Reichskommissar für die Endlösung der Judenfrage und Reichsprotektor für Böhmen und Mähren«, Reinhard Heydrich (1942). Aufstand der Prager Bevölkerung gegen die NS-Besatzung und Massaker an deutschen Bürgern kurz vor der Befreiung durch die Rote Armee (1945). Kommunistische Machtübernahme (1948), Einmarsch der Warschauer-Pakt-Truppen. Straßenkämpfe beenden im August den »Prager Frühling« (1968). Öffentliche Selbstverbrennung der Studenten Jan Palach und Jan Zajíc auf dem Wenzelsplatz (1969). Vor dem Standbild des hl. Wenzel erkämpfen zwei Jahrzehnte später Hunderttausende Prager in ständigen, von den Machthabern zähneknirschend geduldeten Demonstrationen die Freiheit ihres Landes in der Samtenen Revolution (November 1989).

ker kein Zweifel mehr bestehen konnte: Einmal Weltstadt, immer Weltstadt – und noch dazu vielleicht die schönste Mitteleuropas.

Wie in jeder Metropole gibt es seit der Rückkehr auf die internationale Bühne allerdings auch Nepp und Kriminalität. Selbst für westliche Touristen ist das Prager Pflaster mittlerweile exorbitant teuer, für Tschechen ist der Besuch ihrer Hauptstadt fast unerschwinglich geworden. Im Vergleich zur Provinz kosten Unterkunft oder ein Besuch im Restaurant astronomische Summen, die zu dem landesüblichen Durchschnittseinkommen in keiner Relation mehr stehen.

Auch um sich als Prager heutzutage Prag leisten zu können, reicht selten eine Einkommensquelle allein aus. So geht nahezu jeder in seiner Freizeit einem Zusatzerwerb nach, sei es als Handwerker in Schwarzarbeit, sei es im Kunstgewerbe, das auf unzähligen, wie Pilze aus dem Innenstadtboden geschossenen Ständen feilgeboten wird. Wer für all das kein Talent besitzt, versucht sich als Straßenmusikant oder Maler. Und wenn es auch dazu nicht reicht, dann hängt man seinem Pinschpudeldackel einfach eine bunte Halskrause um und produziert sich als Hundedompteur. Ein paar Kronen fallen selbst für Darbietungen von unfreiwilliger Komik ab, dazu trägt schon die heitere Atmosphäre in der vor Vitalität überschäumenden Innenstadt bei.

Touristen in ihrer Begeisterung über all die Renovierungen und Restaurierungen, über die in historisches Ambiente eingebetteten Lokale, Läden und Hotels, bemerken freilich nichts von dem Kampf, der mit allen nur denkbaren Mitteln zwischen Politikern und Spekulanten tobt. Strenge Denkmalschutzbestimmungen versickern in einem schier undurchdringlichen Kompetenzwirrwarr, Bestechung und Protektion sind Tür und Tor geöffnet. Um jeden Quadratzentimeter des raren Baugrunds wird gefeilscht, gehandelt, gerungen, denn weder der Zweite Weltkrieg noch die Jahrzehnte danach hinterließen im Prager Stadtbild wesentliche Lücken. Erst jetzt drohen Profitgier und Ignoranz, gepaart mit architektonischer Einfallslosigkeit, unheilbare Wunden zu schlagen. Als Anfang 1995 der Entwurf zum Bau eines Superhotels am Aléš-Kai heimlich, still und leise bereits so gut wie genehmigt war, griff Präsident Václav Havel höchstpersönlich ein und verhinderte damit Schlimmes. Sonst wäre nämlich mit dem Sanktus des Bürgermeisteramtes unmittelbar unter der Karlsbrücke

ein gigantischer Pilz emporgeschossen, eine Faust aus Beton zwischen dem filigranen Spitzenwerk gotischer Türme und Kuppeln am rechten Moldauufer.

Daß der Dichterpräsident auf dem Hradschin seine Heimatstadt aber durchaus nicht als ein einziges großes Freilichtmuseum versteht, stellte er mit seinem Engagement für den umstrittenen Neubau »Ginger und Fred« unmittelbar neben seinem Familienhaus am Masaryk-Kai unter Beweis. Zur kilometerlangen, von Gründerzeit- und Jugendstilgebäuden flankierten Uferlinie setzte das Architekten-Duo Frank O. Gehry und Vlado Milunic tanzende Zwillingstürme als spektakulären Kontrapunkt: Während der eine – Fred Astaire – aufrecht steht, neigt sich der andere – Ginger Rogers – im Schwung zu einer unhörbaren Melodie. Auch so kann das 20. Jahrhundert bauen! Statt romantisch-historisierenden Kopien oder Spießerprunk Objekte voll Kühnheit und Eleganz.

Doch wie energisch auch immer das Hier und Heute tagsüber sein Recht verlangt, wenn die goldenen Spitzen der Stadt zum letzten Mal in der Abendsonne aufleuchten, während sich schon die Dunkelheit über die engen, krummen Gassen senkt, wischt sich Mütterchen Prag das jugendliche Make-up wieder vom Gesicht. Ungeschminkt zeigt es sich dann im Licht seiner alten Laternen, die nur flüchtig hier eine barocke Fassade, dort einen gotischen Torbogen streifen. Dann geht auch Rabi Löws Golem wieder zwischen den Synagogen der Judenstadt um, und die Moldauwellen erzählen einander leise flüsternd von Liebe und Leid der schönen Nixe Rusalka. In diesen Stunden, wenn das 20. Jh. für eine kleine Weile seinen Atem anhält, läßt sich das unvergängliche Prag noch finden.

Spaziergänge durch Prag

Ich kenne keine Stadt, die wie Prag, wenn man in ihr wohnt und mit ihr geistig verwittert ist, einen so oft und in so merkwürdig zauberhafter Art lockt, die Orte der Vergangenheit aufzusuchen.

Gustav Meyrink

Hradčany (Burgviertel)

Der Stadtteil Hradschin (*Hradčany* = Vorburg) steht nicht, wie vielfach angenommen, als Synonym für die Prager Burg *(Pražský hrad)*. Zwar wird das Viertel seit dem frühen Mittelalter von dem mächtigen Gebäudekomplex dominiert, doch ebenso sehenswert sind die Adelspaläste, Patrizierhäuser, Kirchen und Klöster hoch über der Stadt. (U-Bahnlinie A bis Malostranská, weiter zu Fuß über die Alte Schloßtreppe zur Burg oder mit der Straßenbahn-Linie 22 bis Pražský hrad oder Památník písemnictví).

Burg und St. Veits-Dom
Kämpfende Giganten flankieren am Hradčanské náměstí den Haupteingang zu dem von Rokokofassaden gesäumten **Ersten Burghof** (auch Ehrenhof), seit der Präsidentschaft Havels jeden Mittag Schauplatz der theaterreif inszenierten Wachablösung der Burg-Garde. Linkerhand liegt hinter einem Gittertor der **Basteigarten** mit Restaurant, geradeaus öffnet sich das frühbarocke, ursprünglich freistehende und unter Maria Theresia ins neugeschaffene Gesamtensemble der beiden Burghöfe integrierte **Matthiastor** ◼1, in dem rechts eine Rokokotreppe zu den nicht zugänglichen Repräsentations-, Kanzlei- und Wohnräumen des Staatspräsidenten führt. Seine Anwesenheit signalisiert die gehißte weiß-blau-rote Flagge.

Als Blickfang ragt im **Zweiten Burghof** das Halbrund der Sakristei der barocken

Hl.-Kreuz-Kapelle ◼2 neben gotischen Mauerresten aus dem Südtrakt heraus. Seit 1961 befindet sich hier der bemerkenswerte Domschatz. In den ehemaligen Marställen des Nordflügels wird eine Auswahl der Gemälde-Sammlung der **Burggalerie** ◼3 gezeigt, die Mitte des Hofes schmücken zwei frühbarocke Brunnen sowie der moderne Löwenbrunnen.

In Umkehr zu den russischen Puppen, die von Mal zu Mal kleiner werden, überrascht der **Dritte Burghof** als ältester und zentraler Teil der gesamten Burg durch seine Größe und monumentale Anlage. Magnetisch zieht das Bronzeportal an der neugotischen Westfassade des **St. Veits-Doms** *(Chrám sv. Víta)* ◼4

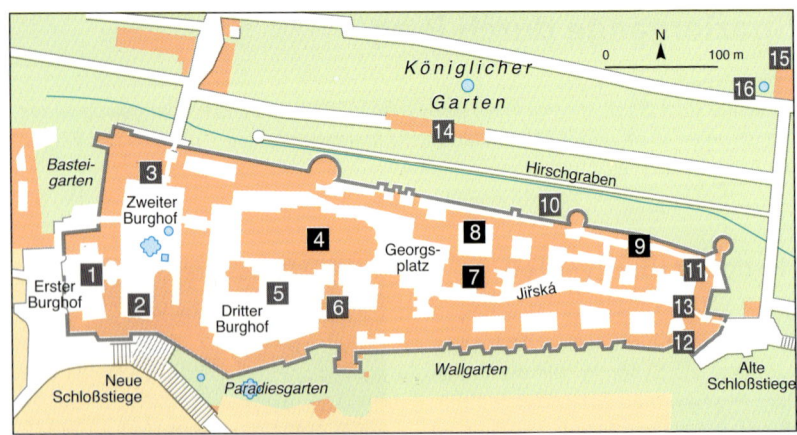

Burg und St. Veits-Dom *1 Matthiastor 2 Hl.-Kreuz-Kapelle 3 Burggalerie 4 St. Veits-Dom 5 St. Georgs-Statue 6 Alter Königspalast 7 Georgsbasilika 8 Georgskloster 9 Goldenes Gäßchen 10 Weißer Turm 11 Daliborka-Turm 12 Palais Lobkowitz 13 Schwarzer Turm 14 Großes Ballhaus 15 Königliches Lustschloß 16 Singender Brunnen*

den Besucherstrom ins Innere der Kathedrale, die allein schon durch ihre Maße – 124 m Länge, 60 m Breite und 33 m Höhe – beeindruckt. Sechs Jahrhunderte lang arbeiteten die größten Baumeister ihrer Zeit – allen voran Peter Parler, der Hofarchitekt Kaiser Karls IV. – an der Krönungskirche der böhmischen Könige. Alle Epochen – Gotik, Renaissance und Barock, aber auch Neugotik und Jugendstil – wirkten an diesem einzigartigen Gesamtkunstwerk, das mit seinem knapp 100 m hohen und von einem vergoldeten böhmischen Löwen gekrönten Südturm wie kein anderes die Silhouette Prags prägt.

Das von 28 Pfeilern gegliederte Innere, durch die bunten Glasfenster der tschechischen Jugendstilmaler Max Švabinský und Alfons Mucha in mystisches Licht getaucht, fasziniert durch den majestätischen Hochchor mit dem herrlichen Netzgewölbe Peter Parlers. Vor dem neugotischen Hochaltar erstrahlt das im 16. Jh. errichtete reliefver-

zierte Mausoleum der böhmischen Könige in weißem Marmor, die **Königsgruft** befindet sich unmittelbar darunter und ist über eine Treppe in der Hl.-Kreuz-Kapelle erreichbar. »Es liegen drei Kaiser begraben in Prag ...« – hier ruhen sie in Stein- und Zinnsarkophagen: Karl IV., sein Sohn Wenzel IV. und der Habsburger Rudolf II.

Von den insgesamt 21 Seitenkapellen nimmt die **Wenzelskapelle** über dem angeblichen Grabmal des heiliggesprochenen Přemyslidenfürsten in jeder Hinsicht eine Sonderstellung ein. Die ungewöhnliche Konzeption eines Baus im Bau, den goldgefaßte Edelsteinverzierungen an den Wänden und Wandmalereien mit Szenen aus dem Leben des Märtyrers in einen kostbaren Schrein verwandeln, trägt unverkennbar Peter Parlers Handschrift. Im nicht zugänglichen Obergeschoß der Kapelle verbirgt sich eine von sieben Schlössern gesicherte Kammer mit den nur bei ganz seltenen Anlässen zur Schau gestellten

Krönungskleinodien. Die königlichen Insignien – Reichsapfel, Krone und Zepter – sind, wenn auch nur als Kopien, dennoch auf der Prager Burg zu sehen: Im zweiten Stock des Palais Lobkowitz an der Alten Schloßstiege.

Eine Kostbarkeit für sich stellt auch die Südfront dar. Über Parlers **Goldener Pforte**, einst der Haupteingang ins Gotteshaus, zeigt ein Mosaik aus dem 14. Jh. das Jüngste Gericht, links darüber prunkt ein vergoldetes Renaissancegitter in einem gotischen Fenster und noch ein Stück höher geben die zwei Zifferblätter der Turmuhr – mit 4,25 m Durchmesser die größten Prags – unabhängig voneinander Viertel- und volle Stunden an.

Neben dem Haupteingang zum Veitsdom und der Alten Propstei erhebt sich rechterhand ein 18 m hoher Granitmonolith zur Erinnerung an die Opfer des Ersten Weltkriegs, wenige Meter entfernt zieht die Kopie der gotischen **St.**

Georgs-Statue **5** (Original in der Nationalgalerie-Sammlung im Georgskloster) die Blicke auf sich. Das weltliche Gegenstück zur Kathedrale liegt der Südfront gegenüber. Im dreigeschossigen **Alten Königspalast** **6** residierten vom Ende des 9. bis zum 16. Jh. die Herrscher Böhmens, erst die Habsburger degradierten die ehrwürdigen Mauern zu einem Kanzlei- und Magazingebäude. Einen überwältigenden Eindruck hinterläßt der 62 m lange und 16 m breite Vladislav-Saal, Ende des 15. Jh. von Benedikt Rieth als größter weltlicher Saal der Spätgotik in Mitteleuropa geschaffen. Es braucht nicht viel Phantasie, sich unter dem 13 m hohen Spitzbogengewölbe die einstmals hier abgehaltenen Ritterturniere vorzustellen. Vom direkt anschließenden Ludwigsflügel – Sitz der Böhmischen Kanzlei – betritt man den erstaunlich kleinen Statthaltersaal, der zum Schauplatz des folgenschweren Zweiten Prager Fenstersturzes wurde.

Höhepunkt gotischer Baukunst: Der St. Veits-Dom

Drei Fensterstürze ins Verderben

Eine gehörige Portion schwarzen Humors steckt hinter dem tschechischen Bonmot, daß man in Prag Politik am besten im Keller macht: Bei den zwei weltberühmten »Prager Fensterstürzen« kamen nämlich nicht nur hohe Herren zu Fall, die Konsequenzen waren für Hunderttausende, ja Millionen Menschen weit fataler.

Als am 30. Juli 1419 radikale Hussiten unter der Führung von Jan Želivský das Neustädter Rathaus stürmten und die Freilassung ihrer inhaftierten Glaubensbrüder verlangten, empfingen die Ratsherren den aufgebrachten Haufen mit Steinwürfen. Doch wenige Minuten später landeten sie auf den aufgepflanzten Spießen der auf dem Platz versammelten Menge. Einige der bis zur Weißglut gereizten Männer waren in die Ratsstube vorgedrungen hatten und die Stadtoberen kurzerhand zum Fenster hinausgeworfen. Diesem blutigen Ersten Prager Fenstersturz folgten die noch weit blutigeren Jahrzehnte der Hussitenkriege.

Geradezu groteske Komik umgibt zwei Jahrhunderte später den Zweiten Prager Fenstersturz, bei dem die handelnden Personen von Rang und Adel waren. Im Handgemenge »defenstrierten« am 23. Mai 1618 protestantische Adelige zwei Statthalter des erzkatholischen Kaisers Ferdinand II. samt einem Sekretär auf der Prager Burg. Zu ihrem Glück landeten die drei auf einem Misthaufen und kamen unversehrt davon, doch die Lunte zum Dreißigjährigen Krieg, der ganz Europa in Brand setzen sollte, war mit diesem Affront gegenüber dem Habsburger gelegt. Nur einen Winter lang regierte der vom protestantischen böhmischen Adel 1619 zum Gegenkönig gewählte Kurfürst Friedrich V. von der Pfalz auf dem Hradschin. Am 8. November 1620 besiegten die Truppen Ferdinands II. des »Winterkönigs« Streitmacht in der Schlacht am Weißen Berg: 22 tschechische und fünf deutsche Adelige mußten daraufhin als Führer des Aufstands das Blutgerüst am Altstädter Ring besteigen, der jahrzehntelange Glaubenskrieg war nicht mehr aufzuhalten.

Selbst nach einem halben Jahrhundert wollen die Gerüchte um den Dritten Prager Fenstersturz nicht verstummen, bei dem 1948 der amtierende Außenminister Jan Masaryk, der Sohn des Republikgründers Tomáš G. Masaryk, den Tod gefunden hat. Unter mysteriösen Umständen stürzte der als einziger Nichtkommunist im Kabinett der Stalinisten verbliebene Politiker aus dem Fenster seines Büros – angeblich in selbstmörderischer Absicht. Mit ihm starb nicht nur der letzte hochkarätige Systemkritiker, es erlosch auch der noch immer charismatische, für Demokratie und Freiheit stehende Name.

Ein »Muß« für Prag-Besucher: Das Goldene Gäßchen

Obligat ist natürlich ein Blick durch das enge Stübchenfenster in die Tiefe, wo heute eine kleine Pyramide die Stelle des lebensrettenden Misthaufens markiert. Über die noch die Hufspuren der Turnierrösser aufweisende Reitertreppe gelangt man wieder ins Freie.

Hinter der Rückfront des Veitsdoms liegt der gerne auch als »Vierter Burghof« bezeichnete **Georgsplatz** *(Jiřské náměstí)*, benannt nach der im 10. Jh. gegründeten **Georgsbasilika** **7** mit hinreißenden Fresken aus dem 13. Jh. Für das anschließende **Georgskloster** **8** sollten sich Liebhaber gotischer Skulptur und Malerei viel Zeit nehmen. Die in dem unter Joseph II. aufgelassenen Konvent untergebrachte Sammlung alter Kunst Böhmens gehört mit ihren Schönen Madonnen zu den größten Schätzen des Landes. Wer sich nun laben möchte, kann in einer der nahen Gaststätten einkehren und mit ein wenig Glück sogar Präsident Havel bei einem

Arbeitsessen im Restaurant »Vikárka« sehen.

Oder aber, sofern sich zur Mittagsstunde dort die Massen drängen, spornstreichs zum **Goldenen Gäßchen** *(Zlatá ulička)* **9** eilen und hoffen, eine Lücke im Besucherstrom der meistbesuchten Prager Sehenswürdigkeit zu finden. Was sich nämlich auf den wenigen Metern vor den 18 winzigen, zwischen **Weißem Turm** **10** und **Daliborka-Turm** **11** eingezwängten Häuschen zumeist abspielt, spottet jeder Beschreibung. Von den Millionen Besuchern der Prager Burg läßt es sich offenbar kein einziger nehmen, zumindest einen Blick auf die heute so niedlich und bunt herausgeputzten Wohnstätten von Handwerkern zu werfen. Alchimisten, die Blei in Gold zu verwandeln suchten, lebten freilich nur der Legende nach in dem auch »Goldmachergäßchen« genannten Elendsquartier, zu dem die nunmehrige Attraktion im 18. und 19. Jh. herabgesunken war. Noch als Franz Kafka 1916/17 für einige Monate im Haus Nr. 22 bei seiner Schwester weilte, müssen diese feuchten, dunklen Wohnungen alles andere als gesund gewesen sein. Hier brach nämlich seine letztlich tödlich verlaufende Lungenkrankheit aus.

In der Georgsgasse lohnt noch das barockisierte **Palais Lobkowitz** 12, Sitz des Historischen Museums Böhmens, einen Besuch, bevor man im Schatten des **Schwarzen Turms** 13, der im Mittelalter gemeinsam mit den bereits erwähnten Türmen als Wehranlage und Kerker diente, über die **Schloßstiege** das Burgareal verläßt.

Die Burggärten

Vom Zweiten Burghof führt ein Seitendurchgang zur Pulverbrücke und über den Hirschgraben zum **Königlichen Garten**, der zu Zeiten Rudolfs II. ein manieristisches Zauberreich gewesen sein muß. Erst das Barock schniegelte und striegelte das von allerlei Exoten aus Tier- und Pflanzenreich bewohnte Paradies und setzte die obligaten Götter- und Heldenstatuen in die Anlage. Sgraffiti schmücken das **Große Ballhaus** 14, an dem aufmerksame Beobachter ein Detail bemerken, das sicherlich nicht aus dem 16. Jh. stammen kann: Hammer und Sichel neben Justitia – eine bei der Restaurierung der 70er Jahre versteckte Systemkritik. Am unteren Ende des Parks befindet sich Prags erster stilreiner Renaissancebau – das **Königliche Lustschloß** 15, auch Belvedere genannt. Davor plätschert der mit fröhlich pinkelnden Putti ausgestattete **Singende Brunnen** 16, dessen Lied freilich nur unterhalb des tiefsten Beckens zu hören ist. Vom Dritten Burghof aus sind **Paradies-** und **Wallgarten** erreichbar, der **Basteigarten** liegt linkerhand des Matthiastors.

Hradschiner Platz, Loreto-Heiligtum und Kloster Strahov

Rund um eine barocke Mariensäule gruppieren sich vor dem Haupteingang zur Burg herrliche Paläste und Adelshäuser, allesamt nach dem großen Brand von 1541 entstanden. Platzbeherrschend erhebt sich die Rokokofassade des – nicht zugänglichen – Erzbischöflichen Palais vor dem hochbarocken **Palais Sternberg** 1, dem Hauptsitz der Nationalgalerie (*Národní galerie*; Zugang durch das linke Bogenportal; Ikonen sowie Bilder und Plastiken aus dem 19./20. Jh., Picasso-Sammlung). Ehemalige Chorherren-Häuser und das mit Spätrenaissance-Sgraffiti verzierte Palais Martinitz stehen dem **Palais Schwarzenberg** 2, einem prachtvollen Renaissancebau mit vorgetäuschter Diamantquader-Fassade in Kratzputz-Technik, gegenüber. Im Ehrenhof befinden sich Exponate des seit 1956 im Palais untergebrachten Heeresgeschichtlichen Museums. Dem frühbarocken Palais Toscana schräg gegenüber gliedert sich die barocke Hradschiner Pfarrkirche St. Benedikt ins Ensemble ein, während die Alte Rathausstiege neben dem sgraffitigeschmückten Alten Rathaus eine Verbindung zur Nerudova, dem bedeutendsten Straßenzug auf der Kleinseite, schafft.

Am Palais Toscana scheiden sich nun die Wege: Linkerhand finden sich die **Kirche St. Johannes Nepomuk** (*Kostel sv. Jana Nepomuckého*) 3, der erste Sakralbau von Kilian Ignaz Dientzenhofer, und das Gäßchen Nový Svět (Neue Welt) mit seinen malerischen Barockhäusern. An der rechten Seite vorbei gelangt man zum größten und am höchsten plazierten Adelspalast Prags, dem imposanten **Czernin-Palais** 4 mit seiner 150 m langen Hauptfassade (Sitz des Außenministeriums).

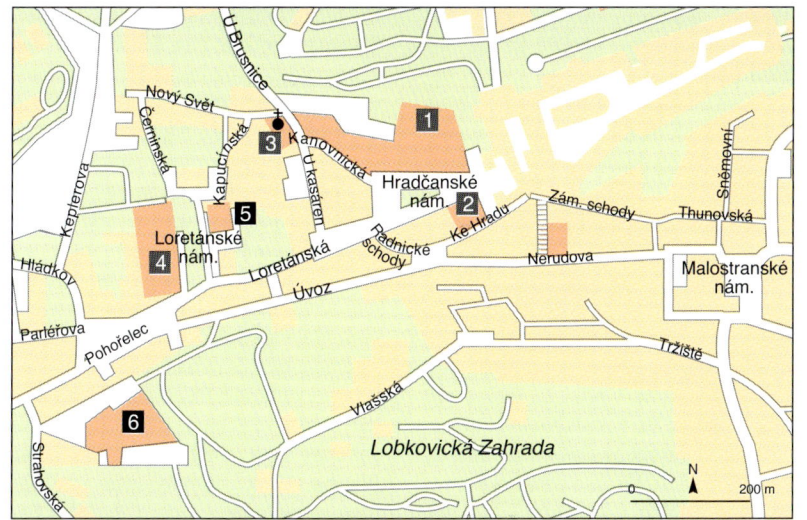

Hradschiner Platz, Loreto-Heiligtum und Kloster Strahov *1 Palais Sternberg mit National-galerie 2 Palais Schwarzenberg 3 St. Johannes-Nepomuk-Kirche 4 Czernin-Palais 5 Maria Loreto 6 Kloster Strahov*

Als Graf Czernin von Chudenitz Mitte des 17. Jh. seinen gigantischen Palast-bau begann, drohten die ausgehobenen Erdmassen die wenige Jahrzehnte zuvor gestiftete Wallfahrtsstätte **Maria Loreto** 5 neben dem bereits im Jahr 1600 errichteten Kapuzinerkloster zu verschütten. Doch die **Casa Santa** blieb unversehrt, so daß Vater und Sohn Dientzenhofer ein Jahrhundert später das von Kreuzgängen umgebene »Hei-lige Haus« – eine Kopie der von Bra-mante erbauten Kapelle in der italieni-schen Provinz Ancona – zum Loreto-Hei-ligtum ausbauen und mit der prachtvollen barocken Christi-Geburt-Kirche krönen konnten. In der Schatz-kammer im ersten Stock des Loreto-Hei-ligtums sind Kostbarkeiten von uner-meßlichem Wert – wie die von Fischer von Erlach entworfene 12 kg schwere, mit 6500 Diamanten geschmückte Mon-stranz – zu bewundern.

Über dem Talkessel zwischen Burg- und Laurenziberg erheben sich weithin sichtbar die beiden Türme der auf roma-nischen Fundamenten errichteten ba-rocken Mariä-Himmelfahrts-Kirche des seit dem 12. Jh. bestehenden **Klosters Strahov** 6, das allein schon wegen sei-ner Bibliothek mit erlesensten bibliophi-len Kostbarkeiten zum Pflichtprogramm jedes Prag-Besuchers zählen muß. An-gesichts der unschätzbar wertvollen, bis zum 9. Jh. zurückreichenden Inkuna-beln, Codizes, Globen und Handschrif-ten kapitulierte selbst Joseph II. mit sei-nen Säkularisierungsabsichten. Die Prä-monstratensermönche konnten sogar mit kaiserlicher Erlaubnis ihrem in üp-pigstem Barock erstrahlenden **Theologi-schen Saal** einen **Philosophischen Saal** hinzufügen, in dem sich das Rokoko mit all seiner verspielten Schmucklust nicht nur im Deckengemälde »Die Geschichte der Menschheit« des Franz Anton Maulpertsch austoben durfte. Nach der Wende gingen die 130 000 Bände des historischen Fundus wieder in den Besitz des Ordens über. Die nunmehr etwa 900 000 Exponate umfassende staatliche Sammlung des **Museums des nationalen Schrifttums** verblieb dafür weiterhin in diesem einzigartigen Ambiente.

Malá Strana (Kleinseite)

Als »Kleine Prager Stadt« Mitte des 13. Jh. von Ottokar II. gegründet, präsentiert sich das Viertel zu Füßen der Burg seit dem Barock als ein in Mitteleuropa einzigartiges Gesamtkunstwerk. (U-Bahnlinie A bis Malostranská oder Straßenbahnlinie 12 bzw. 22 bis Malostranská náměstí. Am reizvollsten aber ist die Annäherung zu Fuß über die Karlsbrücke, s. S. 62).

Ein gotisches Stadttor zwischen den beiden Kleinseitner Brückentürmen öffnet den Zugang zu der von allerlei interessanten Läden gesäumten Mostecká ulice (Brückengasse), der Fortsetzung des in der Altstadt beginnenden Krönungswegs (s. S. 61). Beachtung verdient linkerhand die im 12. Jh. gegründete und im 17. Jh. barockisierte **Malteserkirche St. Maria unter der Kette** (Kostel panny Marie pod řetězem) **1**, das älteste Gotteshaus der Kleinseite. Einen Vorgeschmack auf die Prachtpaläste unterhalb des Hradschin gibt der **Malteserplatz** (Maltézské náměstí) **2**. Vom Palais Turba (japanische Botschaft) über das Palais Nostitz (niederländische Botschaft) bis zum Palast des Malteser Großpriorates stellt jedes einzelne Gebäude des Ensembles ein barockes Juwel für sich dar.

Der Platz ist durch eine kleine Brücke mit der Flußinsel **Kampa** **3** verbunden, ein durch den Moldauarm Čertovka – Teufelsbach – von der Kleinseite ge-

trenntes Nobelviertel mit großzügigen Parkanlagen, die ihre Entstehung der Zusammenlegung einstiger Palastgärten verdanken: Ideal, um in aller Ruhe die Aussicht auf Moldau und Altstadt zu genießen, einen Bummel über den alten Dorfanger Na Kampě mit seinen hübschen Renaissance- und Barockhäusern zu machen und stille Gäßchen wie das Prager Venedig (Pražské Benátky) oder die noch verbliebenen Räder der einst vom Malteserorden betriebenen Mühle zu entdecken. Früh genug beginnt nämlich das kulturelle Pflichtprogramm wieder, sobald man am südlichen Ende dieser Oase die Kirche **St. Johannes an der Bleiche** (13. Jh., Renaissance- und Barockumbau) und auf der Újezd das **Palais Michna**, einst ein Renaissanceschloß der Kinskys, heute ein Sportmuseum, erreicht.

Nun gibt es zwei Möglichkeiten: Entweder von hier mit der Standseilbahn auf den von einem Miniatur-Eiffelturm (1891, Maßstab 1 : 5) gekrönten Hausberg der Prager, den **Petřín** **4**, auch Laurenziberg (nach der Laurentiuskapelle auf der Kuppe) genannt. Oder aber in der Direttissima zur Karmelitská ulice, der Kleinseitner Hauptverkehrsader, zur **Kirche Maria de Victoria** **5** mit der im 16. Jh. aus Spanien an die Moldau gebrachten wundertätigen Wachsfigur des Prager Jesulein (s. Abb. S. 34).

Geht man von ihr aus schnurgerade weiter, stößt man auf den **Kleinseitner Ring** (Malostranské náměstí), wie alle Prager »Ringe« natürlich ein Platz – und was für einer: Altehrwürdige Bürgerhäuser mit gotischen Kellergewölben und Renaissancefassaden wie das Haus Zum Goldenen Löwen (Nr. 10, im Erdgeschoß das exquisite Restaurant U

mecenáše) gruppieren sich zwischen imposanten Palästen wie dem platzbeherrschenden Palais Liechtenstein (Nr. 13, Akademie der musikalischen Künste) rund um ihn. Eines der schönsten Barockbauwerke nördlich der Alpen, der mächtige **St. Nikolaus-Dom** , gliedert ihn gemeinsam mit dem angeschlossenen Jesuitenkolleg in eine obere und eine untere Hälfte. Das wahrlich himmelstürmende Gotteshaus schufen Vater und Sohn Dientzenhofer, mit verschwenderischer Großzügigkeit überwältigt das Kircheninnere. Über dem Hauptschiff wölbt sich eines der größten Deckengemälde Europas, 1500 m² mißt das Fresko, das Szenen aus dem Leben des hl. Nikolaus zeigt. Pompöser, aber auch jubelnder kann Barock wohl kaum sein. In dem von Gold und Glanz überquellenden Gotteshaus spielte Wolfgang Amadeus Mozart auf der Orgel. Seiner gedachten die Prager hier nur vier Jahre später mit einer feierlichen Totenmesse – in Wien wurde keine für ihn gelesen.

Die nach dem tschechischen Dichter Jan Neruda benannte **Nerudova** 7 verbindet als letzter Abschnitt des Königsweges den Kleinseitner Ring mit der Prager Burg. Dank der seit jeher als Orientierungshilfen dienenden Hauszeichen ist es nicht schwer, die interessantesten Gebäude wie Rosinen herauszupicken: etwa die Barockhäuser »Zu den zwei Sonnen« (von Neruda bewohnt) und »Zu den drei Geigen«, oder die barockisierten Renaissancebauten »Zum

Malá Strana (Kleinseite) *1 Malteserkirche St. Maria unter der Kette 2 Malteserplatz 3 Kampa 4 Petřín 5 Kirche Maria de Victoria 6 St. Niklas auf der Kleinseite 7 Nerudova 8 St. Thomas-Kirche 9 Palais Waldstein*

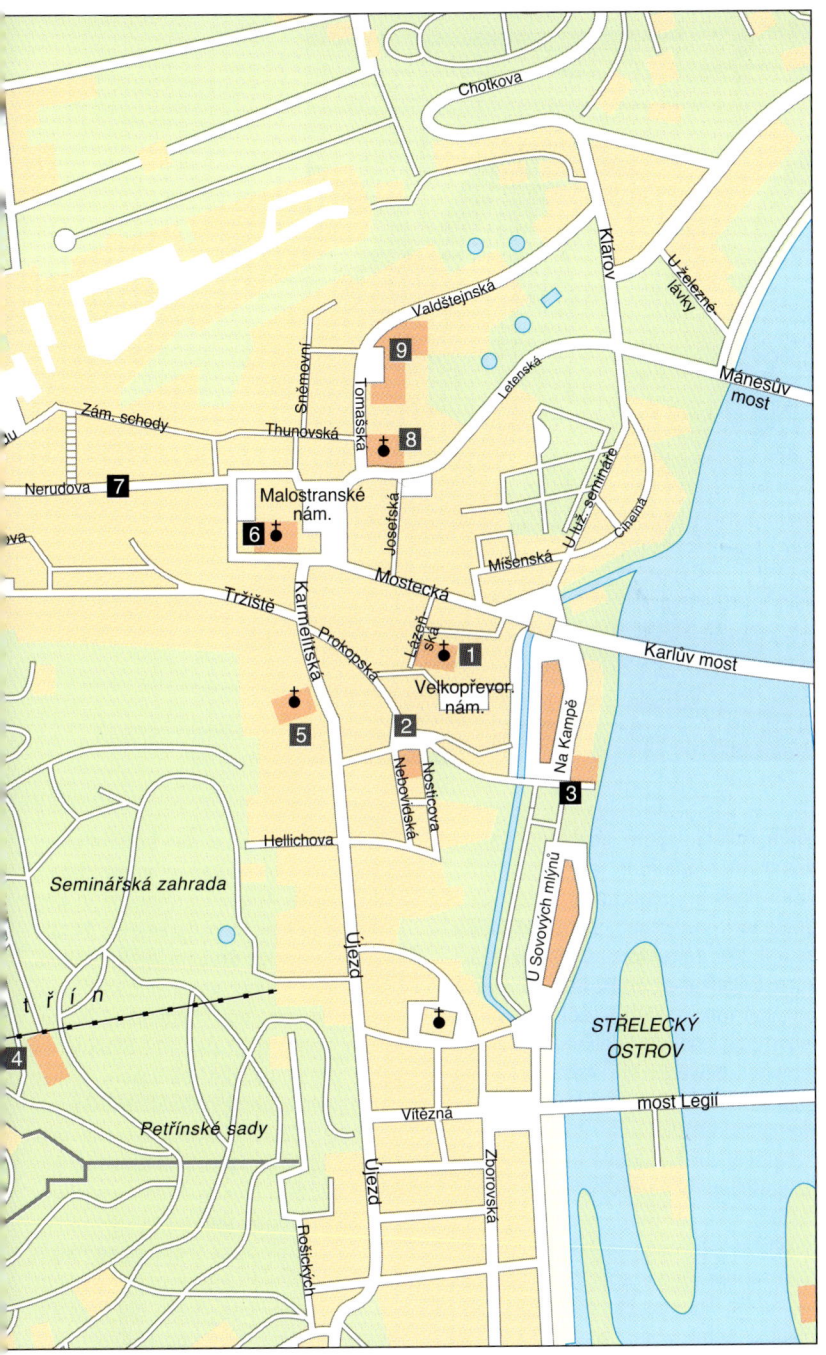

Im Garten des Palais Waldstein

roten Adler«, »Zum goldenen Kelch«, »Zum hl. Johannes von Nepomuk«, »Zum Esel an der Krippe« oder »Zum goldenen Löwen« (Apotheken-Museum). Vor dem Morzin-Palais (rumänische Botschaft) tragen Mohren-Giganten von Maximilian Brokoff schwer an einem ausladenden Balkon, schräg gegenüber bewacht ein Adler von Matthias Bernhard Braun das Palais Thun-Hohenstein (italienische Botschaft).

Parallel zur Nerudova führt die Neue Schloßstiege *(Zámecké schody)* auf kürzestem Weg zur Burg, in der entgegengesetzten Richtung gelangt man am Kleinseitner Ring vorbei zu Kloster und Kirche **St. Thomas** 8 (von Kilian Ignaz Dientzenhofer barockisiert) in der

Letenská ulice. Eine der bekanntesten Prager Biergaststätten erinnert daran, daß sich die Augustinermönche in den gotischen Gewölben bereits im 14. Jh. in der Kunst des Brauens geübt hatten. Durch eine kleine, unscheinbare Pforte am Ende der nun folgenden hohen Mauer betritt man den mit Skulpturen reich geschmückten barocken, hinter dem Palais liegenden **Waldstein-Garten** mit einer Sala Terrena (Konzerte und Theateraufführungen) und der ehemaligen Reitschule (wechselnde Ausstellungen der Nationalgalerie).

Der Haupteingang des riesigen **Palais Waldstein** *(Valdštejnský palác)* 9 liegt am Waldstein-Platz. Allein die Fassade dieses zwischen 1623 und 1630 entstandenen Barockpalastes der Superlative, dem ganze Häuserzeilen und Straßenzüge weichen mußten, umfaßt 60 m Länge. Heute residiert der tschechische Kulturminister in den über und über mit Stuck und Fresken verzierten, nur bei Konzerten zugänglichen Sälen des von Schiller als Wallenstein verewigten Generals (s. S. 214).

Staré Město (Altstadt)

Der Begriff »Altstadt« bezeichnet zwar das Zentrum des Zentrums, umfaßt aber irritierenderweise keineswegs – wie in anderen Städten – den gesamten historischen Bereich Prags, das sich bereits im 10. Jh. zwischen dem Hradschin und dem ebenfalls als Herrschersitz dienenden Vyšehrad ausgedehnt hat. Die Prager Altstadt umfaßt bloß den sich ans Moldauknie schmiegenden Bereich am rechten Ufer, den Wenzel I. in der Mitte des 13. Jh. mit einer halbkreisförmigen Stadtmauer auf der Höhe des späteren Grabens (Na příkopě) umgab. (U-Bahnlinie B bis Náměstí Republiky oder zu Fuß über die Karlsbrücke).

Der Krönungsweg vom Pulverturm zur Karlsbrücke

Pikanterweise folgte das kommunistische Restaurierungsprogramm der 80er Jahre den Spuren der böhmischen Könige. Maximilian II. war 1562 der erste, der zu seiner Krönung im Veits-Dom in

Staré Město (Altstadt) *1 Repräsentationshaus 2 Pulverturm 3 Celetná ulice 4 Teyn-Kirche 5 Altstädter Rathaus 6 Clementinum 7 Kreuzherrenplatz*

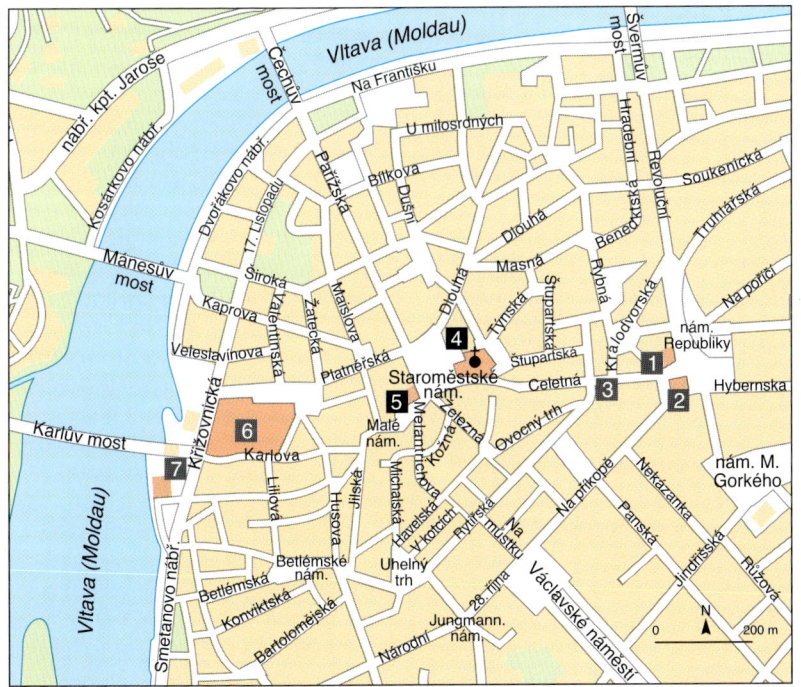

Brückenschlag zum Mittelalter
Die Karlsbrücke

Die Sterne standen offenbar wirklich günstig, als Kaiser Karl IV., den Berechnungen seiner Astrologen folgend, am 9. Juli 1357 um halb sechs Uhr früh den Grundstein für die neue Brücke zwischen Altstadt und Kleinseite legen ließ. Zwar wurde der zum Wahrzeichen Prags avancierte Verbindungsweg über die Moldau durch schweres Hochwasser drei Mal empfindlich beschädigt, doch nach mehr als 600 Jahren hält die Konstruktion Peter Parlers noch immer.

Mit Bravour löste der damals erst 27jährige Architekt gewaltige technische Probleme. Um den Überresten der knapp zwei Jahrhunderte nach ihrer Errichtung 1342 zusammengestürzten Judith-Brücke auszuweichen, legte er den in 9 m Tiefe auf 16 Bogenpfeilern ruhenden Moldauübergang in einer leichten Krümmung an. Als Bindestoff für den Mörtel verwendete Parler frische Eier, die aus dem ganzen Land herbeigekarrt werden mußten. Lange Zeit hielt man das ebenso für eine Legende wie den Schildbürgerstreich des Städtchens Rakovník, das seinen Tribut vor dem heiklen Transport angeblich hartgekocht hatte. Doch jüngste Untersuchungen ergaben, daß im Mauerwerk tatsächlich organische Substanzen enthalten sind.

Mehr als 300 Jahre blieb die 520 m lange und 10 m breite steinerne Brücke (erst ab 1870 offiziell *Karlův most* –

Karlsbrücke) ohne jeglichen Schmuck. Das Barock machte diesen Mangel dafür um so reichhaltiger wett: Insgesamt 26 Statuengruppen von Meistern wie Matthäus Wenzel Jäckel oder Ferdinand Maximilian Brokoff flankierten innerhalb von nur acht Jahren (1706–1714) den steinernen Weg über die Moldau. Einige wenige gesellten sich erst im 19. Jh. und das bisher letzte Werk – St. Cyrill und St. Method – 1938 dazu.

Der prominenteste der himmlischen Parade traf freilich schon 1683 ein: Johannes von Nepomuk, auf Befehl Wenzels IV. nach einem Streit in der Moldau ertränkt, als Märtyrer vom Volk sogleich heiß verehrt und schließlich im 18. Jh. heiliggesprochen (s. S. 169), gilt seither als Mitteleuropas Brückenheiliger schlechthin (Nepomuk-Statue von Matthias Rauchmüller, von der Kleinseite kommend, in der Brückenmitte links). Als künstlerisch am wertvollsten eingeschätzt wird die Skulpturengruppe mit der hl. Luitgard von Mathias B. Braun (1710, vierte rechts), in der Publikumsgunst ganz oben rangiert hingegen Brokoffs »Türke« mit Hund, der Christen hinter Gittern gefangenhält (1714, zweite rechts). Großteils wurden die Statuen aus Umweltgründen durch Kopien ersetzt (Originale im Nationalmuseum am Wenzelsplatz).

Von Peter Parler stammen auch Entwurf und Statuenschmuck des Altstädter Brückenturms, auf dem an seiner flußabgewandten (östlichen) Seite unter einem für die Gotik ungewöhnlichen Rundbogen Karl IV., etwas erhöht St. Veit und Wenzel IV. thronen (Kopien, Originale im Georgskloster). Ein Band mit dem Wappen der Luxemburger sowie das mehrmals wiederholte Motiv eines Eisvogels im Liebesknoten, das Symbol Wenzels IV., verläuft im Torbogen. Die Gedenktafel an der Westfassade erinnert an die Zerstörung durch die Schweden (1648).

Ein Stadttor verbindet seit 1410 die beiden Kleinseitner Brückentürme, auf denen die Wappen der von Wenzel IV. regierten Länder sowie das von Prags Altstadt zu sehen sind.

Astronomische Uhr am Altstädter Rathaus

einem feierlichen Zug vom spätgotischen Pulverturm über die Zeltnergasse zum Altstädter Ring und weiter über die Karlsbrücke hinauf zum Hradschin aufbrach, Ferdinand V. 1836 der letzte. Mit gutem Grund nahm der sogenannte »Krönungs- oder Königsweg« neben dem **Repräsentationshaus** *(Obecní dům)* **1** seinen Anfang. Denn an der Stelle dieses prachtvollen Jugendstilgebäudes mit seinen goldglänzenden Ausstellungs-, Konzert- und Tanzsälen, Restaurants und einem Kaffeehaus stand einst der Königshof Wenzels IV. neben dem alten Stadttor. Aus diesem entstand im 15. Jh. ein Wehrbau – der später als Schießpulver-Depot dienende **Pulverturm** *(Prašná brána)* **2**.

Durch den 65 m hohen Torbogen gelangt man in die von barockisierten Häusern aus Romanik und Gotik gesäumte Fußgängerzone der **Celetná ulice** (Zeltnergasse) **3**. Vor lauter Begeisterung über die eleganten Boutiquen, Buch- und Schallplattenläden, Souvenirshops und Antiquitätenhandlungen könnte man leicht das berühmteste kubistische Gebäude der Stadt übersehen – das

Haus Zur Schwarzen Muttergottes (Nr. 34).

Immer deutlicher läßt sich der Pulsschlag Prags nun spüren, denn das Herz ist nahe – der **Altstädter Ring** *(Staroměstské náměstí)*. Was hat der Schnittpunkt uralter Handelswege in mehr als einem Jahrtausend nicht alles zu sehen bekommen, wieviel Blut floß schon auf diesem Platz! Gekreuzte Schwerter, eine Dornenkrone und das Datum 21. 6. 1621 auf dem Pflaster hinter dem Rathaus erinnern an die grausame Hinrichtung der 27 Adeligen nach ihrem mißglückten Aufstand gegen die Habsburger (s. S. 23). 1948 gab Stalins Stellvertreter Klement Gottwald als Regierungschef auf dem Balkon des spätbarocken Palais Kinsky (heute Graphische Sammlung der Nationalgalerie) das Startsignal für 41 Jahre Diktatur.

Inmitten des überwältigend bunten Ensembles von Fassaden aus Gotik, Renaissance, Barock und Rokoko verkündet Jan Hus erhobenen Hauptes seine Glaubenslehre. Am 500. Todestag des Reformators enthüllte Ladislav Šaloun 1915 sein im Stil Rodins geschaffenes

Denkmal unweit der **Teyn-Kirche** *(Kostel panny Marie před Týnem)* 4. An das Hauptportal dieses Gotteshauses schlug Hus 1412 – exakt 105 Jahre vor Martin Luther – seinen flammenden Appell gegen den Ablaßhandel an. Wie kein anderes Bauwerk prägen die beiden spitzbehelmten, 70 m hohen Türme der von ausländischen Kaufleuten im 12. Jh. gegründeten und im 14. Jh. gänzlich neuerbauten »Kirche der Jungfrau Maria vor dem Teyn« *(teyn* = Hof, umgrenzter Raum) die Silhouette der Altstadt. Das Innere des Gotteshauses hält, was das Äußere verspricht: Schlichte Größe und ausgesuchte Kostbarkeiten wie das älteste Prager Zinn-Taufbecken oder eine gotische Kalvariengruppe vom Beginn des 15. Jh.

Bloß 10 m niedriger als die Kirchturmspitzen ragt auf der gegenüberliegenden Platzseite der (besteigbare) Turm des **Altstädter Rathauses** *(Staroměstská radnice)* 5 empor, vor dem sich tagtäglich zu jeder vollen Stunde Schaulustige drängen. Der Auflauf gilt der aus zwei Teilen bestehenden Astronomischen Uhr aus dem 15. Jh. Das Spektakel beginnt, sobald sich zwei Fensterchen öffnen und der Tod seine Sanduhr schüttelt. Während Christus und die Apostel erscheinen, setzen sich auch die anderen Figuren in Bewegung, bis schließlich der Hahn zum Finale kräht. Um im

Altstädter Ring:
St. Niklas-Kirche

Besitz des einzigen Meisterwerks dieser Art zu bleiben, ließen die Ratsherren den Schöpfer dieser kunstvollen Spielerei angeblich blenden. Keine Legende, sondern historisch verbrieft ist hingegen die Entstehungsgeschichte des Rathauses: Prags durstige Bürger finanzierten den Bau im 14. Jh. einzig und allein aus den Erträgen der Weinsteuer. 1945 brannte, einen Tag vor Kriegsende, der neugotische Ost- und Nordflügel ab. Erhalten blieb jedoch der Rathausturm mit dem gotischen Kapellenerker. Auch der Ratsherrensaal aus dem 15. Jh. und das Renaissance-Portal aus rotem Marmor überstanden das Artilleriefeuer der Nazis unbeschädigt.

Die mit Sgraffiti geschmückte Renaissancefassade des Hauses »Zur Minute« weist den Weg zum Kleinen Ring *(Malé náměstí)*, einem stimmungsvollen, intimen Platz mit einem hübschen Renaissancebrunnen. Vorbei an den Giganten, die Matthias Braun für das vom Wiener Hofarchitekten Fischer von Erlach erbaute Clam-Gallas-Palais (Husova Nr. 20) so imposant gestaltet hat, mündet der königliche Pfad schließlich in der **Karlsgasse** *(Karlova ulice)*. Gleich auf Nr. 4 logierte einst der Astronom Johannes Kepler. An die Karlova grenzt das ehemalige Jesuitenkolleg **Clementinum** ⬛6, das mit seinen vier langgestreckten Fronten ein 2 ha großes Areal bis zum Kreuzherrenplatz bildet. Im Rahmen der Rekatholisierung Böhmens bauten die Jesuiten Mitte des 16. Jh. ein bereits 300 Jahre bestehendes Dominikanerkloster zum geistigen Zentrum der Gegenreformation aus, indem sie zuerst ein Gymnasium und bald darauf eine eigene Akademie gründeten (heute Sitz der Universitätsbücherei und Nationalbibliothek mit der weltweit größten Wyclif-Schriftensammlung). Zu den bedeutendsten Räumlichkeiten des ehemaligen Kolleg-

gebäudes zählt der prachtvolle Bibliothekssaal im ersten Stock. Das Clementinum umfaßt drei Gotteshäuser: Die von K. I. Dientzenhofer barockisierte St.-Clemens-Kirche (heute griechisch-katholische Kirche, Eingang Karlsgasse) und die St.-Salvator-Kirche mit der anschließenden Welschen Kapelle.

Auf engstem Raum versammelt der als Brückenkopf entstandene **Kreuzherrenplatz** *(Křižovnické náměstí)* ⬛7 nicht nur eine exquisite Auswahl der bedeutendsten Gebäude Prags um sich, er bietet auch einen wahrhaft überwältigenden Panoramablick über die Moldau auf Hradschin und Kleinseite. Zum Kloster der Kreuzherren mit dem roten Stern gehört die von Jean Baptiste Mathey im 17. Jh. erbaute St.-Franziskus-Seraphicus-Kirche, vor der viele die barocke Winzersäule mit der Figur des hl. Wenzel (auch Patron der Weinbauern) übersehen. Unübersehbar hingegen ist das Denkmal Karls IV., 1848 anläßlich des 500-Jahr-Gründungs-Jubiläums seiner Universität errichtet.

Josefov (Josefstadt)

Die nach Kaiser Joseph II. benannte ehemalige Judenstadt Prags, die etwa ein Zehntel der Altstadt ausgemacht hatte, liegt im Mittelpunkt des Moldauknies, vom Altstädter Ring über den Prachtboulevard Pařižská (Pariser Straße) zu erreichen. Ende des 19. Jh. entstand aus dem einstigen Ghetto ein neues Viertel, nur der Alte Jüdische Friedhof, das Jüdische Rathaus und sechs Synagogen blieben – abgesehen von den Straßennamen – erhalten. Und zwar paradoxerweise dank der Nationalsozialisten, die ein großes Freilichtmuseum als »Dokumentation der Endlösung der Judenfrage« planten und kostbare Sakralgegenstände aus den

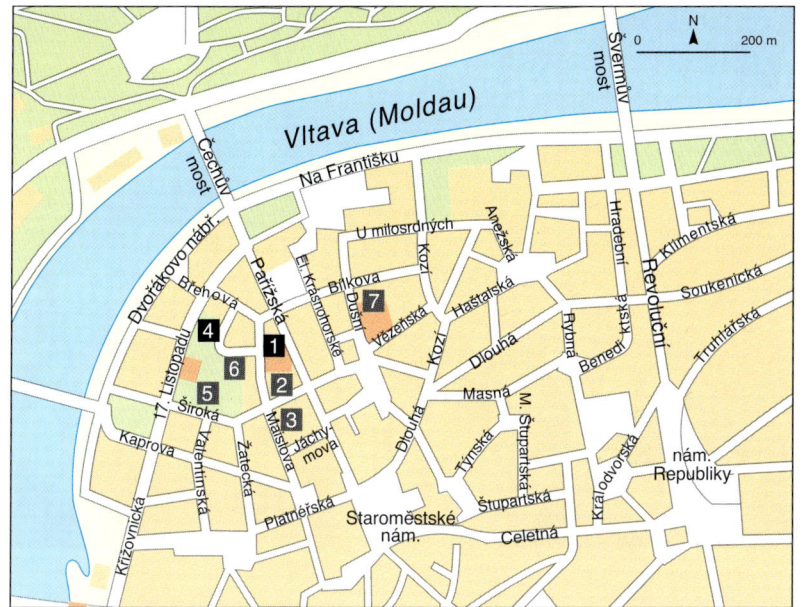

Josefov (Josefstadt) *1 Altneu-Synagoge 2 Hohe Synagoge 3 Maisel-Synagoge 4 Alter Jüdischer Friedhof 5 Pinkas-Synagoge 6 Klausen-Synagoge 7 Spanische Synagoge*

zerstörten Synagogen des Reichs zusammentrugen. Wegen der Sabbat-Ruhe herrscht an Sonntagen besonderer Andrang, am besten eignen sich wochentags die frühen Nachmittagsstunden für einen Besuch. (U-Bahn-Linie A bis Station Staroměstská).

Seinen Namen verdankt Europas ältestes jüdisches Bethaus, die frühgotische, 1270 errichtete **Altneu-Synagoge** *(Staronová synagóga)* **1**, einer – durch keinerlei Funde bestätigten – Überlieferung von einem Vorgängerbau unter den Fundamenten des »neuen Tempels«. Und noch eine Legende rankt sich um den hohen Backsteingiebel des architektonischen Juwels, die weltweit Furore gemacht hat. Auf dem Dachboden soll der *Golem*, ein von dem berühmten Rabbi Löw im 16. Jh. aus Lehm geschaffenes, zum Leben erwecktes und

schließlich außer Kontrolle geratenes Wesen, wieder zu Staub zerfallen sein. Im Inneren der Synagoge überspannt ein Gewölbe mit fünf Rippen den zweischiffigen Raum, ein einzigartiger architektonischer Kunstgriff, mit dem jede Analogie zum christlichen Kreuz vermieden wurde. Die Frauen-Galerie entstand erst im 17. Jh., denn ursprünglich durften nur Männer den Tempel betreten. Beachtenswert sind das mit einem Weinstock-Relief verzierte Eingangsportal und der Altar mit dem Thoraschrein.

Gegenüber wartet die **Hohe Synagoge** *(Vysoká synagóga)* **2** mit dem Jüdischen Museum auf, das eine hochinteressante Judaica-Sammlung beherbergt. Das einst mit dem Tempel verbundene **Jüdische Rathaus** *(Židovská radnice*, im 16. Jh. errichtet und im Rokoko umgestaltet) bildet den Mittelpunkt

Der Alte Jüdische Friedhof

des kulturellen und gesellschaftlichen Lebens der jüdischen Gemeinde Prags. Nach der Ermordung von 36 000 Prager Juden durch Nazi-Deutschland lebten 1947 noch 7000 Menschen mosaischen Glaubens an der Moldau. Von den heute noch verbliebenen 900 wurden drei Viertel vor 1930 geboren – ein endgültiges Ende des jüdischen Prag ist also zu befürchten. Am Rathausgiebel verdient eine Uhr mit hebräischem Ziffernblatt und linksläufigen Zeigern Beachtung, im Inneren kann man sich im allgemein zugänglichen koscheren Restaurant laben.

Im neugotisch verbrämten Renaissancebau der **Maisel-Synagoge** *(Maislova synagóga)* **3** zeigt das Jüdische Museum in der einstigen Privatsynagoge Mordechaj Maisels, Finanzier Kaiser Rudolfs II. und Bürgermeister der Judenstadt, kostbare Silberschmiedearbeiten aus den Tempeln des Landes.

Der Eingang zum **Alten Jüdischen Friedhof** *(Starý židovský hřbitov)* **4** ist nun nicht mehr zu verfehlen, denn vor dem winzigen Areal, auf dem mehr als 200 000 Tote ruhen, stauen sich die Touristengruppen. Eng aneinandergedrängt, so wie sie im viel zu kleinen Ghetto ihr Leben fristen mußten, liegen die Prager Juden des Mittelalters auch im Tod beisammen. Zwölf Schichten tief reicht das Gewirr der in verschiedenen Höhen aus dem Boden ragenden verwitterten Steine, denn nach jüdischem Gebot ruht ein Verstorbener unbehelligt in alle Ewigkeit. Von den 12 000 erhaltenen Grabsteinen trägt der älteste die Jahreszahl 1439, der jüngste 1787 und der berühmteste – jener des Rabbi Löw – 1609.

In der neoromanischen **Zeremonienhalle** vor dem Tor erschüttert eine ständige Ausstellung von Kinderzeichnungen aus dem Konzentrationslager Theresienstadt (s. S. 200). In stummer Fassungslosigkeit stehen Besucher auch in der **Pinkas-Synagoge** *(Pinkasova syn-*

agóga) 5 vor den 77 297 an die Wände geschriebenen Namen. Jeder einzelne steht für einen Mord, begangen von den Nazis an böhmischen und mährischen Juden.

Wer sich für hebräische Handschriften und alte Fotografien des Ghettos interessiert, ist in den Ausstellungsräumen der ehemaligen **Klausen-Synagoge** *(Klausova synagóga)* 6 an der richtigen Adresse. Auf der anderen Seite der Pariser Straße befindet sich schließlich noch die **Spanische Synagoge** (*Španělská synagóga*, Dušní ulice Nr. 12) 7, ein Bau des 19. Jh. anstelle der Altschul, Prags ältestem jüdischen Tempel aus dem 12. Jh.

Nové Město (Neustadt)

Alles ist relativ, denn als allzu neu kann man die mittlerweile mehr als 600 Jahre alten Viertel zwischen Hauptbahnhof, Graben, Karlsplatz und Moldaukai wirklich nicht bezeichnen. Nur ist Prags Altstadt, die im 14. Jh. aus allen Nähten zu platzen drohte, eben doch noch um einiges älter. Um die mittelalterliche Enge seiner Residenz zu sprengen, ließ Karl IV. 1348 ein 350 ha großes Areal erschließen und drei zentrale Plätze anlegen – die Neustadt.

Weil es sich als nahezu unmöglich erweist, ihn seiner Bedeutung entsprechend ins Bild zu setzen, haben Fotografen wenig Freude an dem 682 m langen und 60 m breiten **Wenzelsplatz** *(Václavské náměstí)* 1, der nach Burg und Altstädter Ring den dritten Rang in der touristischen Hitparade einnimmt. Bei trübem Wetter verschmelzen seine Konturen am Ende mit dem Graben, Sonnenschein wiederum bringt zwar genügend Licht, doch auch störende Hell-Dunkel-Kontraste. Seine Schattenseiten aber hat er auch im übertragenen Sinne:

Je nach Uhrzeit verschieden wie Tag und Nacht ist nämlich die Atmosphäre des Platzes, der seit der Wende nicht mehr zu schlafen scheint. Schon frühmorgens scharen sich die ersten Besucher um das von vier weiteren Landespatronen – Prokop, Adalbert, Ludmilla und Agnes – umringte **St.-Wenzels-Denkmal** (1912), um anschließend hinter dem Rücken des Heiligen ins **Nationalmuseum** (1885–90) zu pilgern.

Wer sich die Betrachtung der leicht verstaubten naturwissenschaftlichen und historischen Sammlungen schenken will, schlendert über jenes Pflaster, auf dem seit dem Revolutionsjahr 1848 schon so viele Massenkundgebungen stattgefunden haben. 1918 zur Gründung der Republik, 1968 im vergeblichen Kampf um die Freiheit, und zuletzt in der Samtenen Revolution im November 1989. Die Flaniermeile säumen Nobelherbergen hinter herrlichen Jugendstilfassaden (Hotel Ambassador, Hotel Europa), Geschäftspassagen (Lucerna-Palast, 1912–1916 von Václav Havel, dem Großvater des heutigen Staatspräsidenten, erbaut), Theater, Kinos – und Nachtlokale. Nach Sonnenuntergang wechselt abrupt die Szenerie. Zwielichtige Gestalten lungern als Schlepper vor obskuren Striptease-Bars, die tagsüber noch diskret in Haustoren wartenden Geldwechsler (Achtung!) machen sich nun ebenso unverblümt an mögliche Kunden heran wie jene Damen, die im Zentrum jeder Weltstadt mehr oder minder charmant ihre Dienste feilbieten. Kurzum, auf dem einstigen Roßmarkt des Mittelalters sind wieder Roßtäuscher unterwegs, die zu beobachten recht amüsant sein kann, sofern man seine Brief- und Handtaschen gut im Auge behält.

Nicht minder lebendig, doch etwas distinguierter geht es auf dem von großen

Ausdruck tschechischen Selbstbewußtseins: Das Nationaltheater

Bankhäusern und erlesenen Läden flankierten Graben *(Na příkopě)* zu, der sich als Grenze zwischen Alt- und Neustadt vom Platz der Republik *(Náměstí Republiky)* bis zum unteren Ende des Wenzelsplatzes erstreckt. Linkerhand gelangt man nach wenigen Schritten zur **Kirche Maria Schnee** *(Chrám Panny Marie Sněžné)* **2** auf dem Jungmannplatz *(Jungmannovo náměstí).* Das von Karl IV. in den Dimensionen des Veitsdoms geplante, aber in dieser Größenordnung unvollendet gebliebene Gotteshaus war im 15. Jh. das geistige Zentrum der radikalen Hussiten (seit dem 16. Jh. Franziskaner-Kirche).

Wie der Graben trennt die vom Jungmannplatz zum Kai führende und mit Kaufhäusern und Versicherungspalästen reich bestückte Nationalstraße *(Národní třída)* Alt- und Neustadt. Und wie kein anderes Gebäude der Stadt repräsentiert das im Stil der Neorenaissance und auf Anregung des Historikers

František Palacký an der Moldau erbaute **Nationaltheater** *(Národní divadlo)* **3** tschechisches Selbstbewußtsein. Einen Monat vor der Eröffnung brannte 1881 der ausschließlich aus böhmischen und mährischen Materialien und nur von tschechischen Künstlern gestaltete Bau bis auf die Grundmauern nieder. Doch schon 1883 eröffnete Smetanas »Libuše« feierlich das wiedererrichtete Theaterhaus, mit dem Böhmen nach der Schließung des letzten Budentheaters im Jahr 1789 endlich wieder eine tschechischsprachige Bühne besaß. Im modernen, 1983 fertiggestellten Glas-Beton-Bau der Neuen Szene tritt unter anderem das Ensemble der Laterna Magika auf.

Vorbei an zwei kleinen, dem Masaryk-Kai *(Masarykovo nabř.)* vorgelagerten Flußinselchen, dem Mánes-Haus (1898, Kunstausstellungen), dem alten Wasserturm, einem Renaissancebau mit barocker Zwiebelhaube und wunderschö-

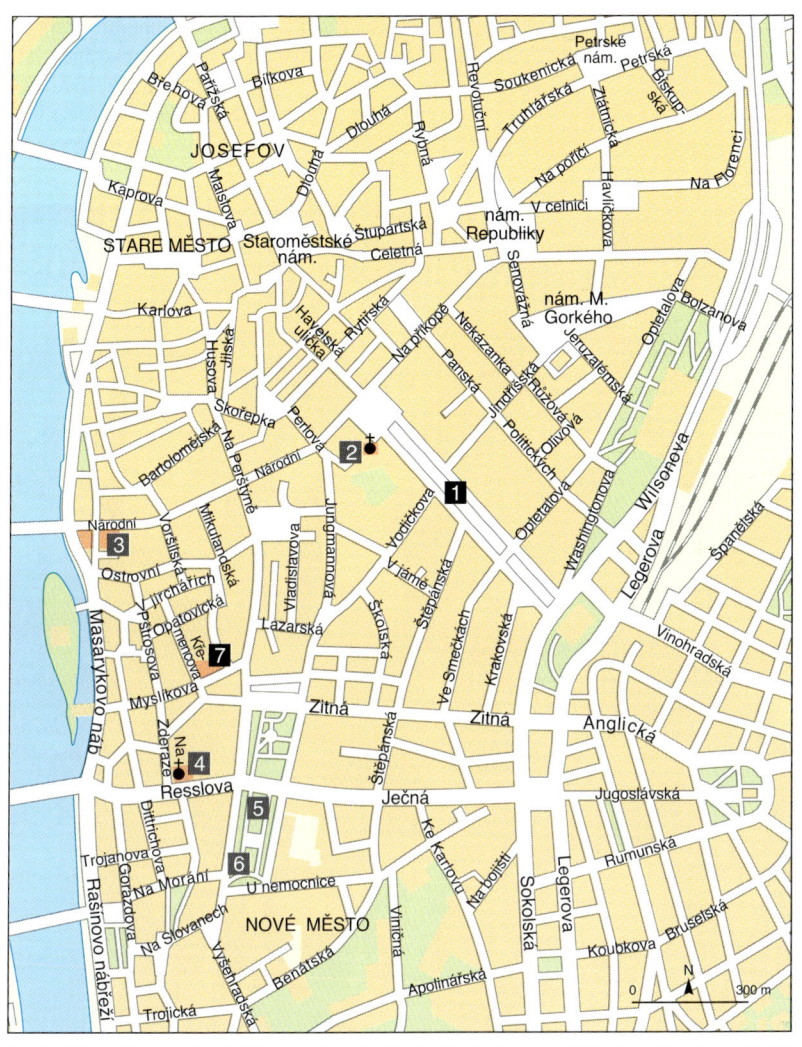

Nové Město (Neustadt) *1 Wenzelsplatz 2 Kirche Maria Schnee 3 Nationaltheater 4 Kyrill-und Method-Kirche 5 Karlsplatz 6 Faust-Haus 7 U Fleků (›Beim Fleck‹)*

nen Jugendstil-Fassaden geht es nun entlang der Moldau bis zur Resslova ulice. Einschußlöcher und eine stets blumengeschmückte Gedenktafel an der barocken **Kyrill-und-Method-Kirche** 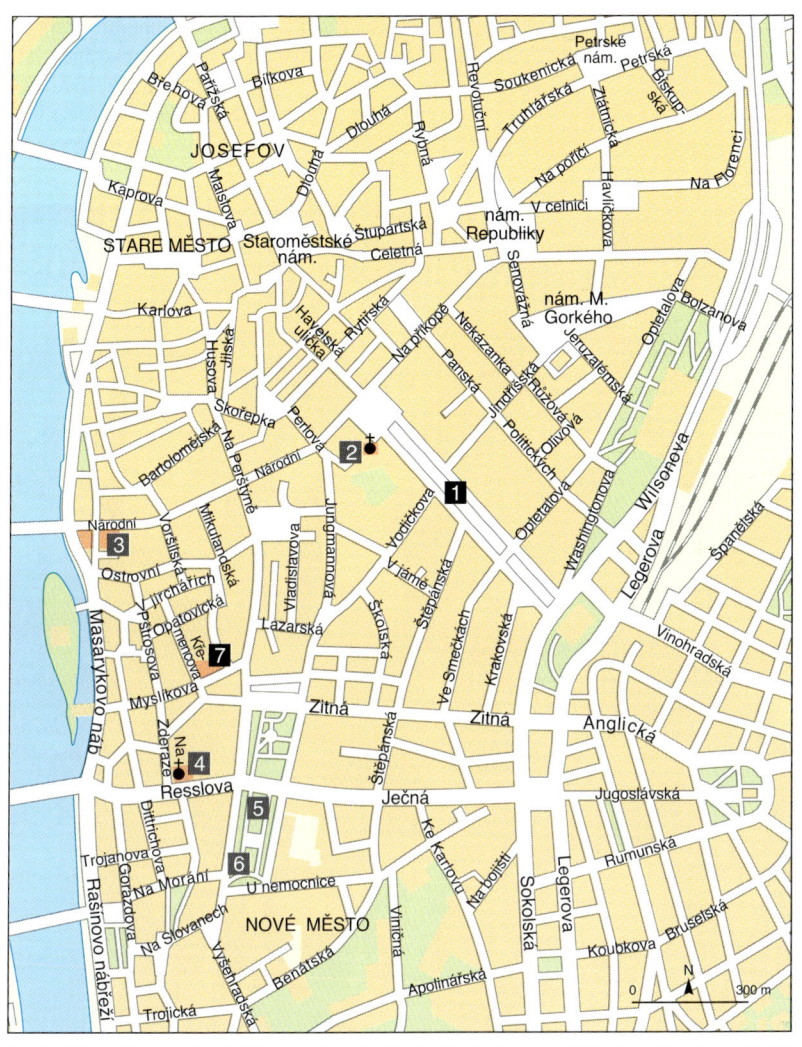4 (von K. I. Dientzenhofer) erinnern an die Heydrich-Attentäter (s. S. 25), denen die

Krypta 20 Tage lang als Versteck vor der Gestapo gedient hatte.

Bei der U-Bahnstation Karlovo náměstí durchschneidet die Resslova ulice den im Mittelalter als Rindermarkt dienenden **Karlsplatz** 5, der mit seinen gewaltigen Dimensionen (500 m lang,

150 m breit) dennoch keineswegs den Vorstellungen vom größten Stadtplatz Prags entspricht. Daran trägt in erster Linie die im 19. Jh. auf dem historischen Pflaster angelegte und vorwiegend mit exotischen Holzarten bepflanzte Parkanlage schuld. Mächtige Baumkronen versperren mittlerweile nicht nur den Blick auf das Gesamtensemble, sie umgeben auch das imposante **Neustädter Rat-**

haus (*Novoměstská radnice*, Kunst- und Kulturzentrum). In die Geschichte ging der im 14. Jh. an der Nordseite errichtete und im 15. Jh. durch einen wuchtigen Eckturm ergänzte Bau 1419 als Schauplatz des Ersten Prager Fenstersturzes ein (s. S. 52). Den gesamten östlichen Platzteil beherrscht das frühbarocke Jesuitenkolleg mit der St. Ignatius-Kirche (2. Hälfte des 17. Jh.).

Um das berühmt-berüchtigte **Faust-Haus** (*Faustův dům*, Karlovo náměstí Nr. 40) **6** inmitten einer wunderschön restaurierten Häuserzeile rankt sich wieder einmal eine typische Prager Legende: In dem barockisierten Renaissancegemäuer, das heute eine Apotheke beherbergt, unternahm schon der Erbauer naturwissenschaftliche Experimente, dann wohnte zur Zeit Rudolfs II. der englische Alchimist und Scharlatan Edward Kelley (s. S. 81) und nach ihm ein Chemiker darin. Nichts lag für die phantasievollen Prager also näher, als in diesem unheimlichen Gebäude auch die Wohnung des legendären Doktor Faustus zu vermuten, der seine Seele dem Teufel verschrieben hatte.

In einem Gäßchen hinter dem Rathaus (Křemencova ulice) sollte man zumindest einen Blick in Prags bekannteste Stadtbrauerei **U Fleků** **7** werfen, wo alljährlich mehr als 20 000 Hektoliter dunkles, 13prozentiges Bier produziert und an Ort und Stelle – in den Stuben unter gotischen Gewölben oder im schattigen Gastgarten – auch getrunken werden. Während sich »Beim Fleck« die Prager selbst gerne ein Stelldichein geben, trifft man in dem durch Jaroslav Hašeks »Braven Soldaten Schwejk« weltberühmt gewordenen – und zur teuren Touristenfalle verkommenen – Neustädter Lokal **U kalicha** (»Beim Kelch«, Na bojišti 12, U-Bahnlinie C, Station Pavlova) garantiert keine Einheimischen mehr.

Prager Kunsthandwerk mit Phantasie und Witz

Mittel-
böhmen:
Rund
um Prag

Ausflüge von Prag

So wie sich in Prag die Fürstenge-schlechter ihre Paläste rund um den Herrschersitz am Hradschin errichteten, entstanden im weiteren Umkreis um die Moldau-Metropole zahlreiche Burgen, Schlösser und Klöster – als Wehran-lagen, Sommerresidenzen und zur hö-heren Ehre Gottes, eingebettet in die liebliche Landschaft Mittelböhmens. Dem höheren Genuß der Freizeit hinge-gen dienen die unzähligen Wochenend- und Ferien-Häuschen in der Umgebung von Prag, zu denen jeweils Freitag nach-mittags eine wahre Völkerwanderung einsetzt. Die Chata-Kolonien mit ihren winzigen Gärtchen, in denen nicht nur Blumen blühen, sondern auch Obst und Gemüse gezogen werden, haben freilich zu einer teilweise recht wilden Zersied-lung zuvor weitgehend unberührter Landstriche geführt. Aber es sind kleine Paradiese stillen Glücks, in denen man einst, als die Grenzen eisern verschlos-sen waren, dem Zug der Wolken folgen und von der großen Freiheit träumen durfte.

Zur Schatzkammer Böhmens

Zwei Flußläufe begleiten dieses Tour (65 km), zunächst die Vltava (Moldau), dann die Berounka (Beraun), über deren Tal sich zwei der markantesten Burgen Böhmens, Karlštejn und Křivoklát, erhe-ben. Wenn in Prag die Luft wieder ein-mal kaum zu atmen ist, kommt der Auf-enthalt im Berounka-Tal auch einer Re-generation der Lungen gleich. Es gehört zum Böhmischen Karst (*Český Kras*), einer zum Großteil unter Naturschutz stehenden, rund 130 km² großen Kalk-steinformation südwestlich von Prag. Das waldreiche Gebiet beiderseits des tiefen Taleinschnitts der Berounka (Be-raun) weist zahlreiche Höhlensysteme auf, die aber im Gegensatz zum Mähri-schen Karst (*Moravský Kras*) meist nicht zugänglich sind.

Die Augen voll Trauer, die Lippen vor-wurfsvoll geschürzt, die rechte Hand schützend über den Kopf gelegt, so blickt die nackte, kniende Figur den Be-sucher an. »Das melancholische Mäd-chen« von Jan Štursa gehört in seiner Fragilität und traumhaften Poesie zu den eindrucksvollsten Werken tschechischer Bildhauerkunst aus dem 19. und der er-sten Hälfte des 20. Jh., die auf **Schloß Zbraslav** (Königssaal) **1** zu sehen sind. Auf zwei Etagen steht in prachtvollen barocken Sälen mit reicher Stuck- und Freskenverzierung Monumental-Reali-stisches wie Josef Václav Myslbeks Ent-würfe für das Prager Wenzelsdenkmal und Zartes wie die unter dem Einfluß des Impressionismus entstandene, Licht und Schatten als Modellier-Elemente einbeziehende Figurengruppe »Rehgeiß mit Jungen« von Bohumil Kafka. Die Sammlung ist eine Ehrengalerie der großen Bildhauer Böhmens und Mäh-rens, Künstler wie Václav Prachner, Bo-huslav Schnirch, František Bílek, Josef Maratka und Stanislav Sucharda sind

◁ *Burg Karlštejn*

mit ihren bekanntesten Arbeiten vertreten.

Der an der Mündung der Berounka in die Moldau liegende Ort **Zbraslav,** seit 1974 in das Gemeindegebiet von Prag eingegliedert, war bereits im Mittelalter Wiege bedeutender kultureller Leistungen, stammt doch von hier – aus der Feder des Zisterzienserabtes Petrus von Zittau – mit der 1338 beendeten *Cronica Aulae Regiae* eine der wichtigsten Quellen böhmischer Geschichtsschreibung, die umfassende Auskunft über das Schicksal der Přemysliden gibt. Wenzel II., seine Kinder und Nachfolger, unter ihnen Elisabeth, die Mutter Karls IV., wurden in der – später zerstörten – Klosterkirche zu Grabe getragen.

Ein Kulturdenkmal besonderer Art findet sich am Hauptplatz in dem für alles, was Leib und Seele zusammenhält, durchaus empfehlenswerten Restaurant »Škoda lásky«: eine kleine Gedenkstätte für Jaromir Vejvoda (1902–1988). Mag auch der Name des Kapellmeisters und Komponisten längst in Vergessenheit geraten sein, seine Polka »Rosamunde« (tschechisch »Škoda lásky«, englisch »Beer Barrel Polka«), die er 1927 in diesem Haus zu Papier brachte, ging in den internationalen Schlagerhimmel ein. Wer kennt ihn nicht, den populären Gassenhauer, Standard-Repertoire aller Volksmusikkapellen und wein- oder bierselig grölender Laienchöre?

Restaurants, Cafés und Souvenirläden sonder Zahl reihen sich um den großen Parkplatz an der Berounka und entlang der schmalen, steil zur **Burg Karlštejn** (Karlstein) **2** (s. S. 350) ansteigenden Dorfstraße. Bereits diese Rummelplatz-Atmosphäre, dieses bunte Ambiente trägt alle Anzeichen einer besonderen Sehenswürdigkeit, die täglich Hunderten von Besuchern – der Andrang ist manchmal so stark, daß Vorbe-

stellungen empfehlenswert sind, da nur eine kontingentierte Zahl von Karten ausgegeben wird – nach dem etwa 20 Minuten dauernden Aufstieg (bzw. nach bequemer Fahrt mit Elektrotaxi oder Pferdedroschke) bevorsteht. Sie alle wollen einen Hauch Mittelalter atmen, stürmen die berühmteste Burg Böhmens, die sich mit vollendeter Harmonie in die Landschaft einfügt.

Der größte Schatz freilich bleibt ihnen aus durchaus verständlichen Gründen verwehrt: die **Heilig-Kreuz-Kapelle,** deren Wände mit mehr als 2000 Edel- und Halbedelsteinen ausgelegt und mit 127 Heiligengemälden des Prager Meisters Theoderich geschmückt sind.

Hier waren – in einer Nische hinter dem Altar – die Krönungskleinodien des Heiligen Römischen Reiches, später die Krönungsinsignien Böhmens aufbewahrt. Der streng sakrale Charakter der Kapelle wurde durch den Umstand unterstrichen, daß einzig und allein der Erzbischof Messen lesen und aufgrund einer speziellen Bestimmung in der Gründungsurkunde des Kapitels von Karlstein im Turm niemand mit einer Frau, auch nicht mit der eigenen Ehegefährtin, nächtigen durfte. Mit feierlichem Eid mußte sich noch im 16. Jh. der jeweilige Burgschlosser verpflichten, das Geheimnis der 19 Schlösser in den vier Türen zur Kapelle keiner Menschenseele zu verraten. Die ursprüngliche Pracht des Raumes hat im Laufe der Zeit viel verloren, zahlreiche Edelsteine verschwanden und wurden durch Imitationen ersetzt. Das Wesentliche und Wertvollste, der Bilderzyklus des Meisters Theoderich, blieb glücklicherweise erhalten, die kostspieligen Restaurierungsarbeiten, für die man internationale Sponsoren sucht, werden allerdings noch viele Jahre in Anspruch nehmen. Heilige, Könige und Fürsten,

Päpste, Bischöfe, Äbte, Kirchenlehrer, Evangelisten, Eremiten, heilige Jungfrauen, Märtyrer und andere Streiter Gottes stellen auf den auf Holztafeln gemalten Bildern eine eindrucksvolle himmlische Heerschar Christi dar, wohl eine der Spitzenleistungen gotischer Porträtkunst überhaupt.

Dieses Kleinod würde den modernen Massentourismus nicht überleben. Mit dem Hinweis auf die dringend notwendigen Arbeiten wurde die Kapelle zunächst einmal gesperrt, später will man einer auf ein Minimum beschränkten Zahl von Besuchern wieder einen Blick in diese sakrale Wunderwelt gestatten.

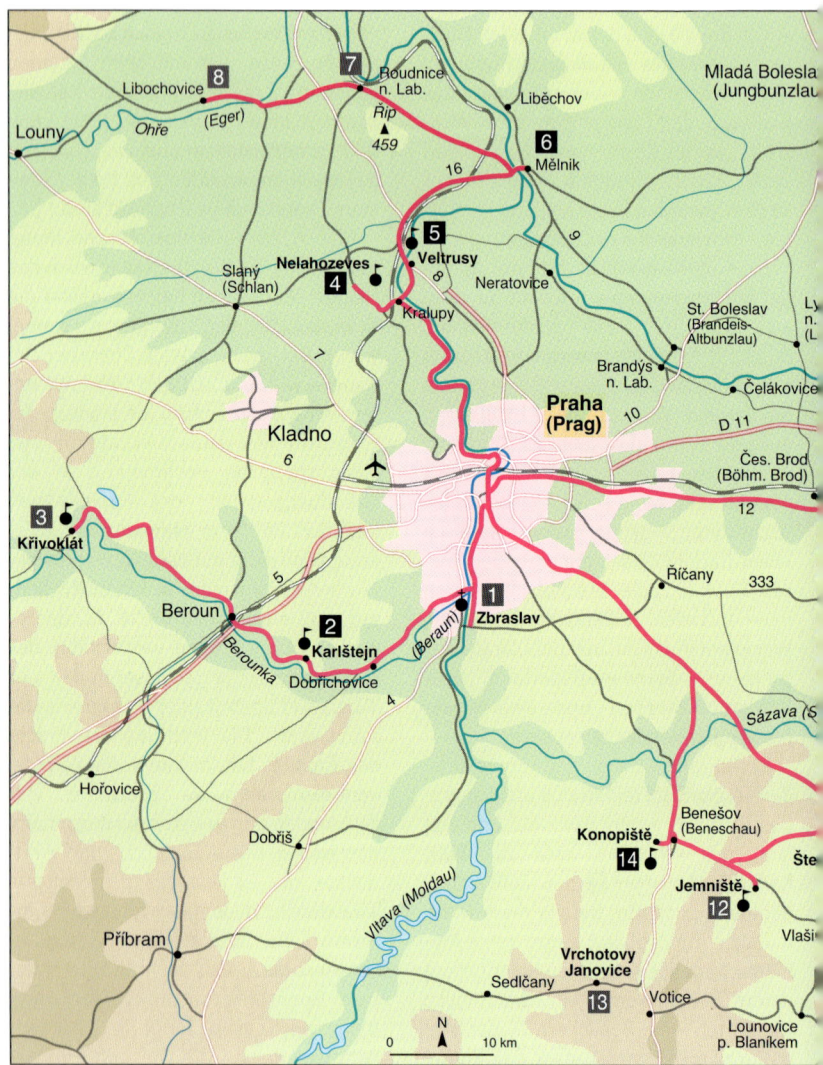

Ob die Glücklichen durch Los ermittelt oder nur Protektionskinder zum Zuge kommen werden, wird die Zukunft zeigen. Ein Videofilm mag vorerst die Neugier einigermaßen befriedigen.

Bis auf weiteres ebenfalls nicht zugänglich ist die kleine **Katharinen-Kapelle**, nachdem ein italienischer Schüler

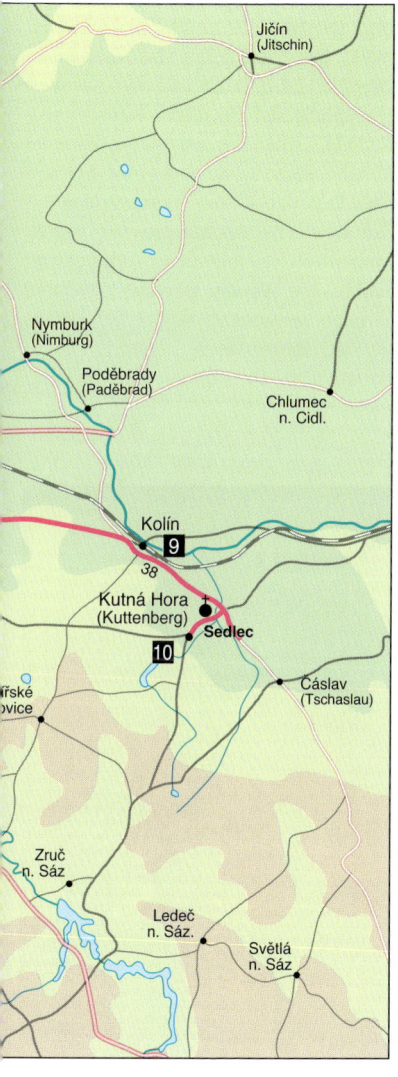

im April 1995 mehrere Fresken mit einer Spraydose teilweise irreparabel beschädigt hatte. Dieser sinnlose Vandalismus hatte hektische diplomatische Verhandlungen zwischen der Tschechischen Republik und Italien zur Folge. Der intime, mit Edelsteinen und Fresken ausgeschmückte Raum, der Kaiser Karl zur privaten Andacht und Meditation diente, ist als einziger auf der Burg ohne Umbauten in seinem Originalzustand aus dem 14. Jh. erhalten.

Schon der Gesamteindruck der auf einem sichelförmigen, ansteigenden Areal errichteten gotischen Burg ist schier überwältigend, in vielen Details offenbart sich erst die ganze Pracht dieser königlichen Schatzkammer, wenn sich auch im Vergleich mit der prunkvollen Ausstattung der insgesamt fünf Kapellen die privaten Räumlichkeiten des Kaisers, ein Schlafgemach und ein Audienzraum, eher schlicht ausnehmen. Das beweist aber, daß Karlštejn nicht für einen längeren Aufenthalt oder gar als Sommerresidenz gedacht war.

Die Burg wurde von Baumeister Matthias von Arras – nach dessen Tod 1352 übernahm die Bauhütte Peter Parlers die weiteren Arbeiten – in drei selbständige, stufenförmig angeordnete Komplexe gegliedert: den Kaiserpalast mit dem tiefer liegenden Haus des Burggrafen, den Marienturm mit der Katharinen-Kapelle und schließlich den fünfstöckigen Großen Turm mit der Heilig-Kreuz-Kapelle. Man betritt das Burgareal durch das Tor des Voršila(Ursula)-Turms, durchquert die Untere Vorburg und gelangt durch ein weiteres Tor in den Hof des Burggrafenamtes, von dem aus die etwa einstündige Führung mit der Besichtigung des Kaiserpalastes ihren Anfang nimmt.

Ausflüge um Prag

Gotische Madonna (um 1350) in der Nikolauskapelle

tigem Blau gehaltenen gotischen Kassettendecke und hölzernen Wandvertäfelung der besterhaltene Raum des Palastes: Auf dem Thron zwischen den Fenstern blieb der Kaiser stets in geheimnisvolles Zwielicht gehüllt, während die Sonne die Gesichter der Besucher beleuchtete.

Der **Marienturm**, aus dem Obergeschoß des Kaiserpalastes zu erreichen, birgt die der Gottesmutter geweihte Kapelle, gewissermaßen das Bindeglied zwischen dem Palast und dem sakralen Höhepunkt der Burg, der Heilig-Kreuz-Kapelle. Unter der als Sternenhimmel ausgemalten Balkendecke der Marienkapelle bedecken ein Freskenzyklus mit Szenen aus der Apokalypse und Darstellungen von Reliquienüberreichungen an Karl IV. die Wände. Obwohl der obere Streifen der Apokalypse-Fresken bereits in der Renaissance zerstört wurde, haben sich die übrigen Szenen trotz

Bildnis in der Heilig-Kreuz-Kapelle

Nach Dokumentationen der Entstehungsgeschichte Karlštejns und der Lebensverhältnisse unter Karl IV. begegnet man im Schlafgemach den ersten künstlerischen Kostbarkeiten des Rundgangs. Bei Ausstellungen in aller Welt bestaunt, bloß gereinigt, aber niemals restauriert wurde die um 1380 in Böhmen entstandene Statue der hl. Katharina, eine Skulptur von berückender Schönheit und perfekter Harmonie. Karl hatte die Heilige stets hingebungsvoll verehrt, nachdem er am Katharinen-Tag, am 25. November 1332, eine Schlacht in Oberitalien trotz Verwundung siegreich geschlagen hatte. Eine weitere gotische Arbeit von unschätzbarem Wert stellt der um 1370 von Tommaso da Modena geschaffene zusammenklappbare Reisealtar dar.

Von der Raffinesse des Bauherrn erzählt der **Audienzsaal**, mit seiner in kräf-

mancher Eingriffe im 19. Jh. in erstaunlicher Qualität erhalten.

Von romantischer Liebe, aber auch von den grauenvollen Leiden Eingekerkerter kann **Křivoklát** (Bürglitz) **3** (s. S. 352) erzählen. Karl IV., der hier auf Geheiß seines Vaters drei Jahre seiner Kindheit verbrachte, stattete die gotische Burg für seine erste Gemahlin Blanca von Valois gastlich aus. Als ihm Blanca 1335 seine Tochter Margarethe gebar, veranstaltete er zu Ehren der Wöchnerin ein Nachtigallen-Treiben. Die Bewohner der umliegenden Dörfer mußten mit lautem Geschrei die Vögel zum Burgberg scheuchen, wo sie ein vielkehliges Konzert anstimmten.

In den Hungergewölben, Folterkammern und übrigen Verliesen spielten sich hingegen in späteren Tagen Szenen des Schreckens ab. Wie viele Menschen in den finsteren Kellern ihr Leben ließen, verschweigt die Chronik. Man weiß lediglich von einigen »Prominenten«, die oft viele Jahre lang in den Kerkern schmachteten. Eduard Kelley, aus England gebürtiger Schwindler, Alchimist und zeitweiliger Bewohner des Prager Faust-Hauses, der kurzfristig sogar das Vertrauen Rudolfs II. erringen konnte, war nur einer von ihnen. Nachdem er im Streit einen Mann erschlagen hatte, wurde er auf Křivoklát festgesetzt. Ein Fluchtversuch endete tragisch: Das Seil, an dem er sich aus seinem Kerkerfenster herablassen wollte, riß, Kelley stürzte in die Tiefe und erlag kurz darauf seinen schweren Verletzungen.

16 Jahre, während der er immer wieder entsetzliche Torturen erleiden mußte, wurde Johann Augusta, Bischof und oberster Richter der hussitischen Böhmischen Brüdergemeinde, gefangengehalten. Erst als die Burg mit Philippine Welser für einige Jahre eine neue Herrin erhielt, erleichterte sich das Los des Eingekerkerten. Erzherzog Ferdinand von Tirol, Statthalter von Böhmen, hatte die Tochter einer Augsburger Kaufmannsfamilie – ganz und gar unstandesgemäß – heimlich geheiratet und auf Křivoklát versteckt. Um keine Thronansprüche stellen zu können, mußten die drei Kinder des Paares, die hier zur Welt gekommen waren, gar als adoptierte Waisen ausgegeben werden. Die »schöne Welserin« jedenfalls besaß ein gutes Herz und erreichte schließlich 1564 die Freilassung Augustas.

Noch heute kann man sich in den Verliesen eines gewissen Gruselns nicht erwehren, insbesondere beim Anblick der Marterinstrumente, mit denen die jesuitischen Henker der Gegenreformation den »falschen« Glauben austreiben wollten. Endgültig aufgelassen wurden die staatlichen Kerker gegen Ende des 17. Jh., als die Burg an die Familie Waldstein verkauft wurde. Durch Erbfall kam sie später an die Fürstenbergs, seit 1929 gehört sie dem Staat.

Schreckliche Zeiten – schöne Kunst. Deutlicher als auf Křivoklát wird dieser Gegensatz kaum anderswo bewußt. Ein prächtiges gotisches Kreuzgewölbe und Überreste von Fresken schmücken den dreischiffigen Königssaal, nach dem Vladislav-Saal in der Prager Burg der zweitgrößte profane Saal Böhmens. Aus den Sammlungen der Nationalgalerie sind in diesem Raum mittelböhmische Tafelbilder und Skulpturen der Spätgotik und Frührenaissance ausgestellt. Mittelalterliche Aura umgibt auch die spätgotische Burgkapelle, deren Flügelaltar, eine wertvolle Schnitzarbeit aus der Zeit um 1490, die Krönung der Jungfrau Maria zeigt. Unvorstellbar, daß wenige Meter unter diesem Sakralraum zur himmlischen Ehre einst Häftlinge die Hölle erleben mußten!

Fünf Schlösser an Moldau und Elbe

Fünf Schlösser, die alle eine ausführliche Besichtigung verdienen, das Geburtshaus eines der berühmtesten tschechischen Komponisten, dazu eine liebliche Landschaft in den Flußtälern von Vltava (Moldau) und Labe (Elbe) und nicht zuletzt eines der berühmtesten Weinanbaugebiete Böhmens, das zu genußreichen Verkostungen verführt: Das Programm dieser Tour (90 km) läßt sich in einem Tag nur bewältigen, wenn man frühmorgens startet. Von Prag nimmt man am besten zunächst die kleine Straße, die entlang des linken Moldau-Ufers in Richtung Norden (Kralupy nad Vltavou) führt. Die weitere Route ist gut ausgeschildert.

Der Anblick ist überwältigend: Einem überdimensionierten Schmuckkästchen gleich thront das vor allem an seiner Nordfassade über und über mit Sgraffiti bedeckte Renaissance-Schloß **Nelahozeves** (Mühlhausen an der Moldau) **4** (s. S. 358) auf einem Felsen über dem Unterlauf der Moldau. Großflächige Bildwerke mit Darstellungen aus Mythologie, römischer Geschichte und Bibel zwischen den Fenstern dieses Spätrenaissance-Palastes, der an norditalienische Festungen erinnert, werden durch filigrane ornamentale Verzierungen ergänzt. Arkaden und Galerien umgeben den Schloßhof, Stuck, Fresken und Kassettendecken dekorieren die Innenräume. Die Pracht kommt nicht von ungefähr. Als Aufseher aller königlichen Bauten in Böhmen hatte Bauherr Florian Griesbeck von Griesbach vielfach Gelegenheit, mit den bedeutendsten Architekten und Steinmetzen seiner Zeit zu verhandeln, die ihm dann bei der Errichtung seines eigenen Schlosses hilfreich zur Seite standen.

Seit Nelahozeves 1993 wieder dem Roudnice-Zweig der Familie Lobkowicz (s. S. 204) zurückgegeben wurde, weht in den alten Gemäuern ein frischer Wind. Den spürt man bereits im Souvenirladen, pardon, in der Geschenkboutique bei der Kassa, einem mit Teppichen und Stilmöbeln elegant ausgestatteten Raum. Schöne Gläser, perfekte Kopien alter gotischer Glasbecher, hübscher Schmuck, Schallplatten und aktuelle, graphisch ansprechend gestaltete Broschüren zeigen, daß hier ein moderner Unternehmer am Werk ist, der sein Objekt auch dementsprechend vermarktet. Selbstverständlich können Räumlichkeiten für Empfänge, Konzerte, Konferenzen, Seminare, Festbankette, Wein-Degustationen und andere Feiern gemietet werden, als stilvoller Rahmen für Hochzeiten steht der mit Fresken geschmückte Rittersaal zur Verfügung.

Zu den kostbarsten Familienkollektionen Mitteleuropas zählt die Roudnice-Kunstsammlung der Lobkowicz, die im Verlaufe mehrerer Jahrhunderte zusammengetragen wurde und die Entwicklung der europäischen Kunst an Hand exquisiter Meisterwerke dokumentiert. Der Grundstock entstand durch die Vereinigung dreier adeliger Sammlungen, jener der Pernštejns, Rožmberks und Lobkowicz. Obwohl auf Schloß Nelahozeves nur ein Teil der Schätze ausgestellt wird, würde die Galerie jedem größeren Museum zur Ehre gereichen. Zu sehen sind Gemälde von Brueghel, Rubens, Canaletto, Cranach, Spranger, Velazques, Gossaert, Jordaens und vielen anderen, eine großartige Serie von Ganzfiguren-Porträts des 16. und 17. Jh. aus der Hand der bedeutendsten spanischen Hofmaler, erlesene Porzellan-,

Renaissanceschloß Nelahozeves

Majolika- und Fayence-Kollektionen aus Böhmen, Italien, den Niederlanden, Deutschland und Österreich sowie Gold- und Silberobjekte, böhmisches und deutsches Glas, Altäre und Reliquiare, Schmuck, Uhren, Truhen, Schränke und diverse Kuriositäten.

Zu Füßen des Schlosses duckt sich an der Dorfstraße ein kleines, gelbes Häuschen. Hier erblickte am 8. September 1841 als erstes von neun Kindern eines Metzgermeisters einer der größten Komponisten Böhmens das Licht der Welt: Antonín Dvořák. Seit 1951 befindet sich im Erdgeschoß der ehemaligen Gasthaus-Fleischerei eine liebevoll eingerichtete Dvořák-Gedenkstätte, in der alljährlich rund um den Geburtstag des Musikgenies kleinere Konzerte stattfinden.

»Lustschloß« ist wohl die einzig richtige Bezeichnung für **Veltrusy** (Weltrus) **5** (s. S. 371), das verspielte, duftig anmutende barocke Meisterwerk des Ar-

chitekten František Maximilián Kaňka. Eine doppelte Freitreppe, geschmückt mit Vasen und Plastiken, schwingt sich vom Ehrenhof in den ersten Stock. Silbern schimmert die Kuppel des zentralen Rundbaus, von dem vier Flügel ausgehen, unter dem seidigen Himmel, weit und einladend öffnen sich die Bogen einer Sala terrena mit beachtenswerten Stuck- und Mosaikverzierungen, Allegorien der zwölf Monate und der vier Jahreszeiten, schließen den Ehrenhof ein. Die allegorischen Themen setzen sich in den Malereien des Hauptsaales (Josef Pichler, 1765) fort. Heitere Harmonie dominiert die Stimmung auch in den übrigen Räumlichkeiten wie im Delfter und chinesischen Salon, im Herrenzimmer, in dem anläßlich eines »allerhöchsten Besuchs« eingerichteten Maria-Theresien-Saal und den verschiedenen Wohnsalons. Die Einrichtung setzt sich aus wertvollem Mobiliar, Bildern und Kunstgewerbe-Gegenständen

Antonín Dvořák
Koteletts und Konzerte

Mit den Klängen seiner böhmischen Heimat konnte er sich bereits als Kind in der väterlichen Wirtsstube vertraut machen, mit einer Folklore, die später immer wieder in seine großen Kompositionen einfloß. Zunächst aber schien Antonín Dvořák (1841–1904) ein anderer Weg beschieden. Der Vater sah nämlich nicht ein, warum er auf eine billige Hilfskraft in seiner kleinen Fleischerei mit angeschlossenem Gasthaus verzichten sollte, die unter dem Renaissance-Schloß von Nelahozeves so recht und schlecht die Familie ernährte. Also mußte der Bub vorerst einmal die Gesellenprüfung ablegen, Schweine schlachten, Würste stopfen, Koteletts hacken und in der Schankstube Bier abfüllen. Es war schwierig, den gestrengen Herrn Papa davon zu überzeugen, daß nicht Borstenvieh und Schweinespeck, sondern Geige und Notenpapier Lebenszweck des Sohnes sein sollten.

Fast eineinhalb Jahrzehnte führte Dvořák in Prag ein ärmliches Leben. Er studierte Orgel und Komposition und spielte für ein paar Gulden in Kaffeehäusern und Kurkapellen Violine und Viola. Erst mit 30 wurden seine Werke in Böhmen und – dank der Förderung durch seinen späteren Freund Johannes Brahms – bald auch in ganz Europa bekannt. In einer Zeit, in der die komplizierten Klangstrukturen eines Richard Wagner die Ohren der Zuhörer strapazierten, überraschte Dvořák das Publikum mit überquellender Melodik und hinreißenden Rhythmen, die häufig, wie etwa in seinen »Slawischen Tänzen«, in der Volksmusik wurzelten.

Antonín Dvořák, mit einem Mal eine internationale Berühmtheit, die nach Rußland, England und für einige Jahre auch in die USA – hier brachte er seine bekannteste Symphonie »Aus der Neuen Welt« zu Papier – eingeladen wurde, war ein fleißiger Komponist. Er schrieb neun Opern, ebensoviele Symphonien, Konzerte für Cello, Klavier und Violine, Klavierstücke und Kammermusik. Trotz seiner triumphalen Erfolge blieb er ein bescheidener Mann, der seine Eltern finanziell unterstützte und niemals vergaß, woher er kam – aus der Fleischerei von Nelahozeves.

zusammen, alles hübsch arrangiert, niemals protzig und überladen.

Graf Antonín Chotek konnte sich als einflußreicher Adeliger einen solch großzügigen Besitz, auf dem er nur die Sommermonate verbrachte, durchaus leisten, war er doch auch ein tüchtiger Unternehmer, der bereits 1754 auf dem Areal seines Schloßparks die erste Mustermesse der Welt veranstaltete, einen zweitägigen Markt mit Erzeugnissen des Königreichs Böhmen.

Romantisches Schloß Veltrusy

Der englische Naturpark, der eine Fläche von rund 28 ha einnimmt und allmählich in die Aulandschaft der Moldau
übergeht, weist einen dichten alten
Baumbestand auf. Unter Linden, Ahorn,
Eschen und allerlei exotischem Gehölz
lustwandelt der Besucher zwischen kleinen Bauten in Klassizismus, Empire und
»romantischem« Stil, einem Gemisch
aus allerlei Versatzstücken aus Gotik,
Renaissance und Barock, die sich
Antoníns Sohn Jan Rudolf um 1800 errichten ließ: einen Freundschaftstempel,
einen Laudon-Pavillon, einen kleinen
dorischen Tempel, eine Brücke mit einer
Sphinx und eine pseudogotische Mühle.
In einem Gehege tummelt sich Dam-
wild, in Glashäusern blühen seltene Blumen.

Aus dieser Idylle stammte Gräfin Sophie Chotek, die dem unglückseligen
österreichischen Thronfolger Franz Ferdinand angetraut war und gemeinsam
mit ihm in Sarajewo ermordet wurde.

Mit diesem Attentat, das Europa in
einen Abgrund von Blut und Tod stürzte,
ging auch jene Welt zugrunde, in der ein
Schloß wie Veltrusy entstehen konnte.

*Zusammenfluß von Elbe und
Moldaukanal bei Mělník*

Die westliche Stirnseite von Schloß
Mělník (Melnik) **6** (s. S. 356) mit Blick
auf die Elbe läßt durch ihr nüchternes,
schmuckloses Äußeres kaum erahnen,
welche architektonischen Schätze sich
im Inneren des Bauwerkes verbergen.
Zumal die langgestreckte, verglaste Terrasse der Schloß-Weinstube, von der
sich ein schönes Panorama über Au-
landschaften und Felder bis zu den ab-
geflachten Hügelkuppen Nordböhmens
bietet, wie die sprichwörtliche Faust
aufs Auge wirkt. Seit die Familie Lobkowicz vom Zweige Mělník – Mitte des
18. Jh. haben sich in Böhmen zwei
voneinander unabhängige Fürstenge-
schlechter der Lobkowicz entwickelt,
jene von Roudnice und jene von Mělník
– im Jahre 1991 wieder die Herrschaft
über Schloß, Wälder und 80 ha Weinberge angetreten hat, weiß sie freilich
nicht, wo zuerst Hand anlegen. Obwohl
der Besitz vom Staat in verhältnismäßig
gutem Zustand übergeben wurde, bedarf es aufwendiger Investitionen, um
museale Objekte in gewinnbringende
Unternehmen zu verwandeln.

Bereits sorgfältig renoviert wurde der
Schloßhof, in dem regelmäßig Konzerte, Fechtturniere, Weinlesefeste und
Weihnachtsmärkte veranstaltet werden,
während in den Räumlichkeiten Bälle
und andere gesellschaftliche Ereignisse
stattfinden. Besucher bestaunen nicht
nur die Sgraffiti des nördlichen Renais-
sanceflügels und des angebauten Trep-
penturms. Die ständige Ausstellung von
Bildern, Möbeln, Porzellan und anderen
Kunstgegenständen aus den Sammlungen der Fürstenfamilie (wobei noch eine
große Anzahl von Objekten in Depots
ihrer fachgerechten Restaurierung harrt)
gilt ebenso als Attraktion wie die Wein-

kellereien mit ihren riesigen alten Fäs-
sern.

Der Weinbau hat nämlich in Mělník
eine mehr als tausendjährige Tradition.
Schon zu Zeiten der nachmaligen heili-
gen Ludmila, die auf der Fürstenburg
Pšov – sie stand an der Stelle des derzei-
tigen Schlosses – das Licht der Welt er-
blickte, wurde Rebensaft gekeltert.
Einen gewaltigen Aufschwung nahmen
Quantität und Qualität, als Kaiser
Karl IV. höchstpersönlich die Burgun-
derrebe nach Mělník brachte. Fürstin
Bettina Lobkowicz, die sich heute vor-

nehmlich um die Weingüter der Familie kümmert, hat dafür gesorgt, daß die alten Verbindungen zu Frankreich wieder aufgenommen wurden: Die Französin Laura garantiert als Kellermeisterin mit Hochschuldiplom für die erlesene Güte der an Ort und Stelle zu verkostenden Lobkowicz'schen Weiß- und Rotweine.

Weithin sichtbar über dem Elbe-Tal thront auch die ursprünglich romanische, im 15. und 16. Jh. mehrmals umgestaltete Peter- und Pauls-Kirche *(Kostel sv. Petra a Pavla)* mit einer ro-

manischen Krypta unter dem Presbyterium. Darin befindet sich seit der Pestepidemie des 16. Jh. ein Beinhaus, das möglicherweise auch die sterblichen Überreste mancher königlicher Witwe enthält. Es wurde 1787 aus hygienischen Gründen geschlossen und später sogar zugemauert, zu Beginn des 20. Jh. im Zuge von Renovierungsarbeiten aber wieder freigelegt. Fein säuberlich ordnete damals der Anthropologe Prof. Jindřich Matiegka von der Prager Universität Knochen für Knochen, Totenschädel für Totenschädel, legte lange Li-

*Mělník: Schloß mit
Peter- und Paulskirche*

sten an und machte das Beinhaus für die Öffentlichkeit zugänglich. Eine makabre Jenseits-Show mit Musik und Texten in mehreren Sprachen vom Tonband erwartet den Besucher zwischen penibel aufgehäuftem Gebein, einem Herz aus Totenköpfen und der – gleichfalls aus Knochen geformten – Inschrift: »Ecce Mors« (»Siehe, der Tod«). Hier lagert, was von rund 15 000 Menschen noch nicht zu Staub zerfallen ist. Wer an dieser Geisterbahn der Geschichte Gefallen findet, soll seine Gänsehaut kriegen, für Kinder ist das Beinhaus jedoch absolut ungeeignet.

Sehenswerter ist dagegen der Marktplatz wenige Schritte unterhalb des Schlosses. Das mit Laubengang, gotischem Erker und Turm versehene Rat-

haus wurde im 14. Jh. errichtet und im Barock umgebaut. Nette Cafés wird man unter den Lauben der Bürgerhäuser zwar vorerst vergeblich suchen, der Gesamteindruck des Platzes zeugt aber vom einstigen bescheidenen Wohlstand des Ortes.

Von den gewaltigen Türmen und Basteien der alten romanischen Burg **Roudnice nad Labem** (Raudnitz an der Elbe) **7** (s. S. 364) sind nur mehr Reste in den Kellergeschossen erkennbar. So gründlich gingen die Fürsten Lobkowicz, seit 1603 Herren über Roudnice, vor, als sie im 17. Jh. ihren Repräsentationssitz an der Elbe von den Architekten Francesco Carrati, Carlo Orsolini und Antonio della Porta in barockem Stil umbauen ließen. Da blieb von den alten

Mauern, hinter denen 1350 der letzte römische Volkstribun Cola di Rienzi als Gefangener Karls IV. und des Prager Erzbischofs Ernst von Pardubitz schmachtete, kaum ein Stein auf dem anderen. Fürst Wenzel Eusebius, Feldmarschall, Ritter des Goldenen Vlieses und Präsident des geheimen Rates Kaiser Leopolds I., war der Bauherr des Prachtpalastes in den Farben Rot-Weiß, dessen zur Elbe gewandte Front an die 100 m mißt. Glücklich wurde er allerdings nicht darin. Nach seiner Entmachtung aufgrund einer höfischen Intrige auf Roudnice verbannt, machte er seiner ohnmächtigen Wut dadurch Luft, daß er die Tapeten seiner Wohnräume mit schärfsten Ausfällen gegen seine Feinde am Hof in Versen und bissigen Prosasprüchen vollkritzelte.

Seinen Nachfahren, die den Besitz jetzt wieder vom Staat zurückerstattet erhielten, bereitet der riesige Komplex viel Kopfzerbrechen. Man schätzt sich glücklich, das Musikkonservatorium der Armee noch als Mieter zu haben. Der Öffentlichkeit zugänglich ist lediglich die ehemalige Reitschule, in der eine Bildergalerie besichtigt werden kann. Die Zukunft sollte freilich dem Wein gehören, der in den Schloßkellereien erzeugt wird. Kenner und Liebhaber schätzen Naturreinheit und Aroma der verschiedenen Sorten, von denen viele bereits internationale Auszeichnungen errangen. Mit Stolz vermerkt ein Prospekt, daß manch ein Fläschchen Roudnice-Wein auch am Tisch von Staatspräsident Václav Havel geleert wurde.

Von der Gegenwart zurück zum sagenhaften Ursprung böhmischer Geschichte, zum Hügel **Říp** (Georgsberg oder Raudnitzer Berg), etwa 7 km südöstlich von Roudnice: Auf diesen 459 m hohen, auffallend flachen Basaltkegel aus dem Tertiär soll Stammvater

Tschech sein Volk geführt und diesem angesichts der fruchtbaren Landschaft befohlen haben, sich hier niederzulassen (s. S. 17). Schon im 10. Jh. errichtete man an dieser Stelle eine hölzerne Kapelle, die 1126 durch eine romanische Rundkirche ersetzt wurde. Katholiken und Hussiten stritten sich um dieses Gotteshaus, schließlich blieb Rom Sieger.

Schloß **Libochovice** (Libochowitz) **8** (s. S. 354) stellt eines der besterhaltenen Beispiele einer herrschaftlichen Residenz zu Ende des 17. Jh. dar, kam es doch in späterer Zeit zu keinen wesentlichen baulichen Veränderungen mehr. Unzählige kleine Muscheln aus dem nahen Flüßchen Ohře (Eger) schmücken die Sala terrena, die sich an der östlichen Stirnseite des Gebäudes dem Park öffnet. Größter Raum ist der sogenannte Saturn-Saal, der sich über zwei Etagen des Südflügels ausdehnt. Die kostbare Innenausstattung bietet einen repräsentativen Querschnitt durch verschiedene Stilepochen von der Renaissance über Barock und Rokoko bis zum Biedermeier. Zu den kunsthistorisch wertvollsten Objekten gehört eine Sammlung von Gobelins, der älteste wurde Anfang des 16. Jh. in Brüssel gefertigt. Von großem Wert sind auch die Kollektionen, die von den letzten adeligen Besitzern des Schlosses, den österreichischen Grafen Herberstein, in Jahrhunderten zusammengetragen wurden: Porzellan, Keramik und eine umfangreiche Bibliothek.

Ein Gedenkraum erinnert an den bedeutenden tschechischen Physiologen Jan Evangelista Purkyně (1787–1869). Der aus Libochovice gebürtige Wissenschaftler entdeckte u. a. die nach ihm benannten Fasern im Reizleitungssystem des Herzens und verschiedene optische Phänomene.

Kolín und Kutná Hora

Wichtige Kapitel der tschechischen und europäischen Geschichte wurden im östlichen Teil Mittelböhmens geschrieben. Landschaftlich ist das Gebiet im Elbebecken von geringerem Reiz – dicht besiedelt, von Industriebetrieben durchsetzt und von karger Vegetation –, dafür bietet diese Tour (70 km) zwei hochinteressante Städte mit erstrangigen architektonischen Kostbarkeiten. Von Prag führt die Staatsstraße Nr. 12 nach Kolín, dort nimmt man die Nr. 38 bis zur Abzweigung Kutná Hora.

Kolín (Kolin)

9 (s. S. 351) 1742 hatte er noch allen Grund zum Jubel. Nachdem er die Österreicher geschlagen und Maria Theresia den größten Teil Schlesiens abgenommen hatte, stellte Friedrich II. aus seinem Lager bei Kolín in einem Brief an einen Freund großzügig fest, er ziehe es vor, »preußisches Blut zu sparen, statt dem eitlen Ruhm nachzujagen, eine unglückliche Frau und ein verheertes Land niederzuwerfen«. 15 Jahre später kam es im Siebenjährigen Krieg im Gebiet um Kolín erneut zu einer entscheidenden Konfrontation zwischen Österreich und Preußen. Und diesmal hieß der Sieger Leopold Josef Graf Daun, Marschall Maria Theresias. Friedrich mußte die Belagerung Prags aufgeben und sich aus Böhmen zurückziehen. Doch am Verhandlungstisch triumphierte der schlaue Fuchs: Schlesien blieb in seinem Besitz.

Als friedliches Provinzstädtchen präsentiert sich das Kolín von heute. Für die wenig ansprechende Umgebung entschädigt das historische Zentrum, das seit der Wende eifrig restauriert und herausgeputzt wird. Auf dem von einigen hübschen barocken Bürgerhäusern umgebenen Marktplatz herrscht jeden Vormittag lebhaftes Gedränge, unter den Arkaden der Laubengänge bieten Bauern aus der Umgebung frisches Obst, Gemüse und Blumen an. Unübersehbar beherrscht das Rathaus, 1887 auf gotischen Resten im Neorenaissancestil mit hohen Seitengiebeln, einem Uhrtürmchen und überreichem Sgraffito-Schmuck errichtet, das Bild, das freilich auch von einigen häßlichen Neubauten getrübt wird.

Wer die nur wenige Schritte entfernte ehemalige Synagoge besichtigen will, muß sich zuerst ins Rathaus begeben. Im Büro des Bürgermeisters im 1. Stock waltet eine freundliche Dame über die Schlüssel. In Kolín, so erfährt man bei ihr, lebte einst die nach Prag größte jüdische Gemeinde Böhmens, die von Nazi-Deutschland zur Gänze ausgelöscht wurde. Mehr über die alten Zeiten, die nicht immer gute waren, weiß im ehemaligen Ghetto, genauer gesagt in dem sympathischen Restaurant »U Rabina« (»Zum Rabbi«), dessen Besitzer Milan Šálek zu berichten. Das Haus – es stammt aus dem 13. Jh., also aus der Zeit der Stadtgründung durch Přemysl Ottokar II. – stellte innerhalb des Ghettos ein wichtiges Verbindungsglied zur schräg gegenüberliegenden Synagoge dar. Im Judenviertel war es nämlich üblich, daß nicht nur die Wohnräume, sondern auch die Keller miteinander verbunden waren. So konnten die Bewohner untereinander verkehren, ohne die Straße betreten zu müssen – ein trauriger Beweis der ständigen Angst vor Verfolgung.

Eine Gedenktafel für die Opfer des Holocaust weist auf die **Synagoge** hin, die man durch die alte Judenschule be-

Rathaus in Kolín

tritt. Das geräumige Gotteshaus hat Nazi-Wüten und kommunistische Gleichgültigkeit erstaunlich gut überstanden, selbst die bunten Glasfenster und die blau bemalte Decke mit grüngoldenem Stuck mit Pflanzenmuster blieben erhalten. Nach gründlicher Renovierung werden Schule und Synagoge nun zu einem Museum gestaltet.

Von der einstigen Bedeutung Kolíns als reiche Königsstadt zeugt die gewaltige **St. Bartholomäus-Kathedrale** *(Chrám sv. Bartoloměje)*, die das Ortsbild vom höchsten Punkt der Altstadt dominiert. Ende des 13. Jh. wurde auf den Grundmauern einer romanischen Kirche mit der Arbeit an diesem dreischiffigen hochgotischen Dom begonnen, 1360 übernahm im Auftrag Karls IV. die Werkstatt Peter Parlers den Bau. Zwei mächtige Mittelpfeiler trennen das Presbyterium vom übrigen Kirchenraum, rund um den Chor reiht sich ein Kranz von sechs trapezförmigen Kapellen. Hinter dem Hauptaltar ragt ein steinernes Sakramentshäuschen in Form eines gotischen Miniaturturms empor, ebenfalls ein Werk Peter Parlers. Das Martyrium des Schutzheiligen der Kirche hielt der böhmische Barockmaler Peter Brandl auf einem Gemälde in der Šperlinkov-Kapelle fest. Zu den zwei je 70 m hohen Türmen der Kathedrale wurde 1504 noch ein Glockenturm hinzugebaut, als sich herausstellte, daß das Mauerwerk dem Gewicht der neuen, 1442 gegossenen Glocken nicht gewachsen war.

Wie eine umgestürzte Glocke ist das aus dem Jahre 1495 stammende Taufbecken geformt, über dem einst ein Kind zeremoniell in die katholische Glaubensgemeinschaft aufgenommen wurde, dessen Name später in Frankreich Furore machen sollte: Jan Kaspar Dvořák, genannt Debureau (1796–1846). Mit seinem Vater, einem aus Amiens stammenden Seiltänzer und Puppenspieler, tingelte er kreuz und quer durch Europa, der Durchbruch gelang ihm jedoch im Pariser »Théâtre des Funambules«, wo er in der Rolle des stummen Pierrots zu dem heranwuchs, was man heute eine »Kultfigur« nennen würde. Deburau gilt als Wiederentdecker der Pantomime, jener alten Kunst, die ohne Worte so vielsagend sein kann.

Mit einem mehrtägigen Festival gedenkt Kolín alljährlich im Juni eines weiteren großen Sohnes der Stadt: František Kmoch (1852–1913), Musiker und Komponist, war zu seiner Zeit der »Johann Strauß der Blasmusik«. Ganz Europa machte er mit den ebenso schwungvollen wie innigen Melodien seiner böhmischen Heimat bekannt. An der Spitze seiner 1873 gegründeten Kapelle eroberte er zunächst die Donaumonarchie, später dann auch Frankreich, Deutschland und Rußland. Kmochs Märsche, Polkas und andere Tänze fehlen bis heute bei keinem Volksmusikfest Böhmens.

Kutná Hora (Kuttenberg)

10 (s. S. 352) In einem weiten Talkessel schmiegt sich die »Perle Böhmens« terrassenförmig an einen Bergsporn. Auf den ersten Blick mag sich der Glanz vergangener Epochen allerdings nicht einstellen. Öde Plattenbauten, heruntergekommene Häuser, mit Schlaglöchern übersäte Straßen und schäbige Grünanlagen lassen den Besucher in den Außenbezirken daran zweifeln, am rechten Ort angekommen zu sein. Der unverkennbare Mief des Realen Sozialismus hängt noch in allen Ecken und Enden. Immerhin, im vielgerühmten Zentrum, zur Gänze unter Denkmalschutz gestellt, wird eifrigst gehämmert und gesägt, Mörtel gemischt und Ziegel auf Ziegel geschichtet. Bis Kutná Hora aber wieder

seinen verdienten Rang als eine der schönsten Städte der Tschechischen Republik einnehmen kann, wird noch viel Schutt zu karren sein. Das sollte aber niemanden von einer Besichtigung der Altstadt abhalten, die romantische Winkel, mittelalterliche Gäßchen und eine Reihe architektonischer Kostbarkeiten aufzuweisen hat. Finanziert wurden die Bauten durch schimmernde Schätze in den Tiefen der Erde: Silber.

Archäologische Funde beweisen, daß das begehrte Edelmetall bereits vor der Wende zum 1. Jahrtausend gewonnen wurde. Der Sage nach soll der Mönch Antonín aus dem Zisterzienserkloster Sedlec (Sedletz) auf einer Wiese von silbernen Zweigen geträumt haben. Als er erwachte und sein Traum um ihn herum Wirklichkeit war, riß er seine Kutte entzwei, um die Stelle zu markieren. So soll die Gegend zu ihrer ersten Silbergrube – und die Stadt Kuttenberg zu ihrem Namen gekommen sein.

Die Anfänge des systematischen Erz-Abbaus fallen in die zweite Hälfte des 13. Jh., bis um 1620 förderte man nicht weniger als 2500 t Silber. Wenzel II. gab für die Stadt ein eigenes Bergrecht heraus und entschloß sich zur Einführung einer einheitlichen Währung im gesamten Königreich. Zu diesem Zweck schuf er im Welschen Hof eine zentrale Münzstätte, in der der »Prager Groschen«, die im Mittelalter meistgeschätzte Münze, geprägt wurde (s. S. 94). Den unermeßlichen Reichtum Kutná Horas könnte man heute am besten mit dem eines arabischen Erdöl-Emirates vergleichen. Kein Wunder, daß Kuttenberg mit Prag im Wettstreit um die Vorrangstellung in Böhmen stand, und hätte nicht Karl IV. der Metropole an der Moldau den Vorzug gegeben, wäre die Geschichte beider Städte möglicherweise anders verlaufen.

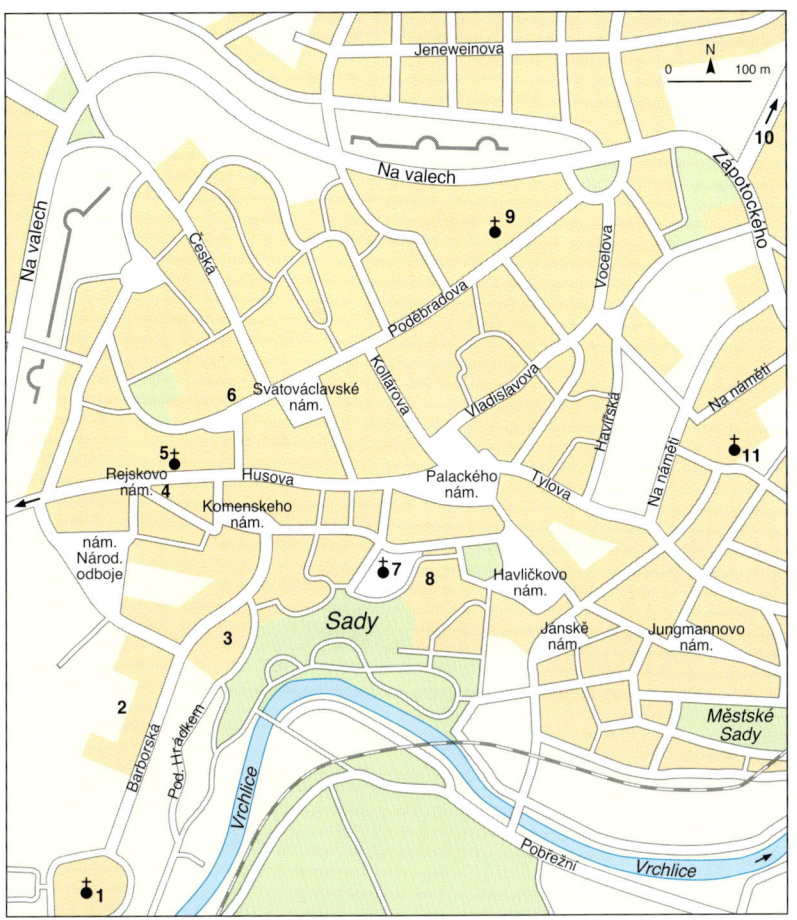

Kutná Hora (Kuttenberg) *1 St. Barbara-Kathedrale 2 Jesuitenkolleg 3 Kleine Burg 4 Steinerner Brunnen 5 St. Johann-von-Nepomuk-Kirche 6 Steinernes Haus 7 St. Jakobs-Kirche 8 Welscher Hof 9 Ursulinen-Kloster 10 Zisterzienserkloster Sedlec 11 Marienkirche (Chrám Pany Marie na Námětí)*

Zunächst aber sonnte sich Kutná Hora noch im Glanz des Silbers und mächtiger Privilegien. Wenzel IV. – er ließ sich im Welschen Hof einen eigenen Palastflügel errichten – gab hier zahlreiche wichtige politische Erlässe heraus wie zum Beispiel das »Kuttenberger Dekret«, das – auf Drängen des Magisters Jan Hus – die nationalen Vertretungen im Kollegium der Prager Karls-Universität zum Vorteil der Tschechen änderte. 1448 wurde auf dem Landtag im Welschen Hof der spätere Utraquisten-König Georg von Poděbrady zum Landesverwalter ernannt, 1471 der Pole Vladislav Jagiello zum König gewählt.

Namhafte Künstler strömten in die Stadt. 1489 druckte man die berühmte

Denare, Groschen, Taler, Gulden

Die Geschichte des böhmischen Münzwesens beginnt mit dem Silberdenar, der seit Mitte des 10. Jh. in Prag und später auch in anderen Orten Böhmens und Mährens geprägt wurde. Er war, wie Funde bis in den skandinavischen Raum beweisen, wegen seines hohen Silbergehaltes eine angesehene internationale Währung. Mit sinkender Qualität, was sowohl Ausarbeitung wie Silbergehalt betraf, ging im 12. Jh. die wirtschaftliche Bedeutung der böhmischen Münzen zurück. Ihre handwerkliche Ausführung mit figuralen Darstellungen der Herrscher, der Landesheiligen und von Jagd-, Zeremonien- und Kampfszenen erhoben sie dennoch in den Rang von Kleinodien der romanischen Kunst.

Eine epochemachende Währungsreform schuf Wenzel II. um 1300 mit der Einführung des bald in ganz Mitteleuropa verbreiteten Prager Groschens. 17 Münzstätten, bis dahin an verschiedenen Orten Böhmens in Betrieb, konzentrierte der König im Welschen Hof zu Kuttenberg. Die zuletzt im Umlauf befindlichen »Brakteaten«, Hohlmünzen aus dünnem Gold- oder Silberblech, wurden eingezogen. Dank ihrer hohen Qualität bescherten die Prager Groschen der böhmischen Wirtschaft, die damit über die stabilste europäische Währung verfügte, einen enormen Aufschwung. Erst 1547 stellte man die Prägung dieses legendär gewordenen Zahlungsmittels ein.

Joachimsthal (Jáchymov, s .S. 177) war die Geburtsstätte des Talers, einer Währung, die im Namen »Dollar« bis heute weiterlebt. Um 1520 prägte das Geschlecht der Schlick den ersten böhmischen Taler, mit dem eine viele Jahrhunderte lang begehrte Münze eingeführt wurde. Das mit Abbildungen des böhmischen Löwen sowie des hl. Joachim, Schutzpatron der erst kurz zuvor gegründeten Stadt Joachimsthal, versehene Silberstück brachte das eingebürgerte Groschensystem und die Organisation der königlichen Münzen derart durcheinander, daß König Ferdinand I. 1528 die Schlick'sche Prägestätte unter seine Verwaltung stellte.

Nur für wenige Jahre erhielt der Taler durch eine neue große Silbermünze, den Gulden, starke Konkurrenz, schon 1573 kehrte man wieder zur Taler-Prägung zurück. Gulden und ihre kleinen Brüder, die Kreuzer, kamen erneut unter Maria Theresia zu Ehren, unter deren Herrschaft aber auch schon das erste Papiergeld – »Bankozettel« – herausgegeben wurde.

»Kuttenberger Bibel«, Meßbuch-Illustratoren, Freskenmaler, Glockengießer und Steinmetze von Rang waren hier tätig. In Kutná Hora wirkte und starb auch der berühmte böhmische Barockmaler Peter Brandl, der in der Marienkirche Panny Marie na Námětí seine letzte Ruhestätte fand. Diese Kirche wurde, wie ihr Name (*námět'*= Kehricht) besagt, aus dem Ertrag des zusammengefegten Silberstaub-Abfalls erbaut.

In der Gegenreformation entstanden nochmals wichtige Bauwerke, diesmal im Stil des Barock. Der Reichtum aber schmolz dahin, je unergiebiger die Minen und je stärker die Konkurrenz aus Übersee wurden. Unaufhaltsam erfolgte der Abstieg von der Silbermetropole zum Provinzstädtchen.

Stadtbesichtigung

Warum sollte man einen Rundgang einmal nicht gleich mit dem Höhepunkt beginnen? Diesen bildet zweifellos die **St. Barbara-Kathedrale** *(Chrám sv. Barbory)*, geweiht der Schutzpatronin der Bergleute. Das mächtige Gotteshaus sollte ein Symbol für das Selbstbewußtsein der ehrgeizigen Grubenbesitzer und ambitionierten Patrizier der Stadt werden, die mit einem prunkvollen Sakralbau die Bedeutung Kuttenbergs zu unterstreichen wünschten. Kein Geringerer als Peter Parler, Schöpfer des Prager Veitsdoms, erschien ihnen dafür geeignet. Seine Werkstatt begann 1388 mit den Arbeiten, die sich über mehrere Etappen erstreckten und jeweils entsprechend den Minenerträgen voranschritten. Vollendet wurde die Kirche trotz der Bemühungen Dutzender Architekten in 500 Jahren Bauzeit allerdings nie, wie allein schon die fehlenden Türme zeigen. Die westliche Fassade entstand erst im Zuge der neugotischen Umgestaltungen 1885–1905.

Beherrschend auf einem Felsplateau über der Stadt plaziert, stellt die Kathedrale trotz mancher Stilbrüche ein überwältigendes Monument der Spätgotik dar. Ihre vielfach verzierten Strebebögen, Pfeilerwerke und Wasserspeier, dazu das duftige dreiteilige Zeltdach wirken wie ein aus steinernen Fäden gewebtes Spitzentuch. In dem durch Aufteilung in fünf schlanke Schiffe wahrlich himmelstrebenden Inneren faszinieren das meisterhafte Netzgewölbe, das gotische Chorgestühl und gegenüber der Kanzel eine vom Ende des 17. Jh. stammende Bergmannsstatue. Freskenreste aus dem 15. und 16. Jh. zeigen großteils keine religiösen Szenen, sondern die Arbeit der Bergleute und Münzschläger. Einige der wertvollsten Wandmalereien der Spätgotik befinden sich in der Grabkapelle des Kuttenberger Unternehmers Michal Smíšek: Fresken wie die »Ankunft der Königin von Saba« oder die »Sybille von Cumae« lassen einen in den Niederlanden geschulten Urheber vermuten.

In unmittelbarer Nachbarschaft zur St. Barbara-Kathedrale thront der mächtige Bau des **Jesuitenkollegs** *(Jezuitská kolej)*, 1667–1700 nach dem Entwurf des Italieners Giovanni Domenico Orsi errichtet. An die schloßartige, massige Vorderfront schließt eine langgezogene, heute als Verbindungsweg zur Kathedrale dienende Terrasse an, die Anfang des 18. Jh. nach dem Vorbild der Prager Karlsbrücke mit Heiligenstatuen aus der Werkstatt des Bildhauers František Baugut ausgeschmückt wurde.

Die **Kleine Burg** *(Hrádek)*, ursprünglich ein gotischer Palast mit Hof und Turm, eingebaut in die südliche Festungsanlage, verwandelte um 1490 der Grubenunternehmer und königliche Beamte Jan Smíšek in einen vornehmen Patriziersitz mit bemalten Renaissance-

decken und einer freskenverzierten Hauskapelle. In einigen Räumen ist jetzt eine Bergbau-Ausstellung des Bezirksmuseums untergebracht. Von der Kleinen Burg aus hat man auch Zugang zu einem mittelalterlichen Stollen. Der nicht unbeschwerliche Weg führt an kristallklaren unterirdischen Seen vorbei, die stellenweise eine Tiefe von 50 m erreichen.

Problematisch erwies sich viele Jahrhunderte lang die Trinkwasserversorgung der Stadt. Das kostbare Naß mußte durch lange hölzerne Leitungen von weither zugeführt werden. Die Rohre mündeten in insgesamt sieben Behälter, aus denen dann das Wasser geschöpft wurde. Einer von ihnen, eine dekorative spätgotische Steinmetzarbeit der Bauhütte Matthias Rejseks, ist der um 1495 entstandene **Steinerne Brunnen** (Kamenná kašna) mit zwölfeckiger Grundfläche, verziert mit Maßwerk und schlanken, spitzen Türmchen. Nur wenige Schritte weiter erhebt sich die **St. Johann-von-Nepomuk-Kirche** (Kostel sv. Jana Nepomuckého), ein anmutiger Barockbau (1734–1753) des Prager Architekten František Maximilián Kaňka.

Als einen der schönsten spätgotischen Profanbauten rühmt man zu Recht das **Steinerne Haus** (Kamenný dům/Nr. 183) am Wenzelsplatz (Václavské nám.), das bereits in vorhussitischer Zeit existierte. Die große Umgestaltung in seine derzeitige Form mit prunkvoll ausgestatteter Vorderseite, Erker und saalartig überwölbtem Vorhaus erfolgte um 1490. In diesem Spitzenwerk der bürgerlichen Architektur wird heute eine Kunsthandwerk-Ausstellung gezeigt.

St. Barbara-Kirche in Kutná Hora:
Meisterwerk böhmischer Gotik

Über den Palacky-Platz (Palackého nám.) mit seinen hübschen Renaissancehäusern gelangt man zur gotischen **St. Jakobs-Kirche** (Chrám sv. Jakuba), der ersten, von 1330 bis 1420 errichteten Stadtkirche Kuttenbergs. Ihr 82 m hoher Nordturm bildet eine schon von weitem sichtbare Dominante der Stadt, der dreischiffige Hallenbau weist Fragmente von Wandmalereien des 15. Jh. und kostbare barocke Altarbilder auf.

Der **Welsche Hof** (Vlašský dvůr) verdankt seinen Namen florentinischen Münzprägern, die hier im Auftrag Wenzels II. viele Jahre lang die Prager Groschen schlugen (s. S. 94). Wichtigster der zahlreichen Umbauten, denen das aus dem 13. Jh. stammende Gebäude unterzogen wurde, war die von Prager Bauhütten Ende des 14. Jh. durchgeführte Erweiterung zu einer königlichen Residenz. Bis heute blieb eine massiv beschlagene Türe mit der eingemeißelten Inschrift »Noli me tangere« (»Rühr mich nicht an«) erhalten. Sie führte in die Silberkammer, finanzielle Basis der böhmischen Königsmacht. Wertvollstes Kulturdenkmal des Welschen Hofes ist die Wenzelskapelle, ein Juwel gotischer Architektur, im Zuge von Restaurierungsarbeiten 1904 mit Jugendstilgemälden von František und Marie Urban ausgestattet. In den Ausstellungsräumen wird die Geschichte der Münzstätte dokumentiert.

Nach Entwürfen des Barock-Baumeisters Kilian Ignaz Dientzenhofer entstand um 1740 das – aus Geldmangel unvollendet gebliebene – **Ursulinen-Kloster** (Klášter uršulinek). In dem ursprünglich als Erziehungsstätte für junge Mädchen gedachten Gebäude, das sich jetzt wieder in der Obhut des Ordens befindet, kann man eine Ausstellung über mittelböhmische Burgen und Schlösser besichtigen.

Zu dem einst mächtigen, 1142 gegründeten, nach seiner Säkularisierung 1784 in eine Tabakfabrik umgewandelten **Zisterzienserkloster Sedlec** (Sedletz) im Nordosten Kutná Horas gehörte die gotische **Kirche der Jungfrau Maria** *(Chrám Pany Marie),* ein imposantes Gotteshaus mit fünf Schiffen und einem Kranz von sieben Kapellen um den Chor. Es bleibt wegen umfangreicher Restaurierungsarbeiten zunächst nicht zugänglich.

Das Touristenziel von Sedlec liegt nur knappe 200 m entfernt. Auf der anderen Seite der Hauptstraße folgt man einem kleinen Gäßchen bis zum Friedhof mit einem schmucklosen Kirchlein in der Mitte. Das Bild, das sich in seiner Krypta bietet, verschlägt selbst nekrophilen Naturen den Atem: Das gesamte Interieur besteht aus menschlichen Knochen.

Knochen über Knochen, Arme und Beine, Schädel und Becken, Rippen und Wirbel, alle desinfiziert und mit Chlorkalk gebleicht, sind in den Ecken des Gewölbes, sorgsam sortiert nach Größe und Zustand, zu meterhohen Pyramiden aufgeschichtet. Schädel-Girlanden hängen von der Decke, Schädel und Rippen mußten auch für den riesigen Kronleuchter herhalten. Auf dem Altar steht eine knöcherne Monstranz, an einer Wand prunkt überdimensional das aus Gebein gefertigte Wappen der Schwarzenberger, den nach den josephinischen Reformen neuen Besitzern von Kloster samt Friedhof. Das Ossarium, über dessen »künstlerische Ausgestaltung« – Entwurf und Ausführung stammen von einem Schnitzer namens František Rint – man eigentlich kaum geteilter Meinung sein dürfte, wurde für schätzungsweise 40 000 Menschen zur letzten Station. Denn von Ruhestätte kann angesichts des pietätlosen Umgangs mit ihren sterblichen Überresten wahrlich nicht die Rede sein. Einmal im Jahr, zu Allerseelen, wird in dem Gruselkabinett, das jeden Hollywood-Horrorfilmer vor Neid erblassen lassen müßte, gar eine Messe gelesen: Barocker Totenkult, auf die Spitze der Geschmacklosigkeit getrieben.

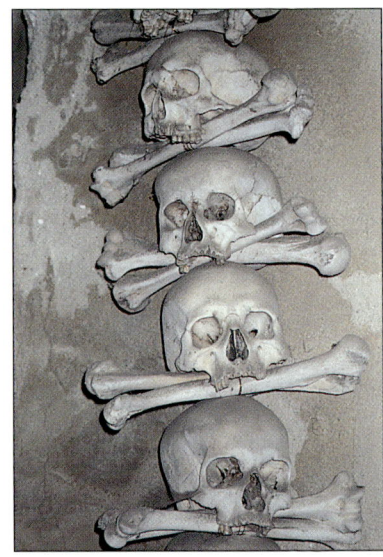

Im Tal der Sázava

Und wieder locken Burgen und Schlösser, romantische Flußtäler und ausgedehnte, gepflegte Parkanlagen. Die Tour (90 km) führt in das beliebteste Naherholungsgebiet der Prager, dementsprechend perfekt ist die touristische Infrastruktur mit einem großen Angebot an Restaurants, Hotels, Pensionen und komfortablen Privatquartieren. Zuerst geht es über die Autobahn D 1 (Prag–Brünn) bis zur Abfahrt Šternov, von der aus man nach wenigen Kilometern das waldreiche Tal der Sázava (Sasau) erreicht, über dem die Burg Český Šternberk thront. Dann nimmt man die Straße Richtung Benešov, in dessen Umgebung die beiden weiteren Ziele der Route liegen.

Als ob sie mit den steil zur Sázava abfallenden Felsen verschmolzen wären, ragen die schmucklosen, wuchtigen Mauern und Befestigungen der Burg **Český Šternberk** (Böhmisch Sternberg) **11** (s. S. 341) – trutzig in den Himmel. Um so größer ist dann die Überraschung im Inneren: Das äußerlich so abweisend wirkende Bauwerk erweist sich als geschmackvoll eingerichteter Familiensitz, in dessen gemütlichen Räumlichkeiten man am liebsten sofort Quartier beziehen würde. Český Šternberk dürfte eine der wenigen Burgen der Welt sein, die den Nachkommen ihrer Gründer gehören. Wieder, um genau zu sein, denn natürlich mußten auch die Šternberks 1949 den kommunistischen Machthabern weichen und bekamen ihre Burg erst 1991 zurück. Die mehr als 700 Jahre währende Kontinuität des Besitzes hatte auch zuvor durch Kriege, finanzielle Nöte und das Aussterben der einen oder anderen Linie des Grafengeschlechtes Unterbrechungen erfahren, aber immer wieder bemühte sich die Familie um die Burg, die ihr den Namen gab.

Die Šternberks – ihr Wappen besteht aus einem achtstrahligen goldenen Stern auf blauem Grund – schrieben mit an der Geschichte Böhmens, waren sie doch über viele Jahrhunderte in hohen und höchsten Regierungsämtern zu finden. Schon im 13. Jh. wurden bei Olmütz unter Führung des legendären Jaroslav von Šternberk die Tartaren besiegt, Petr von Šternberk lieferte als treuer Katholik dem Heer Žižkas bittere Schlachten, Zdeněk von Šternberk zeichnete sich als Verteidiger von Konopiště gegen König Georg von Poděbrady aus, Ladislav von Šternberk gewährte als Burgherr von Křivoklát der schönen Welserin Unterschlupf (s. S. 81). Nicht als Krieger, sondern als Naturforscher von Rang – und als tschechischer Patriot – machte sich Kaspar Graf von Šternberk einen Namen. Er war maßgeblich an der Gründung des Prager Nationalmuseums beteiligt und stand mit Goethe bis zu dessen Tod in einem zwölf Jahre währenden Briefwechsel.

Die mittelalterlichen Burggemächer wurden im 17. Jh. zu repräsentativen Räumlichkeiten umgebaut, in denen heute kostbares Mobiliar, Gemälde, Glas, Porzellan und Jagdtrophäen von vergangenen Zeiten erzählen. Von besonderem Interesse ist eine umfangreiche Kollektion von Stichen und Flugschriften aus dem Dreißigjährigen Krieg, eine Dokumentation, die – aktuell wie eh und je – politischen Wahnsinn, Kriegsgreuel und dadurch verursachtes menschliches Leid veranschaulicht.

In Schloß **Jemniště** (Jemnischt) **12** sind die Filz-Bodenbeläge aus der Zeit,

Barockschloß Jemniště

als dieses Baujuwel mit seinen unglaublich schönen Proportionen der tschechoslowakisch-sowjetischen Freundschaft gewidmet war, verschwunden. Eine ältere Vergangenheit als jene vier Jahrzehnte während düstere Ära hat Jemniště eingeholt. Seit Mitte 1995 heißen die Besitzer wieder Šternberk, sie hatten das Schloß 1886 von seinen Bauherren, den Trauttmansdorffs, erworben. Für die Zukunft des stattlichen Anwesens gibt es viele Pläne, doch fehlt es zu deren Realisierung noch am nötigen »Kleingeld«. So will man in einem Teil des Gebäudes ein Hotel einrichten, über die Ausstattung der künftigen Ausstellungsräume – vorerst zum Teil staatliche Leihgaben – wird gleichfalls diskutiert.

Eine Besichtigung lohnt sich dennoch allemal. Immerhin war das dreiflügelige Schloß mit seinen schwingenden Fassaden, höchster architektonischer Ausdruck der Lebensfreude, einst gut genug, um Kaiser Karl VI., den Vater

Maria Theresias, zu beherbergen. Ein Porträt des Herrschers in einem der repräsentativen, mit Gemälden ausgestatteten Räumlichkeiten erinnert an diesen Besuch. Die dem rechten Flügel angebaute Schloßkapelle, dem hl. Joseph geweiht, birgt die größten Kostbarkeiten: Deckenfresken von Wenzel Lorenz Reiner und Felix A. Scheffler sowie eine Kalvariengruppe von Matthias Bernhard Braun. Daß ein solch prächtiges Ambiente bei Hochzeitspärchen für das entscheidende Ja-Wort beliebt ist, kann man nur zu gut verstehen. Aber auch Kirchenkonzerte finden hier ein dankbares Publikum.

Wenn noch Zeit bleibt, läßt sich vor dem Besuch von Konopiště noch ein Abstecher zum **Schloß Vrchotovy Janovice** (Janowitz) **13** machen (über Vlašim, Lounovice und Votice, ca. 40 km). Ursprünglich im Renaissance-Stil, dann barock umgebaut, enthält es eine Gedenkstätte für den Dichter Rainer Maria

Ungeliebter Thronerbe
Franz Ferdinand

Schwermütig, mißtrauisch, sarkastisch und selten nachsichtig oder großmütig gegenüber seinen wirklichen oder oft nur vermeintlichen Gegnern, ultrakonservativ und bigott, aber andererseits auch energisch, fleißig, intelligent und mutig sowie liebenswürdig im Familienkreis – so charakterisiert die Habsburg-Expertin Brigitte Hamann den Hausherrn von Konopiště, Erzherzog Franz Ferdinand. Im streng katholischen Elternhaus von Hauslehrern erzogen, machte der am 18. Dezember 1863 in Graz geborene älteste Sohn Erzherzog Karl Ludwigs, eines Bruders von Kaiser Franz Joseph, die übliche militärische Laufbahn durch. Nach dem Tod des Kronprinzen Rudolf 1889, den er als Freund auch in Konopiště zu Gast hatte, wurde Franz Ferdinand allgemein als Thronfolger anerkannt, jedoch ohne offizielle Bestätigung. Weltreisen und Kuraufenthalte hielten ihn viele Jahre lang vom Wiener Hof fern. Erst 1898 wurde er zum Stellvertreter des Kaisers in allen militärischen Belangen ernannt.

Seine mit Beharrlichkeit verfolgte Eheschließung mit Gräfin Sophie Chotek (s. S. 85), die zwar adelig, aber nicht »ebenbürtig« war, begegnete dem hartnäckigen Widerstand Franz Josephs, der schließlich im Jahr 1900 seine Einwilligung an den Thronfolge-Verzicht der Kinder aus dieser morganatischen Ehe knüpfte.

Des Erzherzogs Militärkanzlei im Wiener Schloß Belvedere entwickelte sich bald zu einer Art Nebenregierung und verfaßte Zukunftspläne für die Umgestaltung der Monarchie. Vorgesehen war zwar eine Erweiterung der kulturellen Selbstbestimmungsrechte der Nationalitäten, also auch der Tschechen, jedoch keine Liberalisierung in demokratischem Sinn. Daß Franz Ferdinand aber der Mentor einer Wiener »Kriegspartei« gewesen sei, ist, wie Brigitte Hamann nachdrücklich feststellt, falsch. Vielmehr setzte er sich während der Balkankrisen 1912/13 konsequent für die Friedenserhaltung ein. Insofern trafen die Kugeln von Sarajewo den Falschen. Die Mordtat wurde von den »Falken« um Franz Joseph zum Anlaß genommen, einen Krieg gegen Serbien zu provozieren.

Rilke, der hier mit Karl Kraus um die Gunst der schönen Hausherrin Sidonie Nádherná von Borutín wetteiferte. 1907 beschrieb er die das Schloß umgebende mittelböhmische Landschaft: »... über der auf einmal die böhmische Sonne steht, wörtlich wie im Volkslied, ohne Nuance und ohne etwas zu durchdringen, ganz primitiv.«

Bereits der Bahnhof von **Benešov** (Beneschau), für eine Kreisstadt von knapp 16 000 Einwohnern viel zu groß und zu protzig geraten, signalisiert die einstige Bedeutung des nur 3 km entfernten Schlosses **Konopiště** (Konopischt) **14** (s. S. 351). Wann immer Erzherzog Franz Ferdinand oder anderer hoher Besuch – Deuschlands Wilhelm II. oder Rußlands Zar etwa – mit einem Sonderzug eintraf, der »Hof-Wartesaal« stand, feinsäuber-

lich herausgeputzt, zum Empfang der illustren Gäste bereit.

Der nach dem Selbstmord des Kronprinzen Rudolf 1889 als Nachfolger Kaiser Franz Josephs designierte Thronanwärter hatte keine Kosten und Mühen gescheut, das heruntergekommene Anwesen zu einer repräsentativen Sommerresidenz umzugestalten, wobei er sowohl das mittelalterliche Baugefüge respektierte als auch für modernen Wohnkomfort wie Zentralheizung und sogar einen Lift sorgte. Konopiště sollte nach dem Tod des greisen Monarchen zum gesellschaftlichen Mittelpunkt der Donaumonarchie werden. Dafür stattete der neue Herr das Schloß mit seinen unschätzbar wertvollen Sammlungen aus, die er zum einen von seiner Mutter, Maria Annunziata von Neapel-Sizilien,

Schloß Konopiště: Von Franz Ferdinand geprägt

geerbt, zum anderen auf jahrlangen Weltreisen mit nicht immer sicherem Geschmack zusammengetragen hatte. Daß es anders kam, ist bekannt: Am 26. Juni 1914 fielen Franz Ferdinand und seine Gemahlin Sophie in Sarajevo einem Attentat des nationalistischen serbischen Studenten Gavrilo Princip zum Opfer. Die Pistolenschüsse waren der Auftakt zum Ersten Weltkrieg.

Zu vielen Hunderten strömen heute täglich die Besucher nach Konopiště, um in den mit Skulpturen geschmückten Parkanlagen unter alten, knorrigen Bäumen zu flanieren und dann über die geradezu fanatische Sammelleidenschaft des unglücklichen Thronprätendenten zu staunen. Wie ehedem der »Hof-Wartesaal« am Bahnhof von Benešov die staatspolitische Bedeutung des Schlosses unterstrich, so zeugen heute lange Reihen von Souvenir-Buden und Imbißständen am Parkplatz von einer Touristenattraktion ersten Ranges. Der Andrang ist so groß, daß die Besichtigung in drei verschiedene Touren getrennt werden mußte, von denen man die ersten beiden wegen der Vielfalt der zur Schau gestellten Objekte nicht versäumen sollte, während die dritte durch die weniger interessanten Privatgemächer führt.

Ein Vierteljahrhundert wartete Franz Ferdinand vergeblich darauf, sich die älteste europäische Kaiserkrone aufzusetzen. In dieser Zeit raffte er alles an Waffen und Rüstungen, an Kunst und Kitsch zusammen, dessen er irgendwo auf der Welt habhaft werden konnte. Seine Jagdtrophäen sind Legion. Die Führerin rechnet akribisch vor: In 40 Jahren auf der Pirsch – er begann mit 11 und starb mit 51 – erlegte er mehr als 300 000 Stück Wild, das heißt, daß im Durchschnitt pro Tag 25 Rehe, Hirsche, Gemsen, Füchse, Luchse oder Auerhähne –

in Afrika waren es auch Löwen, Nilpferde und Elefanten – von seiner Hand starben. Zahlenspielereien, gewiß. Aber sie lassen auf die schier krankhafte Besessenheit des bei Hofe wie bei der Bevölkerung nicht unbedingt beliebten Erzherzogs schließen, wie ein anderes Beispiel ebenfalls beweist. Als Franz Ferdinand vernahm, daß sich der englische König George der weltgrößten Sammlung von Statuen und Abbildungen seines mit dem Drachen kämpfenden Namenspatrons rühmte, ließ ihm das keine Ruhe. Enorme Beträge muß er dafür ausgegeben haben, um zum Teil kunsthistorisch wertvolle Georgs-Darstellungen nach Konopiště zu bringen. Möglicherweise hat er seinen Londoner Konkurrenten übertroffen, der Triumph, King George seine Kollektion vorzuführen, blieb ihm jedoch versagt.

Trotz aller Gigantomanie berühren die Totenmasken des Thronfolgerpaares, der durchlöcherte Hut Sophies und die Mörderkugel, die in einer Vitrine des zweiten Rundgangs ausgestellt sind. Wie mag da erst der einzigen Tochter der Ermordeten, der 1901 geborenen und 1990 verstorbenen Sofie von Nostiz, zumute gewesen sein, die bis 1945 in Böhmen lebte und unmittelbar nach der Wende, kurz vor ihrem Tod, nochmals Gelegenheit hatte, das Schloß ihrer Kindheit zu besuchen?

Süd-
böhmen:
Wo die
Moldau
entspringt

Fremde Einflüsse haben das Gebiet von den Höhen des Böhmerwaldes bis zu den Teich- und Moorlandschaften im Mittellauf der Moldau seit altersher geprägt. Die Region sah sich niemals als Barriere, hinter der sich das übrige Böhmen verschanzte. Im Gegenteil, jahrhundertelang durchquerten bedeutende Handelswege wie der »Goldene Steig« den in sich geschlossenen Landesteil und öffneten ihn der Welt. Erst die Kommunisten rückten mit ihren Stacheldrahtverhauen Südböhmen jahrzehntelang für Westeuropa in unerreichbare Ferne. Um so intensiver spürt man jetzt selbst im kleinsten Dorf die vertraute Atmosphäre des uralten Kulturerbes Mitteleuropas.

Český Krumlov (Böhmisch Krumau)

1 (s. S. 341) Vergleiche mit den schönsten Städten Europas drängen sich bei der Beschreibung von Český Krumlov zwangsläufig auf. Ob beim Anblick des hoch auf einem schroffen Felsen über der jungen Moldau thronenden Schlosses Salzburg oder Edinburgh als Déjà-vue-Vorlage herhalten müssen, ob einem beim Bummel durch die mittelalterlichen Gassen Siena oder beim Überqueren der vielen Brücken über den windungsreichen Fluß Venedig in den Sinn kommen, die Perle Südböhmens besitzt tatsächlich von jedem etwas – von der heiteren Gelassenheit Salzburgs, der kühlen Strenge Edinburghs, dem südländischen Flair Sienas, der müden Morbidität Venedigs – und ist dennoch unvergleichlich. Zumal jetzt, da nach einem halben Jahrhundert im Dornröschenschlaf, unter Staub und abbröckelndem Putz all die Schätze einer entschwundenen Epoche zum Vorschein kommen, die man längst verloren wähnte.

Die »graue Witwe der verblichenen Rosenberger«, wie Adalbert Stifter, mehr der Natur als städtischer Architektur verbunden, in seinem »Hochwald« kritisch urteilt, hat ihr Trauergewand abgelegt und findet langsam zum einstigen Glanz zurück. Sie kleidet sich nicht modern, sondern kann auf eine überreiche Garderobe zurückgreifen, die lediglich geflickt, gewendet und aufgebügelt werden muß.

Im Zweiten Weltkrieg von Bomben und Kampfhandlungen verschont, kam es in Český Krumlov nach der Befreiung durch die Amerikaner und der Vertreibung der deutschsprachigen Bevölkerung zu einem starken Zuzug von Menschen vornehmlich aus dem Norden und Osten des Landes. Die Wohnungsprobleme wurden durch die massenweise Errichtung billiger Plattenbauten an der Peripherie einigermaßen gelöst, die alten Häuser der Innenstadt jedoch dem Verfall preisgegeben. Während die KP-Regierung zwischen 1970 und 1990 rund 90 Mio. Kronen für Restaurierungen ausgab, wobei der Löwenanteil dem prestigeträchtigen Schloß zufloß, bezifferte sich der Aufwand in den ersten fünf Jahren nach der Wende bereits auf 60 Mio. Kronen.

Jetzt blüht hier neues Leben – nicht in Ruinen, sondern in historischem Gemäuer, das dank privater Initiativen

◁ *Český Krumlov*

Helena Müllerová
Erfüllter Traum im Renaissancehaus

In den Urwäldern von Borneo ist sie ebenso zu Hause wie bei den Berggorillas in Ruanda oder den Indianern in Honduras. Das größte Abenteuer der gebürtigen Pragerin Helena Müllerová spielte sich aber mehr als zwei Jahrzehnte lang in ihrem Kopf ab. Nach der Zerschlagung des »Prager Frühlings« 1968 heiratete sie ins bayrische Passau, gab aber trotz zahlreicher Schwierigkeiten mit Visaanträgen und Aufenthaltsbewilligungen niemals ihre tschechische Staatsbürgerschaft auf. Denn wider alle Wahrscheinlichkeit träumte sie davon, irgendwann einmal in ihrer Lieblingsstadt Český Krumlov ein Unternehmen gründen zu können.

Die gelernte Kosmetikerin des Geburtsjahrgangs 1947 steht stellvertretend für viele ihrer Landsleute, die zu Hause oder im Exil auf bessere Zeiten warteten. Ein Phänomen, das wesentlich zum sensationellen wirtschaftlichen Aufschwung des Landes seit der Wende beigetragen hat. Kaum war der Eiserne Vorhang gefallen, sah sich Helena nach einem geeigneten Objekt für ein Hotel-Restaurant um. Im Zentrum der historischen Altstadt wurde sie fündig. Ein abbruchreifes Haus aus dem 16. Jh. mit total vergammeltem Lokal verwandelte sie innerhalb von zwei Jahren in ein Schmuckkästchen mit stilvoll eingerichteten, komfortablen Gästezimmern und einem gemütlichen Restaurant.

Die Dynamik der quirligen Blondine ist manchen ihrer Krumauer Mitbürger unheimlich: »Leider zieht die Bevölkerung in dieser neuen Zeit nicht immer mit, die Ewiggestrigen und die Neider sind eben noch nicht ausgestorben«, meint die resolute Chefin der »Kanne« (»Konvice«), die über die Schwerfälligkeit des Personals und bürokratische Schikanen Romane erzählen könnte. Als alte Abenteurerin gibt sie aber nicht so schnell auf: »Sie haben vielleicht Egon Schiele hinausekeln können, bei mir gelingt ihnen das sicherlich nicht ...«

unter strengen Denkmalschutz-Auflagen saniert und vor dem Abbruch gerettet wurde. Das Hotel-Restaurant »Konvice« (»Zur Kanne«), das urige Gasthaus »Na louži« (»An der Lache«) mit der Original-Inneneinrichtung aus dem Jahr 1932 oder das »Internationale Kulturzentrum Egon Schiele« sind nur einige Beispiele dafür.

Der Touristenansturm, der Krumau an manchen Tagen der Hochsaison in einen Tummelplatz verwandelt, gehört freilich zu den Schattenseiten der neuen Ära. Doch früh am Abend oder gar im Winter senkt sich verträumte Stille über das Städtchen – die Zeit für Genießer. Sie lassen sich treiben in dem mittelalterlichen Gassengewirr mit seinen vielen kleinen Läden und Galerien für Glas, Keramik, böhmischen Granatschmuck, Bücher, Schallplatten und alte und neue Kunst. Das alte bucklige Pflaster, liebevoll Stein für Stein ausgegraben, saniert und wieder eingesetzt, muß ein schier unerschöpflicher Nährboden für Kreativität sein. Allein das Angebot an originellem Kunsthandwerk unterscheidet sich wohltuend von jenem billigen Souvenirkram aus asiatischen Massenfertigungen, der die Welt überschwemmt.

Kenner wissen auch die Einsamkeit lauschiger Uferpromenaden zu schätzen, ländliche Idyllen inmitten eines urbanen Zentrums. »Die Moldau macht einen Ring, dann macht sie außerhalb desselben einen zweiten verkehrten und dann noch einen größeren, der wieder verkehrt ist.« So beschrieb Stifter die »krumme Au«, die Namensgeberin der Stadt. Aufgrund der zahlreichen Schlingen ist der Fluß allgegenwärtig. Der tschechische Schriftsteller Karel Čapek wunderte sich: »Ich weiß nicht, wie oft sich hier die Moldau windet; bevor du die Stadt durchwanderst, und hältst du dich dabei in möglichst gerader Richtung, so überschreitest du den Fluß etwa fünfmal und jedesmal staunst du, daß er so goldbraun ist und daß er es so eilig hat.«

Čapek notierte bei seinem Spaziergang auch »vierundvierzig Gasthäuser, drei Kirchen, nur ein Schloß, aber dafür ein großes, zwei Tore und eine große Menge von Denkmälern«. Überhaupt, so der Autor, sei die ganze Stadt ein einziges historisches Denkmal: »Man findet also alte Giebel, Erker, Dachfenster, Lauben, Bogen, Gänge, Zinnen, Sgraffiten, Fresken, Stiegen hinauf und hinunter, Balustraden, Röhrenbrunnen, Säulen, Prellsteine, Winkel, Gebälk, alte Gemächer, Durchfahrten, historische Pflasterung, winkelige Gassen, Weihnachtskrippen, hohe Dächer, eine gotische Kirche, die Minoriten, und überall die roten Rosenberger Rosen; wohin du dich wendest, siehst du nur Malerisches und Altertümliches und historische Pracht. Und alles beherrscht dort oben das Schloß und vor allem der Turm, einer der eigentümlichsten Türme, die ich jemals gesehen habe; ich möchte sagen, Türme sind eine tschechische Spezialität, weil sie nirgendwo so merkwürdige Kuppeln, Zwiebeln, Mohnköpfe, Laternen, angeklebte Türmchen und Galerien und Spitzen haben wie bei uns.«

Stadtbesichtigung

Ausgangspunkt ist das im Renaissancestil errichtete **Budweiser Tor** (Budějovická brána) nahe der Umfahrungsstraße Chvalšinská mit einer Reihe großer Parkplätze. Hier beginnt auch ein markierter, 3,5 km langer Stadtrundgang, der zu 39 interessanten Baudenkmälern führt. Über die Latrán-Straße erreicht man mit wenigen Schritten den

Im Zentrum von Český Krumlov

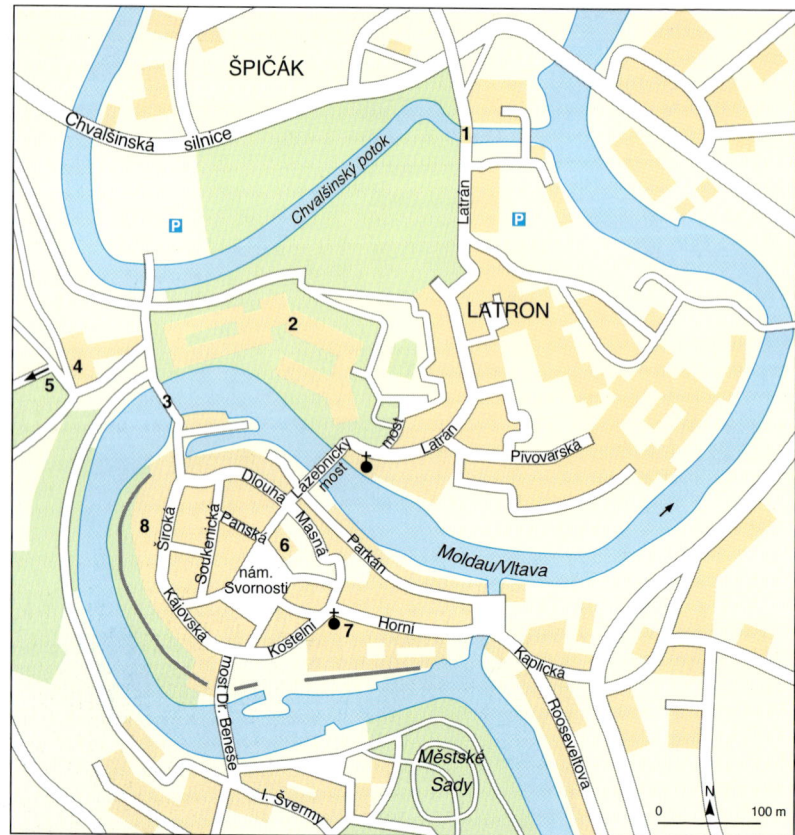

Český Krumlov (Krumau) *1 Budweiser Tor 2 Schloß 3 Mantelbrücke 4 Theater 5 Schloßpark mit Bellaria 6 Rathaus 7 St. Veits-Kirche 8 Egon-Schiele-Zentrum*

Eingang zum **Schloß**, das trotz Restitutionsgesetz in staatlichem Besitz verbleiben dürfte.

Im Laufe von sechs Jahrhunderten entstand auf einem von Süden durch die Moldau und auf der Nordseite durch den Bach Chvalšinský potok geschützten, langgezogenen und von Ost nach West ansteigenden Felsrücken ein Ensemble von etwa 40 palastartigen Bauten mit mehr als 300 Räumen, die sich um fünf Schloßhöfe und das Schloßgartenareal konzentrieren. In der zweiten

Hälfte des 16. Jh. wurde die Burg zu einer monumentalen, prunkvollen Renaissance-Residenz umgebaut, als Sitz der damals bedeutendsten Adelsfamilie Böhmens, derer von Rosenberg (Rožmberk). In die Geschichte des Landes eingegangen sind vor allem zwei Angehörige dieses Geschlechts, Wilhelm (Vilém) und Peter Vok von Rosenberg, hochgebildete Humanisten, Mäzene der Kunst und Kultur und fähige Politiker, die höchste königliche Ämter bekleideten.

Nachdem 1602 das Herrschaftsgut an den Habsburger Rudolf II. gefallen war, wurde das Schloß Schauplatz wüster Orgien des schwachsinnigen illegitimen Kaisersohnes Don Julius. Ein vermauertes Fenster zeugt noch heute von dem Unglück einer hübschen Baderstochter, die, um den Nachstellungen des Verrückten zu entgehen, von einem Turmzimmer in die Tiefe sprang. Unter der Familie Eggenberg, mit der im Zuge der Gegenreformation der Barockstil Einzug hielt, und auch später als Schwarzenberg'sche Domäne blieb die Struktur des Adelssitzes trotz mancher baulicher Ergänzungen und Innenausstattungen im wesentlichen unverändert.

Das **Rote Tor** *(Červená brána)* bildet den Haupteingang zu dem weitläufigen Areal. Kunsthandwerker bieten im ersten Vorhof ihre Waren an. Klugerweise gestattet die Schloßverwaltung nur den Verkauf von Produkten aus eigener Werkstatt, wie zum Beispiel jene hübschen Miniatur-Häuschen aus Keramik, mit denen sich in naturgetreuen Nachbildungen die gesamte historische Architektur der Altstadt auf dem Kaminsims zusammenstellen läßt.

Zu den ältesten Teilen des Schlosses zählt der mit einem Arkadenumgang versehene runde **Krumauer Turm** *(Krumlovská věž)*, das markante Wahrzeichen der Stadt. Über die Brücke des

Wahrzeichen von Český Krumlov: Der Schloßturm

Egon Schieles unerwiderte Liebe zu Krumau

ch möchte fort von Wien, ganz bald. Wie häßlich ist's hier. Nach dem Böhmerwald möcht ich, Neues muß ich sehen und will es forschen, will dunkle Wasser kosten, krachende Bäume, wilde Lüfte sehen, will modrige Gartenzäune staunend ansehen, junge Birkenhaine und zitternde Blätter hören, will Licht und Sonne sehen und nasse, grünblaue Abendtäler genießen, Goldfische glänzen spüren, weiße Wolken bauen sehen, Blumen möcht' ich sprechen, so schön freudige Felder binden mit rosa riechender Luft ...«

Die Sehnsucht des Wiener Malers Egon Schiele (1890–1918) nach der Geburtsstadt seiner Mutter sollte erfüllt werden. Im Frühjahr 1911 trifft der 21jährige mit seiner um vier Jahre jüngeren Freundin Wally Neuzil in Krumau

ein und findet bald, wovon er träumt: ein Gartenhaus am Moldau-Ufer. Voll Begeisterung schreibt er seinem Freund und zukünftigen Schwager, dem Maler Anton Peschka: »Die alten Häuser sind so durchwärmt von der Sienaluft, überall gibt es sonnverbrannte Rouleaus weiß-rot, und dazu spielt zuzelig eine alte Drehorgel ...«

Egon und Wally fühlen sich wie im Paradies. Sofort beginnt der Künstler mit der Arbeit und malt zahlreiche kleinformatige Stadtbilder, eine Reihe von Selbstporträts und Mädchenakte. Die Krumauer Idylle geht jedoch jäh zu Ende. Die kleinbürgerlichen Nachbarn Schieles, denen das »exzentrische« Leben des Malers – seine »wilde Ehe« mit Wally und die nackten Modelle im Garten – ein Dorn im Auge sind, erzwin-

Bärenzwingers, in dem nach wie vor zwei der Rosenberg'schen Wappentiere ihre Runden drehen, und dann durch ein Renaissancetor gelangt man in den Schloßhof der **Unteren Burg** *(Dolní hrad)* und in weiterer Folge durch einen breiten Gang mit Reitertreppe in die **Obere Burg** *(Horní hrad)*. Es bedarf nicht allzu großer Phantasie, sich hier den Einzug von Rittern mit klirrenden Rüstungen vorzustellen, die über den Holzboden tänzelnden Pferde mühsam im Zaum haltend.

Im Rahmen der Führungen durch die Innenräume der Oberen Burg sieht man unter anderen Kostbarkeiten eine Tapisserien-Sammlung mit Brabanter Gobelins aus Barock und Rokoko, eine Gemälde-Kollektion, die dem hl. Georg geweihte Schloßkapelle und, als Höhepunkt, den **Maskensaal** *(Maškarní sál)*. Dieser begeisterte 1895 Rainer Maria Rilke: »Er ist einzig in seiner Art. Die ganzen Wände sind mit überlebensgroßen, voll heiterer Ironie gemalten Figuren bedeckt. Da sieht man Ritter und

Krumauer Schiele-Gemälde »Alte Häuser« (1917)

gen Anfang August die Abreise des Paares.

»Sie wissen, wie gerne ich in Krumau bin; und jetzt wird es mir unmöglich gemacht«, beklagt sich Egon bei einem Freund, prophezeit aber gleichzeitig: »Einmal wird eine Gedenktafel an diesem Gartenhaus angebracht: ›Hier lebte Egon Schiele‹«. 81 Jahre später sollte sich diese Voraussage erfüllen.

Herren, edle Frauen und würdige Matronen, Zwerge und Riesen, Harlekins und Zauberer in buntem Gewimmel. Musikanten spielen auf den Galerien, Damen blicken aus den Logen, und an der Tür halten zwei riesige stramme Grenadiere strenge Wacht. Die Fülle der Personen und die wunderbare naive Plastik derselben machen einen geradezu betäubenden Eindruck.«

Josef Lederer schuf diese Farbenpracht 1748. In einer Fensternische setzte er sich mit einem humorigen Selbstporträt – zwischen Figuren der Commedia dell'arte eine Tasse Kaffee trinkend – ein bleibendes Denkmal.

An ein antikes römisches Aquädukt erinnert die mit Barockplastiken geschmückte, mehr als 100 m hohe **Mantelbrücke** *(Plášťový most)*, über die man ein weiteres Juwel des Schloßareals erreicht: das barocke **Theater**. 1684 zunächst als Holzbau errichtet und 1766 umgestaltet, stellt es ein in Europa beinahe einzigartiges Gesamtkunstwerk dar. Bühne, Zuschauerraum, Kulissen,

Kostüme, Requisiten, Bühnentechnik und die Dokumentation des Repertoires blieben im Original komplett erhalten.

Der ab 1678 im französischen Stil terrassenförmig angelegte, rund 10 ha große **Schloßpark** mit einem Teich, dem Rokoko-Lustschlößchen Bellaria und der zu einem Konzertsaal ausgebauten ehemaligen Winterreitschule bildet zusammen mit dem Maskensaal das bezaubernde Ambiente für ein internationales Musik- und Theaterfestival, das alljährlich zwischen Juni und September veranstaltet wird. Eine drehbare Tribüne für 800 Personen inmitten des Parks ermöglicht bei Schauspiel-, Ballett- und Opernaufführungen raschen Szenenwechsel.

Zwei Wege führen nun in die Altstadt: Direkt vom Schloßpark über die historische Vorstadt Plešivec (Flößberg) oder durch das Schloßareal und das Rote Tor zurück zur Latrán-Straße, dann über die hölzerne Lazebnický most (Baderbrücke) und durch die schmale Radniční ul. (Rathausgasse) zum Zentrum des Zentrums, dem von schönen Renaissance-Häusern gesäumten **Marktplatz** nám. Svornosti (Platz der Eintracht). Das **Rathaus** entstand durch Verbindung zweier gotischer Häuser, die durch ein Renaissance-Fries optisch miteinander verbunden wurden. Die Wappen an der Fassade repräsentieren die böhmischen Länder, die Adelsfamilien Eggenberg und Schwarzenberg sowie die Stadt. Etwas seitlich befindet sich aus jüngster Zeit das Symbol der UNESCO – als Zeichen, daß ganz Český Krumlov unter besonderem Schutz dieser Weltorganisation steht.

Die **St. Veits-Kirche** *(Kostel sv. Víta)* bildet in der Silhouette der Stadt den sakralen Gegenpol zu Schloß und Turm. Das dreischiffige gotische Gotteshaus, einer der Höhepunkte der vorhussitischen Architektur Südböhmens, wurde 1439 eingeweiht und im Barock mit üppiger Innenausstattung versehen.

Auf dem Weg in die Široká ul. 70–72, zum Gebäude der ehemaligen Stadtbrauerei aus dem Jahr 1578, heute Sitz des Internationalen **Egon-Schiele-Zentrums**, kommt man an wunderschönen Renaissance-Häusern mit reichem Sgraffito-Schmuck vorbei. Das 1993 auf Initiative des aus Österreich stammenden New Yorker Sammlers und Kunsthändlers Serge Sabarsky und des Direktors des Passauer Museums moderner Kunst, Gerwald Sonnberger, gegründete Schiele-Zentrum enthält eine Dokumentation über Schieles Leben und Werk sowie eine ständige Ausstellung von 80 Zeichnungen und Aquarellen des Künstlers. Weiters werden Wechselausstellungen der Kunst des 20. Jh. geboten. Auch Räume für Ateliers, Symposien, Vorträge, Konzerte und Lesungen sowie ein Café und ein gut sortierter Museumsshop stehen zur Verfügung. Bereits im ersten Jahr seines Bestehens konnten mehr als 75 000 Besucher gezählt werden. Das hätte sich der Österreicher Egon Schiele (1890–1918), der 1911 in der Geburtsstadt seiner Mutter einige seiner bedeutendsten Bilder schuf, wohl niemals träumen lassen.

Ausflüge von Český Krumlov

Im Herzen des Böhmerwaldes

Natur und Kultur prägen diese Tour (160 km), die entlang des Oberlaufs der Moldau (Vltava) ins Herz des Böhmerwaldes führt. Die Tschechen haben für dieses größte geschlossene Waldgebiet Mitteleuropas, das sich bis Bayern und Österreich erstreckt, den treffenden Namen »Šumava« (von *šumeti* = rauschen) gefunden. Weite Teile des Böhmerwaldes, der von Adalbert Stifter literarisch verewigten Landschaft, wurden zu einem Naturpark (1630 km²) zusammengefaßt. Während der kommunistischen Diktatur als grenznahes Sperrgebiet weitgehend entvölkert, steht dieses Paradies jetzt wieder dem Tourismus offen. Aus Gründen des Naturschutzes bleiben aber einige der von der UNESCO zu Biosphären-Reservaten erklärten Hochmoore nicht allgemein zugänglich.

In vielen Mäandern windet sich die Moldau – und mit ihr die Straße – durch lichte, liebliche Landschaft. Wiesen, Weiden und Wäldchen säumen die Ufer des schmalen Flüßchens, Sägewerke, zum Teil verlassen, zum Teil noch in Betrieb, erinnern an die einstige, inzwischen aber schwindende Bedeutung der Holzgewinnung. Bunte Zelte auf kleinen Campingplätzen, die durch malerische Holzbrückchen mit der Hauptstraße verbunden sind, und Kanufahrer auf dem glitzernden, ruhig dahinfließenden Wasser bieten ein friedliches Urlaubsbild.

Plötzlich taucht hinter einer Kurve, mehr als 30 m hoch über dem Fluß, auf einem nach drei Seiten steil zur Moldau abfallenden Felsen, die Burg **Rožmberk nad Vltavou** (Rosenberg an der Moldau) 2 (s. S. 364) auf, Stammsitz der Witigo-

Ausflüge von Český Krumlov

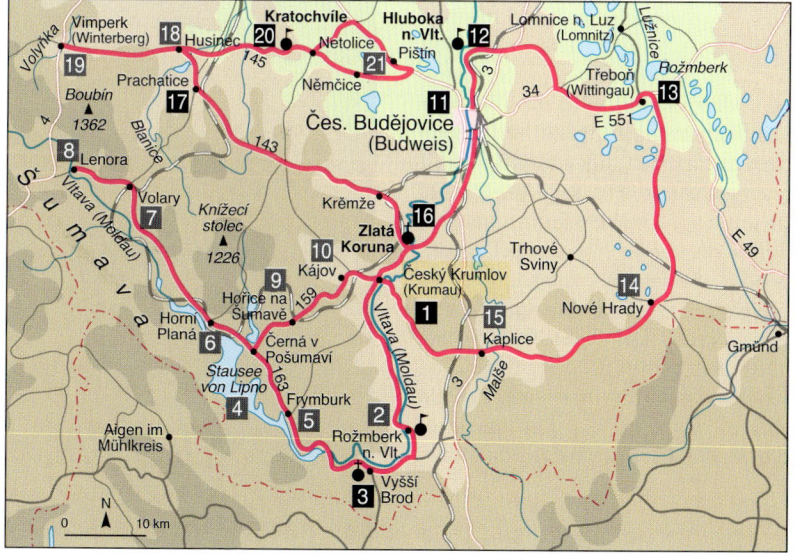

nen. Adalbert Stifter hat deren sagenhaftem Urvater Witiko (Vítek) in seinem gleichnamigen Roman ein Denkmal gesetzt. Der Ritter Witiko, reicher als der König, hatte der Legende nach fünf Söhne, die er an seinem Lebensabend mit Gütern beschenkte. Jedem von ihnen vermachte er auch das Zeichen seines Geschlechts, die fünfblättrige Rose. Der älteste Sohn Jindřich erhielt eine goldene Rose und die Burg Jindřichův Hradec (Neuhaus), Vilém vertraute er die silberne Rose und Třeboň (Wittingau) an, Smil empfing die blaue Rose und das Gut Stráž (Platz), Vok die rote Rose und die Besitzungen Krumlov (Krumau) und Rožmberk (Rosenberg), der jüngste Sohn Sezima schließlich die schwarze Rose und das Gut Sezimovo Usti (heute ein unbedeutender Industrievorort von Tabor). Die »Teilung der Rosen« ist Motiv mehrerer Gemälde, die u. a. auf den Schlössern von Telč, Krumlov und Jindřichův Hradec zu sehen sind.

In all diesen Schlössern lebt wie auf Rožmberk auch die Sage von der »Weißen Frau« weiter, von der es mehrere Versionen gibt. Am häufigsten erzählt wird die Legende der Perchta (Berta) von Rožmberk, die 1449 mit Johannes von Liechtenstein vermählt, an der Seite des hartherzigen Mannes aber nicht glücklich wurde. Erst sein Ableben befreite sie von Leid und Erniedrigungen. Sie wurde zur Wohltäterin der Notleidenden, die sie auch nach ihrem Tod als schlanke, helle Erscheinung tatkräftig unterstützte. Die »Weißen Frauen« stehen immer auf der Seite des Guten, und wer ein reines Gewissen hat, braucht sich vor ihnen nicht zu fürchten, weiß die Überlieferung. Bis weit in das 19. Jh.

hielt sich auf den ehemals Rosenberg'schen Schlössern und Burgen der Brauch, einmal jährlich die Armen der Umgebung zu einem Festschmaus einzuladen, gleichsam eine Huldigung an die »Weiße Frau«. Ein Porträt der Perchta, deren Geschichte dem österreichischen Dichter Franz Grillparzer als

Herbstlicher Böhmerwald

Vorlage zu seinem Drama »Die Ahn-frau« diente, hängt u. a. auch in den Räumlichkeiten von Rožmberk.

Ganz im Süden, an einer Moldau-Furt am alten Handelsweg zwischen Linz und Budweis, liegt **Vyšší Brod** (Hohenfurt) **3** (s. S. 373). Die schützende Hand der Jungfrau Maria, der zu Ehren Peter Vok I. – als Dank für wundersame Errettung aus den Fluten der Moldau, wie die Legende besagt, aber auch mit dem Ziel, den Böhmerwald zu kolonisieren – das Zisterzienserkloster im Jahre 1259 gegründet hatte, hielt bis ins 20. Jh. viel Unheil von Vyšší Brod ab. Das Anfang des 15. Jh. mit einer starken Verteidi-

Vyšší Brod: Spätgotisches Rundfenster im Kapitelsaal

gungsmauer umgebene Areal widerstand sogar den Hussitenstürmen, und
als Kaiser Joseph II. die Klöster seines
Herrschaftsbereiches reihenweise säkularisierte, ließ er Hohenfurth unbehelligt. Der Habsburger konnte wahrscheinlich nicht umhin, Fleiß und Tüchtigkeit
der Zisterzienser zu bewundern, die ein
ehedem undurchdringliches Waldgebiet
zu wirtschaftlicher Blüte gebracht hatten. Daß sie dabei zu unermeßlichem
Reichtum gelangt waren, störte den
Monarchen kaum.

Wie die Vandalen hausten die Kommunisten nach der Vertreibung von zuletzt 44 Mönchen ab 1950 in den Räum

lichkeiten des Klosters, die von Grenzschutztruppen als Lager verwendet wurden. Zahlreiche nicht bewegliche Kunstwerke fielen der Vernichtung anheim,
die kostbarsten Objekte brachte man
glücklicherweise in der Prager Nationalgalerie in Sicherheit. Erst spät bequemte
sich das Regime in Prag dazu, zumindest die wertvollsten Teile von Vyšší
Brod, Kirche, Abtei und Bibliothek, einigermaßen restaurieren zu lassen.

Heute lebt wieder ein halbes Dutzend
Mönche in Hohenfurt, weitere Ordensbrüder bereiten sich im Kloster Heiligenkreuz bei Wien auf ihre Aufgaben an der
Moldau vor. Im Zuge des Restitutions-

verfahrens wurde ein Großteil der Kunstschätze, unter ihnen das sogenannte »Závis-Kreuz«, eine unvergleichliche Goldschmiedearbeit aus der zweiten Hälfte des 13. Jh., zurückerstattet. Dazu zählen auch neun Tafelbilder des – namentlich nicht bekannten – Hohenfurther Meisters (14. Jh.) und die berühmte Hohenfurther Madonna (um 1400), ein Tafelbild des »weichen Stils«, der dem Marienkult im 15. Jh. volkstümliche Züge verlieh.

Das Kernstück des Stiftes, die quadratisch angelegte Kirche Mariä Himmelfahrt, stellt das bedeutendste und besterhaltene Denkmal der gotischen Zisterzienser-Architektur in Böhmen dar. Im Gegensatz zu vielen anderen Gotteshäusern wurde die 1360–1380 entstandene Klosterkirche von Vyšší Brod niemals im Barockstil umgebaut. Als reizvoller Kontrast zu dem schlichten Inneren mit seinem Kreuzrippengewölbe und den hohen, mit Glasmalereien versehenen Spitzbogenfenstern springt der monumentale frühbarocke Hochaltar ins Auge, neben dem sich an einer Wand die Grabplatte der Rosenberger befindet. Lupenreine Gotik trifft man wieder im Kreuzgang und im Kapitelsaal an, in dessen Mitte von einem raumbeherrschenden gebündelten Pfeiler strahlenförmig angeordnete Gewölberippen ausgehen.

Ein heiterer, ja geradezu jubelnder böhmischer Barock dominiert dagegen die beiden Bibliotheksräume, den großen Theologischen und den kleineren Philosophischen Saal. In den mit Figuren und Heiligenbildern reich verzierten Rokoko-Schränken werden mehr als 70 000 Bände überwiegend religiösen und philosophischen Inhalts aufbewahrt. Die – nach Strahov (Prag) und Teplá (Tepel bei Marienbad) – drittgrößte Bibliothek Böhmens hütet auch eine beachtenswerte Sammlung von Erstdrucken und mittelalterlichen Handschriften; das älteste Exemplar stammt aus dem beginnenden 13. Jh. und wurde bei der Stiftsgründung aus dem Mutterkloster Wilhering mitgebracht.

In der ehemaligen zweiten Abtei von Hohenfurth ist eine Expositur des Prager Postmuseums untergebracht. Mit nostalgischen Ausstellungsstücken, die das Post- und Fernmeldewesen vom 16. Jh. bis in unsere Tage dokumentieren, läßt sich eine eventuelle Wartezeit auf die Stiftsführung kurzweilig verbringen.

Etwas westlich von Vyšší Brod liegt der **Stausee von Lipno** (Lippen) **4**. Pläne zur Regulierung des Moldau-Oberlaufes, an dem es infolge des geringen Gefälles häufig zu Überschwemmungen kam, bestanden bereits im 19. Jh. Damals wollte man zwischen dem Moldau-Quellgebiet nahe der bayerischen Grenze und der sagenumwobenen Teufelsmauer, einem Naturdenkmal mit gewaltigen Gesteinsformationen, 26 kleinere Reservoirs schaffen, mit denen die Wassermassen aufgehalten werden sollten. Die Kommunisten machten dann in den 50er Jahren Tabula rasa und errichteten bei Lipno (Lippen) eine 25 m hohe und 275 m lange Talsperre, hinter der mehrere Dörfer – wie die alte Holzfällersiedlung Lipno und Teile von Frymburk – samt einer Eisenbahnlinie von den Fluten verschlungen wurden.

Mit einer Fläche von 4600 ha bildet der Stausee das größte Gewässer Tschechiens. Obwohl die Wasserqualität eher fragwürdig ist, hat sich an den Ufern ein lebhafter Freizeitbetrieb mit Hotels, Restaurants und Campingplätzen entwickelt. In den Sommermonaten werden auch Schiffsrundfahrten angeboten. Interessanter als der Wassersport sind die vielen Wandermöglichkeiten, zum Beispiel zum Schwarzenbergischen

Schwemmkanal, zur Burgruine Vitkův Kámen (Wittinghausen), einst ebenfalls Rosenbergischer Besitz und Schauplatz von Stifters Erzählung »Hochwald«, oder zum Plešné jezero (Plöckensteiner See).

Frymburk (Friedberg)  (s. S. 344) liegt seit seiner teilweisen Überflutung auf einer Halbinsel. Von der im 13. Jh. entstandenen Gemeinde, heute ein beliebter Ferienort mit Badestrand, blieben die spätgotische St. Bartholomäuskirche mit wertvoller Barockausstattung, ein Brunnen aus dem Jahre 1676 und die barocke Pestsäule erhalten. Adalbert Stifter hatte hier seine unerfüllte Jugendliebe, die Leinwandhändlerstochter Fanny Greipl, »Braut meiner Träume«, die ihn auf Anordnung ihrer Eltern wegen seiner Mittellosigkeit abweisen mußte.

In der Linken einen Schlapphut, in der Rechten ein Buch, blickt der Dichter selbst, lässig an ein Mäuerchen gelehnt,

ein paar Kilometer weiter mit versonnenem Lächeln auf den Betrachter herab. Das 1906 von dem Bildhauer Karl Wilfert aus Cheb (Eger) geschaffene, zweieinhalb Meter hohe Bronze-Denkmal Adalbert Stifters (1805–1868) auf einem kleinen Hügel über **Horní Planá** (Oberplan) 6 hat sich ebenso wie das Geburtshaus des Poeten zu einem literarischen Pilgerziel entwickelt, vornehmlich für Besucher aus Deutschland und Österreich. In seiner alten Heimat ist Stifter, ein »deutschschreibender Schriftsteller aus dem Böhmerwald«, wie eine lokale Broschüre vermerkt, keineswegs so ein Begriff, wenngleich alle seine Werke in hervorragenden tschechischen Übersetzungen vorliegen.

Das Geburtshaus am Ortseingang, sauber herausgeputzt, enthält seit 1960 eine kleine Gedenkstätte, für die man sogar noch Originalmobiliar bewahren konnte. Neben der Totenmaske liegen zwei Plastik-Rosen, Symbol für den gan-

Stausee von Lipno

Technisches Denkmal Schwemmkanal

Den Visionen eines kleinen Forstingenieurs verdanken Böhmen und Oberösterreich ein technisches Denkmal europäischen Formats: den Schwarzenbergischen Schwemmkanal, der zur Holzversorgung von Wien und Budapest die Wasserscheide zwischen Moldau und Donau – und damit auch zwischen Nordsee und Schwarzem Meer – überwand. Es brauchte viel Überredungskunst, bis Josef Rosenauer (1735–1804) seinen fürstlichen Arbeitgeber von der Wirtschaftlichkeit des geplanten Bauwerks überzeugen konnte. Er sollte recht behalten: Die Kosten von rund 254 000 Gulden hatten sich bereits nach wenigen Jahren amortisiert, an die 14 Mio. Kubikmeter Holz konnten durch diese 44,4 km lange Trift aus dem Böhmerwald in die Donaumetropolen transportiert werden.

Der in den Jahren 1789–1822 errichtete Kanal beginnt in einer Seehöhe von 925 m am sogenannten Lichtwasser *(Svetlá voda)* nördlich des Drei-

sesselbergs nahe der bayrischen Grenze, führt dann durch einen der ersten in Europa gebauten Tunnels von 419 m Länge, überquert in einer Höhe von 790 m die Wasserscheide und endet auf österreichischen Gebiet in der Großen Mühl, einem Donau-Zufluß. Gespeist wurde der Schwarzenberg-Kanal durch das Wasser von 27 Böhmerwälder Bächen sowie von drei künstlichen und einem natürlichen Reservoir, dem Plöckensteiner See *(Plešné jezero)*. Zeit und technischer Fortschritt überholten den Kanal jedoch bald. Die Holzschwemme nach Wien wurde 1891 eingestellt, die nach Oberösterreich 1916. Einige Abschnitte zur Holzbeförderung in die Moldau blieben bis 1962 in Betrieb.

Wanderwege, die auch mit Mountain-Bikes befahren werden können, führen entlang einiger renovierter Teile des Schwemmkanals. Der Zugang erfolgt am besten von den alten Holzfäller-Ortschaften **Nová Pec** (Neuofen) oder **Nové Odoli** (Neuthal).

zen Ort, der nur mehr wenig vom einstigen »lieblichen Marktflecken« ahnen läßt. Im Gasthaus gegenüber geht es schon am frühen Nachmittag hoch her, junge Männer ertränken die Tristesse ihrer Arbeitslosigkeit in Strömen von Bier. Die Frage nach den Öffnungszeiten des Stifter-Museums stößt bei ihnen auf verständnisloses Achselzucken. Auch über den 6,5 km langen Stifter-Pfad *(Stifterova stezka)*, der beim Geburtshaus beginnt und – vorbei am Denkmal – zum Gutwasserberg *(Dobrá voda)* und seiner spätbarocken Kapelle führt, können oder wollen sie keine Auskunft geben.

Volary (Wallern) **7** (s. S. 372) erlebte seine Blütezeit zwischen dem 13. und 17. Jh., als es Reisenden auf dem »Goldenen Steig« als Herberge diente. Auf dem bedeutenden Handelsweg zwischen dem Donauraum und Böhmen wurde vor allem Salz transportiert, die Zollgebühren, ständiger Zankapfel im Verhältnis zur Nachbarstadt Prachatice (Prachatitz), bescherten den Einwohnern relativen Wohlstand. Dies dürfte auch das Motiv der Siedler aus Tirol und der Steiermark gewesen sein, die sich im 16. Jh. hier niederließen und dem Städtchen mit ihren Holzhäusern alpenländischen Typs (»Wallern-Häuser«) sein Gepräge gaben. Mitte des 19. Jh. zum Großteil durch einen Brand vernichtet, sind jetzt nur noch einige wenige Beispiele dieser alten bäuerlichen Architektur zu sehen.

Wo die Moldau sich noch als unscheinbares Bächlein durch die Moorwiesen schlängelt, entstand Mitte des 19. Jh. eine hochentwickelte Glasindustrie, an die man heute in dem nach der Fürstin Eleonore von Schwarzenberg benannten kleinen Luftkurort **Lenora** (Eleonorenhain) **8** wieder anknüpfen will. Elegante Boutiquen und kleine, einfache Läden bieten hübsches Bleikristallglas in allen Preisklassen an – ein Geheimtip für Freunde gediegener böhmischer Glaswaren. Vor dem Ortseingang aus Richtung Volary gibt es linker Hand eine gedeckte Holzbrücke aus dem 19. Jh., von der aus man damals geflößte Baumstämme zählen konnte.

Der Rückweg nach Český Krumlov führt wieder über Volary und Horní Planá. Bei Černá v Pošumaví (Schwarzbach), früher durch seine Graphitgruben von wirtschaftlicher Bedeutung, zweigt man in die Straße Nr. 159 ab und passiert **Hořice na Šumavě** (Höritz) **9**. Im »böhmischen Oberammergau« fanden von 1816–1947 alljährlich Passionsspiele statt, zu denen die Zuschauer aus nah und fern herbeipilgerten. 1896 wurden die von Laien gestalteten Spiele durch die Gebrüder Lumière auf dem ersten längeren Film in der Geschichte der Kinematographie festgehalten. Der Streifen war natürlich auch der erste, der jemals in Böhmen gedreht wurde. Ein Ende des 19. Jh. errichtetes Passionsspielhaus diente während des Zweiten Weltkriegs als Materiallager des Deutschen Afrikakorps und wurde nach 1948 abgerissen. Um eine Wiederbelebung der traditionsreichen Spiele ist man in Südböhmen bemüht.

Bei **Kájov** (Gojau) **10**, in der malerischen Landschaft über dem Tal des Baches Potocnice, erhebt sich der beliebteste Wallfahrtsort des Böhmerwaldes: die Kirche Mariä Himmelfahrt (1471–1485), als Meisterwerk südböhmischer Spätgotik gerühmt. Auch Gläubige aus Österreich und Süddeutschland beten alljährlich am zweiten Sonntag im Oktober vor dem Gnadenbild, einer kostbaren gotischen Madonnenstatue inmitten des barocken Hochaltars. Zum Dank für seine wundersame Errettung pilgerte anno 1618 auch der kaiserliche Statthalter Martiniz nach Gojau, nachdem sein historischer Prager Fenstersturz dank eines Misthaufens glimpflich verlaufen war.

Im Land von Bier und Karpfen

Nicht nur das weltberühmte Bier, sondern auch das historische Zentrum mit seinem alle Dimensionen sprengenden Hauptplatz ist stets einen Besuch von České Budějovice (Budweis) wert. Über Stil und Interieur von Schloß Hluboká

(Frauenberg) kann man geteilter Meinung sein, Tatsache bleibt aber, daß der romantische neogotische Bau zu den meistbesuchten Touristenattraktionen Böhmens zählt. Nach Besichtigung der alten Stadt Třeboň mit prächtigem Renaissance-Schloß und liebevoll restaurierten Bürgerhäusern führt die Route (135 km) durch eine harmonische Kulturlandschaft, durchwoben von einem Netz von Kanälen und mehr als 500 Fischteichen.

Internationalen Filmruhm verdankt das populärste Produkt von **České Budějovice** (Budweis) **11** (s. S. 340) einem gewissen Signore Carlo Pedersoli, besser bekannt als Bud Spencer. Der fauststarke Neapolitaner, Held unzähliger Western- und Prügelfilme, hatte für seinen Künstlernamen zwei »Paten«: den großen amerikanischen Schauspieler Spencer Tracy und das Budweiser Bier *(Budvar)*, in seiner amerikanischen Version kurz »Bud« genannt. Ohne Zögern bezeichnet der

České Budějovice (Budweis) *1 Ehemalige Fleischbänke 2 Rathaus 3 Samson-Brunnen 4 Schwarzer Turm 5 St. Nikolaus-Kathedrale 6 Ehemaliges Dominikanerkloster 7 Salzhaus 8 Eiserne Jungfrau*

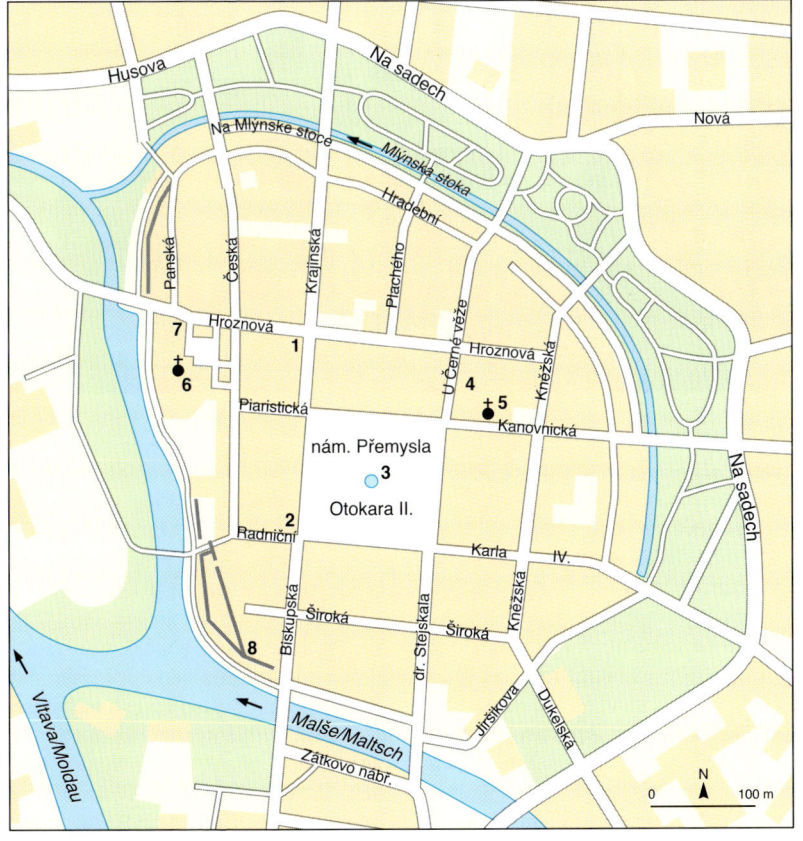

Leinwandstar das weltweit exportierte südböhmische Gebräu auch immer wieder als sein Lieblingsgetränk.

In einem Renaissancebau mit klassizistischer Vorderfront, nur wenige Schritte vom Hauptplatz *(nám. Přemysla Otakara II.)* entfernt, rinnen tagtäglich tausende Liter schäumenden Hopfensaftes durch durstige Kehlen. Das größte Bierhaus im Zentrum wurde in den ehemaligen Fleischbänken *(Masné krámy)* eingerichtet, ein geräumiges Lokal mit Nischen und Logen, in denen man bald die Zahl der von den Kellnern herbeigeschleppten Krüge vergißt. Die Gefahr, auf dem Trockenen zu sitzen, besteht nicht: Die Budvar-Brauerei erzeugt jährlich mehr als 40 Mio. Liter.

Gutes Bier gibt es freilich überall in der Tschechischen Republik, wenn auch Kenner genau zwischen Budweiser und Konkurrenzprodukten zu unterscheiden und die Vorzüge ihrer Marke wie philosophische Traktate zu verteidigen wissen. Die Geschichte der Aufbereitung von Hopfen und Malz ist in Budweis bei-

Stadtplatz von České Budějovice

Füßen einer Burg wie in vielen anderen Städten Südböhmens, sondern schachbrettartig angelegte Straßenzüge weisen auf höchste strategische Planung hin, ausgeführt im Auftrag Ottokars II., der auf einem trockengelegten Sumpfgebiet am Zusammenfluß von Moldau und Maltsch (Malse) ein Bollwerk gegen die wachsende Macht der Rosenberg errichten ließ.

Den Mittelpunkt bildet der quadratische, in seinen Ausmaßen (133 m Seitenlänge) überwältigende Hauptplatz, der den Namen des Stadtgründers trägt. Wo adelige Residenzen fehlten, hatten die Bürger das Sagen: Stolz dominiert das **Rathaus** – ursprünglich Renaissance, nach dem Barockumbau mit Türmchen, Plastiken und anderen architektonischen Details ausgestattet – seine Umgebung, durch Arkadengänge verbundene Wohnhäuser aus dem 13. bis 19. Jh., die sich wie Perlen um den Ringplatz reihen. Bei Jung und Alt beliebter Treffpunkt ist der barocke **Samson-Brunnen**, mit 17 m Durchmesser der größte Steinbrunnen des Landes (s. Umschlagbild vorne).

Um sich einen Überblick über die regelmäßige Anlage der Stadt zu verschaffen, empfiehlt sich die Besteigung des **Schwarzen Turms** (*Černá věž*), der mit 72 m den Hauptplatz markant überragt. In der zweiten Hälfte des 16. Jh. als Glocken- und Wehrturm errichtet, weist das Wahrzeichen von Budweis im unteren Teil gotische, im oberen bereits Renaissance-Elemente auf. Im Stil eines italienischen Campanile steht der Schwarze Turm getrennt von der benachbarten **St. Nikolaus-Kathedrale** (*Katedrála sv. Mikuláše*), ein ursprünglich gotisches

nahe so alt wie die Stadt selbst, deren selbstbewußte Bürger sich bald mit Hilfe königlicher Privilegien nicht nur das Brau-, sondern auch das Stapelrecht sicherten. Damit wurden alle durchreisenden Kaufleute gezwungen, ihre Waren hier drei Tage feilzubieten, was den Ort zu einem begehrten Handelsplatz machte und bereits im Mittelalter für lukrativen Bierexport sorgte.

Die Hand der Herrscher prägt noch heute das Bild von České Budějovice. Nicht enge, verwinkelte Gäßchen zu

Bauwerk, das nach dem großen Stadtbrand 1641 in frühbarocker Manier wiederaufgebaut wurde. Ältestes Gebäude von České Budějovice ist das ehemalige **Dominikanerkloster** (1784 aufgelöst, heute Gymnasium) mit Kreuzgang und Kirche. Die **Klosterkirche Mariä Opferung** *(Kostel Obětování Panny Marie)* gilt als eines der schönsten Beispiele böhmischer Frühgotik. Scharf gegen den blauen Himmel hebt sich der stufenartig ansteigende Giebel des spätgotischen **Salzhauses** *(Solnice)* ab. Nachdem die Moldau um 1550 schiffbar gemacht worden war, wuchs Budweis zu einem der wichtigsten Salz-Umschlagplätze Böhmens heran.

Nur wenige Schritte sind es bis zum **Mühlgraben** *(Mlýnská stoka)* und zu den teilweise wiederhergestellten Stadtmauern, zwischen denen sich der Bischofsgarten mit der Schwalbenschwanz-Bastei *(Otakarova bašta)* und dem viereckigen Wehrturm **Eiserne Jungfrau** *(Železná panna)* befindet. Alles in allem strahlt České Budějovice in seinem von einer Ringstraße umgebenen Zentrum

gediegene Kleinstadt-Atmosphäre aus, eine sympathische Mischung aus mittelalterlichem Ambiente, heiterem italienischem Flair, nostalgischem Gepräge der Donaumonarchie und moderner Lebendigkeit.

Auf einem 83 m hohen Felsen über der Moldau steht **Schloß Hluboká nad Vltavou** (Frauenberg) 12 (s. S. 345). Da sich über Geschmack bekanntlich nicht streiten läßt, mögen an dieser Stelle nur nüchterne Fakten sprechen. Eleonore von Schwarzenberg (1812–1873), ehrgeizige Gemahlin von Fürst Johann Adolf II. von Schwarzenberg, stand als treibende Kraft hinter der radikalen Umgestaltung des zunächst im Stil der Frühgotik, dann der Renaissance und schließlich des Barock gehaltenen Schlosses, bei dem im 19. Jh. kaum ein Stein auf dem anderen blieb. Der Auftrag an die Architekten Franz Beer und Ferdinand Damian Deworetzky bestand darin, einen repräsentativen Adelssitz zu errichten, der mit 140 prunkvoll ausgestatteten Räumen Glanz und Gloria des mächtigen Fürstengeschlechtes demonstrieren sollte. Maß

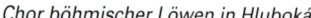

Chor böhmischer Löwen in Hluboká

Hluboká: Zuckerbäckerstil für ein Märchenschloß

genommen wurde an nichts Geringerem als an Windsor Castle, dem Stammschloß des englischen Königshauses.

Elf Türme und Basteien umgeben
zwei Innenhöfe des in Form eines langgestreckten Quaders errichteten Gebäudes. Zahlreiche Erker, Balustraden und
Zinnen, Schießscharten und weitere
pseudogotische Details unterstreichen
die romantisierende Architektur. Im Eil-
tempo wird man durch die etwa 40 zu
besichtigenden Räume gejagt, schon
drängen die nächsten Gruppen nach,
denn Hluboká nimmt in der Hitparade
der südböhmischen Schlösser unange-
fochten den Spitzenrang ein. Die verwir-
rende Fülle der Exponate macht eine
eingehende Betrachtung der Kunstwerke kaum möglich. Es gilt daher, sich
auf die wichtigsten Kostbarkeiten zu
konzentrieren: die Sammlung flämischer Tapisserien des 17. Jh., ein Ensemble gotischer Tafelgemälde, eine
Kollektion böhmischer und veneziani-

scher Barockgläser sowie Mobiliar mit
Geschichte wie etwa der barocke Klei-
derschrank, den die Schwarzenberg aus
dem Nachlaß Adalbert Stifters erworben hatten.

Wenn ausnahmsweise etwas Zeit
bleibt, dann erzählt die Führerin die Geschichte von Aufstieg und Fall des Herrn
Zawisch (Záviš) von Falkenstein, der
durch seine Ehe mit Přemysl Ottokars II.
Witwe Kunigunde (Kunhuta) zum all-
mächtigen Berater des jungen Königs
Wenzel (Václav) II. avancierte. Seine
Pläne zur Wiederherstellung von Ottokars Reich konnten jedoch von Rudolf
von Habsburg durchkreuzt werden. Eine
fein gesponnene Intrige ließ Wenzel das
Vertrauen zu Zawisch verlieren, der in
Haft gesetzt und vor den Augen seines
entsetzten Bruders Vítek auf einer Wiese
vor seinem eigenen Schloß Hluboká ge-
köpft wurde.

Auch wenn einem nach der Führung
von all den Schicksalen, Jahreszahlen

Die Fürsten Schwarzenberg
Feldherren, Mäzene, Patrioten

Nil nisi rectum (»Nichts als das Recht«) lautet der Wappenspruch und das Familienmotto der Fürsten zu Schwarzenberg, deren Vorfahren aus Unterfranken stammen. Adolf Freiherr zu Schwarzenberg (1551–1600) gehörte zu den Eroberern der türkischen Festung Raab, Kaiser Rudolf II. erhob ihn dafür in den erblichen Reichsgrafenstand. Aus diesem Grund wurde das Familienwappen bereichert: Ein Rabe sitzt auf einem Türkenkopf und pickt mit dem Schnabel das Auge des Feindes aus.

Johann Adolf I. (1615–1683) wurde zum Gründer des Familienbesitzes in Böhmen, als er die Herrschaft Třeboň (Wittingau) erwarb. Weitere Besitztümer kamen dazu. Die Erhebung in den Reichsfürstenstand erfolgte 1670. Damit waren die Schwarzenbergs, treue Diener der katholischen Habsburger, zu einem der mächtigsten böhmischen Adelsgeschlechter aufgestiegen. Anfang des 19. Jh. teilte sich die Familie in zwei selbständige, voneinander unabhängige Linien, und zwar in eine Primogenitur (ältere oder Frauenberger Linie) und eine Sekundogenitur (jüngere oder Worliker Linie).

Die Fürsten der Primogenitur aus Hluboká (Frauenberg) – sie herrschten auch über Krumau und Wittingau – machten sich als kluge Unternehmer so wie als Kunstmäzene einen Namen, während die Linie aus Worlik (Orlík) mit

Karl Philipp I. (1771–1820), dem siegreichen Oberbefehlshaber der Verbündeten gegen Napoleon in der Völkerschlacht bei Leipzig (1813), einen berühmten Feldherrn aufweisen kann. Karl Philipps Nachfolger unterstützten bereits den Gedanken einer tschechischen Eigenstaatlichkeit, wenn auch ihre ausgeprägt katholische Haltung in Böhmen oft auf Kritik stieß.

Von den Nazis wurden sämtliche Besitzungen der Schwarzenbergs beschlagnahmt, 1948 vollendeten die Kommunisten die totale Enteignung. Der derzeit regierende Fürst Karl VII. führte die beiden Linien des Hauses wieder zusamen: Er entstammt der Sekundogenitur, wurde aber vom letzten Vertreter der ohne männliche Nachkommen gebliebenen Primogenitur adoptiert. Seine mehrjährige Tätigkeit als Kanzler von Staatspräsident Václav Havel setzte die politisch-patriotischen Traditionen der alten böhmischen Adelsfamilie fort.

und unterschiedlichsten Eindrücken der Kopf brummt, sollte man die gleich gegenüber, im ehemaligen Reitsaal untergebrachte Südböhmische **Aleš-Galerie** *(Alšova jihočeská galérie)* nicht versäumen. Zu Unrecht herrscht hier viel geringerer Andrang als im Schloß, geradezu erholsam gestaltet sich die Besichtigung der ständigen Exposition gotischer Plastiken und Tafelbilder sowie von Gemälden flämischer und holländischer Meister des 17. Jh.

Wer in Böhmen den Namen **Třeboň** (Wittingau) **13** (s. S. 369) hört, denkt zuallererst an Karpfen. Gewiß, der schmackhafte Fisch aus einem der vielen Teiche im Umland der mittelalterlichen Stadt zählt – insbesondere in der Weihnachtszeit – zu den meistbegehrten kulinarischen Spezialitäten des Landes. Dennoch wird die Assoziation dem alten Wittingau nur zu einem geringen Teil gerecht. Die Entwicklung der Teichwirtschaft hängt nämlich eng mit jener der Stadt zusammen, die ihrerseits der Blütezeit unter der Herrschaft der Rosenberg und Schwarzenberg hervorragende architektonische Ensembles verdankt. Restauratoren und Denkmalschützer haben seit der Wende ganze Arbeit geleistet, um das Juwel in all seiner Pracht herauszuputzen. Rund um den langgezogenen Marktplatz *(Masarykovo nám.)* und in dessen Seitengassen reiht sich ein schönes Bürgerhaus an das andere. Viele sind im Kern spätgotisch oder aus der Renaissancezeit, einige noch mit Laubengängen versehen. Am bemerkenswertesten: das Renaissance-Rathaus (1566) und das Eckhaus »U bílého koníčka« (Zum weißen Rößl, 1544), heute ein Hotel.

Ungebrochener Tradition erfreut sich das Brauhaus in der Seitenstraße Březanova, ursprünglich im Renaissance-Stil erbaut, dann barokisiert. Die 1379 gegründete Brauerei erzeugt heute jährlich rund 320 000 Hektoliter helles und dunkles Bier der beliebten Marke »Regent«.

Als Vorbild für eine Reihe weiterer Sakralbauten in Böhmen diente die 1367–1380 als zweischiffige Hallenkirche errichtete St. Ägidius-Kirche *(Chrám sv. Jiljí)*, ein in seiner Form ausgewogenes Juwel gotischer Baukunst. Im Zuge der Barokisierung 1781 wurden die kostbaren Tafelbilder des Meisters von Wittingau entfernt; drei von ihnen befinden sich heute in der Prager Nationalgalerie. Der Kirche erhalten blieb (am rechten Seitenaltar) glücklicherweise die »Madonna von Wittingau«, eine gotische Kalksteinfigur (um 1390), deren unbekannter Schöpfer bereits den »Schönen Stil« vorweggenommen hatte. Dieser später im gesamten böhmischen, süddeutschen und österreichischen Raum verbreitete Stil, der vor allem bei Madonnen-Darstellungen deutlich wird, zeichnet sich durch die Anmut und Lieblichkeit der sehr jungen Maria mit Kind und die sanfte Formgebung aus.

Das weitläufige Schloßareal mit vier Höfen schließt sich direkt an den Marktplatz an. In dem prächtigen Renaissancebau sind jedoch nur einige wenige Räumlichkeiten zu besichtigen, so daß sich eine Führung kaum lohnt. Der überwiegende Teil des Schlosses wird vom Staatsarchiv belegt, das hier die großen Urkundensammlungen der Rosenberg und Schwarzenberg hütet.

Doch zurück zu den Karpfen, die bereits den ersten Siedlern auf diesem sumpfigen Boden mundeten. Im 15. und 16. Jh. entstand nach den genialen Plänen von Štěpánek Netolický und Jakub Krčín z Jelčan im Auftrag der Rosenberg ein geradezu perfektes und bis heute unübertroffenes System von Kanälen und Teichen, das den Fluß Lužnice (Lainsitz) als Wasserspender einbindet. Haupt-

Teich-Abfischen bei Třeboň

ader ist der **Zlatá stoka** (Goldener Kanal), 48 km lang, 2–4 m breit und durchschnittlich 1,5 m tief. Er speist die meisten Fischteiche, die zum Teil riesige Ausmaße haben. Der größte, der **Rožmberský rybník** (Rosenberger Teich), breitet sich über 720 ha aus und wird von einem 2,4 km langen, bis zu 26 m hohen Damm aufgestaut. Auf heftige Proteste der Bewohner von Třeboň stieß seinerzeit die Anlage des **Rybník svět** (Weltteich), der bis unmittelbar an die Stadtmauern reichte. Schließlich aber beruhigten sich die Gemüter, heute steht an dem Teich ein geschätztes Moor-Heilbad für rheumatische Erkrankungen.

1977 wurde das Gebiet um Třeboň – eine Fläche von 700 km² – als Biosphären-Reservat von der UNESCO unter Schutz gestellt. Für Radler gibt es einen 39 km langen Radwanderweg *(Cyklistická stezka Okolo Třeboně)* mit 22 Informationstafeln an den interessantesten Stellen der östlichen Umgebung von Třeboň, südlich der Stadt liegt das 6000 ha große **Torfmoor Červené blato**, das auf einem Naturlehrpfad durchwandert werden kann.

Zu einer Touristenattraktion ersten Ranges hat sich die alljährliche »Karpfen-Ernte« im Spätherbst entwickelt. Dabei wird aus dem jeweiligen Teich, der danach 2–3 Jahre verschont bleibt, das Wasser ausgelassen, und bald zappeln die kräftigen Fische in den Netzen. Damit sie möglichst frisch auf den Weihnachtstisch wandern, kommen die Tiere zunächst in riesige Wasserbehälter, in denen sie auch transportiert werden. Die Ernte kann sich sehen lassen: Allein aus dem Rosenberger Teich gewinnt man im Durchschnitt 100 t Karpfen.

Auch mit dem Auto führt die weitere Strecke der Tour durch die reizvolle Teichlandschaft. Schon von weitem ist das aufgeregte Geschnatter der Gänse zu hören, die an manchen Ufern in großen Farmen gezüchtet werden. Auf zahlreichen Schornsteinen nisten Störche – ein Zeichen dafür, daß die Natur hier noch einigermaßen heil ist.

Historisch bedeutsamen Boden betritt man wieder in **Nové Hrady** (Gratzen) **14**. Das Städtchen am Nordrand der gleichnamigen Berge nahe der Grenze zu Österreich erlebte unter den Rosenberger Herrschern seine Blütezeit. Nach der Niederschlagung des böhmischen Adelsaufstandes gelangte es in den Besitz des kaiserlichen Generals Karl Bonaventura Buquoy, dessen Nachfahren hier bis 1945 residierten. Die einstige gotische, später mehrmals umgebaute Burg wird seit mehreren Jahren restauriert, sie soll eine Ausstellung südböhmischer Glaserzeugnisse aufnehmen. Das von den Buquoys zu Anfang des 19. Jh. errichtete Empire-Schloß mit einem ausgedehnten englischen Park beherbergt eine landwirtschaftlich-technische Fachschule.

Schöner als die Stadt, in der den Restauratoren noch viel Arbeit bevorsteht, ist ihre Umgebung, insbesondere der unter Naturschutz stehende Landschaftspark **Tereziino údolí** (Theresiental) 1 km südwestlich von Nové Hrady. Ein Naturlehrpfad führt an romantischen Empirebauten und exotischen Bäumen und Sträuchern vorbei bis zu einem künstlichen Wasserfall am Flüßchen Stropnice (Strobnitz), über dem sich die spätgotische **Burg Cuknštejn** (Zuckenstein) erhebt.

Einen kurzen Besuch verdient schließlich noch das Städtchen **Kaplice** (Kaplitz) **15** mit seinem hübschen, von einigen Renaissance- und Barock-Bürgerhäusern gesäumten Marktplatz. Wichtigste Sehenswürdigkeiten sind jedoch die sogenannte »Böhmische Kirche« des hl. Florian, errichtet Ende des 15. Jh., ein einschiffiger gotischer Bau mit Netzgewölbe und wertvoller barocker Innenausstattung, sowie die Pfarrkirche St. Peter und Paul, eine zweischiffige gotische Hallenkirche mit barockem Turm.

Kurzweil und Böhmische Dörfer

Ein Kloster mit großer Vergangenheit, eine von Mauern umgebene mittelalterliche Stadt, der Geburtsort des Reformators Jan Hus, ein bezauberndes Schlößchen, in dem Erwachsene ihrer Kindheit begegnen und Kinder ihr Trickfilm-Paradies finden, sowie eine Exkursion durch böhmische Dörfer, die seit Jahrhunderten kaum ihr Aussehen verändert haben, liegen auf dieser Route (160 km) durch die Ausläufer des südöstlichen Böhmerwaldes.

Frau Homolková nimmt ihre Aufgabe sehr ernst. Wenn sie Besucher aus dem In- und Ausland durch die hohe, dreischiffige Basilika des Zisterzienserstifts **Zlatá Koruna** (Goldenkron) **16** (s. S. 373) führt, weiß sie als Schlüsselverwalterin um die Bedeutung dieser Kirche. Während das benachbarte, ursprünglich durch Mönche aus Heiligenkreuz in Niederösterreich besiedelte Kloster nach seiner Aufhebung durch Joseph II. zunehmend verkam und bis 1908 einer Metallgießerei als Produktionsstätte diente, kann das Gotteshaus als Pfarrkirche auf sieben Jahrhunderte ununterbrochener geistlicher Aktivität zurückblicken.

»Werfen Sie doch einmal einen Blick in das große Weihwasserbecken.« Mit dieser Aufforderung beginnt die Führerin ihre Tour. Tatsächlich, im Wasser spiegeln sich das Presbyterium, der monumentale barocke Hochaltar und das Deckengemälde darüber, eine Darstellung von Mariä Himmelfahrt, in all ihrem Glanz wider. Es bedarf freilich nicht dieser optischen Spielerei, um die Harmonie der mit 70 m Länge gewaltigen Architektur aus der Werkstatt Michael Parlers bewundern zu können. Frau Homolková wartet noch mit vielen weiteren Details auf. So erklärt sie auch das von dem böhmischen Barockkünstler Jakob Eberle geschaffene Ehren-Grabmal Ottokars II. im Chor: Die Schlachtenbilder verherrlichen den Sieg des Přemysliden über die Ungarn, der geöffnete Deckel verweist darauf, daß der König nicht hier begraben ist, sondern im Prager Veits-Dom, während die Darstellung des mit der böhmischen Krone davoneilenden Merkur Ottokars kurzes Glück und jähes Ende andeuten. Eine Kopie der Goldenkroner Madonna, eines gotischen Tafelbildes im »Schönen Stil«, schmückt den Hauptaltar. Das Original befindet sich in der Prager Nationalgalerie.

In verträumter Stille wie der ganze, in einem sanften Wiesental angesiedelte Ort präsentiert sich auch das ehemalige Kloster: Der gotische, mit Stuck und Malerei des Rokoko verzierte Kreuzgang, der hochgotische Kapitelsaal mit Kreuzrippengewölben über zwei Mittelpfeilern und die Reste der kleinen Schutzengelkapelle wurden sorgfältig wieder instand gesetzt. In einem der Konventgebäude zeigt die Staatliche Wissenschaftliche Bibliothek von Budweis eine Ausstellung südböhmischer Literatur – ein herrlicher Platz, um in Ruhe zu schmökern, verstünde man nur die Sprache.

In **Prachatice** (Prachatitz) **17** (s. S. 362) arbeitet die Zeitmaschine – wie so oft in Böhmen und Mähren – wieder einmal perfekt. Wer über genügend Phantasie verfügt, um sich Autos, moderne Straßenbeleuchtung und die vietnamesischen Händler am Marktplatz wegzudenken, betritt durch das Untere Stadt-

Freigelegte Fresken in Zlatá Koruna

tor *(Piseká brána)* – mit einer Höhe von 14 m und Breite von 8 m sowie seinen zwei Durchgängen, den Zinnen und Eckürmchen beinahe eine eigenständige Festung – plötzlich die Welt des 16. Jh. Aus dieser Epoche stammt der Großteil des historischen Stadtkerns, der mehr als 100 denkmalgeschützte Objekte umfaßt. Nicht fürstliche Repräsentationslust, sondern bürgerliches Selbstbewußtsein, begründet auf solidem Wohlstand durch Salzhandel, Fischzucht, Bierbrauerei und Grundbesitz, schuf in Prachatice ein reizvolles architektonisches Gesamtkunstwerk in vielfältiger individueller Gestaltung.

Der größte Bürgerstolz war wie immer das Rathaus, am rechteckigen Marktplatz an der Stelle eines gotischen Herrschaftsgebäudes der Rosenberg errichtet. Die Fassade des prachtvollen Renaissancebaus (1571) schmücken Sgraffiti-Figuren und lateinische Sinnsprüche

Karel Hrubeš
Hochsaison für Restauratoren

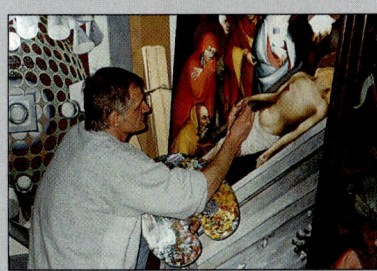

Die Entdeckung barocker Fresken von hoher Qualität im ehemaligen Kloster Zlatá Koruna (Goldenkron), Darstellungen der vier Evangelisten, gemalt von einem unbekannten, wahrscheinlich italienischen Künstler gegen Ende des 17. Jh., kann er auf seine Fahnen schreiben. Der Maler und Restaurator Karel Hrubeš, Jahrgang 1955, ist seit der Wende ein vielgefragter Mann, auch wenn er aufgrund seiner außerordentlichen Talente bereits während des KP-Regimes vergleichsweise gut verdient hatte. Doch jetzt weiß der Krumauer nicht, wo er zuerst anpacken soll, denn stets sind mehrere Projekte gleichzeitig in Arbeit. »Vor der Revolution war Český Krumlov eine tote Stadt, die Bausubstanz verfiel, nur Prestigeobjekte wie das Schloß wurden wieder instandgesetzt«, berichtet der hagere, schüchterne Künstler, der sein Licht zu Unrecht unter den Scheffel stellt.

Wem es gelingt, in das Dachatelier von Hrubeš vorzudringen, dem gehen die Augen über vor Staunen. Da lehnt in einer Ecke eine perfekte Kopie eines Schiele-Gemäldes, neben einer Landschaft von Adalbert Stifter wartet ein Barockbild auf Restaurierung. Auch eigene Werke stapeln sich in den Regalen, phantasievolle, abstrakte Malereien, die durchaus eine starke persönliche Handschrift verraten. Aber der Krumauer ist viel zu bescheiden, um davon ein Aufhebens zu machen. Die Reklametrommel zu rühren, würde ihm nicht im Traum einfallen, seine Bilderverkäufe – ob Originale oder Kopien – sind reiner Zufall, seine Adresse kennen nur einige wenige Freunde und Sammler.

»Schiele ist schwierig, seine Expressivität läßt sich niemals exakt nachahmen«, meint Hrubeš. Am liebsten restauriert oder kopiert er jedoch alte Bilder, insbesondere jene des von ihm bevorzugten Malers, des Meisters von Wittingau. »Da mir jetzt die geeigneten Farben zur Verfügung stehen und ich die alten Techniken beherrsche, kann ein Laie Nachschöpfung und Original nicht mehr unterscheiden«, plaudert der an der Prager Akademie ausgebildete Künstler aus der Schule. Um aber ja nicht in den Geruch eines Fälschers zu geraten, werden alle Arbeiten nicht nur als Kopien deutlich gekennzeichnet, sondern ihre Entstehung auch mit Fotos feinsäuberlich dokumentiert.

in »Chiaroscuro-Technik« (Zeichnung in dunklem Mörtel auf hellem Untergrund), Darstellungen der Tugenden, Gerichtsszenen und Motive aus dem Totentanz von Hans Holbein. Zum mittelalterlichen Bild gehören am Marktplatz und in den umliegenden Gassen auch – um nur einige aufzuzählen – das Fürstenhaus (*Knížecí dům*/Nr. 169), das *Žďárský-Haus* (Nr. 13, heute Museum für Stadtgeschichte), das Rumpál-Haus (Nr. 41, früher Brauhaus), die von Jan Hus besuchte Latein- oder Literatenschule (Kostelní náměstí 29) an der Stadtmauer mit Sgraffito-Darstellungen aus der Herkules-Legende und das angebliche Hus-Wohnhaus (Husova ul. 71).

Dem Reichtum der Bürger entspricht schließlich auch die St. Jakobs-Kirche (um 1350), eines der eindrucksvollsten Beispiele böhmischer Gotik. Sie gilt als architektonisches Vorbild für die wenige Jahre später von Kaiser Karl IV. gestiftete Nürnberger Frauenkirche, womit der gerne herangezogene Vergleich, Prachatitz sei das »Nürnberg des Böhmerwaldes«, zumindest in einem Punkt seine Berechtigung hat.

Husinec (Husinetz) **18**, der Geburtsort des tschechischen Reformators Jan Hus (um 1371–1415), ist eines jener unscheinbaren Bauerndörfer, die man normalerweise links liegen läßt. Nichts deutet mehr darauf hin, daß in der Umgebung einst Gold geschürft wurde, neue Goldadern, die große Touristenströme, verlaufen an anderen Stellen. Dennoch hat sich auch das alles andere als vom

Prachatice: Marktplatz-Ensemble und Turm der Jakobs-Kirche

Goldgrube »Goldener Steig«

Über den Ursprung des Namens dieses ältesten Salzhandelsweges von den Bergwerken in Österreich und Bayern über Passau nach Böhmen gibt es zwei Versionen. Die eine leitet ihn vom Edelmetall ab, das man in den Flüssen Otava (Wottawa) und Blanice (Blanitz) wusch, die andere vom lebenswichtigen, aber in Böhmen nicht vorkommenden »weißen Gold«, dem Salz. Sicher ist aber auch, daß sich manche Bewohner der an diesem Weg liegenden Städte, vor allem Volary (Wallern), Prachatice (Prachatitz) und Vimperk (Winterberg), goldene Nasen verdienten.

Anfang des 11. Jh. – aus dieser Zeit stammt die erste urkundliche Erwähnung – war der »Goldene Steig« ein mühevoller Pfad, auf dem sich nur Karawanen von Packpferden bewegen konnten. Später wurde der Weg zu einer Straße erweitert, über die schwer beladene Fuhrwerke rollten – wenn sie nicht im Morast steckenblieben. Volary war die erste Raststation, hier blieb man über Nacht, ehe es nach Prachatice weiterging. Diese Stadt besaß das Privileg, Salz lagern und auch verkaufen zu dürfen. Für die auswärtigen Fuhrleute war hier Endstation, den weiteren Transport ins Landesinnere bis nach Prag behielten sich die geschäftstüchtigen Böhmen selbst vor.

Natürlich stellte der »Goldene Steig« keine Einbahnstraße dar. Auf dem Rückweg wurden vornehmlich Getreide und Hopfen nach Passau gebracht, dessen Bischöfe als Monopolherren von allen Waren reichlich profitierten. Seinen Höhepunkt erreichte der Salzhandel mit mehr als 300 000 Zentnern pro Jahr im 16. Jh., der Dreißigjährige Krieg setzte den Geschäften brutal ein Ende, die Wege verfielen.

Seit 1991 gedenkt Prachatice alljährlich im Juni der großen Zeiten mit einem »Festival des Goldenen Steiges« *(Slavnosti zlaté stezky)*. Das Programm reicht von Theateraufführungen über Umzüge in historischen Kostümen bis zu folkloristischen Darbietungen.

Wohlstand gesegnete Städtchen recht fein herausgeputzt, wenn nicht für die Fremden, dann für sich selbst – mit viel Liebe zum Detail, wie das neu gelegte mittelalterliche Pflaster vor dem Haus Nr. 36, in dem der Überlieferung nach Jan Hus zur Welt gekommen sein soll, beweist.

Die darin eingerichtete Gedenkstätte (Eingang Nr. 37) dokumentiert Leben und Werk des Reformators (s. S. 141) und dessen Bedeutung für die europäische Geistesgeschichte. Eine – auch deutschsprachige – Tonband-Erklärung begleitet den Besucher durch das im Kern gotische Haus, hinter dem sich ein gepflegter Garten erstreckt. Das Hus-Denkmal auf dem Platz vor der gotischen Heiligkreuz-Kirche stammt aus dem Jahr 1958.

Das Industriestädtchen **Vimperk** (Winterberg) 19 (s. S. 371) im Tal der Volynka (Wolinka) wird von einem Schloß beherrscht, das durch Umbau aus einer Wachtburg am »Goldenen Steig« entstand. Die Glasherstellung hat hier eine bis 1359 zurückreichende Tradition. 1484, kurz nach Gutenbergs epochemachender Erfindung, richtete Johannes Alacrav in Vimperk eine der ersten Buchdruckereien Böhmens ein, aus der wahrscheinlich der älteste gedruckte Kalender Europas stammt. 1855 erneuerte Jan Steinbrenner den Betrieb, der nun Gebetbücher in 24 Sprachen, Miniaturbücher mit beigelegtem Vergrößerungsglas sowie in Büffelhorn, Schildkrötenleder, Fischhaut und Perlmutt gebundene Bände in alle Welt exportierte. Bis heute konnte die Druckerei ihr international geschätztes hohes Niveau bewahren.

Die Häuser am Marktplatz *(nám. Svobody)* stammen zum Teil aus der Gotik und Renaissance, das Rathaus ist barokken Ursprungs. Am Hauptaltar der gotischen Pfarrkirche Mariä Heimsuchung befindet sich eines der schönsten Beispiele »Schöner Madonnen«, eine spätgotische, in einen kostbaren Stoffmantel gekleidete und mit einer Nachbildung der Habsburger-Krone geschmückte Statue aus der Zeit um 1400. Reste der Stadtbefestigung entdeckt man westlich des Marktplatzes und auf dem Weg zum Oberen Schloß, das nach totaler Zerstörung im Dreißigjährigen Krieg wiederaufgebaut, 1857 aber erneut ein Raub der Flammen geworden war. Seine heutige Gestalt stellt eine um Authentizität bemühte Mischung aus Renaissance und Barock dar, kunsthistorisch aller-dings von geringerem Wert. In dem darin untergebrachten Stadtmuseum wird die Geschichte des Böhmerwaldes, der Glaserzeugung und der Buchdruckerkunst dokumentiert. Außerdem befindet sich im Schloß die Verwaltung des Nationalparks Böhmerwald.

Das historische Vorbild für die Naturschützer liegt nur wenige Kilometer südöstlich von Vimperk: der **Urwald Boubín,** der sich an den Hängen des gleichnamigen, 1362 m hohen Berges (zu deutsch: Kubany) ausbreitet. 1858 von Johann von Schwarzenberg unter Schutz gestellt, entspricht er genau dem Ideal der Nationalpark-Befürworter, blieb doch durch absolutes Nutzungsverbot seine Ursprünglichkeit zur Gänze bewahrt. Hier gibt es jahrhundertealte Bäume (vor allem Tannen, Fichten und Buchen), riesigen Stelzenwurzeln entwachsen mächtige Stämme, doppelt, gerade, verkrümmt oder in bizarren Gestalten, je nach Laune der Natur. Rund um den Urwald führt ein Lehrpfad, der am Damm des kleinen Sees U pralesa (Am Urwald) beginnt.

Karel Čapek notierte in seinen »Bildern aus der Heimat«: »Unterdessen habe ich richtigen Urwald gesehen, den am Boubín. Es ist nur ein Stück Naturschutzgebiet, so ein Naturpark, wie man das nennt; fast erwartet man eine Tafel mit der Aufschrift ›Bäume ausreißen verboten‹ oder ›Tritt nicht auf die gefallenen Riesen, sie fühlen wie du‹. So ein Urwald besteht hauptsächlich aus mehr oder weniger entwurzelten Bäumen; es ist dort feucht, die Feuchtigkeit rinnt wie aus einem Schwamm, und es liegen Baumstämme in allen Stadien der Zersetzung herum, so daß du weder vorwärts noch rückwärts kannst. Man läßt das so als Beispiel, welch fürchterliche Unordnung die Natur anrichtet, wenn sie sich selbst überlassen wird.«

Kurzweil für Kinder

Kratochvíle (Kurzweil) **20** (s. S. 351) heißt das liebliche Renaissance-Schloß an der Straße nach Budějovice, und einen treffenderen Namen könnte es wohl kaum haben. Denn Langeweile kommt auf Kurzweil garantiert nicht auf. Dafür sorgt nicht nur der anmutige, von Baldassare Maggi da Arogno für Wilhelm von Rosenberg nach dem Muster lombardischer Villen errichtete und für Böhmen in seiner duftigen, lockeren Form einmalige Bau, der wegen des Moorbodens auf hunderten Pfählen ruht. Auch die Führung durch die mit Fresken und Stukkaturen reichlich geschmückten Räumlichkeiten erweckt bei Jung und Alt helle Begeisterung. Ausnahmsweise geht es nicht durch ein museales Depot von Mobiliar, Gemälden und anderen Kunstgegenständen, sondern ins Reich der Phantasie, denn Kratochvíle beherbergt eine einzigartige Ausstellung über Puppen- und Zeichentrickfilme.

Die Dokumentation des weltberühmten tschechischen Trickfilms veranschaulicht den ungeheuren künstlerischen und technischen Aufwand, der erforderlich ist, um die lustigen Figuren – jede einzelne ist hierzulande allen Kindern ein Begriff – auf der Leinwand in Bewegung zu bringen. So arbeiten an einem 10-Minuten-Streifen mindestens 100 Spezialisten ein gutes halbes Jahr, sind dafür doch mehr als 14 000 verschiedene gezeichnete Folien erforderlich. Auch richtige Puppenstuben mit beweglichen Figürchen und Scherenschnitte gehören zur Ausrüstung der Filmzauberer. Staunend wandert man durch die Wunderwelt, deren Trickkisten schier unerschöpflich scheinen. Zum Abschluß gibt es natürlich eine Filmvorführung, die sich niemand entgehen läßt.

Die hervorragende Akustik in der Kapelle und im Goldenen Saal des Lustschlosses wird in den Sommermonaten für Theateraufführungen und Kammerkonzerte genutzt.

Alte böhmische Volksarchitektur hat sich noch im **Svobodná Blata,** dem »Freien Moorland« **21** westlich von Budweis erhalten. Auf der Fahrt durch die leicht gewellte Landschaft mit ihren schmalen, kurvenreichen und von Alleebäumen gesäumten Straßen, mit den dunklen Augen der Teiche, in denen sich bunt gestrichene Bauernhöfe mit Renaissance- oder Barockgiebeln spiegeln, sollte man sich einfach treiben lassen. Um so größer ist die Entdeckerfreude, wenn plötzlich eines der alten Häuser auftaucht, ein frisch geweißtes Kirch-

*»Das ist für mich ein böhmisches Dorf!«
Dies ist keineswegs ein geographischer
Begriff, diese Redewendung verwendet
man vielmehr für unverständliche oder
seltsam anmutende Zusammenhänge.
Damit waren ursprünglich die slawischen
Namen vieler Dörfer in Böhmen gemeint,
die für die Deutschen nicht nur fremdartig
klangen, sondern überdies kaum korrekt
ausgesprochen wurden.*

lein, ein Dorfanger samt Weiher, ein gepflegtes Vorgärtchen, in dem »altmodi-
sche« Blumen wie Rittersporn, Pfingst-
rosen oder Feuerlilien blühen. Der
Boden ernährt immer noch die klug wirt-
schaftenden Bauern, auch im Industriezeitalter bewahrte diese Region weitgehend ihre alten Lebensformen. Um-
weltvergiftende Chemiemonster oder
Schwerindustrie haben sich zum Glück
nicht breitgemacht, und nur am Horizont stören die bedrohlich wirkenden
Atommeiler von Temelín den beschaulichen Frieden.

Zur Orientierung: Von Kratochvíle
geht es über die Straße Nr. 145 bis **Netolice** (Nettolitz), dann nimmt man die
nach links abzweigende Landstraße
nach **Sedlec –** und schon ist man mitten-
drin im »Freien Moorland«. Die attraktiv-
sten Dörfer sind Mahouš, Němčice,
Male Chrášťany, Vlhavy, Pištín, Munice
und Holašovice.

Tábor (Tabor)

■1 (s. S. 366) »Für uns ist Tábor Programm, und dem bleiben wir treu«: Stolze Worte fand 1918 der soeben aus dem Exil heimgekehrte Tomáš G. Masaryk für eine stolze Stadt, einen Hort der Revolution des Glaubens und der Politik. Die Bürger von Tabor wichen stets nur der Gewalt, im Grunde ihres Herzens aber blieben sie gegenüber allen Obrigkeiten widerborstig.

Die Geschichte der Stadt ist untrennbar mit dem Schicksal der Hussiten verbunden. Tabor – der Name geht auf den biblischen Berg zurück, auf dem Jesus den Jüngern in gleißendem Licht erschien – war Keimzelle und Heimat der radikalen Sozialrevolutionäre unter dem Banner des Kelches, unter dem die Heerscharen Žižkas gegen die kirchliche und weltliche Obrigkeit zu Felde zogen, nachdem ihr Reformator Jan Hus trotz versprochenem freiem Geleit am Scheiterhaufen des Konzils zu Konstanz verbrannt worden war. Zäh, wie sie im 15. Jh. auf der Suche nach Wahrheit und sozialer Gerechtigkeit die religiösen Lehren von Jan Hus verteidigt und die Auswüchse des Katholizismus abgelehnt hatten, entwickelten sie im 19. Jh. die nationalen Ideen der tschechischen Wiedergeburt. Dementsprechend eröffneten sie 1863 mit dem städtischen Realgymnasium die erste Mittelschule der Habsburger-Monarchie, in der ausschließlich in tschechischer Sprache unterrichtet wurde.

Tábor (Tabor) *1 Rathaus 2 Kirche zur Verklärung Christi auf dem Berge Tabor 3 Žižka-Denkmal 4 Rolands-Brunnen 5 Bechiner Tor und Kotnov-Turm*

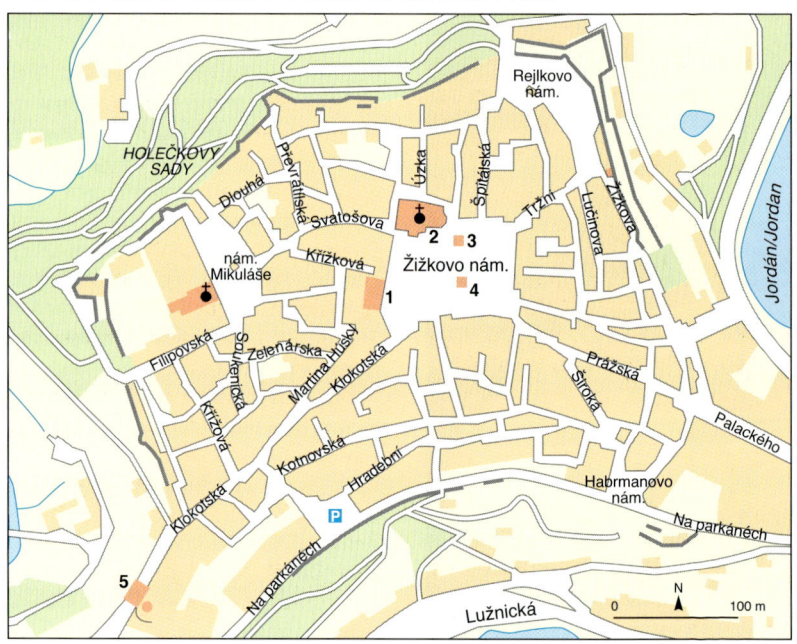

Hussiten
Sozial-Revolutionäre gegen Kirche und Staat

Die politische, wirtschaftliche und soziale Situation gegen Ende des 14. Jh. war zum Zerreißen gespannt. Der Blütezeit in den böhmischen Ländern unter Karl IV. folgte der Verfall der Staatsmacht; andauernde Konflikte zwischen den Adeligen, Pestepidemien und die Verbreitung der Vorstellung vom sich nähernden Untergang der Welt trugen zur Verunsicherung der Bevölkerung bei. Katastrophen, Kriegsleiden, Krankheiten und Tod verstanden die Menschen als Strafe Gottes, nicht zuletzt auch aufgrund des Versagens der katholischen Kirche, die ihre Berufung vernachlässigte und sich im Kampf um die Machtpositionen in der christlichen Welt erschöpfte.

Dies war die Zeit, in der Jan Hus, Magister, Lehrer und Dekan an der Prager Universität, seine religiösen und sozialrevolutionären Thesen entwickelte, die auf den Ideen des englischen Theologen John Wyclif basierten. Hus, 1369 oder 1371 im südböhmischen Husinec (Husinetz) geboren, forderte unter Berufung auf das Gewissen eine von Besitz und aller Weltlichkeit gereinigte Kirche sowie die Selbständigkeit der Tschechen. Auf breite Zustimmung unter der Bevölkerung stießen seine Predigten in der Prager Bethlehemskapelle, die von ihren Gründern zur Verkündung des

Wortes Gottes in tschechischer Sprache bestimmt war. Der Papst reagierte mit Exkommunikation, Hus mußte sich auf die Ziegenburg (Kozí hrádek) nahe Tábor zurückziehen, wo er zahlreiche Schriften, unter ihnen sein Hauptwerk »De ecclesia«, verfaßte, mit denen er die gesamte Herrschaftsordnung der katholischen Kirche in Frage stellte. Unter Zusicherung freien Geleits durch König Sigismund stellte er sich 1414 dem Konzil von Konstanz, um seine Thesen vorzutragen. Doch dort erhob man Anklage gegen ihn wegen Ketzerei und überantwortete ihn dem Scheiterhaufen.

Hus' Feuertod war für seine Anhänger das Signal, dem Papst den Gehorsam zu verweigern. Ein Schüler des Hingerichteten, Magister Jakoubek von Stříbro, führte das Abendmahl »in beiderlei Gestalt« *(sub utraque specie)* ein, bei dem auch einfache Laien beim Sakrament den Wein aus dem Kelch tranken. Die »Utraquisten«, wie sich die Hussiten seither nannten, konnten sich nur wenige Jahre relativ friedlicher Religionsausübung erfreuen, dem Ersten Prager Fenstersturz 1419 (s. S. 52) folgten 15 Jahre blutiger Kämpfe, die als »Hussitenkriege« in die Geschichte eingegangen sind.

Tábor wurde zum Zentrum der radikalsten Utraquisten, deren genialer

Žižka-Denkmal in Tabor

ten Bottiche am Stadtplatz, in die alle Neuankömmlinge ihr Barvermögen warfen, dienten zur Finanzierung der Bollwerke.

Die hussitischen Heere verbreiteten Angst und Schrecken, doch gelang es Rom, die Bewegung zu spalten. Auf dem Basler Konzil (1433) wurden den Utraquisten in den »Prager Kompaktaten« weitgehende Zugeständnisse gemacht. Die weiterhin kämpfenden Taboriten mußten sich 1434 der Übermacht geschlagen geben.

Im Zuge der Gegenreformation leisteten vor allem die Jesuiten ganze Arbeit bei der Zurückdrängung der »Ketzer«, hussitische Literatur stand auf dem Index der verbotenen Bücher. Die staatspolitischen Ideen des Jan Hus fielen erst wieder bei den tschechischen Nationalisten des 19. Jh. auf fruchtbaren Boden, die religiösen mündeten 1920 in der Gründung der »Tschechoslowakischen Hussitischen Kirche«, die in Böhmen und Mähren heute als »Tschechische Nationalkirche« 500 000, in fünf Diözesen organisierte Anhänger besitzt.

Feldherr Jan Žižka von Trocnov brachte den königlich-katholischen Truppen eine Niederlage nach der anderen bei. Žižka bestand auch auf dem Ausbau der Festung Tábor, und die sagenhaf-

Selbstbewußt thront der von dicken Mauern und mächtigen Türmen umgebene historische Ortskern auf einem Felsen über der Lužnice (Lainsitz) und dem Teich Jordan, dem 1492 angelegten ältesten Stausee Böhmens, der die Stadt jahrhundertelang mit Trinkwasser versorgte und heute als Freizeitanlage genutzt wird. Unverhohlenen Bürgerstolz strahlen die prächtig herausgeputzten Häuser rings um den Žižka-Platz *(Žižkovo náměstí)* und in den angrenzenden kleinen Gäßchen aus, insbesondere das spätgotische **Rathaus** mit seinen markanten Giebeln. Es beherbergt

das Hussiten-Museum, eine umfangreiche, mit viel Liebe zum Detail aufbereitete Dokumentation über ein bedeutendes Kapitel europäischer Geistesgeschichte. Ein prächtiges Netzrippengewölbe überspannt den Großen Rathaussaal. Vom Museumsgebäude aus zugänglich sind derzeit rund 800 m Kellergewölbe. Die im 15. und 16. Jh. bis zu einer Tiefe von 16 m unter dem Žižka-Platz angelegten unterirdischen Gänge haben eine Gesamtlänge von 14 km. Sie dienten der Bevölkerung als Zufluchtsort in Kriegen und bei Bränden, aber auch zur Lagerung von Lebensmitteln, denn hier herrscht eine ständige Temperatur von 10 °C.

Dominierendes Bauwerk des Hauptplatzes ist die **Dechanatskirche »Zur Verklärung Christi auf dem Berge Tabor«,** ein spätgotisches dreischiffiges Gotteshaus mit 77 m hohem Turm, dem 1677 eine barocke Kuppel aufgesetzt wurde. Vor der Kirche blickt von seinem Sockel der einäugige Feldherr Žižka trutzig herab, ein Werk des Bildhauers Jozef Strachovsky (1884). Die Jahreszahl 1567 trägt der Renaissance-Brunnen mit Rolandsstatue im Mittelpunkt des Platzes.

Von den mittelalterlichen Befestigungsanlagen ist vor allem das **Bechiner Tor** *(Bechyňská brána)* mit dem Rest der ehemaligen Hussiten-Burg, dem runden Kotnov-Turm, sehenswert. Wer ihn besteigt, überblickt nicht nur die gesamte Altstadt, sondern sieht auch die Silhouette der barocken Wallfahrtskirche »Mariä Himmelfahrt« von **Klokoty** (Klokot), die sich auf dem gegenüberliegenden Hügel am Rand eines modernen Wohnviertels erhebt. Eine zeitlose Atmosphäre umgibt den mit vielen Türmchen geschmückten Bau. Alte Leute, Bewohner des im benachbarten ehemaligen Klostergebäude untergebrachten Seniorenheimes, sinnieren auf den Bänken der offenen Hofarkaden vor sich hin, die durch ein Tor direkt mit dem Friedhof verbunden sind. Wilde Wicken ranken an der abbröckelnden Mauer empor, Schmetterlinge tanzen über Unkraut, kaum ein Laut durchdringt die Stille des Sommernachmittags.

Wallfahrtskirche Mariä Himmelfahrt in Klokoty

Ausflüge von Tábor

Am Rand der Böhmisch-Mährischen Höhe

Sanfte Hügellandschaften am Rande der Böhmisch-Mährischen Höhe *(Českomoravská vrchovina)*, grüne Flußtäler und ein Torfmoor-Gebiet mit farbenfroher bäuerlicher Architektur bilden die Kulisse dieser Strecke (160 km), die neben Naturschönheiten als Höhepunkte die bedeutende historische Stadt Jindřichův Hradec und das romantische Wasserschloß Červená Lhota zu bieten hat.

Rund 30 km östlich von Tábor passiert man auf der Staatsstraße Nr. 19 in Richtung Pelhřimov **Kámen** (Stein) **2**. Die ursprünglich gotische Burg, im 19. Jh. im Stil des Historismus umgebaut, wartet mit einer Attraktion für Freunde technischer Objekte auf, nämlich mit einem Internationalen Motorrad-Museum. Das älteste Exponat

stammt aus dem Jahr 1894, wurde in München konstruiert und erreichte eine Spitzengeschwindigkeit von 40 km/h. Ein Rundgang durch die Ausstellung erinnert daran, daß Tschechen im Motorradbau seit jeher eine führende Rolle gespielt haben und auch im Rennsport beachtliche Erfolge erzielen konnten.

Ehe das hübsche Städtchen Pelhřimov zu einer Kaffeepause einlädt, empfiehlt sich ein Abstecher nach **Želiv** (Seelau) **3**. Fröhliches Lachen unterbricht die beinahe unwirkliche Stille auf dem weiten Klosterplatz der verschlafenen Ortschaft. In der ehemaligen Prälatur, Anfang des 20. Jh. nach einem Brand in neubarockem Stil wiedererrichtet, hat man Kinder aus ökologischen Krisengebieten des Landes zur Erholung untergebracht. Endlich können sie wieder befreit atmen, in gesunder Luft auf Wiesen unbeschwert spielen, in Wäl-

Ausflüge von Tábor

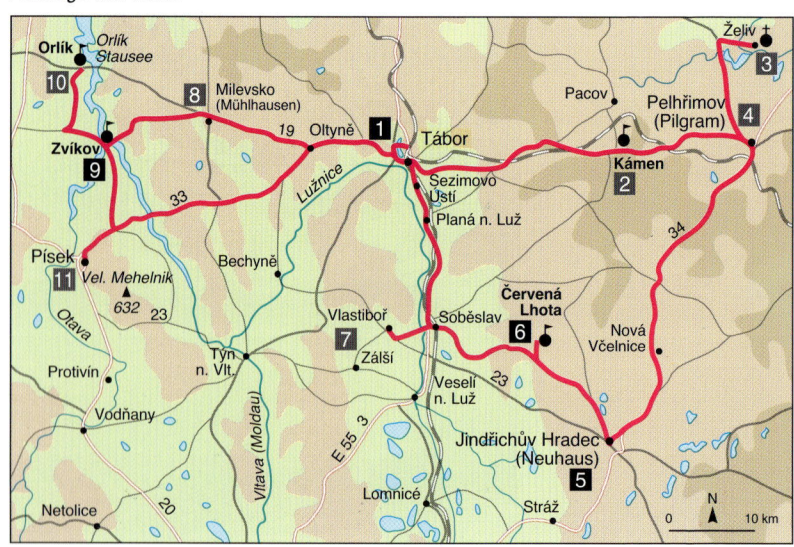

dern Pilze und Beeren sammeln. Kein giftspuckender Schlot stört die Sommerfrischen-Idylle.

Mit dem Gründungsjahr 1139 zählt die Prämonstratenser-Abtei Želiv zu den ältesten Klöstern Böhmens. Vom ursprünglich romanischen Bau blieb kaum ein Stein mehr erhalten, gotische Elemente wurden zu Beginn des 18. Jh. im Zuge der barocken Erneuerung durch Giovanni Santini in die Architektur einbezogen. Insbesondere die Klosterkirche Mariä Geburt stellt eines der schönsten Beispiele der für Böhmen so typischen »Barockgotik« dar (s. S. 34): üppige Ausstattung unter strengem Rippengewölbe. Eine geschnitzte Kanzel, über und über mit Gold verziert, wertvolles Chorgestühl und Altarbilder von Anton Maulpertsch sind nur einige der kostbaren Details dieses Barockjuwels unter gotischem Dach.

Mit viel Elan wurde 1991 das klösterliche Leben wiederaufgenommen, etwa 30 Mönche betreuen mittlerweile Pfarreien in der Umgebung. Im eigenen Haus trauert der Orden seiner großen Bibliothek nach, deren Bestände die KP-Machthaber über das ganze Land verstreut haben. Auch wenn es kaum mehr möglich sein wird, alle Bücher zurückzuerhalten, läßt man in der Abtei die Köpfe nicht hängen. Getreu ihrem Motto »Bereit für jede gute Arbeit« blicken die Prämonstratenser-Brüder voll Stolz auf die bisher von ihnen geleisteten baulichen Renovierungen und voll Optimismus in die Zukunft.

Der regelmäßige Grundriß um einen großen quadratischen Platz, angelegt von den Prager Bischöfen im 13. Jh., prägt auch heute noch den unter Denkmalschutz stehenden Kern des lieblichen Bezirksstädtchens **Pelhřimov** (Pilgram) **4** (s. S. 361). Streß scheint hier unbekannt zu sein, geht man nach dem Feierabend-Bild, das sich dem Besucher bereits am frühen Nachmittag bietet. Gemächlich spazieren Familien mit Kindern über den von Renaissance- und Barockhäusern, aber auch einem bemerkenswerten kubistischen Bau (1913/15) gesäumten Marktplatz, der ausnahmslos für den Autoverkehr gesperrt bleibt. Um den Empire-Brunnen mit der Statue des hl. Jakob in der Mitte der italienisch anmutenden »Piazza« schart man sich zu einem Schwätzchen, auch die Lokale, zum Teil mit Tischen in Laubengängen, werden eifrig frequentiert.

Von den alten Befestigungen sind noch Teile der Stadtmauer sowie zwei Tore erhalten, das Rinaretzer Tor *(Rynárecká brána)* im Süden und das kleinere Iglauer Tor *(Jihlavská brána)*. Die Pfarrkirche St. Bartholomäus, eine dreischiffige Basilika mit Bauelementen der Gotik, Renaissance und des Barock, sowie das spätbarocke Schloß, heute Sitz des Kreismuseums, schließen direkt an den Platz an.

Böhmischer Geschichte begegnet man wieder in **Jindřichův Hradec** (Neuhaus) **5** (s. S. 349). Jindřich (Heinrich), der vierte Sohn des sagenhaften Rosen-Verteilers Witiko (Vítek) (s. S. 116), errichtete zu Beginn des 13. Jh. an einem der wichtigsten Handelswege seine Burg »Nova domus« (Neues Haus), von der aus das Geschlecht der Herren von Neuhaus (z Hradce) bis zu seinem Aussterben 1604 regierte. Von der ursprünglich romanischen Burganlage blieben nur noch Reste erhalten, während gotische Teile, ein mächtiger Rundturm und ein zweistöckiger Burgpalast, die Zeiten unbeschadet überdauert haben. Sein heutiges Aussehen erhielt das größte Wasserschloß Böhmens – seit 1945 in staatlichem Besitz – jedoch vor allem durch italienische Renaissance-Baumeister des 16. Jh.

Hochrangige Kunstwerke, unter ihnen gotische Fresken, Renaissance-Bilder, Gemälde des Barockmalers Peter Brandl, Porzellan und flämische Gobelins, werden dem Besucher beim Rundgang durch die weitläufigen Räumlichkeiten des Schlosses präsentiert. Nicht versäumen sollte man das manieristische Gartenrondell, für dessen Stuckverzierung in den 90er Jahren des 16. Jh. sage und schreibe 4,5 kg Gold verwendet wurden. Aufgrund der hervorragenden Akustik unter der 15 m hohen Kuppel dient das Rondell als Konzertsaal. Emma Destinová, im Nachbarort Stráž geboren, gab hier Anfang des 20. Jh. ihre ersten Liederabende, ehe sie als Partnerin Enrico Carusos an der New Yorker Met Triumphe feierte.

An eine andere berühmte Dame von Schloß Neuhaus wird man in der aus der Zeit um 1500 stammenden Schwarzen Küche – der besterhaltenen Räucherküche Böhmens – erinnert, an die »Weiße Frau« (s. S. 116), die auch in diesen Gemäuern spuken soll. Der Sage nach soll sie jeweils am Gründonnerstag hier einen süßen Brei für die Armen der Stadt gekocht haben.

Heute leiht die unvergessene Wohltäterin ihren Namen einem exzellenten Restaurant: »Zur Weißen Frau« (»Bilá pani«). Das im Juli 1994 eröffnete Lokal hat sich in einem der historischen Bürgerhäuser etabliert, die gemeinsam mit dem Schloß ein eindrucksvolles Ensemble bilden. Aufmerksamkeit verdienen auch die gotische Kathedrale Mariä Himmelfahrt und das ehemalige Jesuitenkolleg, in dem sich das Kreismuseum mit einer hervorragenden Sammlung gotischer und barocker Plastiken und der größten Weihnachtskrippe des Landes, bestehend aus 1756 zum Teil beweglichen Figuren und Gegenständen, befindet.

Jindřichův Hradec

Romantische Gemüter geraten in **Červená Lhota** (Rotlhota) **6** (s. S. 340) gerne ins Schwärmen. Inmitten eines von dichten Wäldern umgebenen idyllischen Parks spiegelt sich das rote Renaissanceschloß im dunklen Wasser eines Teichs. Eine schmale Steinbrücke verbindet das vierflügelige Gebäude, das beinahe die ganze Fläche des aus dem See herausragenden Felsens einnimmt, mit dem »Festland«. Wo einst herrschaftliche Kutschen anrollten, stauen sich heute die Besucher, denn das Märchenschloß, seit 1945 in Staatsbesitz, zählt trotz seiner Lage abseits großer Straßen zu den beliebtesten Sehenswürdigkeiten Tschechiens. Die ehemalige Sommerresidenz der Schönburg-Hartensteins dient nicht nur immer wieder als Filmkulisse, sondern auch als stilvoller Rahmen für Hochzeiten.

In den von den letzten adeligen Besitzern gemütlich ausgestatteten Räumen sind wertvolles Mobiliar, Barock- und Rokoko-Kachelöfen, Porzellan führender europäischer Werkstätten sowie eine Bildersammlung italienischer, holländischer und österreichischer Maler zu bewundern. Der Musiksalon erinnert an den Komponisten Karl Ditters von Dittersdorf (1739–1799), einen der Mitbegründer der deutschen Oper, der die letzten zwei Jahre seines Lebens als Gast seines Schwiegersohnes Ignaz Stillfried auf Schloß Červená Lhota verbracht hatte.

Im Großen Arbeitszimmer begegnet man einer kunsthistorischen Rarität: einem Gemälde mit der Abbildung von Joachim und Zacharias von Hradec (um 1529). Es handelt sich um eines der ganz seltenen Kinderporträts der Renaissance, herrschte doch damals der Aberglaube, auf Bildern festgehaltene Kinder würden das Jahr nicht überleben. Joachim und Zacharias erreichten dennoch ein hohes Alter. Als abgrundtief häßliche Alte hat ein zeitgenössischer Graphiker Margarethe Maultasch von Kärnten und Tirol porträtiert. Die böse Karikatur der resoluten Herzogin – sie vertrieb dereinst ihren böhmischen Ehemann aus Tirol und genießt wohl nicht zuletzt deshalb an der Moldau keinen guten Ruf – befindet sich in der Schloßküche.

»Südböhmischer Bauernbarock« heißt jene für das Moorgebiet südwestlich der Stadt **Soběslav** (Sobieslau) typische Architektur, die in volkstümlicher Gestalt Elemente des Barock, Rokoko, Klassizismus und Empire übernommen hat. Vielfältig geformte Giebel und folkloristische Ornamentik zeichnen die schmucken Bauernhöfe am Rande des Teich- und Sumpfgebietes aus. Die Jahre scheinen hier spurlos vorübergegangen, Wunden aus der Zeit der kommunistischen Zwangs-Kollektivierung

im Gegensatz zu anderen Regionen längst verheilt zu sein.

Die schönsten Ensembles stammen aus den Jahren 1850–1885 und sind Werke lokaler Maurermeister. Man findet sie vor allem in den Ortschaften Vlastiboř, Nedvědice, Borkovice, Mazice, Komárov, Klečaty, Zálší und Záluží.

Zum Orlík-Stausee

Die bedeutendste frühgotische königliche Burg, das Stammschloß der Schwarzenberg und eine der ältesten Brücken Mitteleuropas sind die wichtigsten Sehenswürdigkeiten dieser Route (130 km). Die Natur wartet mit einem Patchwork aus Wäldern, Wiesen und Wasserläufen auf. Rund um den Orlík-Stausee bietet ein großes Freizeit- und Erholungsparadies zahlreiche Bade-, Wander- und Angelmöglichkeiten.

Allein schon des mit einigen netten Lokalen und einem barocken Rathaus einladend anmutenden Hauptplatzes wegen sollte man das schmucke Städtchen **Milevsko** (Mühlhausen) **8** (nicht zu verwechseln mit Mühlhausen an der Moldau/Nelahozeves) nicht links liegen lassen. Sehenswert ist auch die etwas außerhalb des Stadtkerns liegende ehemalige Prämonstratenser-Abtei (heute Stadtmuseum mit Volkskunst des 16.–19. Jh.), ein eindrucksvolles Denkmal romanischer, gotischer und barocker Architektur. Dominiert wird das Areal von der dreischiffigen Klosterkirche Mariä Himmelfahrt, Ende des 12. Jh. erbaut und in späteren Stilepochen behutsam umgestaltet. Daß die Mühlhausener Feste zu feiern verstehen, stellen sie alljährlich zur Karnevalszeit unter Beweis. Die Faschingsumzüge bilden in

Orlík-Stausee
Ein unentdecktes Ferienparadies

Der 68 km lange Orlík-Stausee entstand 1954–1962 als Teil der Moldau-Staukette, die von Lipno (s. S. 119) bis Slapy südlich von Prag reicht. Mit einer Höhe von 91 m und einer Länge von 511 m ist die Talsperre von Orlík die größte der Tschechischen Republik. Die Stauung macht sich nicht nur an der Moldau, sondern auch an deren Zuflüssen Otava (Wottawa) und Lužnice (Lainsitz) bemerkbar. Das Volumen des gestauten Wassers beträgt mehr als 700 Mio. m³.

An den beiden Ufern des Sees sind beliebte, vom Massentourismus aber weitgehend noch unentdeckte Urlaubs-zentren entstanden. Die größte Ferien-anlage »Ingo Orlík«, früher Bonzen-Paradies, jetzt wieder der Öffentlichkeit zugänglich, erstreckt sich über eine Fläche von 500 ha, eingebettet in Nadel-, Buchen-, Eichen- und Misch-wälder. Petri-Jünger kommen am 12 km langen Ufer des Areals auf ihre Rechnung. 1988 hing gar einmal ein 27 kg schwerer Hecht an der Angel, was einen bisher unerreichten Welt-rekord darstellte. Der Fischbestand umfaßt aber auch Zander, Karpfen, Barsch, Weißfisch und Wels.

ganz Böhmen vielbeachtete Höhe-punkte der »närrischen Zeit«.

Ein Besuch in **Zvíkov** (Klingenberg) **9** ist eine Zeitreise ins Mittelalter, der be-queme Waldweg vom Parkplatz bis zur Steinbrücke vor dem Piseker Torturm stimmt langsam darauf ein. Schon nach wenigen Kurven kommt der mächtige, 32 m hohe Rundturm ins Bild, der jahr-hundertelang allen Belagerern, vor allem in den Hussitenkriegen, wider-stand, von dem aus die Burgherren je-doch auch den Handelsverkehr auf der Moldau jederzeit unter Kontrolle hatten. Wieder braucht es nicht viel Phantasie, sich an diesem Ort in die Zeit der Ritter, Minnesänger und Burgfräulein zurück-zuversetzen: Ungeduldig schnauben kampfbereite Rösser, während sich das fröhliche Lachen der von Troubadouren angehimmelten Damen mit dem martia-lischen Klirren der Waffen und Rüstun-gen vermengt. Man riecht den Wild-schweinbraten, der im Hof vor dem Kö-nigspalast am Spieß zubereitet wird. Die Mannschaften sind in voller Stärke prä-sent, schließlich birgt die Burg Böhmens kostbare Kronjuwelen. Die Verantwor-tung für den königlichen Schatz trägt Zvíkov, bis Karlštejn (s. S. 77) endlich fertiggestellt ist.

Diese Burg erzählt ihre Geschichte ganz von allein, die Steine sprechen für sich selbst. Mühelos lassen sich die re-konstruierten Teile von den Originalen unterscheiden, die ihr zartes Rosenrot bis heute nicht verloren haben. Sogar im ältesten Trakt der Anlage, dem 20 m hohen »Beulenturm« *(Hlízová věž)* in der Südwestecke des Königspalastes, blieben die eingeritzten Standeszeichen der Steinmetze gut sichtbar erhalten.

Zweistöckige Arkadengänge umgeben den Palasthof in Form eines unregelmäßigen Fünfecks, Geborgenheit schon in der geschlossenen, in sich ruhenden Anlage vermittelnd. Auch das spätgotische Fresko, eine heitere Tanzszene mit Liebespaaren, Falknern und den vier Kurfürsten mit dem böhmischen König im Hochzeitssaal, die dem hl. Wenzel geweihte Burgkapelle mit kostbaren Wandmalereien und dem um 1500 entstandenen Relief »Beweinung Christi« sowie die übrigen Repräsentationsräume sind ein für alle Sinne offenes Buch.

An den Hängen des Felshügels standen früher eine Vorburg und ein kleines Kirchlein, die von den Fluten des Stausees verschlungen wurden. Hier befindet sich heute die Anlegestelle für den Personenschiffsverkehr, der Zvíkov in den Sommermonaten mit dem nächsten Ziel der Route, Schloß **Orlík nad Vltavou** (Worlik an der Moldau) **10** (s. S. 360), verbindet.

Pfaue, die den Besuchern stolz ihr prächtiges Federkleid präsentieren, ein englischer Rasen zwischen üppigen Philodendren, alten Trauerweiden und knorrigen Kastanienbäumen, Blumenschmuck, wohin das Auge reicht, ein ruhiger, dunkler See zu drei Seiten eines stolzen Schlosses: Man spürt die feste Hand des Hausherrn, dem die Pflege seines Anwesens am Herzen liegt. Tatsächlich verbringt Fürst Karl VII. von Schwarzenberg, nach der Samtenen Revolution erster Kanzler Präsident Václav Havels, viel Zeit – mindestens ein bis zwei Tage pro Woche, wie die Angestellten bereitwillig erzählen – auf Orlík, das seit 1992 wieder im Besitz seiner Familie ist.

Im Hochzeitssaal von Burg Zvíkov

Verständlich, daß sich seine Durchlaucht nicht gerne von neugierigen Touristen ins Schlafzimmer blicken läßt, seine Privatsphäre gewahrt haben will. Deswegen fällt die ungewöhnlich kurze Schloßführung ziemlich enttäuschend aus. Endlose Gänge, in denen bloß unendlich viele Waffen und Jagdtrophäen hängen, ein kurzer Blick in die reichhaltige Bibliothek und den kleinen Speisesaal, ein Gedenkraum für Feldmarschall Karl Philipp Schwarzenberg, den Triumphator über Napoleon in der Völkerschlacht bei Leipzig (1813), selten nur hübsche Details wie ein Kachelofen mit Motiven aus Aesop-Fabeln – all das lohnt die vergleichsweise teure Besichtigung des neogotisch verkitschten Schlosses kaum.

Statt dieser Geweih-Parade bieten sich Spaziergänge durch den 150 ha großen Park und ein Besuch des Schloßrestaurants »U Toryka« an, einer Dependance des Gourmet-Tempels im Wiener Palais Schwarzenberg. Zwar nicht mit dessen kulinarischem Standard, aber auch bei weitem nicht mit österreichischen Preisen.

Gold war das Motiv für die Gründung der königlichen Stadt **Písek** (Pisek) **11** (s. S. 361) durch Přemysl Ottokar II. Mitte des 13. Jh.: das Edelmetall, das schon die Kelten aus dem Flußsand (*písek* = Sand) der Otava (Wottawa) wuschen,

*Schloß Orlík:
Ende der Jagd*

und auch die klingenden Münzen, die der »Goldene Steig« als bedeutende Handelsstraße des Mittelalters der Lagerstätte Písek bescherte. Als die Quellen des Reichtums versiegten, baute man im 19. Jh. eine florierende Textil- und Möbelindustrie auf, die bis heute die Bürger nährt. Daneben wurde die kulturelle Tradition gepflegt. Písek verfügt über ein ständiges Theater und über zahlreiche Schulen, die der Stadt ein junges Gepräge geben.

Lebendig ist aber auch die Vergangenheit. Auf sieben Pfeiler stützt sich die 111 m lange frühgotische Steinbrücke über die Otava. Sie wurde Ende des 13. Jh. errichtet und ist damit das älteste erhaltene Bauwerk dieser Art in Tschechien, älter noch als die Prager Karlsbrücke, jedoch ebenso wie diese mit barocken Statuengruppen geschmückt. Von den mittelalterlichen Stadtbefestigungen sind noch ein Teil der Mauern, ein Rundturm und mehrere Basteien vorhanden. In der auf einem Felsriff über dem Fluß erbauten und teilweise erhaltenen Königsburg (mit gotischen Wandmalereien) befindet sich jetzt ein Museum, das man vom Marktplatz (schöne Bürgerhäuser mit gotischem Kern sowie Renaissance- und Barockfassaden) aus durch den Hof des barocken Rathauses erreicht. Die Pfarrkirche Mariä Geburt stammt aus dem ausklingenden 13. Jh., im Inneren des Gottes-

Písek

hauses wird die gotische »Madonna von Písek«, ein vielverehrtes Gnadenbild, gehütet.

Ein beliebtes Erholungsgebiet sind die von Mischwald bedeckten Piseker Berge *(Písecké hory)* südöstlich der Stadt. Vom höchsten Berg (Velky Mehelník, 632 m) genießt man eine Fernsicht bis in den Böhmerwald. Der 6,5 km lange Naturlehrpfad *Cesta drahokamu* (Edelsteinweg) erinnert an die »goldenen Zeiten« Píseks.

Marienbader Kolonnade ▷

**West-
böhmen:
Kaltes Bier
und heiße
Quellen**

Nicht nur dort, wo die Baumkronen des Šumava den Wipfeln des Český Les die Äste reichen, hat es die Natur mit dem Westen Böhmens gut gemeint. Auch die Ebenen und Flußtäler, die sich vom »rauschenden« Böhmerwald und dem Tschechischen Wald ins Pilsner Becken erstrecken, beschenkte sie mit fruchtbarer Erde, mildem Klima und gutem Wasser. Mit frischen, klaren Quellen, aber auch mit heißen, heilenden. Oberflächlichkeiten allein genügten den Göttern nämlich nicht, als sie ihre Schätze verteilten und Westböhmen überreich bedachten: Gold und Silber, Kohle und Uran, Kieselerde und Kaolin, all dies und noch vieles mehr verbargen sie im Boden – den Menschen zu Freude und Nutzen.

Und so geschah es auch: Wohlstand ließ das Land erblühen, und es schmückte sich mit einem Kranz aus goldenen Städten. Wo das mineralhaltige Wasser besonders reichlich aus dem Boden sprudelte, suchten Kranke mit Erfolg Linderung ihrer Leiden. Das köstliche kalte Naß wiederum verwandelte sich gemeinsam mit den Früchten der Erde in herrlich schäumendes Bier.

Heute gibt es gerade noch genügend klares Wasser für die Brauereien, einfach aus der Leitung trinken kann man es nicht mehr. Luft und Boden des Erzgebirges sind ebenso vergiftet wie weite Teile der Wälder, die als erste an den Industrieabgasen aus den Kohlerevieren starben. Das weltberühmte Bäder-Dreieck Karlsbad, Marienbad und Franzensbad ist derzeit selbst noch rekonvaleszent, erkrankt an seiner Umwelt. Nach dem Mißbrauch ihrer Gaben haben sich die Götter an Westböhmen gerächt. Daß sie jedoch nicht unversöhnlich sind, beweisen die – geretteten – Schönheiten der vielen großen Naturreservate, aber auch der schmucken Dörfer und zu neuem Leben erwachenden Städte.

Sušice (Schüttenhofen)

1 (s. S. 366) Das »Tor zum Böhmerwald«, wie sich Sušice gerne nennt, empfängt seine Besucher wenig vielversprechend: Fabrikgebäude und schäbige, im 19. Jh. entstandene Arbeitersiedlungen verbergen die gerühmte »malerische Lage zu Füßen des Berges Svatobor im Tal der Otava«. Erst in der oval um den Marktplatz angelegten Altstadt läßt sich erahnen, wie beschaulich das Leben in dem entlegenen Städtchen vor dem Industriezeitalter verlaufen sein mag. Spätgotische Bürgerhäuser mit Fassaden aus nachfolgenden Stilepochen flankieren das 1707 im Barockstil umgebaute Rathaus, das bloß noch an Portal und Turm seine weit ältere Entstehungszeit offenbart. Deutlicher noch zeigen das Hotel Fialka (Nr. 49) und die anschließenden Gebäude mit ihrem gotischen Kern, daß Sušices Stern im Mittelalter am hellsten strahlte.

Jahrhundertelang hatte die allein schon durch den Salzhandel privilegierte Stadt ihre Reichtümer buchstäblich aus dem goldhaltigen Sand des Flusses geschöpft. Im 9. Jh. als Goldwäscher-Dorf gegründet, erlebte Schüttenhofen vor allem unter den Luxemburgerkaisern, die der Stadt eine Reihe von Privilegien gewährten, Reichtum und Blüte. Mit den Hussitenkriegen endete

Funkenschlag zum Welterfolg

D er zündende Funke sprang von Wien auf den Böhmerwald über. An der Donau lernte der junge Zimmermann Adalbert Scheinost aus Sušice nicht nur seine mährische Ehefrau Marie kennen, sondern auch das brandneue Handwerk der Herstellung von Phosphorhölzchen. Als er 1839 zurückkehrte, stand den altehrwürdigen Baumriesen seiner Heimat ein unerwartetes Schicksal bevor: In Milliarden dünne Späne gespalten, mit bunten Köpfen versehen und in noch buntere Schachteln verpackt, reisten sie als begehrtes Exportgut in alle Welt.

Die von den Scheinosts pikanterweise in einem abgebrannten Haus auf dem Marktplatz von Sušice gegründete Zündholzfabrik erwies sich als Blitzstarter, sobald ihr geschäftstüchtiger Partner Bernard Fürth die kaufmännischen Agenden übernommen hatte. Fünf Jahre später entflammte sich ganz Europa, aber auch der Markt in Übersee und Orient für das Qualitätsprodukt aus dem Böhmerwald. Am Ende des 19. Jh. war die Firma Fürth die größte ihrer Art in der Habsburger-Monarchie und nach den schwedischen Konkurrenzbetrieben die größte der Welt. Rund um den Erdball, im Nahen Osten und in Indien, in China, Afrika, Amerika und Australien griff man zu den mit phantasievollen, farbenfrohen Bildchen beklebten Streichholzschachteln. 1903 kam es zur Fusionierung der in und um Sušice wie Pilze aus dem Boden geschossenen kleinen Zündholzfabriken zur Gesell-

Böhmerwaldmuseum Sušice: Zündholzschachteln erzählen Geschichte

schaft SOLO, ein Markenname, der bis heute für Arbeitsplätze und veritablen Wohlstand in der Region sorgt.

Im Böhmerwaldmuseum ist neben einer Dokumentation des langen Weges von Prometheus bis zum Streichholz auch eine hochinteressante Kollektion der Etiketten und Schachteln zu sehen, die mit ihrer unglaublichen Fülle an Motiven längst zu Sammlerobjekten avanciert sind. (Mai–Okt. Di–Sa 9–17 Uhr, So 9–12 Uhr)

die gute, alte Zeit, auf die man bereits im Barock wehmütig zurückblickte. Zur Bedeutungslosigkeit herabgesunken, schmückte sich die alte Bausubstanz der jeweiligen Epoche entsprechend hier mit einem Sgraffito, dort mit einem Rokokoschnörkel, doch zu einschneidenden Veränderungen des Stadtbildes fehlte es an Geld und Motivation. Die Alte Apotheke mit ihrem spätgotischen Torbogen und dem um etwa 1600 entstandenen Kratzputz an der Renaissancefassade mag dafür ebenso als Beispiel dienen wie die ehemalige Dechanei. Hinter der Renaissance-Fassade des im 15. Jh. errichteten Hauses verbirgt sich heute das Böhmerwald-Museum *(Muzeum Šumavy).*

Was diese Adresse nunmehr zu Sušices Attraktion Nummer eins werden ließ, sind freilich nicht die – zugege-benermaßen – wirklich ausgesucht schönen Exemplare böhmischer Glasmacherkunst oder der nachweislich 1620 vergrabene und erst mehr als 300 Jahre später durch Zufall entdeckte Zinnschatz (86 verschiedene Gefäße und Gebrauchsgegenstände), sondern ein Museum im Museum: Die Zündhölzer-Dokumentation, die von der Entstehungsgeschichte des Streichholzes bis zur bunten Vielfalt der in alle Welt exportierten Zündholzschachteln reicht. Mit der Herstellung dieses bis heute begehrten Artikels hielt die Neuzeit in der uralten Goldgräbersiedlung Einzug (s. S. 157). Schlagartig verwandelte sich das verschlafene Provinzstädtchen in einen Industriestandort, der für wirtschaftlichen Aufschwung, aber auch für die Entstehung der häßlichen Außenbezirke sorgte.

Ausflüge von Sušice

Von Sušice nach Příbram

Liebliche Teiche und romantische Wasserschlösser, böhmische Bilderbuch-Dörfer zwischen sattgrünen Wiesen und Wäldern. Die aus Abraumhalden gebildeten öden Hügelketten rund um die alten Bergbaustädte bilden die einzigen Dissonanzen in einer harmonischen Landschaft, der Böhmens bedeutendste Wallfahrtsstätte Svatá Hora eine silberne Krone aufsetzt (150 km).

Wie schreckeneinflößend und uneinnehmbar muß die im 13. Jh. auf einem Hügel errichtete Burg **Rabí** (Raby) **2** anstürmenden Feinden erschienen sein, wenn sie selbst noch als Ruine eine solch grandiose Wirkung erzielt! Jahrhundertelang nagten Zeit und Witterung an den gewaltigen Mauern der gotischen Adelsburg der Herren Švihovský von Riesenberg, nun aber muß sich Böhmens größte Burgruine keine Sorgen mehr um den Fortbestand machen. Liebevoll restauriert, erzählen die trutzigen Überreste der 1421 von Hussitenführer Žižka (s. S. 141) eroberten und Ende des 15. Jh. vom königlichen Baumeister Benedikt Ried erneuerten Festungsanlage von politischen Ränken und blutigen Kämpfen um Privilegien und Macht.

Žižka bezahlte die Eroberung der Burg mit Blindheit, denn dabei verlor der einäugige Kämpfer 1421 sein zweites Auge. In die Rabí-Chronik des 15. Jh. ging auch das skurrile Ereignis um den Tod des von Graf Půta Švihovský als Haustier gehaltenen Affen ein. Als dieser seinem Herrn 1494 in die Wälder entwischte, glaubten die Bauern, Satan höchstpersönlich schwinge sich von Baum zu Baum. Heldenhaft veranstalteten sie eine bald in ganz Böhmen belachte »Teufelsjagd«. Wütend über die Dummheit der Dorfbevölkerung erließ der exzentrische Adelige die bis zum Ende des 17. Jh. erhobene Strafabgabe »Pensio simialis« – eine Affensteuer.

Weißrosa schimmern Seerosen auf dunklem Hintergrund, Libellen ziehen ihre schwirrenden Kreise, verheißungsvoll rauscht es am Wehr, an dem sich die zum Teich aufgestaute Lomnice (Lomnitz) endlich wieder in ein Flüßchen verwandeln darf. Eine märchenhafte Szenerie für ein Märchenschloß. Die Wasserburg **Blatná** (Platten) 3 (s. S. 338) am Rande der gleichnamigen Stadt, die für ihre Fisch- und Rosenzucht berühmt ist, könnte den Brüdern Grimm tatsächlich als Vorlage gedient haben.

Über ein stilvoll verwittertes Steinbrücklein führt der Weg zur Insel, auf der Mittelalter und romantisches 19. Jahrhundert einander perfekt ergänzen. Als wäre er nach einem halben Jahrtausend noch immer in den Diensten der Herren von Rožmitál, bewacht ein steinerner Ritter auf einem Relief im Schloßhof den beeindruckenden Gebäudekomplex. Im Inneren verbergen sich Reste einer romanischen Kapelle, spätgotische Wandmalereien und ein Palas aus der Frührenaissance. Ein englischer Garten, wie er verwunschener nicht sein könnte, sorgt für das entsprechende Ambiente der neugotischen Umbauten. Seit Ende des 18. Jh. steht das Schloß im Besitz der Familie Hildebrandt.

»Steinernes Geschichtsbuch« ist ein oft leichtfertig verwendeter Begriff, doch für **Březnice** (Brschesnitz) 4 (s. S. 338) gibt es keinen treffenderen. Wie kaum ein anderer Herrschaftssitz Böhmens spiegeln Renaissanceschloß und Stadt

Ausflüge von Sušice

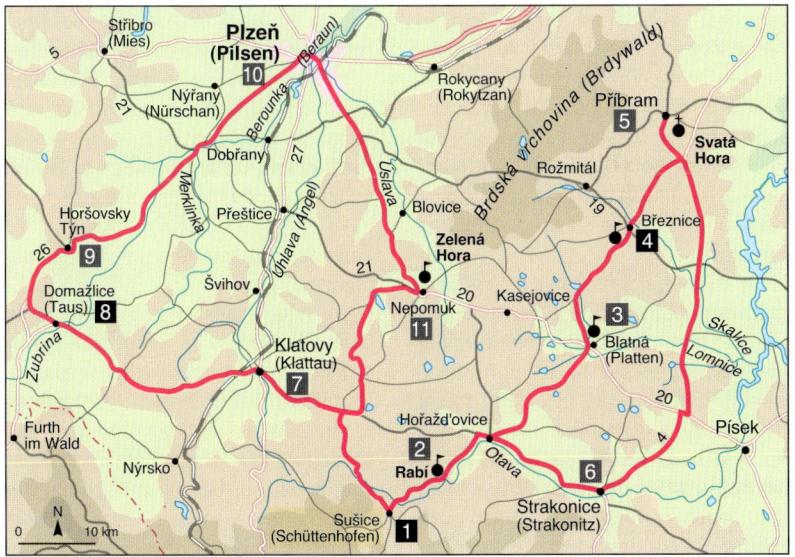

Březnice: Geheimtip Renaissanceschloß

Schicksalsstunden der Tschechen wider. Bereits im 12. Jh. ließen sich die Herren von Buzice, eines der ältesten slawischen Geschlechter, an der Wegkreuzung des »Goldenen Steigs« nieder. Ausschließlich tschechische Adelsfamilien bestimmten bis in unsere Tage das Geschick dieser Region. Aus dem bescheidenen Holzpalas erwuchs eine romanisch-frühgotische Feste, das »Dorf am Bach« erhielt als Březnice (*břeh* = Ufer) um 1300 bereits Stadtrecht und Privilegien.

Ohne das leidenschaftliche Engagement des Burgherrn Zmrzlík von Svojšín für die extreme Hussitenpartei wären die Kriegswirren des 15. Jh. für Březnice weniger fatal ausgefallen. Noch heute läßt sich für Experten das Ausmaß des Rachefeldzugs von König Sigismund an der Bausubstanz deutlich ablesen. Mitte des 16. Jh. erhielt Jiří Lokšan von Lokšany, Vertrauter von Ferdinand I.,

dank königlicher Gunst den verwaisten Feudalsitz und verwandelte ihn in den sgraffitigeschmückten Renaissancebau. Was der Habsburger freilich nicht ahnen konnte: Ausgerechnet im Rittersaal dieses Schlosses nahm sein Sohn, Erzherzog Ferdinand, die schöne, aber nicht standesgemäße Philippine Welser, eine Nichte der gräflichen Hausherrin, in aller Heimlichkeit zur Frau (s. S. 81). Wandgemälde in dem eigens für das hohe Paar errichteten Palast innerhalb des Schloßareals erinnern an die ersten Ehejahre.

Von den Habsburgern wollten die Grafen Lokšany eine Generation später allerdings nichts mehr wissen. Sie unterstützten die Rebellion der böhmischen Stände – und verloren nach der Niederlage am Weißen Berg Ehre, Güter und Vaterland. Für ein Butterbrot ging Schloß Březnice in den Besitz von Přibík Jeníšek von Újezd über. Der Bevölkerung konnte nichts Schlimmeres passieren, denn der böhmische Adelige, Erzkatholik und Kaisergünstling, für die protestantischen Tschechen also ein Abtrünniger schlimmster Sorte, setzte die Gegenreformation in dem traditionell protestantischen Gebiet mit aller Härte und mit Hilfe der noch während des Dreißigjährigen Krieges herbeigerufenen Jesuiten durch. Eine fieberhafte Bautätigkeit setzte ein, unter der Leitung des jungen Italieners Carlo Lurago, dem danach in Prag eine große Karriere bevorstand: Březnice erhielt ein frühbarockes Stadtbild, dominiert von Kloster, Kirche und Kolleg der Jesuiten. Diese weiteten bald auch ihren Einfluß auf eine bescheidene Pilgerstätte bei Příbram aus, ließen 1649 einen mit 16 Kreuzen und Bildtafeln versehenen »Heiligen Weg« zum »Heiligen Berg« anlegen und schufen damit Böhmens bekanntesten Wallfahrtsort Svatá Hora. Im nahen **Dobrá Voda** ließen sich Maler, Bildhauer und Holzschnitzer nieder, eine Künstler-Kolonie, die bis zum Ende des 18. Jh. die vielen Gotteshäuser in und um Březnice mit Altären, Standbildern, Gemälden, Kirchenbänken und Kanzeln ausstattete.

Als das Geschlecht der Újezd 1728 ausstarb, ging das Schloß an die Grafen Krakovský von Kolovraty über, die bis 1872 eine Reihe von Barock-, Rokoko- und Empire-Umgestaltungen vornahmen. Eine weit wenig glücklichere Hand bewies die Familie Pálffy von Erdödy. Die letzten Privatbesitzer zeichnen für einen plumpen Fassadenverputz im Stil der Neorenaissance, die Verglasung der Arkaden, die pseudogotische Kapelle und für allerlei mehr Geschmacksverirrungen verantwortlich.

In dem seit 1945 staatlichen Schloß sind heute nicht nur die schlimmsten Bausünden beseitigt, auch das Interieur, liebevoll restauriert und arrangiert, strahlt eine Atmosphäre von Eleganz und Charme aus. Und wie zu den Tagen der »schönen Welserin« summen wieder Bienen und Hummeln über einem duftenden, nach historischen Vorbildern angelegten Kräutergärtlein. Ein lebendiges Stück Vergangenheit, das vielleicht mehr berührt als der sich bis zum Fluß ausdehnende gepflegte Park oder die Kunstschätze in der vom Massentourismus – noch – unentdeckten Sehenswürdigkeit.

Auf der Suche nach Silber und Blei warfen menschliche Maulwürfe in jahrhundertelanger Schwerstarbeit das wenig einnehmende Hügelland rund um die wegen ihrer Uranerzgewinnung heute noch bedeutende Industriestadt **Příbram** (Pibrans) **5** (s. S. 364) auf. Damit soll das historische Erbe von Příbram – der quadratische Marktplatz, die barockisierte Jakobskirche aus dem 13. Jh., die Jugendstil-Sgraffiti von Mikulás-Aleš – nicht geschmälert werden, doch Vergleichbares gibt es in weit schönerem Ambiente landauf, landab. Wer sich jedoch für mittelalterliche Bergwerkstechniken interessiert, ist in dem bereits 1813 gegründeten Bergbaumuseum *(Březové Hory)* auf dem Areal der stillgelegten Ševčin-Grube an der richtigen Adresse. Bis zu 1500 m tief reichen die historischen Schächte, aus denen jenes Silbererz stammt, das in höchster künstlerischer Vollendung das Innere der prunkvollsten Marienwallfahrtskirche Böhmens schmückt: **Svatá Hora.**

Die Terrassenkirche mit ihrer Statuenballustrade auf dem 586 m hohen »Heiligen Berg« südöstlich der Stadt läßt Kunsthistoriker und Laien gleichermaßen ins Schwärmen geraten. Die größte der vier Freitreppen, die 400 m lange und aus 323 Stufen gebildete Wallfahrtsstiege, führt von Příbram direkt zu dem aus dem 14. Jh. stammenden und

300 Jahre später in üppigstem Barock umgestalteten Marienheiligtum. Nur wenige Besucher benutzen heute noch die von Ignaz Kilian Dientzenhofer gestaltete »Heilige Treppe«, die meisten betreten die von Carlo Lurago geschaffene monumentale Anlage durch eine Art Festungstor.

Wie bescheiden nimmt sich in diesem aus vier achtseitigen, überreich geschmückten Eckkapellen und acht Nischenkapellen gebildeten Bollwerk des Katholizismus die Hauptperson aus: Kaum einen halben Meter groß ist die aus Birnenholz geschnitzte gotische Statue der Heiligen Jungfrau mit dem Jesuskind. Inmitten des protzigen Silberaltars der Basilika lächelt die kleine Madonna zaghaft und ein wenig verloren, ganz so, als würde das einfache Bauernmädchen die ihr und ihrem Sohn im

Jahr 1732 aufgestülpten goldenen Kronen am liebsten wieder ablegen. Doch sogar mit einem Garderobenwechsel mußte sie sich als eine der Galionsfiguren der Rekatholisierung Böhmens abfinden: Entsprechend den liturgischen Farben zieht man seit dem 18. Jh. der Muttergottes vom Heiligen Berg im Verlauf des Kirchenjahres kostbare, manchmal aus purem Gold gewobene Gewänder über.

Mit dem marianischen Prunkbau nahe der wundertätigen Quelle von Příbram, die seit Menschengedenken Schutz vor Räubern, Unglücksfällen und Krankheiten aller Art gewährte, konnten die Jesuiten bald im ganzen Land reüssieren. Wie kaum anderswo dokumentiert Svatá Hora, in welcher Weise man uralten Volksglauben als Machtinstrument der Gegenreformation nicht nur

Příbram: Wallfahrtskirche am Heiligen Berg

perfekt nutzen, sondern auch architektonisch umsetzen konnte. Seit 1991 liegt die Verwaltung der hervorragend restaurierten und für den Ansturm Hunderttausender Pilger gerüsteten Wallfahrtsstätte in den Händen des Redemptoristenordens.

Wie Sušice und auch das 18 km nahe Horažďovice (Horaschdowitz) war **Strakonice** (Strakonitz) **6** (s. S. 365) eine Gründung des mährischen Geschlechts der Bavor, die sich ihre böhmischen Besitzungen in königlichen Diensten erworben hatten. Erst Přemysl Ottokar II. versuchte, eine weitere Machtausdehnung der mittlerweile einflußreichen Adligen des Landes zu verhindern. So mußte einerseits eine seiner Töchter in die Familie einheiraten, um die Treuebande der Bavorowen zum Thron zu festigen. Auf der anderen Seite führte er den nunmehr mit dem Königshaus verwandten Mährern mit den Neugründungen Písek (Pisek) und Vodňany (Wodnian) ihre Grenzen vor Augen. Der Konkurrenzkampf zwischen Krone und Feudalherren hatte einen ungeheuren Aufschwung zur Folge, denn beide Seiten versuchten, einander im Befestigungsbau zu übertreffen.

Letztlich gewann Ottokar die Oberhand über Sušice und Horažďovice, die er sogleich mit Privilegien ausstattete und zu königlichen Städten ausrufen ließ. Nur an die – an einer im Mittelalter bedeutenden Nord-Süd-Verbindung liegenden – Strakonitzer Residenz der Mährer kam er nicht heran. Auf der um 1180 errichteten Burg des Kreuzritters Bavor I. hatten nämlich bereits Mitte des 13. Jh. die Johanniter mit einem kleinen Konvent im Osttrakt der Anlage einen Fuß in der Tür. 1421 fiel der Feudalbesitz zur Gänze an den Malteser-Orden, der noch im selben Jahr sein Großpriorat in die Wasserburg verlegte und bis 1694

seinen Hauptsitz hier an der Otava (Wottawa) hielt.

In der Renaissance verwandelte sich die Festung in einen klerikalen Repräsentationssitz, im Barock kam es zu den letzten wesentlichen Umbauten an einer der ältesten Steinburgen Böhmens. An der Südseite des dreieckigen Areals liegen die romanisch-gotischen Bauten der Johanniter-Kommende: Die Kirche des hl. Prokop schließt an den mit gotischen Wandmalereien ausgeschmückten Kreuzgang an. Figurale Fresken aus dem frühen 14. Jh. finden sich in dem von einem rippenlosen Kreuzgewölbe überspannten Kapitelsaal im Erdgeschoß des romanischen Palas.

Im zweistöckigen »neuen Palas« von 1260 dokumentiert ein »Museum des mittleren Wottawalandes« *(Muzeum středního Pootaví)* außer der Goldgewinnung im mittelalterlichen Strakonice die Tradition der für die Region noch immer typischen Dudelsackmusik.

Durch das Land der Choden

Von einem Lokalaugenschein in der verwirrenden Hexenküche einer Barockapotheke direkt ins Herzland der Choden nahe der bayrisch-tschechischen Grenze führt dieser Streifzug (190 km). Weiters stehen beeindruckende Stadtplätze, einige bemerkenswerte Kirchen sowie ein imposantes Renaissanceschloß auf dem Programm, bevor man sich in Pilsens Brauerei an der Quelle des weltberühmten Bieres laben kann.

Ein Schwarzer Turm und ein Weißer Turm, dazu noch die Kirchtürme einer frühbarocken Jesuitenkirche: Die Silhouette von **Klatovy** (Klattau) **7** (s. S. 350) ist seit der Renaissance schon von weitem unverkennbar. Aber auch bei näherer Betrachtung verleihen die rundum gruppierten Bauten dem quadratisch angelegten, sanft abfallenden Stadtplatz ein markantes, unverwechselbares Aussehen.

Neben der Marienkirche aus dem 13. Jh. erhebt sich freistehend der Weiße Turm aus dem 16. Jh. Der für Klatovy so charakteristische 81 m hohe Schwarze Turm, ebenfalls ein Renaissancebau, entstand zur gleichen Zeit wie das anschließende Rathaus, das nach vielfachen Umbauten 1925 seine heutige Fassadengestaltung erhielt. Seither trägt es am Giebel das Symbol der Krone über dem zweischwänzigen Löwen und dem Klattauer Wappen, griechischen Göttinnen und Musen sowie allerlei Handwerksallegorien.

Den kunsthistorisch bedeutendsten Bau stellt zweifellos die im 17. Jh. von Domenico Orsi und Carlo Lurago errichtete Jesuitenkirche St. Ignatius dar. Das Portal stammt vermutlich von Kilian Ignaz Dientzenhofer. Von außen zugänglich sind die mit einem raffinierten Belüftungssystem ausgestatteten Katakomben, in denen etwa 200 mumifizierte Tote ruhen.

Wie gleich beim Kircheneingang in Wort und Bild dokumentiert, war das Architekturjuwel aus Geldmangel dem Verfall preisgegeben. Als es 1981 schließlich bereits durchs Dach hineinregnete, griff der findige Pfarrer zur Selbsthilfe und entwarf höchstpersönlich ein Gerüst, um eine Renovierung mit bescheidensten Mitteln möglich zu machen. Die priesterliche Eigenkonstruktion entpuppte sich als schlichtweg genial: Sie wurde mittlerweile sogar als Patent eingetragen.

Keinesfalls versäumen sollte man eine Führung durch die im Verzeichnis der UNESCO-Weltkulturdenkmäler aufscheinende Barockapotheke »Zum weißen Einhorn« (Stadtplatz Nr. 147, heute Museum). Die Originaleinrichtung aus dem 17./18. Jh. mit obskur anmutenden Apparaten zum Pillendrehen und für die Salbenherstellung aus zerstoßenen Wildschweinzähnen oder Krebsscheren geben Einblicke in die dem Mittelalter verhaftete Heilkunde. So hielt man noch im Barock das gedrehte, meterlange Horn des Narwals für die begehrte Trophäe des sagenhaften Einhorns oder glaubte an die Heilkraft von getrocknetem Ziegenblut.

Alljährlich im Juli, wenn die Gärtner im Botanischen Garten ihre Neuzüchtungen präsentieren, verwandelt sich die für ihre Nelkenzucht bekannt gewordene Stadt in ein Blütenmeer. Skurrilerweise verdankt die »Flower-Power« ihre Entstehung den Napoleonischen Kriegen, als Soldaten 1813 die duftenden Souvenirs aus Nancy an den Rand des Böhmerwaldes brachten.

Mit einem arkadengesäumten, großzügigen Stadtplatz, der an Schönheit dem vielgerühmten Ensemble von Telč kaum nachsteht, wartet das in sanftes Hügelland eingebettete **Domažlice** (Taus) **8** (s. S. 343), das Zentrum des Chodenlandes, auf. *Chodit,* der tschechische Begriff für »patrouillieren«, stand Pate für den Namen des beherzten slawischen Volksstammes, dem seit dem 11. Jh. die Sicherung der Grenzen von Chodová Planá bis Domažlice anvertraut war. Ihren todesmutigen Einsatz gegen jedweden Feind des Königreiches ließen sich die mit Kampfbeilen bewaffneten und von Hunden begleiteten Männer, vor deren furchterregendem Anblick allein sogar eine zehnfach überlegene kaiserliche Streitmacht während der Hussitenkriege in wilder Panik davongerannt war, mit allerlei Privilegien vergelten.

So unterstanden die wegen des Symbols in ihrem Banner auch »Hundsköpfe« genannten Choden jahrhunder-

Domažlice: Trachtenpuppen in der Choden-Hochburg

telang einzig und allein dem böhmischen König. Als freie Bauern zahlten sie keine Steuern oder Abgaben und durften in den von ihnen kontrollierten Wäldern Wild jagen, soviel sie nur wollten. Erst der Habsburgerkaiser Ferdinand II. nahm ihnen 1620 alle ihre Vorrechte, ein mißglückter Aufstand 75 Jahre später endete mit der Hinrichtung ihres Anführers auf dem Pilsener Marktplatz.

»Natürlich sind wir alle noch immer Choden!« Die in Jeans und T-Shirt gekleidete Verkäuferin eines mit einschlägiger Volkskunst vollgestopften Souvenirladens läßt keinen Zweifel daran aufkommen, daß ethnische Identität auch außerhalb des hochinteressanten Museums im Chodenschloß noch existent ist. Wenn sich die Erben der tapferen »Hundsköpfe« alljährlich Mitte August zu ihrem Kirchweihfest auf einer Anhöhe bei Domažlice treffen und in alten Trachten mit Dudelsäcken zum Tanz aufspielen, dann findet nämlich keines-

wegs ein blutleeres, museales Folklore-Festival statt, sondern gelebtes, vitales Brauchtum. Nur das grimmige Choden-Motto müssen Touristen heute nicht mehr wörtlich nehmen: »Kommt zu uns zum Mittagessen, wenn ihr könnt. Die Tür wird verschlossen und ein böser Hund freigelassen sein«. Im gastfreundlichen Domažlice ißt man nämlich ganz ausgezeichnet.

Auch **Horšovský Týn** (Bischofteinitz) **9** (s. S. 345) bietet ein geschütztes buntes Stadtensemble mit barockisierter Kirche aus dem 13. Jh. und einem Renaissanceschloß. Die einstige bischöfliche Zollstation *(teyn)* an den Ufern der Radbusa (Radbuza) wartet mit einer bis ins 10. Jh. zurückreichenden Vergangenheit auf. Selbst jener Hauch italienischer Atmosphäre, die so viele Orte Böhmens mit unerwarteter Heiterkeit beseelt, fehlt dank des Wirkens von Agostino Galli nicht. Im Auftrag der Familie Lobkowicz verwandelte der toskanische Architekt im 16. Jh. die frühgotische Stadtburg in eine platzbeherrschende Anlage, in der von 1620 bis 1945 die Grafen von Trauttmansdorff residierten.

Plzeň (Pilsen)

10 (s. S. 361) Kurz, bündig und schonungslos gesagt: Gäbe es nicht die weltberühmte Brauerei, könnte man die westböhmische Hauptstadt getrost links liegen lassen. Zwar künden die rund um den Hauptplatz gruppierten Kunstdenkmäler noch immer von der einstigen Schönheit der im 10. Jh. in den morastigen Flußniederungen der Berounka (Be-

raun) entstandenen Ansiedlung, die ihren Namen vom tschechischen Wort *plzký* – »schlüpfrig« – ableitet. Doch weder die gotische St. Bartholomäus-Kirche noch das prachtvolle Renaissance-Rathaus, weder die barocke Erzdekanei noch die insgesamt 14 von Mikuláš Aleš mit Jugendstil-Sgraffiti verzierten Häuser lassen Lärm, Schmutz und Gestank der nach Prag zweitgrößten Industriemetropole Böhmens vergessen.

Seit 1859 prägen die Fahrzeuge, Waffen und Maschinen produzierenden Škoda-Werke das Antlitz Pilsens. Tatsächlich scheint der allgegenwärtige ge-

Plzeň (Pilsen) *1 St. Bartholomäus-Kirche 2 Rathaus 3 Erzdekanei 4 Westböhmische Brauerei (»Pilsner Urquell«) 5 Brauereimuseum*

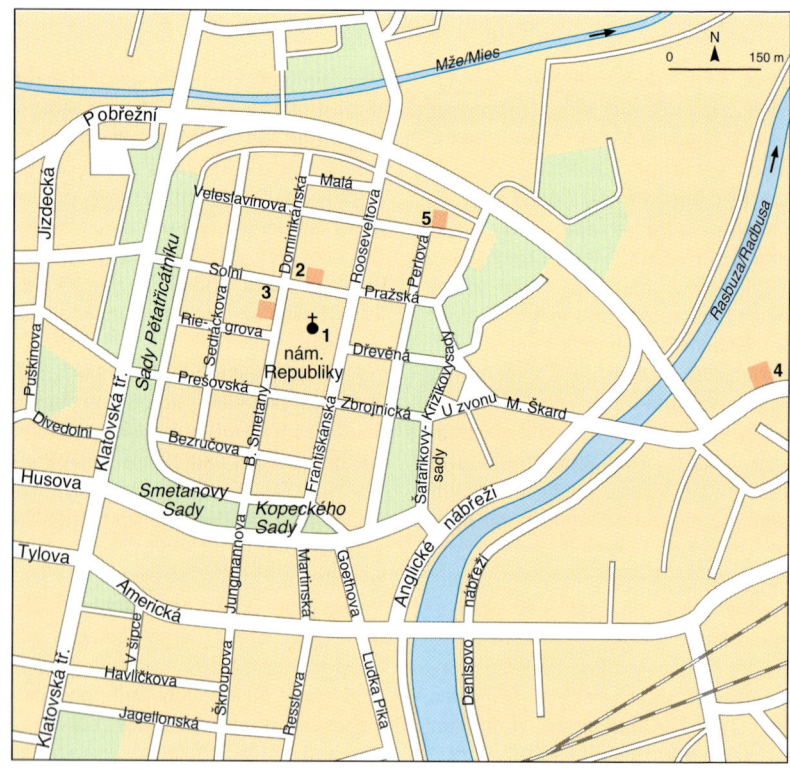

An der Urquelle
höchster Braukunst

Wahre Kenner bestehen auf einem schlanken Glas, denn nur ein schmaler Kelch wird angeblich dem würzigen Wohlgeschmack eines echten Pils gerecht. Etwas breitere Gläser hingegen, lautet das Credo der Gourmets, bleiben dem Märzen vorbehalten, dickwandige dem Bock. Doch zurück zum berühmten Hellen, das aus den dunklen Kellern der westböhmischen Brauerei seit dem 19. Jh. den Weltmarkt überschwemmt. Mehr als 2,5 Mio. Hektoliter der Marken »Pilsner Urquell« und »Gambrinus« werden seit 1991 alljährlich an der Berounka (Beraun) produziert und auch bis zum letzten Schluck getrunken.

Oft kopiert, nie erreicht. Wer es nicht glaubt, überzeuge sich vor Ort vom Unterschied zwischen all den im Ausland »nach Pilsner Art« gebrauten Biersorten und dem unverwechselbaren Original. Nicht ein Umstand allein, sondern eine Reihe glückhafter Fügungen stehen nämlich seit dem Mittelalter Pate für das Geheimnis des duftenden, goldfarbenen Getränks: Genügend quellfrisches Wasser mit dem haargenau richtigen Kalkgehalt, Sommergerste mit entsprechend entwickelten Körnern und der besten Hopfen Europas aus den nordböhmischen Anbaugebieten um Žatec (Saaz). Dazu braucht es jetzt freilich nicht bloß noch die richtige Hefe, sondern auch die in Jahrhunderten gesammelten Erfahrungen der Pilsner Braumeister, die ihre Rezepte eifersüchtig hüten. Denn die Konkurrenz schläft nicht, vor allem nicht im eigenen Land.

Seit der Umstrukturierung der acht einheitlich organisierten kommunistischen Staatsunternehmen, aus denen innerhalb der ersten fünf Jahre nach der Wende ein gutes Dutzend Gasthaus- und an die hundert private Brauereien entstanden sind, gelten marktwirtschaftliche Spielregeln. So erzielte die tschechische Bierproduktion 1992 einen historischen Höchststand von insgesamt 19,46 Mio. Hektoliter, was eine Verzehnfachung des Ausstoßes gegenüber dem Jahr 1946 darstellte. Im Rekordjahr kletterte auch der Pro-Kopf-Verbrauch mit mehr als 166 l auf den bedenklichen Spitzenplatz in der Europastatistik.

*»Pilsener Madonna«
(um 1390) in der St.
Bartholomäus-Kirche*

flügelte Pfeil das alte Stadtwappen ersetzt zu haben, das zu den ungewöhn-
lichsten des Landes zählt. Neben einem
Windhund, zwei Schlüsseln, einem Ritter und einem halben Adler zeigt es selt-
samerweise ein Kamel, angeblich die
exotische Beute der kaisertreuen Hoch-
burg des Katholizismus während der
Hussitenkriege.

Um jenes Unternehmen zu besichtigen, das mehr als alles andere als Synonym für Pilsen steht, muß man sich
nicht mühsam bis ins denkmalgeschützte Zentrum vorkämpfen: Die 1842
gegründete **Westböhmische Brauerei**
mit ihrem schloßartigen Prunktor liegt
am Stadtrand an der Hauptverbin-
dungsstraße U Prazdroje Richtung Prag.
In der geräumigen Bierstube geht man
nicht nur routiniert mit Busladungen
durstiger Touristen um, die sich am
goldfarbenen zwölfgrädigen Pilsner Urquell oder am gar vierzehngrädigen
dunklen Gambrinus-Bier laben wollen.
Während die Brauereiarbeiter Mittagspause halten, werden auch Führungen
durch den Betrieb veranstaltet.

Auch wenn innerhalb einer knappen
Stunde nicht alle der in einer Gesamtlänge von 9 km in den Felsen geschlage-

nen Keller gezeigt werden können, in denen der aus Hopfen und Malz gewonnene Saft zur Vollkommenheit reift, so begreift selbst ein Laie, weshalb Pilsner Bier in aller Welt zu den gefragtesten Marken zählt. Nach der Exkursion weiß man, wie wesentlich allein schon die Güte des aus 80 m Tiefe geschöpften Wassers die Qualität des Endprodukts mitbestimmt. Oder daß dieses köstliche Bier mit seinem unverkennbaren herbwürzigen Geschmack sogar als ärztlich empfohlenes Heilmittel bei Gastritis und Nierenbeschwerden eingesetzt wird.

Nach der Praxis die Theorie. Wissensdurstige pilgern nun ins wenige Schritte vom Stadtplatz entfernte **Brauereimuseum** *(Pivovarské muzeum)* in der Veleslavínova ulice und lassen sich anschließend im Rathaus eine Bank zeigen, die zwecks einer ebenso einfachen wie effektiven Qualitätskontrolle einst mit Bier übergossen wurde. Blieb ein Brauer nach dem Eintrocknen nicht auf seinem Hosenboden kleben, so machte er mit wohlabgezählten Stockschlägen Bekanntschaft. Auf solch drastische Weise sorgten die Stadtväter dafür, daß keiner das edle Hopfen- und Malz-Getränk ungebührlich verwässerte.

Mitte des 14. Jh. kam in dem kleinen Bergwerkstädtchen **Pomuk** (heute **Nepomuk) 11** südlich von Pilsen der Sohn eines Richters zur Welt, der mehr als 300 Jahre nach seinem schmählichen Ende als beliebtester Volksheiliger Böhmens Wiederauferstehung feiern sollte. Dem schwindelerregenden Aufstieg des Provinzpriesters Johannes von Pomuk zum Generalvikar der Erzdiözese Prag folgte 1393 auf Befehl Wenzels IV. ein tödlicher Sturz in die Moldau. Ein seit längerem tobender Machtkampf zwischen Thron und Kirche war der Grund für die grausame Hinrichtung – und nicht etwa die

heldenhafte Bewahrung des Beichtgeheimnisses der Königin, wie die Legende erzählt. Die Realität wurde jedoch bereits von den Zeitgenossen durch eine mit allerlei wundersamen Erzählungen ausgeschmückte romantischen Version verdrängt: Erst Monate später sei der nun nicht länger gefesselte Leichnam des in einem Sack ertränkten Märtyrers aufgetaucht, und ein Flammenkranz habe sein unversehrtes Haupt umgeben. Kurzum, Böhmen ließ sich seinen neuen Heiligen nicht mehr nehmen.

Diese Tatsache machten sich ab dem 17. Jh. die Jesuiten zunutze, die mit dem gezielten Einsatz des ohnedies unausrottbaren Nepomuk-Kultes die Erinnerung an den heißverehrten Reformator Hus zu verdrängen suchten. Im Tausch Jan gegen Jan sah Rom ein heilsames Mittel. 1729 wurde Johannes von Nepomuk offiziell heiliggesprochen und für ihn im Prager Veitsdom ein 37 Zentner schweres silbernes Grabmal errichtet. Daß sich jetzt auch das Heimatstädtchen auf seinen größten Sohn besann und fünf Jahre später einen Stararchitekten wie Kilian Ignaz Dientzenhofer mit dem barocken Neubau einer St. Nepomuk-Kirche auf der – angeblichen – Stelle des Geburtshauses beauftragte, versteht sich eigentlich von selbst.

Keineswegs fromme Erinnerungen erweckt hingegen das unweit von Nepomuk liegende Schloß **Zelená Hora** (Grünberg). In den Kellerverliesen verbüßte Graf Ferdinand Šternberk die Strafe für den Mord an seiner Mutter. Und im Jahr 1817 wurde hier im Zuge des Nationalerwachens die berühmt-berüchtigte Grünberger Handschrift entdeckt, die als bejubelter Beweis für die weit zurückreichende Tradition tschechischen Schrifttums nur einen Schönheitsfehler besaß: Sie war gefälscht.

Das Bäder-Dreieck

Von der Heilkraft der heißen Quellen im westlichsten Zipfel Böhmens wußte schon das Mittelalter zu berichten. Doch erst ab dem ausklingenden 17. Jh. gab sich Europas mondäne Welt in Karlovy Vary (Karlsbad) regelmäßig ein Stelldichein. Als sich etwas später Mariánské Lázně (Marienbad) und schließlich auch Františkovy Lázně (Franzensbad) den Status eines Kurortes zulegten, war das gesunde Trio im Triangel zwischen dem Gebirgsstock Krušné Hory (Erzgebirge), den Ausläufern des Český les (Tschechischer Wald) und dem Slavkovský les (Kaiserwald) komplett.

Karlovy Vary (Karlsbad)

1 (s. S. 349) Der tiefe Talkessel am Zusammenfluß von Teplá (Tepl) und Ohře (Eger) gleicht einer überdimensionalen

Gesundbrunnen aus der Schnabeltasse

römischen Arena: Von dichtbesetzten Rängen blicken Karlsbads Nobelviertel als steinerne Gäste auf eine mit Pavillons und Promenaden, Kolonnaden und Kaffeehäusern verschwenderisch ausgestattete Bühne herab. Im Spielplan des weltberühmten Repertoiretheaters stehen seit nunmehr drei Jahrhunderten die immer gleichen Gesellschaftskomödien, nur die Qualität der Inszenierungen hat sich geändert.

Einst rekrutierten sich die Akteure aus den Oberen Zehntausend, um jede noch so kleine Nebenrolle rissen sich hochkarätige Vertreter des Adels, steinreiche Magnaten aus Industrie und Finanz, mächtige Staatsmänner und die bedeutendsten Künstler ihrer Zeit. Sie alle scharten sich um die glanzvollen Stars der Besetzung: Zaren, Kaiser und Könige verwandelten das renommierteste Kurbad Böhmens Sommer für Sommer in den exquisitesten Salon Europas, in dem nicht selten Geschichte geschrieben wurde. Selbst die Statisten aus dem Bürgertum reisten noch um die Jahrhundertwende mit Schrankkoffern voll eleganter Garderobe an, um so herausgeputzt ins noble Bild einer zu Ende gehenden Epoche zu passen.

Heute kümmert sich ein mehr als buntgemischtes Publikum in saloppem Freizeit-Look herzlich wenig darum, wie deplaciert kurze Hosen, Sandalen und T-Shirts im noch immer plüschigen Ambiente wirken. Auch die zahlungskräftigen Gäste des »Kurhotels Imperial« ver-

Karlovy Vary: Marktkolonnade,
Gußeiserne Jugendstilkolonnade und
Dvořák-Park

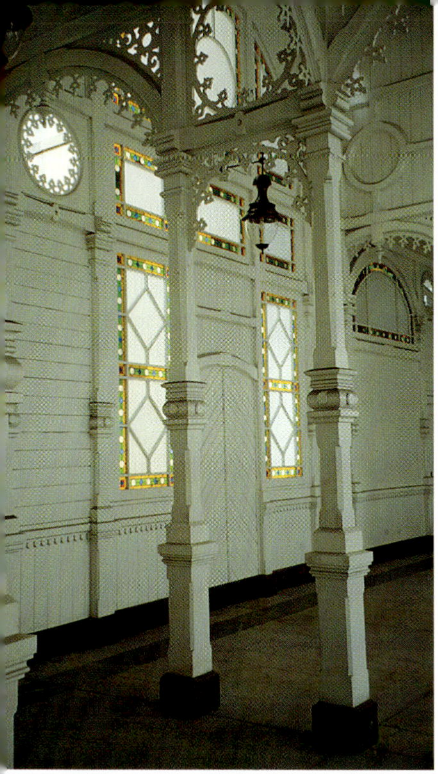

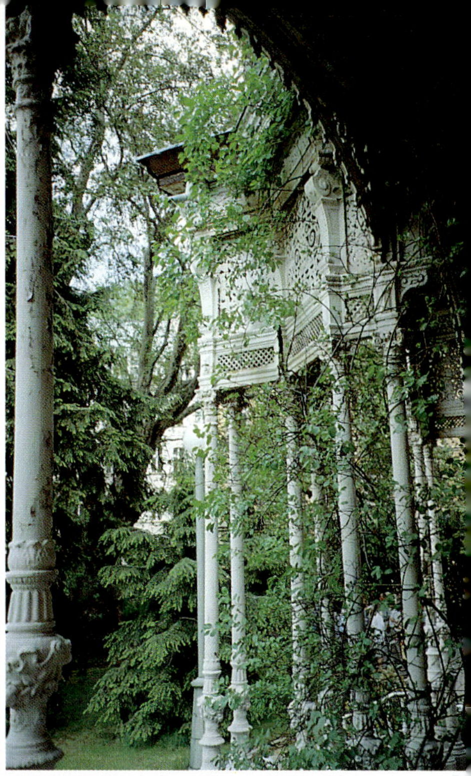

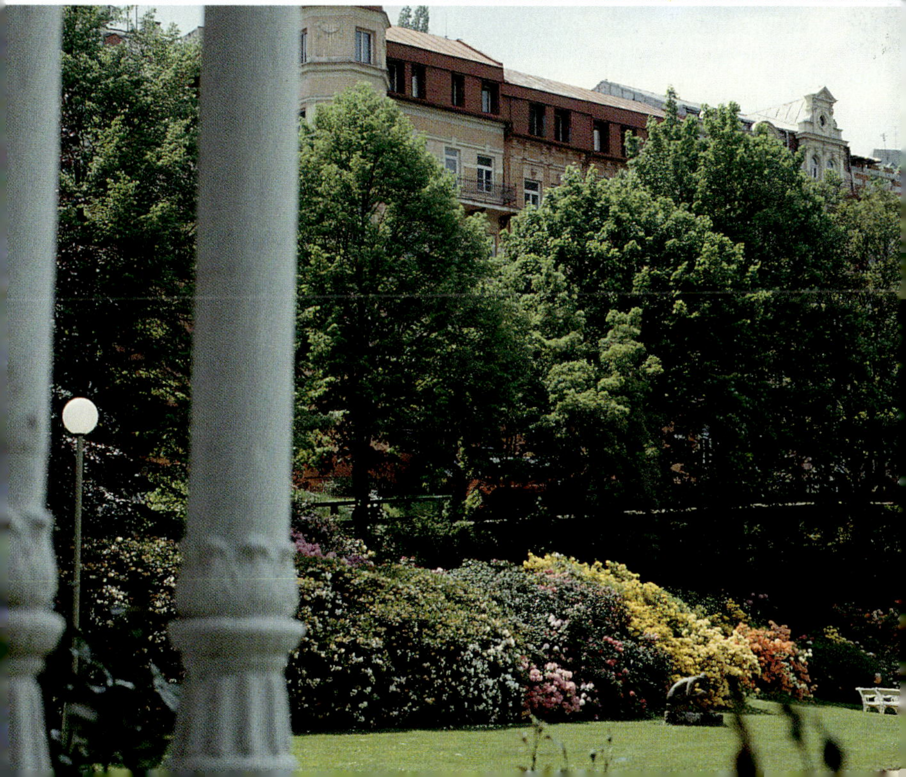

schwenden keinen Gedanken an die traditionsreiche Vergangenheit des um 1910 errichteten Hauses. Wer zahlt, bestimmt – nach diesem Motto strahlt die mit 320 Zimmern nach wie vor größte Nobelherberge Mitteleuropas weiterhin jenen Talmi-Glanz aus, den kommunistische Potentaten stets für pures Gold gehalten haben. Nur tummeln sich in dem seit 1990 wieder privat geführten Betrieb anstelle ranghoher KP-Funktionäre jetzt dollarschwere Russen und verjubeln zwischen spießigen Spitzenstores und Mahagoni-Pomp ihren neuen Reichtum.

Ideal für eine Annäherung an Karlsbad erweist sich der schattige Parkplatz noch vor dem **Grandhotel Pupp,** dem berühmten Fin de siecle-Bau am Beginn der Promenade. Als Johann Georg Pupp 1759 erstmals nach Karlsbad kam, stand der in Veltrusy geborene Zuckerbäcker im Dienste des Grafen Rudolf Chotek. Der Minister der Kaiserin Maria Theresia mußte ohne seinen Konditor abreisen, denn Pupp blieb, verliebte sich in die Tochter eines ortsansässigen Kollegen und konnte 16 Jahre später dank der Mitgift seiner Karlsbader Ehefrau Anteile an zwei bereits seit Jahrzehnten bestehenden Kurhäusern erwerben, dem »Sächsischen« und dem »Böhmischen Saal«. Nachdem er schließlich die ne-

Karlovy Vary (Karlsbad) *1 Grandhotel Pupp 2 Mühlbrunnenkolonnade 3 Sprudel 4 Stadt-pfarrkirche Maria Magdalena*

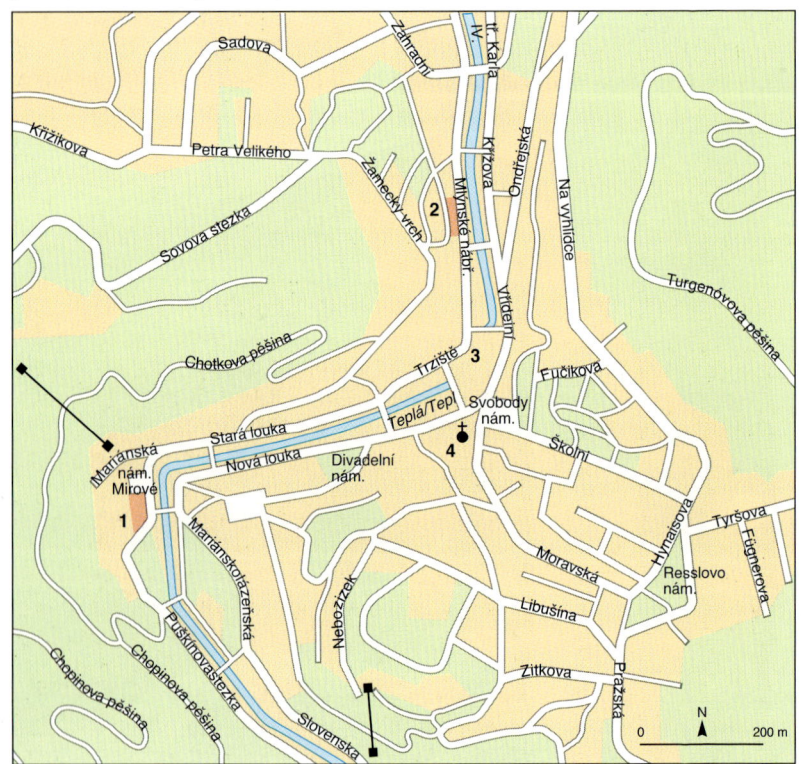

Die heiße Quelle des Wohlstands

Vermutlich hätte der gleichermaßen weise wie pragmatische Kaiser Karl IV. für die romantische Erzählung, die sich um die Gründung von Karlsbad rankt, nur ein müdes Lächeln übrig gehabt. Das Mittelalter war nämlich weit realistischer, als wir Heutigen es wahrhaben möchten. Viele Legenden haben ihre Wurzeln daher nicht in der angeblich so dunklen Epoche, sondern in der Neuzeit.

Als sich Karl IV. im Jahr 1358 an der Stelle des späteren Marktplatzes von Karlovy Vary unweit der heißen Mineralquellen ein kleines Jagdschlößchen errichten ließ, legte er damit zwar gleichzeitig den Grundstein für die Gründung des Ortes. Doch fand sich in dem 1604 bei der großen Feuersbrunst zerstörten Privatsitz des Herrschers nicht der geringste Hinweis auf die einem Kaiser vorbehaltene und von Gottes Hand gelenkte Entdeckung des heilenden Wassers. Erst in der Renaissance ist die Sage von der Hirschjagd entstanden, die später das Barock und zuletzt das romantische 19. Jh. noch weiter ausgeschmückt hat.

In der frühesten Version aus dem 16. Jh. soll ein verwundeter Hirsch den Herrscher zu einer warmen Quelle geführt und durch die Heilung seiner Verletzungen die magische Kraft des Wassers enthüllt haben. Nach der 200 Jahre später in die Welt gesetzten Variante verbrühten sich die Hunde des Kaisers die Pfoten ganz kläglich, als sie einem Wild in den Fluß Teplá nachsetzten und in die bis dahin unbekannten, kochend heißen Quellen geraten sind. Nahezu das gleiche soll sich bei Karl dem Großen abgespielt haben, den man als Entdecker der warmen Quellen Aachens preist. Nur waren es in dem Fall nicht Hundepfoten, sondern Pferdehufe, die in siedendes Wasser tauchen mußten.

Allein die Etymologie des Namens Teplá beweist eine weit länger zurückliegende Kenntnis der Karlsbader Sprudel: Das tschechische Wort *teplý* bedeutet nämlich warm. Der unbestrittene Verdienst Karls IV. aber war es, die wirtschaftliche Bedeutung eines Heilbades als erster erkannt und die Weichen für die Gründung des nach ihm benannten Kurortes gestellt zu haben. So verlieh der Kaiser in einer Urkunde vom 14. August 1370 den Bewohnern von Karlovy Vary Bürgerrechte und setzte das junge Städtchen mit einer Reihe von Privilegien der altehrwürdigen königlichen Stadt Loket nahezu gleich.

Historisch verbrieft ist, daß der Herr des Römischen Reiches wiederholte Male in seinem Jagdschloß geweilt und in den Karlsbader Quellen Heilung seiner Leiden gesucht hat. Auch finden sich in Annalen aus dem 15. Jh. Hinweise auf eine aus Stein gehauene Bank, auf der sich der Kaiser nach dem Bade erholt haben soll. Die älteste Abbildung des Hirschensprungs vom Felsenriff hinab ins Tal der heilenden Sprudel stammt aus dem 17. Jh., die meisten Darstellungen des beliebten Motivs aber entstanden erst im 19. Jh.

beneinanderliegenden Gebäude zur Gänze erworben hatte, begann er 1786 mit dem Umbau zu einem Nobelhotel, das seine Nachkommen kontinuierlich erweiterten. Die heutige Gestalt verdankt dieser Zuckerbäckerbau eines Zuckerbäckers dem Architekturgeschmack zu Beginn unseres Jahrhunderts.

Entlang des Flußufers künden zitatengeschmückte Erinnerungstafeln von der Begeisterung prominenter Kurgäste, allen voran Johann Wolfgang von Goethe. Nicht weniger als zwölfmal weilte der Dichterfürst der Deutschen zwischen 1785 und 1823 in Karlsbad, dreimal in Marienbad und einmal in Teplitz. »Weimar, Karlsbad und Rom sind die einzigen Orte, wo ich leben möchte«, schrieb der Vielgereiste 1812 an Wilhelm von Humboldt. Und in einem Brief an Schiller hieß es: »Man könnte hundert Meilen reisen und würde nicht so viele Menschen so nahe sehen.«

Tatsächlich liest sich die Liste der Badegäste wie ein »Who's who« des 19. und 20. Jh.: Österreichs Kaiser und Preußens Könige, Rußlands Zar Peter der Große, Frankreichs Louis Napoleon Bonaparte und Persiens Schah, sie alle suchten Linderung ihrer Beschwerden oder bloß Erholung und Entspannung in heiterer, lockerer Atmosphäre. Nicht zuletzt deswegen war Karlsbad auch der ideale Ort für die hohe Politik. Als »Karlsbader Beschlüsse« gingen beispielsweise 1819 die Absprachen des österreichischen Staatskanzlers Metternich mit acht »zuverlässigen Ländern« gegen »demagogische Umtriebe« in die Annalen ein.

Außer Goethe zog es Dichter und Musiker vom Format eines Friedrich Schiller, Theodor Fontane, Ludwig van Beethoven, Franz Liszt, Carl Maria von Weber, Robert Schumann oder Frederic Chopin zu den heißen Quellen, von denen ein Merkvers aus dem Jahre 1522 besagt: »Das Karlsbad heilt Dir, wenn es wo gebricht: Darm, Magen, Leber, Galle-Stein, Niere, Zucker, Gicht.«

Zwölf allegorische Statuen schmücken die 132 m lange und 13 m breite klassizistische **Mühlbrunnen-Kolonnade,** Ende des 19. Jh. im Stil der Neorenaissance von Josef Zítek, dem Schöpfer des Prager Nationaltheaters, im Zentrum des Ortes errichtet. In stilvoller Umgebung füllen Kurgäste ihre mit einem Schnabel versehenen Trinkbecher mit dem Wasser aus vier verschieden heißen Thermalquellen, um anschließend vor allen Unbillen der Witterung geschützt in der Wandelhalle zu promenieren. Am spektakulärsten zischt und dampft es in dem 1975 vollendeten modernen Glas-Beton-Kurzentrum, das nicht länger nach dem sowjetischen Astronauten Juri Gagarin benannt ist. Meterhoch steigt die 72 Grad heiße Wassersäule des »**Sprudels**« empor und verschleiert gnädig den Blick auf die schlimmsten Bausünden der KP-Ära.

Rund um Karlovy Vary

Ein malerisches Burgstädtchen und die älteste Porzellanmanufaktur Böhmens im Südwesten, im Norden ein verwunschener Barockpark mit uraltem Baumbestand und das erste Radium-Kurbad der Welt. Führt der Weg zunächst über idyllische Nebenstraßen entlang plätschernder Bäche, so erreicht man das an Deutschland grenzende Gebiet über die von Mischwäldern flankierte Hauptstrecke Richtung Chemnitz (80 km).

»Über alle Beschreibung schön« sei dieses **Loket** (Elbogen) **2** (s. S. 354), »ein landschaftliches Kunstwerk von allen Seiten zu betrachten«, so schwärmte 1807 der damals 58jährige Goethe vom

Burg Loket

romantischen Ort an einer – ellbogen-förmigen – Krümmung der Ohře (Eger). Damals führte freilich noch nicht die bitter-süße Erinnerung eines alten Mannes an seine letzte Liebe die Feder. Als er im August 1823 im Gasthof »U bílého koně« (Zum Weißen Roß) seinen 74. Geburtstag feierte, sah er nicht nur das reizvolle Loket zum letzten Mal, sondern auch sein »inniggeliebtes Töchterchen« Ulrike von Levetzow. In Wahrheit bewegten allerdings weniger väterliche Gefühle den Freund schöner Frauen, ganz im Gegenteil. Der um 55 Jahre ältere Goethe hielt nach zwei Bäder-Saisonen in diesem August wiederholt um Ulrikes Hand an. Doch statt einer Braut bekam der fassungslose Geheimrat, der bis zuletzt an eine erfolgreiche Werbung geglaubt hatte, auch an seinem Jubeltag einen Korb. Enttäuscht kehrte der verschmähte Dichter daraufhin seinem Böhmen für immer den Rücken – und verfaßte noch in der Kutsche den ersten Entwurf für seine »Marienbader Elegie«.

Für das kleine Loket aber, das trotz seiner großartigen gotischen Burg kaum Fremde in großer Zahl anlocken würde, erwies sich die weltberühmt gewordene Romanze mit ihrem unglücklichen Ende als Glücksfall: Vom Wandbild im Goethe-Geburtstags-Gasthof am Marktplatz über ein Goethe-Hotel bis zu allerlei Goethe-Souvenirs und einer Auswahl an Goethe-Ausflugstouren steht das touristische Angebot des denkmalgeschützten Städtchens zur Gänze im Zeichen des großen Deutschen. Über einen peinlichen Irrtum würden die Stadtväter allerdings gerne den Mantel des Vergessens breiten. Als nach 1989 landauf, landab die Standbilder des gehaßten Stalinisten Klement Gottwald von der Bildfläche verschwanden, wurde auch die Goethe-Statue vor der Stadteinfahrt zerstört: Man hatte den Dichterfürsten, dem man eine oberflächliche Ähnlichkeit mit dem kommunistischen Führer nicht absprechen kann, schlicht verwechselt.

Viele alte Häuser bilden noch lange kein Ensemble: Der historische Kern der im 12. Jh. gegründeten Porzellan- und Zinnstadt **Horní Slavkov** (Schlaggenwald) **3** steht zwar unter Denkmalschutz, doch im Gegensatz zum benachbarten Loket mit seinem harmonischen Stadtplatz und einer im Lauf der Jahrhunderte gewachsenen Struktur wirkt Horní Slavkov mit seinem verwirrenden, unmotivierten Straßenverlauf wie ein Produkt des Zufalls. So kommen weder die zahlreichen Fassaden von der Spät-

gotik bis zum Jugendstil noch das bemerkenswerte Renaissance-Rathaus oder die von Elias Dollhopf im 18. Jh. mit wunderbaren Fresken ausgestattete St. Anna-Kirche entsprechend zur Geltung. Über einen distelüberwachsenen Fußweg muß man sich auch zur ursprünglich gotischen St. Georg-Kirche vorkämpfen, vor der eine feinziselierte steinerne Ecce-Homo-Säule aus dem 16. Jh. an mittelalterliche Gerichtsbarkeit erinnert.

Als wäre er nie hier gewesen, erinnert auch keine Gedenktafel an die wiederholten Besuche Goethes in Schlaggen-

Durch das westböhmische Bäder-Dreieck

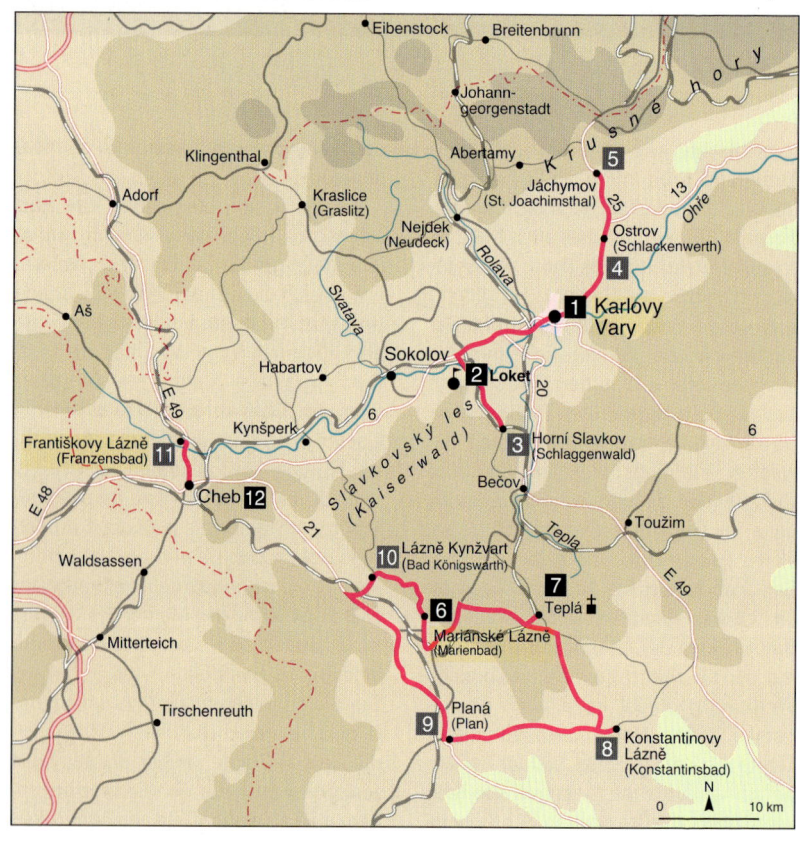

wald, der im Umkreis der seit dem Mittelalter ausgebeuteten Silber- und Zinnminen ein reiches Betätigungsfeld für seine geologischen Studien fand. Interesse zeigte der engagierte Naturforscher auch für die reichen Kaolinvorkommen, die 1792 zur Gründung der ersten Porzellanfabrik auf böhmischem Boden führten.

Einen eigenen Ausflug wäre die nach 1945 aufgrund ihrer Uranerzgruben sprunghaft angewachsene Bergbaustadt **Ostrov** (Schlackenwerth) **4** nördlich von Karlsbad nicht wert. Doch weil die einstige Hauptresidenz des Grafengeschlechtes Schlick auf der Route liegt, lohnt es sich, mehr als nur einen Blick auf das von Christoph Dientzenhofer mitgestaltete Schloß an der Hauptdurchgangsstraße zu werfen. Durch das Weiße Tor gelangt man in den einstmals barock gestalteten Schloßpark, von dem Zeitgenossen euphorisch als »achtem Weltwunder« schwärmten. Selbst heute liegt über dem verwilderten, seiner Brunnen und Statuen beraubten Garten noch ein Abglanz jener prunkvollen Ära, in der man vom Paradies nicht bloß träumte, sondern sich einfach eines schuf. Inmitten dieser verspielten, mit Pavillons, Tempelchen und künstlichen Höhlen geschmückten Anlage entstand im 17. Jh. ein nunmehr als Kunstgalerie genutztes Lustschlößchen.

Bis zum 16. Jh. war der kleine Ort **Jáchymov** (St. Joachimsthal) **5** (s. S. 347) nur eines der vielen unbekannten Erzgebirgsdörfer. Doch dann begannen die Grafen Schlick mit dem Abbau der ungewöhnlich reichen Silberminen, in denen nicht selten sogar zentnerschwere Klumpen des Edelmetalls gefunden wurden. 1481 entstand in Jáchymov eine Bergordnung, 1519 prägten die Joachimsthaler in ihrer neuen Münzstätte

Jáchymov: Erst Silber, dann Uranerz

erstmals den berühmten Taler (s. S. 94), 1716 kam es zur Gründung der ersten Montanschule der Welt. Als die Minen längst erschöpft und die zu ihrer Blütezeit bis zu 18 000 Einwohner zählende Stadt wieder zur Bedeutungslosigkeit herabgesunken war, saß der alte Silberort auf einer Goldmine ganz anderer Art: Neben Farbkobalt gewann man ab 1854 auch Pechblende, ein schwarzes, glänzendes Mineral, dem der deutsche Chemiker Martin Klaproth den Namen Uranerz gegeben hatte. Daraus ließen sich leuchtende Farben – Gelb, Grün, Orange, Schwarz – herstellen, die sich vorzüglich zum Bemalen von Gläsern oder Porzellan eigneten. Daß es sich dabei auch um stark strahlendes Material handelte, wußte man damals noch nicht, das fand erst 1896 der französische Physiker Antoine Henri Becquerel heraus. Um dieser verblüffenden Entdeckung

nachzugehen, lud er das Ehepaar Pierre und Marie Curie zu gemeinsamen Forschungen ein. Am billigsten waren die Experimente mit Abfallprodukten aus der Joachimsthaler Uranfabrik, die immer noch genügend Uranrückstände aufwiesen. Die österreichisch-ungarische Regierung stellte dieses Material sogar gratis zur Verfügung – die drei Forscher mußten nur die Transportkosten übernehmen. 1898 hatten sie schließlich aus 1000 kg Joachimsthaler Pechblende ein Zehntel Gramm eines

neuen Elements isoliert, das sie nach seiner frappantesten Eigenschaft »Radium« (griech. »das Strahlende«) nannten. Für die Entdeckung des Radiums erhielt Antoine Henri Becquerel gemeinsam mit dem Ehepaar Pierre und Marie Curie 1903 den Nobelpreis für Physik.

Wissenschaftlich erforscht wurde nun auch die den Bergleuten seit Jahrhunderten bekannte heilende Wirkung des radioaktiven Wassers. 1905 verabreichte man in der Bäckerei Kuhn die ersten Radonbäder, ein Jahr später er-

dium Palace« inmitten einer gepflegten Anlage abseits der Durchgangsstraße. Unvergessen wie die große Madame Curie, die zwischen blühenden Rhododendren von ihrem Denkmal auf die Idylle eines verträumten Kurparks herabblickt, sollten auch die zu Aberhunderten in der »Hölle von Jáchymov« elend zugrunde gegangenen Zwangsarbeiter sein. In der Stalin-Ära verwandelte sich die uralte Bergstadt in ein einziges großes Nachkriegs-Konzentrationslager, in dem politische Häftlinge ihre Gesundheit und meist auch ihr Leben lassen mußten. Nach 1953 besserten sich die Verhältnisse, doch erst zu Beginn der 60er Jahre waren die westböhmischen Uranerzlager, denen die Sowjetunion weitgehend ihren Aufstieg zur Atommacht verdankte, endgültig erschöpft.

Mariánské Lázně (Marienbad)

6 (s. S. 356) Ausnahmsweise einmal keine mittelalterliche Gründung, sondern erst Ende des 18. Jh. buchstäblich aus dem sumpfigen Boden gestampft, verdankt das 1808 zum Kurbad, 1818 zum öffentlichen Kurort und 1865 zur unabhängigen Stadt erhobene Mariánské Lázně seine Entstehung der Suche nach »weißem Gold«: Das Prämonstratenserstift Teplá (Tepl), seit dem 12. Jh. Grundeigentümer der Sümpfe, wollte im 16. Jh. aus den Quellen Kochsalz gewinnen. Beim Eindampfen entdeckte man statt dessen den hohen Gehalt an Glaubersalz, einem altbewährten Laxativ. 1609 wurde die erste urkundlich erwähnte Behandlung in der heutigen Marienquelle vorgenommen, doch erst

baute Joachimsthal das weltweit erste Radium-Kurbad. 1964 wurde die bisher ergiebigste und gleichzeitig radioaktivste Quelle Europas in der Grube Svornost (Einigkeit) entdeckt. Pro Minute liefert sie 5000 l Wasser, mit dem täglich mehr als 2000 an Erkrankungen des Bewegungsapparates leidende Patienten behandelt werden können.

Während sich der Ortskern des alten Jáchymov im oberen Stadtteil erstreckt, liegt das moderne Heilbad mit dem im Sezessionsstil errichteten »Kurhaus Ra-

200 Jahre später begannen auf Initiative des Stiftsarztes Josef Nehr und des Tepler Abtes Reitenberger Kurbetrieb und Stadtplanung in großem Stil. Innerhalb kürzester Zeit stieg das Städtchen zu einer der ersten Adressen des 19. und frühen 20. Jh. auf. In der Zwischenkriegszeit wurde es zum Sammelbecken sudetendeutscher Aktivisten, 1933 ermordeten Nazi-Schergen den aus Hitlerdeutschland geflohenen Philosophen Theodor Lessing. Sein Grab ist auf dem jüdischen Friedhof zu besuchen.

Vergleichsweise kurz müßten die Architekten des KP-Regimes für ihre in Marienbad angerichteten Bausünden im Fegefeuer schmoren. Denn im Gegensatz zu den in Karlsbad verbrochenen Scheußlichkeiten blieb der Belle-Époque-Traum mit seiner Atmosphäre von Beschwingtheit und Eleganz vor schmerzhaften Stilbrüchen verschont. Selbst dem kühnsten Eingriff im Herzen des Kurzentrums, der erst 1986 geschaffenen **Musikfontäne**, kann man ihren Charme nicht absprechen. Neben dem gußeisernen Spitzenwerk der in dezentes Beige, Weiß und Ocker getauchten, 120 m langen **Großen Kolonnade** bricht sich das Licht in allen Farben des Regenbogens, sobald der Singende Brunnen sein Spiel beginnt. Zu unsterblichen Melodien erheben sich nach einer raffinierten Choreographie Myriaden glitzernder Tropfen, um in kühnem Schwung zurückzufallen und erneut als Arkaden und Säulen zum Himmel aufzusteigen. Ein hinreißendes Ballett zu Kompositionen von Chopin, Debussy, Mozart, Dvořák oder Smetana, mit perlenden Wasserstrahlen als elegante Tänzer. Der **Kreuzbrunnen**, die 1912 aufgestellte Eisenbeton-Nachbildung eines Rundpavillons von 1818, ergänzt das Ensemble.

Als wäre dem 20. Jh. der Eintritt nur erlaubt, wenn es sich von seiner besten Seite zeigt, bleiben Lärm und Hektik zwischen gepflegten Promenaden und Gärten ausgespart. Unbehelligt von Streß und Alltagssorgen beginnt die Kur bereits vor dem ersten Schluck Heilwasser zu wirken: Marienbads unnachahmlicher Zauber ist nämlich der wahre Gesundbrunnen, aus dem alle Besucher bis zum heutigen Tag neue Kräfte schöpfen. Und mit einigen Abstrichen läßt sich tatsächlich noch jener Ort wiederfinden, der Jan Neruda in den 70er Jahren des vorigen Jahrhunderts schwärmen ließ:

»Marienbad ist eine glückliche Märchenprinzessin. Es besitzt alles: Jugend, Schönheit, großen Reichtum, Heilkraft, Zuneigung aller Menschen und dazu eine prächtige Reihe von Tugenden – auch die Tugend der Schweigsamkeit! So still liegt es im Schoß der Berge, so verborgen, bescheiden! Aber ein einziger Anblick und du bist bezaubert. Stellt euch eine runde Talmulde vor, fast wie von einem Kreis begrenzt. Auf ihrem Grunde ruhen ausgedehnte herrliche Parkanlagen mit hübschen Wegen, sattgrünen Wiesen, dunklem Dickicht, verstreut dastehenden Bäumen. Etwas höher ein Ring weißer, eleganter Gebäude, wie ein Silberreif. Und über allem, in vielfältiger Wellenlinie, eine reizende Gebirgssilhouette, anscheinend direkt aus den Hausdächern herauswachsende Berge, höher und höher, und bis zum Gipfel umhüllt von einem Talar dunkler, blauer Wälder.«

Nicht nur der anscheinend allgegenwärtige Goethe – nach Berechnungen seiner Biographen hat er zwischen 1749 und 1832 exakt 1114 Tage in den böhmischen Ländern verbracht – fühlte sich in Marienbad rundum wohl, seinen russi-

Marienbad: Musikfontäne vor der Großen Kolonnade

Die Troubadoure von Marienbad

Wir wollen mit unserer Musik die Menschen ein bißchen streicheln.« Das »Trio Kulinarium«, das seit 1990 von April bis Oktober meist an Wochenenden in der Marienbader Kolonnade aufspielt, präsentiert keinen harten Rock-Sound, sondern hat sich auf die einschmeichelnden Melodien west- und südböhmischer Lieder und Balladen des 15. bis 18. Jh. spezialisiert. In einem lärmenden, bierschwangeren Musikantenstadel mit seiner modernen Pseudo-Folklore wären die drei an der Prager Akademie ausgebildeten Musiker fehl am Platz. Ihr Repertoire von nahezu 4000 zarten Liebes-, beschwingten Tanz- und heiteren Trinkliedern, viele von ihnen in Bibliotheken wiederentdeckt und der Vergessenheit entrissen, ist wie maßgeschneidert für die verspielt-nostalgische Atmosphäre der Wandelhalle und versetzt die Zuhörer in eine Zeit, in der noch keine Verstärker und gigantischen Lautsprecherboxen mangelndes musikalisches Talent kaschieren mußten.

Quer- und Blockflöten, Gitarren und Lauten sind die Instrumente, mit denen die drei Troubadoure – das Brüderpaar Jan Hans und Kulin Vladislav Matušů sowie ihr Kollege Miroslav Landa – ihre bezaubernd einfachen und dennoch so melodienreichen Lieder begleiten. Wenn die Saison vorüber ist, geht das Trio auf Konzerttournee oder nimmt private Engagements an. Auch in Deutschland, Österreich und der Schweiz haben die sympathischen Minnesänger bereits ein treues Publikum.

schen Kollegen Turgenjew, Tolstoj und Gogol gefiel es hier ebenso wie Chopin, Wagner, Bruckner oder Dvořák. Aber auch Jan Neruda und Franz Kafka, Johann Strauß und Sigmund Freud, ja sogar Englands König und Österreichs Kaiser, die im Jahr 1904 hier zusammentrafen, der Großindustrielle Renault und der Ölmagnat Gulbenkian tranken geduldig aus den salzigen Quellen. Nicht maximal zwei Liter wie heute, sondern bis zu zwanzig mußten Kurgäste damals auf ärztliche Anweisung aus den schon in Karlsbad bewährten Schnabeltassen schluckweise hinunterwürgen. Erstaunlicherweise blieb trotz dieser Prozedur immer noch genügend Zeit für amouröse Abenteuer.

Allerdings eignete sich nicht jedermann zum »Kurschatten«, wie Friedrich Hebbels Tagebucheintragung vom 4. Juli 1854 zeigt: »Ich glaube, es muß schwer sein, sich in einem Badeort zu verlieben, da alle Damen, die einem begegnen und bei denen man sonst an Werther und Lotte denken kann, hier nur des Purgierens wegen im Walde herumlaufen; wir sind eben von unserer Morgenpromenade zurückgekommen und während ich dem Geist des Brunnens infolge der genossenen drei ersten Becher an einem gewissen Ort mein Opfer darbrachte, wurde mir vor meinem Fenster ein Ständchen gemacht. Übrigens macht ein besuchter Badeort einen Eindruck wie ein Jahrmarkt. Dabei hier die fortwährende Erinnerung des Menschen an eine Pflicht, die er nicht gerne nennt, wenn er sich auch zu ihr bekennt; wie der Kirchhof ihm unaufhörlich zuruft: bedenke, daß du sterben mußt, so mahnt Marienbad ihn unermüdlich: vergiß nicht, daß du di -ßen mußt!« Bleibt nur hinzufügen, daß Hebbel nicht allein, sondern mit seiner Frau nach Marienbad gereist war.

Rund um Mariánské Lázně

Zum Auftakt ein Prämonstratenserstift mit der zweitgrößten Bibliothek Böhmens, nach der barocken Pracht eine verwunschene Idylle im kleinsten Kurbad Europas. Vorbei an dunklen Föhrenwäldern, dann wieder durch weites, unzersiedeltes Land bis zu einem denkmalgeschützten Städtchen. Schließlich wartet die Route (90 km) noch mit einem Schloß auf, das neben kostbarem Interieur auch eine sehenswerte Kuriositätensammlung beherbergt.

Den Ort selbst muß man nicht gesehen haben, wohl aber das Kloster: Bis auf einige Nepomuk-Statuen weist das schon im frühen 12. Jh. besiedelte **Teplá** **7** (s. S. 367) wenig Bemerkenswertes auf, das gleichnamige Prämonstratenserstift hingegen zählt zu Böhmens barocken Kulturschätzen erster Güte. Wie Phönix hat sich der einstmals unermeßlich reiche Ordenssitz, dem Marienbad seine Existenz verdankt, nach jeder Zerstörung aus der Asche erhoben: Sechsmal wurde er niedergebrannt und zwölfmal geplündert, doch jedesmal erstand er aufs Neue, glanzvoller als je zuvor. Auch jetzt sprechen wieder alle Anzeichen dafür, daß sich das – pünktlich zur 800-Jahrfeier – 1993 an die Prämonstratenser zurückerstattete Stift von der kommunistischen Zwangspause wirtschaftlich bald erholen wird. Noch im selben Jahr öffneten die geschäftstüchtigen Mönche ein Hospiz für zahlende Gäste und rührten die Werbetrommel so eifrig und professionell, daß Quartiersuchende ohne Voranmeldung kaum eine Chance haben.

Ungewöhnlich wie die Geschichte des Klosters war auch das Schicksal seines Gründers Hroznata (1160–1217). Eigentlich hatte der begüterte böhmische Adelige bloß an einem Kreuzgang teil-

Bibliothek im Kloster Teplá

nehmen wollen. Doch in Rom befahl ihm der Papst höchstpersönlich, umzukehren und als Buße für seinen losen Lebenswandel einen Ordenssitz auf seinen Gütern um Teplá zu stiften. Auch sein zweiter Versuch, nach Jerusalem zu ziehen, scheiterte. Wieder hieß es in Rom: Zurück in die Heimat, um dort ein weiteres Kloster – diesmal für Nonnen – zu finanzieren und anschließend die Ritterrüstung aus- und die Mönchskutte anzuziehen. Als Prior von Stift Teplá nahm der bekehrte Edelmann schließlich sogar freiwillig den Tod auf sich, damit sein Orden nur ja keinen Schaden erleide: Der von Raubrittern entführte Hroznata verbot selbst die Lösegeld-

Zahlung, worauf man ihn verhungern ließ.

Ein wenig verwundert, ganz so, als wisse er nicht, wie ihm geschah, blickt der Stiftsgründer von einem monumentalen Gemälde auf seinen mit Halbedelsteinen geschmückten Sarkophag herab. Seit bald acht Jahrhunderten – mit Ausnahme einer Verbannungszeit von 1950 bis 1993 – ruht der seliggesprochene Hroznata in der im Barock prachtvoll ausgestatteten Abteikirche von Teplá. In nicht minder üppigem Neobarock präsentiert sich der 27 m lange und 15 m hohe Hauptsaal der nach Strahov zweitgrößten Klosterbibliothek des Landes. Das kostbarste

Stück der etwa 100 000 Bände umfassenden Sammlung stellt der *Codex Teplensis* dar: Die älteste und zugleich erste vollständige Bibelübersetzung, noch vor Martin Luther von einem unbekannten Mönch in Böhmen verfaßt.

Wer im 19. Jh. für Karlsbad nicht die entsprechende Garderobe besaß und sich das noch teurere Marienbad erst recht nicht leisten konnte, fuhr zu den Mineralquellen von Nová Ves (Neudorf). Seit 1806 durfte sich die winzige Ortschaft nämlich ihres ersten Badehauses rühmen und ab 1873 gar hochoffiziell »Bad Neudorf« nennen. Weil aber mit solch einer prosaischen Urlaubsadresse nur wenig Staat zu machen war, nahmen die Kurgäste einfach beim Namen des Grundherrn – Konstantin Löwenstein-Wertheim – Anleihe und tauften das Bad um. Zugegeben, **Konstantinovy Lázně** (Konstantinsbad) 8 (s. S. 351) klingt zumindest nach etwas mehr als einem Kuhdorf, in dem zufällig ein paar Heilquellen sprudeln. Damit hat es sich aber schon, und Konstantinsbad bietet heute wie ehedem Natur pur – und sonst gar nichts.

Fernab jeglichen Getriebes und von kaum einem Unterhaltungsangebot verführt, kann man im kaisergelben, 1875 eröffneten Kurhaus inmitten uralter Bäume und Rhododendren den ganzen lieben Tag lang – von Anfang Mai bis Ende August – Gesundheit zum Spartarif tanken. Wenn schließlich die ersten Frühnebel über den tiefgrünen Wäldern und Mooren den nahen Herbst ankündigen und das Kurorchester zum letzten Mal aufspielt, dann träumt das kleine Konstantinsbad davon, im böhmischen Bädertrio doch einmal die vierte Geige spielen zu können.

Wo es Wertvolles zu schürfen gab, da waren die Grafen Schlick nicht weit. Prompt übernahm das Adelsgeschlecht 1517 die Herrschaft, als in dem mittelalterlichen Städtchen **Planá** (Plan) 9 südlich von Marienbad Blei- und Silbervorkommen entdeckt wurden. Um 1600 prägte das unverhofft reich gewordene Planá erstmals seine eigenen Münzen – die St. Anna-Taler. Noch vor dem Anbruch des neuen Jahrhunderts aber endete mit der Stillegung der ausgebeuteten Minen die »silberne Epoche«. Doch was aus jenen Tagen übrig blieb, kann sich heute noch sehen lassen. Gotische Bürgerhäuser und herrliche Renaissancebauten, zu einem harmonischen Ensemble vereint, flankieren den langgestreckten Marktplatz. Mit gutem Grund hat man das gesamte Zentrum unter Denkmalschutz gestellt, denn architektonische Juwelen finden sich auch in vielen Nebengassen auf Schritt und Tritt. Besondere Beachtung verdient die barockisierte Mariä-Himmelfahrts-Kirche, in der sich das Grabmal des 1621 auf dem Altstädter Ring hingerichteten Grafen Schlick befindet.

International machte das erst 1885 eröffnete Heilbad **Lázně Kynžvart** (Bad Königswart) 10 (s. S. 353) an einem Südhang des Kaiserwaldes trotz seiner eisenhaltigen Sauerbrunnen nie Karriere, dafür wurde es einfach zu spät gegründet. Heute soll das gesunde Klima des in 700 m Höhe liegenden Kurortes in erster Linie lungenkranken Kindern aus den umweltverseuchten Gebieten des Landes zugute kommen. Daß Bad Königswart dennoch zum Begriff wurde, verdankt es einer der umstrittensten und schillerndsten Persönlichkeiten der Donaumonarchie: Klemens Wenzel Nepomuk Lothar Fürst von Metternich (1773–1858), Österreichs berühmt-berüchtigter Außenminister und Staatskanzler, liebte den alten Familiensitz in Böhmen, den er in den 20er Jahren des vorigen Jahrhunderts vom Tessiner Architekten Pedro Nobile klassizistisch gestalten ließ. Seither verbrachte der leidenschaftliche Kunstliebhaber jede freie Minute in seinem von Fischteichen und Wäldern umgebenen Empireschloß, in dem er seine ebenso berühmten wie platzraubenden Sammlungen aufbewahren konnte.

Seine kunst- und kulturhistorischen Schätze – Münzen, Gemälde, Statuen und Orientalika sowie ein Naturalienkabinett – vertraute Metternich ebenso wie seine Kuriositäten-Kollektion dem ehemaligen Scharfrichter von Cheb (Eger), Carl Huß, an. Eine merkwürdige Wahl, die wie eine weitere Skurrilität des Hausherrn anmutet, tatsächlich aber einen zutiefst menschlichen Zug offenbart. Auf diese Weise konnte der hochgebildete Mann, dessen Familie seit Generationen das blutige Handwerk ausgeübt hatte, an dem aber auch nach der Abschaffung der Todesstrafe (1788) das schaurige Odium des Henkers haftengeblieben war, einen unbeschwerten Lebensabend verbringen. Im Auftrag des Schloßherrn trug Huß Seltsamkeiten wie das Waschbecken Napoleons, die Hauskappe Camillo Cavours, eine Mütze von Kaiser Franz oder den Schreibtisch von Alexandre Dumas Sohn zusammen. Wertvoller noch als die Objekte des 1828 gegründeten Schloßmuseums sind die Bestände der Metternichschen Bibliothek, in der sich mittelalterliche Handschriften und Erstdrucke ebenso finden wie Werke über Magie, Okkultismus, Reiseberichte und politische Abhandlungen.

Um das vom Dachstuhl bis zu den Böden von Holzwurmpilz befallene staatliche Schloß Kynžwart vor dem Verfall zu retten, wurde 1993 eine Stiftung mit dem Ziel gegründet, die nötigen finanziellen Mittel durch Sponsoren aufzutreiben.

Františkovy Lázně (Franzensbad)

11 (s. S. 344) Als eigenständige Gemeinde existiert das kleinste der drei böhmischen Renommierbäder erst seit 1848, seine 24 Heilquellen samt Kureinrichtungen blieben sogar bis 1914 im Besitz des nahen Cheb (Eger). Urkundlich erwähnt wurde der »Egerer Säuerling« erstmals 1406, im späten Mittelalter verabreichte man vereinzelt schon Bäder, ab dem 18. Jh. florierte der Quellwasserversand, doch erst im 19. Jh. mauserte sich der unbedeutende Weiler zum international gefragten Heilbad, das 1807 nach dem österreichischen Kaiser Franz I. benannt wurde.

Seit der großen Zeit des kleinen Städtchens scheint bei flüchtigem Hinsehen noch kein Tag vergangen zu sein. Doch bei allem Respekt vor den Restauratoren, die Franzensbad von Kopf bis Fuß, von den Dächern über die Fassaden bis zum Pflaster, herausgeputzt

Vielbegehrter »Franzl«

Franzensbader Flaniermeile

haben: Um dem Charme dieses lupenreinen Architektur-Reservats des 19. Jh. gerecht zu werden, fehlt es – noch – an Patina. Aber die kommt schon noch, und zwar vermutlich bald, denn selbst dem kleinen, kaum 5000 Einwohner zählenden Kurort setzte das KP-Regime eine luftverpestende Industriezone buchstäblich vor die Nase. Im Kurzentrum hingegen blieb die Welt heil. Kein Renommierobjekt des »realen Sozialismus« drängt sich in die gelungene Stadtplanung des vergangenen Jahrhunderts, das hier ein ganzes Spektrum seiner Baukunst ausbreitet. Ob Empire oder Historismus, Neorenaissance, barocker Klassizismus oder Jugendstil, jede Spielart ist aufs beste vertreten: Nahe dem Kurplatz mit der **Kolonnade** aus dem Beginn unseres Jahrhunderts steht der Empire-Pavillon der Franzensquelle (1832); der **Bronzeplastik Amor mit Fisch,** im Volksmund »Franzl« genannt, sollte man sich allerdings mit Vorsicht

bzw. Vorsatz nähern, denn die Berührung soll fruchtbar machen! Im Ortskern findet sich das **Haus zu den drei Lilien** (1794), und die großzügigen Parkanlagen außen herum locken mit einladenden Promenaden und Quellhallen in edlen Proportionen.

Bekannt und beliebt waren die Mineralquellen, schwefelhaltigen Moorbäder und Kohlendioxid-Sprudel seit jeher vor allem bei der Damenwelt. Eine Kur in Franzensbad lindert nicht nur Frauenleiden aller Art, sie verhilft mitunter auch zum lange ersehnten Nachwuchs. Ob jedoch bisweilen nicht das Brunnenwasser, sondern vielmehr die nahe Dragonergarnison die Quelle guter Hoffnung gewesen sein mag, darüber schweigt die offizielle Stadtchronik.

Um so aufschlußreicher ist dafür, was Marie von Ebner-Eschenbach zu erzählen wußte: »Auf zarte Frauen macht ein solches Bad die Wirkung einer Oper der Zukunft, oder eines kleinen Champagner-Rausches, was ungefähr dasselbe sein soll. Sie werden heiter, selig, verklärt, sentimental, schwärmen von verborgenen Veilchen und leuchtenden Sternen, vom letzten Ball und der ersten Liebe, fühlen sich in Arkadien geboren, gehen nicht mehr, sondern hüpfen spazieren, singen die große Arie aus Robert der Teufel, deklamieren, ja verfertigen Gedichte: was denn freilich in den meisten Fällen ein Unglück ist.«

Cheb (Eger)

12 (s. S. 342) Der Herr Geheimrat war offenbar schlechter Laune. »Es wäre zu wünschen, daß Sie für die Fremden einen Wegweiser drucken ließen, denn Wallenstein spielt in der Geschichte eine wichtige Rolle«, schrieb Goethe 1821 nach einer Besichtigung der Burg von Eger unwirsch an den Bürgermeister, der ihn zuvor großzügig in seinem Haus beherbergt und bewirtet hatte. Verirrt kann sich der Dichterfürst jedenfalls nicht haben, denn selbst die Reste der einstigen Kaiserpfalz erheben sich unübersehbar an einem felsigen Steilabfall. Aber geirrt hat er sich, und das gründlich, als er über den Schwarzen Turm notierte: »Mir ist er gewiß römisch. Ich wüßte nichts Einfacher-Größeres von dieser Art. So etwas setzt einen großen Kunstbegriff voraus.«

Am Festungsbau waren die Römer wirklich nicht beteiligt, aber ihre Spuren haben sie dennoch hinterlassen. Als 1945 eine Fliegerbombe den Bahnhof zerstörte, kam ein römischer Münzschatz zutage. Offenbar unterhielt die slawische Ansiedlung nicht erst im Mittelalter, sondern bereits im Altertum erfolgreiche Handelsbeziehungen mit aller Welt. Die antikesüchtigen Romantiker des 19. Jh. wären begeistert gewesen, doch deswegen hätten weder der Maler

Carl Spitzweg noch Dichtergrößen wie Platen, Nietzsche, Fontane oder Rilke eine Reise nach Eger unternommen. Sie alle zog es seit Schillers 1799 vollendeter Trilogie zum Schauplatz von »Wallensteins Tod«. Die Tragödie ereignete sich im gotischen Stadthaus des protestantischen Bürgermeisters Pachelbel, der vor den Katholiken fließen mußte und im Exil Selbstmord beging.

Eine seltsam-bedrückende Atmosphäre lastet über dem Raum, in dem am 25. Februar 1634, in der Nacht zum Fastnachtsonntag, der als Hochverräter beschuldigte Wallenstein auf kaiserlichen Befehl vom irischen Hauptmann Walter Deveroux liquidiert wurde. Ob der erfolgreichste Heerführer des Dreißigjährigen Krieges tatsächlich einen Staatsstreich gegen Ferdinand II. im Sinn gehabt hatte, blieb für immer ungeklärt. Welch ernstzunehmende Gefahr Wallenstein für die Krone aber zweifellos darstellte, zeigen allein schon die in seinem nordböhmischen Herzogtum Frýdlant (Friedland) ausgeheckten und zum Teil bereits realisierten Pläne (s. S. 214).

Über die Exekution des Generals, der die Ermordung seiner vier Begleitoffiziere auf der Burg vorangegangen war, wußte die Boulevardpresse des 17. Jh. in einer wenige Tage später publizierten Flugschrift sensationelle Details zu berichten: »Man sagt, daß er (Wallenstein) sterbend mit seiner Seel also großen Dampf ausgespien, wie es diejenigen tun, so gewaltig Tabak trinken und Mund und Kehle voll haben, und daß der Leichnam mit heftigem Getöse niedergefallen sei, als ob ein großes Geschütz abgeschossen worden wäre. Auf dieses streuten die Soldaten aus, der Teufel selbst hätte ihn darniedergeworfen, um mit ihm Abrechnung zu halten.«

Wie so oft gruppieren sich auch in Cheb die interessantesten Sehenswür-

»Stöckl« am Marktplatz in Cheb

digkeiten um den Marktplatz, der an einem Ende von der romanischen **Erz-dechanteikirche St. Niklas** (frühes 13. Jh.) überragt wird. Dem als Triumphbo-gen gestalteten Portal gegenüber befin-det sich das **Pachelbelhaus** (auch Stadt-haus, heute Museum), ein spätgotischer Bau aus dem 15. Jh., der mit seinen aus-gewogenen Proportionen nicht nur als Schauplatz der Ermordung Wallensteins Beachtung verdient. Dazu kontrastiert die verspielte Rokokofassade des **Gab-lerschen Hauses**, einst in Besitz der Je-suiten, woran noch ein vergoldetes Ma-donnen-Relief über dem Portal erinnert. Nahezu alle Bürgerhäuser des Platzes schmücken erst vor wenigen Jahrzehn-ten unter mehreren Mörtelschichten freigelegte Renaissance-Fresken, die einen bunten Bilderbogen um das re-präsentative ehemalige **Rathaus** des ita-lienischen Barockbaumeisters Alliprandi spannen. Aus Geldmangel konnte je-doch letztlich nur ein Teil des ehrgeizi-gen Projekts realisiert werden.

Zum Wahrzeichen Chebs geriet dafür ein ganz und gar nicht geplantes, son-dern gewachsenes Ensemble. Wie eine Insel erhebt sich aus dem buckeligen mittelalterlichen Pflaster ein Konglome-rat schmaler, mehrstöckiger gotischer Fachwerkhäuschen jüdischer Kaufleute, **Spaliček** – Stöckl – genannt. Eine Abbil-dung aus dem 15. Jh. zeigt, daß sich an dieser Stelle ursprünglich drei Häuser-blöcke aneinandergedrängt haben. Als man sich in den 60er Jahren an die Re-staurierung der nahezu verfallenen Bau-substanz des Stöckls machte, konnten nur noch elf Häuser gerettet werden.

Daß Cheb auch für die künstlerische Ausgestaltung von Brunnen stets etwas übrig gehabt hat, beweisen zwei mar-kante Beispiele: Vor dem Stöckl wirft sich seit 1738 ein keulenschwingender Herkules als »Wilder Mann« in Positur, während die Platzmitte seit Ende des 16. Jh. von dem vom Volksmund auf »Wastl« umgetauften Ritter Roland be-wacht wird.

Nord-
böhmen:
Sündenfall
im Paradies

Krasse Gegensätze prägen das Antlitz Nordböhmens. Hier öde Industriegebiete mit verpesteter Umwelt und gigantische Braunkohle-Becken, häßlich klaffende Wunden in der zu einer grotesken Mondlandschaft vergewaltigten Erde, entstanden aus blindem Fortschrittsglauben und skrupelloser Ausbeutung der Ressourcen, dort romantische Felsschluchten, zerklüftete Sandsteinwände, bewaldete Hügel und liebliche Dörfer mit alter Volksarchitektur inmitten blühender Obstgärten. So reich das Gebiet an Sehenswürdigkeiten ist, so wenig eignet es sich als Standort für längere Urlaube, sieht man von einigen Orten im Riesengebirge ab, wo eine gewachsene Infrastruktur Sommer- und Wintertourismus abseits rauchender Fabrikschlote ermöglicht. Dennoch entkommt man auch hier der Apokalypse nicht: Auf etwa 1000 m Seehöhe beginnt der Wald des Schreckens, tote, verkrüppelte Bäume, dahingemordet von saurem Regen und den Giftwolken aus den Schornsteinen Böhmens, Sachsens und Polens.

Teplice (Teplitz-Schönau)

1 (s. S. 368) Die Aufzählung der erlauchten und berühmten Namen, die im ältesten Heilbad Böhmens und schöngeistigen »Salon Europas« Station gemacht und dabei der Stadt in dem sanft akzentuierten Talkessel ein typisches k. u. k.-Gepräge verliehen haben, würde Seiten füllen. Goethe, der aus Böhmens Gesundbrunnen immer wieder Kraft für Dichtung und Liebe schöpfte, war mehrmals hier, 1811 und 1812 kam auch Beethoven zur Kur. Das anekdotisch ausgeschmückte Zusammentreffen der beiden Titanen dürfte nicht sehr erfreulich verlaufen sein, soll doch der grimmige Wiener aus Bonn dem Poeten, den er für einen »Fürstenknecht« hielt, den Gruß verweigert haben. Linderung ihrer Leiden im Heilwasser suchten ebenso Wolfgang Amadeus Mozart, Fréderic Chopin, Richard Wagner, Franz Liszt, Heinrich von Kleist, Arthur Schopenhauer, Rußlands Zar Peter der Große, Maria Ludovica, die Gemahlin des österreichischen Kaisers Franz I., Preußens Könige und Vertreter des europäischen Hochadels.

Am **Schloßplatz** (*Zámecké nám.*), einem von barocken und klassizistischen Häusern sowie einem Barockschloß umrahmten Platz, in dessen Mitte die größte barocke Dreifaltigkeitssäule Böhmens steht, hatte Fürst Karl Joseph de Ligne, Kunstmäzen und Diplomat, einen Stammsitz in einem anmutigen klassizistischen Palais, das heute in ein elegantes Hotel umgewandelt ist.

Kaiser Joseph II. eilte nach dem Tod seiner ersten Frau Isabella aus Wien zur Brautschau herbei, konnte sich aber dann doch nicht für die ihm präsentierte Kunigunde von Sachsen erwärmen. Für Johann Gottfried Seume (1763–1810) war Teplitz Endstation seiner langen Wanderungen, die den ersten Reiseschriftsteller der neueren deutschen Literatur sogar zu einem »Spaziergang nach Syrakus« geführt hatten. Sein Grabmal steht im heutigen **Havliček-Park**, einst der Friedhof der Hl.-Kreuz-Kapelle.

◁ *Die junge Elbe bei Špindlerův Mlýn*

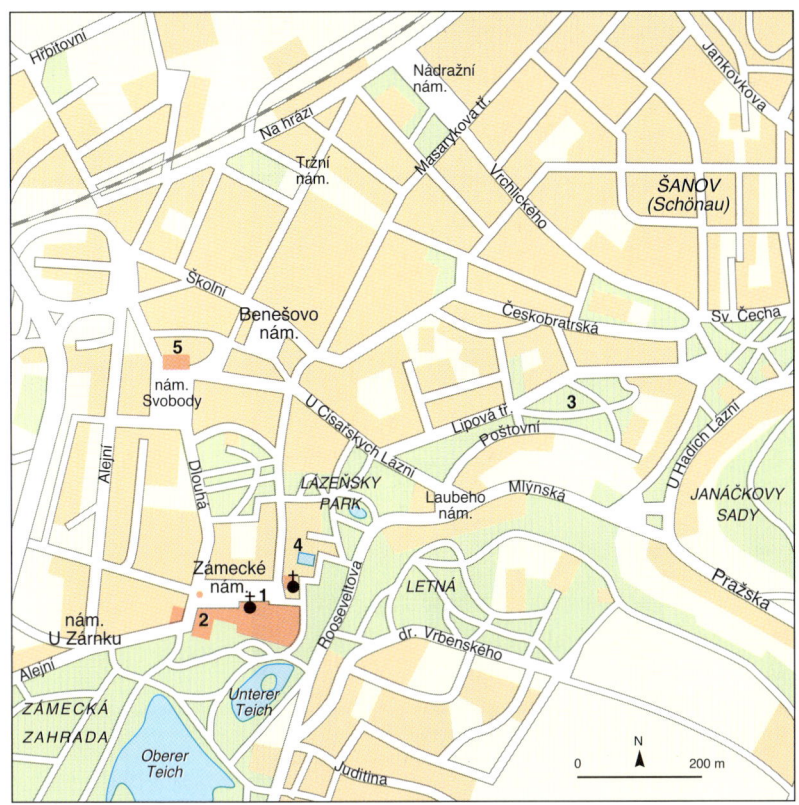

Teplice (Teplitz) 1 *Schloßplatz* 2 *Schloß* 3 *Havliček-Park* 4 *Stahlbad (Urquelle)* 5 *Rathaus*

In den Rang eines internationalen Konferenzortes und damit in die Geschichtsbücher rückte die Stadt 1813, als sich die Herrscher Rußlands, Preußens und Österreichs zu einem Bündnis gegen Napoleon zusammenschlossen, dessen Ziel mit der bald darauf tobenden Völkerschlacht von Leipzig nur kurzfristig erreicht werden konnte. Die berühmte »Heilige Allianz«, die den Frieden sichern und die Politik der Regenten nach den Prinzipien der christlichen Religion bestimmen sollte, kam erst nach Napoleons endgültigem Sturz 1815 zustande.

Selbst das **Stadttheater** *(Krušnohorské divadlo)* kann seine – freilich jüngere – Vergangenheit mit großen Namen vergolden: Die einst bedeutendste deutsche Provinzbühne war für manch große Karriere das Sprungbrett, so etwa auch für Sir Rudolf Bing, den späteren legendären Direktor der New Yorker Metropolitan Opera.

Wenn auch rundherum ununterbrochen qualmende Schlote und die bei Niederdruckwetter im wahrsten Sinne des Wortes »dicke« Luft heute für Kurgäste wenig einladend erscheinen, so sind die Bemühungen, dem einstigen »Bad der Kurfürsten« eine Ahnung von altem Glanz und Zauber wiederzugeben, nicht zu übersehen. Das aufwendig

Teplice: Das Bad als kultische Handlung

renovierte Schloßviertel, gepflegte Parkanlagen, vor dem Verfall bewahrte großzügige Empirebauten im Bäderbezirk und nicht zuletzt die radioaktiven Quellen, deren Temperatur über 40 °C liegt, deuten auf einen vielversprechenden Neubeginn hin, der freilich ohne Lösung der Umweltprobleme im Ansatz steckenzubleiben droht.

Dennoch ist man optimistisch, solange aus den Thermen täglich nahezu 3 Mio. Liter Heilwasser sprudeln, die Rheumatikern, Patienten mit Schäden des Bewegungsapparates und an Gefäßstörungen Leidenden Linderung versprechen. Das wird keineswegs als Selbstverständlichkeit betrachtet, war doch Bad Teplitz zweimal in seiner Geschichte von Grund auf in seinem Bestand bedroht: Am 1. November 1755 versiegte, wenn auch nur für wenige Minuten, die mächtige Therme Pravřídlo (Urquell), just in dem Augenblick, in dem Lissabon von einem verheerenden Erdbeben heimgesucht wurde. Als im Februar 1879 wiederum sämtliche Quellen trockenlagen, fand man die Ursache näher. Die Thermen, von Bergleuten unabsichtlich angezapft, hatten sich in eine Kohlengrube ergossen, und es kostete viel Mühe und Arbeit, sie wieder in die Bäder zu leiten.

Ausflüge von Teplice

Durch das Braunkohlegebiet um Most

»Achtung, Ammoniak-Austritt. Bei Aufleuchten des roten Lichtes unbedingt sofort stehenbleiben und den Motor abstellen.« Die bedrohlichen Schilder neben den riesigen Chemieanlagen und Braunkohle-Kraftwerken entlang der Straße nach Most (Brüx) sowie ein fürchterlicher Gestank, der innerhalb weniger Minuten heftige Kopfschmerzen und Übelkeit verursacht, machen die Fahrt selbst bei schönem Wetter zu einem modernen Horror-Trip. Wer an Atembeschwerden leidet, sollte einen längeren Aufenthalt in Most besser vermeiden. Außer einer »ver-rückten« Kirche mit sensationellen Kunstwerken gibt es dort ohnehin nichts Sehenswertes zu besichtigen (60 km).

Unerbittlich, gefräßigen Raupen auf grünen, saftigen Blättern gleich, rückten die gewaltigen Bohrmaschinen im größten Braunkohle-Becken Mitteleuropas auf das barocke Schloß von **Duchcov** (Dux) **2** (s. S. 343) vor. Der überwiegende Teil des Parks einschließlich des Barockspitals und einer Kapelle wurde von den Baggern bereits verschlungen, und nur massiver Volkszorn verhinderte in den 60er Jahren, daß der gesamte Ort ein Schicksal wie Most am anderen Ende der gigantischen Grube erlitt (s. S. 198). Zaghafte Versuche einer Wiederaufforstung in abgeräumten Halden und Versicherungen der Politiker, den Braunkohlen-Abbau eher einzuschränken als zu forcieren, lassen inzwischen trotz der deprimierenden Schäbigkeit des Städtchens Hoffnung aufkommen.

Zumindest das Schloß, nicht nur Casanovas wegen ein touristischer Anziehungspunkt ersten Ranges, konnte vor dem Verfall gerettet werden. Zwar starren die aus der Werkstatt Matthias Bernhard Brauns stammenden mythologischen Eingangsfiguren noch vor Schmutz, das Interieur aber strahlt bereits in frischem Farbenglanz. Der ehemalige Renaissancebau, von 1642 bis 1920 im Besitz der Familie Waldstein, heute staatlich, war im letzten Viertel des 17. Jh. von dem Architekten Jean Baptiste Mathey in frühbarockem Stil umgestaltet und einige Jahrzehnte später nach den Plänen Marc Antonio Canevales erweitert worden.

In den Schauräumen wird eine interessante Ausstellung historischer Möbel – von Gotik und Renaissance bis zu Jugendstil und Kubismus – des Prager Kunstgewerbe-Museums gezeigt, ergänzt durch Bilder aus der ehemaligen Waldsteinschen Gemäldegalerie. An den Wänden des Hauptsaales befinden sich 32 Familienporträts. 22 davon stammen aus der Hand des berühmten böhmischen Barockmalers Wenzel Lorenz Reiner.

Möbel hin, Gemälde her, die meisten Besucher drängt es zu den Casanova-Gedenkräumen, die sich – dezent und unaufdringlich – in einer geschickt inszenierten, mit leiser Barockmusik untermalten Show präsentieren. So legt man dem legendären Frauenhelden täglich eine frische Rose auf den Lehnstuhl, in dem er am 4. Juni 1798 gestorben sein soll. Geschmackvoll eingerichtet und mit Tapeten in zarten Farben ausgestattet sind Schlafzimmer und Salon. An den Wänden, auf Möbeln und in Vitrinen sieht man Landkarten, Abbildungen bedeutender Zeitgenossen sowie eine Dokumentation des ruhelosen Lebens

Giacomo Casanova
Abenteurer in galanter Zeit

Etwas von der verruchten Leichtigkeit des Rokoko und der Abenteuerlust einer als »galant« apostrophierten Epoche liegen im Leben und Schicksal Giacomo Girolamo Casanovas, des Chevaliers de Seingalt. Die europäische Sitten- und Kulturgeschichte kennt kaum einen Menschen, der wie er Höhen und Tiefen des Daseins durchmessen hat, ein König unter Königen, Gauner unter Gaunern, Bettler unter Bettlern.

Zur Welt kommt er am 2. April 1725 in Venedig, seine Jugend durchtanzt er im Liebeskarneval der Lagunenstadt. Gönner ermöglichen ihm in Padua das Studium von Rechtswissenschaft und Theologie, doch gibt er den Priesterberuf bald auf und stürzt sich kopfüber in die verlockende, verführerische Welt. Hochstapeleien, Schwindeleien und Betrügereien verschaffen Casanova die nötigen finanziellen Mittel, Liebesaffären und Raufhändel treiben ihn von einer europäischen Metropole in die andere. 1755 faßt ihn die Staatsinquisition Venedigs und schickt ihn wegen maß-

loser Ausschweifungen und Blasphemie für fünf Jahre in die berüchtigten Bleikammern – was einem Todesurteil gleichkommt. Vermutlich mit Hilfe eines Freundes gelingt ihm nach 15 Monaten eine tollkühne Flucht nach Paris, wo er durch Spiel und Betrug erneut zu Ansehen und Reichtum gelangt. Wegen amouröser und anderer Skandalgeschichten muß der skrupellose Glücksritter Frankreich verlassen, wieder folgt ein rastloses Leben. Überall verfolgt und ausgewiesen, landet Casanova schließlich 1785 im böhmischen Dux.

Als Bibliothekar Waldsteins findet der Sechzigjährige endlich Ruhe. Er schreibt die Erinnerungen an sein bewegtes Leben in 15 Bänden nieder. Sie sind eine reiche kulturhistorische Quelle, enthalten zahlreiche Anekdoten, schildern den Sittenverfall der europäischen Aristokratie und prangern die Doppelzüngigkeit des Klerus an. Ihren großen Leserkreis verdanken die Memoiren aber vor allem den freimütig geschilderten erotischen Abenteuern.

Casanovas. Ein Porträt von Joseph Karl von Waldstein, dem Gönner des Venezianers, verblüfft durch seine Ähnlichkeit mit einem Verführer unserer Zeit: Er gleicht dem italienischen Filmstar Marcello Mastroianni in jungen Jahren.

Fehlt nur noch ein Schlußgag – und der kommt auch prompt: Hinter einer Geheimtür in der Bibliothek öffnet sich ein kleiner Raum, in dem bei (elektrisch imitiertem) flackerndem Kerzenlicht Giacomo Casanova in der vollen Größe sei-

Schloß Duchcov: Memoirenschreiber Giacomo Casanova

ner 1,98 m vor seinem Schreibtisch sitzt – als Puppe selbstverständlich. Dazu ertönt, gleichsam als Memento mori, Mozarts Requiem. Das Know-how von Madame Tussauds berühmtem Wachsfiguren-Kabinett kam dieser publikumswirksamen Einrichtung zugute.

Blumen auf das Grab des zum Synonym gewordenen Frauenlieblings zu legen, ist allerdings nicht möglich. Bestattet hatte man Casanova zwar auf dem Friedhof der St. Barbara-Kapelle am Rande der Stadt, doch wurde dieser später aufgehoben und in einen Park umgewandelt, so daß die letzte Ruhestätte des fern seiner Heimat gestorbenen Venezianers nicht mehr eruiert werden kann.

Schon die Přemysliden wußten die alkalischen Sauerbrunnen von **Bílina** (Bilin) **3** (s. S. 338) zu nutzen und gewannen aus den Quellen durch Abdampfung Salz. Heute wird das Mineralwasser durch die neuen alten Schloßherren, die Familie Lobkowicz des Roudnice-Zweiges (s. S. 204), in ganz Europa kommerziell vermarktet. Kaum zu glauben, daß sich mitten im Braunkohlenrevier auch ein hochelegantes Kurhotel halten kann, doch erfreut sich die Heilwirkung der Quellen bei Erkrankungen der Verdauungsorgane eines landesweit hervorragenden Rufes. Das repräsentative Barockschloß des italienischen Architekten Antonio della Porta wurde seit dem 19. Jh. als Zentralverwaltung des Lobkowicz-Besitzes benützt. Aus dieser Zeit stammt auch der großzügige Ausbau des Heilbades. Seit Sommer 1995 stehen das Schloß und der prachtvolle Park wieder der Allgemeinheit zur Besichtigung sowie für künstlerische und gesellschaftliche Veranstaltungen offen.

Das Todesurteil wurde Anfang der 70er Jahre vollstreckt: Die mittelalterliche Stadt **Most** (Brüx) **4** (s. S. 357) mußte dem unersättlichen Braunkohlen-Abbau weichen, mehrere Klöster und Kirchen, alte Stadttore, stattliche Bürgerhäuser und ein Jugendstil-Theater fielen durch Sprengungen in Schutt und Asche. Allein die spätgotische Mariä-Himmelfahrts-Kirche konnte dank eines kühnen technischen Unternehmens gerettet werden: Man verschob das Gotteshaus um volle 841 m bis an den Rand der Kohlengrube.

Während das neue Most an anderer Stelle als phantasielose Plattenbauten-Siedlung in den Himmel wuchs, scheute die KP-Regierung keine Kosten und Mühen, die 1517 nach Plänen von Jakob Heilmann aus Schweinfurt erbaute dreischiffige Hallenkirche als Prestigeobjekt zu erhalten. Dazu war allerdings eine Verlegung des gesamten Gebäudes erforderlich. Ehe die gewaltige Last von 12 000 t auf Schienen und hydraulischen Walzen mit einer Geschwindigkeit von 2,16 cm pro Minute zu ihrem neuen Bestimmungsort rollte, mußten die gesamte Inneneinrichtung entfernt, Turm und Treppenaufgang abgetragen sowie Gewölbe, Mauern und Pfeiler gesichert werden. Das schier Unmögliche gelang: Nach 646 Stunden, am 27. Oktober 1975, war der Transport vollendet, die Kirche stand auf ihren neuen Fundamenten.

Ein Videofilm im Untergeschoß des Gotteshauses, das zunächst nur als Museum genutzt wurde, seit 1993 aber auch wieder sakralen Zwecken dient, dokumentiert die technische Großleistung. Daß dabei auch typisch tschechischer Humor nicht zu kurz kam, beweist ein Detail am Rande: ein überdimensioniertes Verkehrsschild mit der Aufschrift »Kirche hat Vorfahrt«.

Von der ursprünglichen Ausstattung blieb eine Reihe künstlerisch überaus wertvoller Werke erhalten. Einen untrennbaren Bestandteil der Innenarchitektur bilden das atemberaubend schöne spätgotische Schleifensterngewölbe, die Renaissance-Reliefs mit Szenen aus dem Alten und Neuen Testament an der Brüstung der Empore, die gotische Kanzel mit wiederentdeckten Originalmalereien, der Taufstein sowie steinerne Renaissance-Epitaphe namhafter Brüxer Bürger. Aus dem zweiten Viertel des 18. Jh. stammt der Ostchor mit einem monumentalen barocken Hauptaltar und überlebensgroßen Statuen. Die Ausstellung in den Seitenkapellen umfaßt die bedeutendsten Objekte des ursprünglichen Inventars, ergänzt um weitere hochrangige gotische Renaissance-Werke aus Kirchen der Umgebung – eine Exposition, die man nicht versäumen sollte.

Die Devastierungen sind unübersehbar, diente doch das Ende des 12. Jh. gegründete Zisterzienserkloster von **Osek** (Ossegg) **5** (s. S. 360) unter der Stalin-Gottwald-Ära als Konzentrationslager für Priester und nach 1954 als »Altersheim« für Nonnen, die zwar noch keineswegs alle betagt, aber hinter Klostermauern sicher interniert waren. Seit 1991 wieder im Besitz des Ordens, geht es nun darum, den Stiftskomplex vor dem gänzlichen Verfall zu bewahren. Der aus Deutschland entsandte Abt, Jahrgang 1928, führt einen verzweifelten Kampf gegen den unerbittlichen Zahn der Zeit, doch mangels ausreichender finanzieller Mittel müssen alle Renovierungsarbeiten zunächst nur Flickwerk bleiben.

Dennoch ist Osek jeden Umweg wert. Die Klosterkirche Mariä Himmelfahrt, ursprünglich eine dreischiffige romanische Basilika, wurde zu Beginn des 18. Jh. von Ottavio Broggio in jubelndem Barockstil umgebaut, mit kunstvollen Fassaden-Plastiken, reich verzierten Chorbänken und geschnitzter Kanzel. Aus gotischer Zeit stammen Refektorium, Kreuzgang und Kapitelsaal (mit einem einzigartigen, um 1240 entstandenen steinernen Lesepult, dessen oberer Teil drehbar ist). Konvent und Prälatur sowie der terrassenförmig angelegte, verwunschene Klostergarten können wegen Baufälligkeit bis auf weiteres nicht besichtigt werden.

Als Bergbau-Städtchen hatte Osek eine überwiegend kommunistisch orientierte Bevölkerung. »Heute kommen immerhin schon bis zu 60 Gläubige in die Sonntagsmesse«, freut sich die Führerin und weist gleichzeitig darauf hin, daß das Kloster gegen freiwillige Spenden Übernachtungsmöglichkeiten – sämtliche Zimmer mit Dusche – offeriert. In den Sommermonaten helfen junge Menschen aus ganz Europa unentgeltlich bei den Wiederaufbauarbeiten. Die Zisterzienser – sie verfügen in der Tschechischen Republik außerdem noch über die Klöster Tišnov (Tischnowitz) bei Brünn und Vyšší Brod (Hohenfurth) – benötigen jede Form der Unter-

»Verrückte« Kirche in Most: Das spätgotische Schleifensterngewölbe lohnte die gewaltige Anstrengung

stützung, um das kostbare kulturelle Erbe zu retten.

Durch das Böhmische Mittelgebirge

Hopfen, Getreide, Wein und Obst wachsen entlang der Route durch das Böhmische Mittelgebirge mit seinen kegelartigen, an Zuckerhüte erinnernden Hügelformationen (80 km). Am Beginn steht ein Besuch der Gedenkstätte für das grauenhafteste KZ des Landes. Danach geht es zu einem der bemerkenswertesten historischen Stadtplätze Nordböhmens, durch das idyllische Tal der Labe (Elbe) zu einer hochromantischen Burg und schließlich noch durch eine Stadt, die verzweifelt gegen ihr Image als Umwelt-Hölle kämpft.

Mit dem Gefühl ohnmächtiger Scham über das, was in **Terezín** (Theresienstadt) 6 (s. S. 368) geschah, muß jeder auf seine Weise fertig werden. Deshalb

nur die nüchternen Fakten: Theresienstadt wurde 1780 auf Anordnung Kaiser Josephs II. errichtet und nach dessen Mutter, der kurz zuvor verstorbenen Kaiserin Maria Theresia, benannt. Man verlegte den Flußlauf der Ohře (Eger) und schuf gewaltige Fundamente aus hölzernen Rundpfeilern, Steinen und Ziegeln, auf denen eine Stadt mit geometrischem Grundriß und mächtige Festungsbauwerke entstanden. Die sogenannte »Kleine Festung« ist mit den übrigen Anlagen durch zwei unterirdische Gänge verbunden. Millionen von dunkelroten Backsteinen ruhen in den Schanzmauern, Offiziershäusern, Mannschaftsquartieren und Verwaltungsgebäuden. Umkämpft, belagert oder gestürmt wurde die Stadt – sie sollte vor allem Friedrich II. von Preußen den Appetit auf österreichische Lande verderben – allerdings nie.

1888 verfügte Kaiser Franz Joseph mangels eines drohenden Gegners die

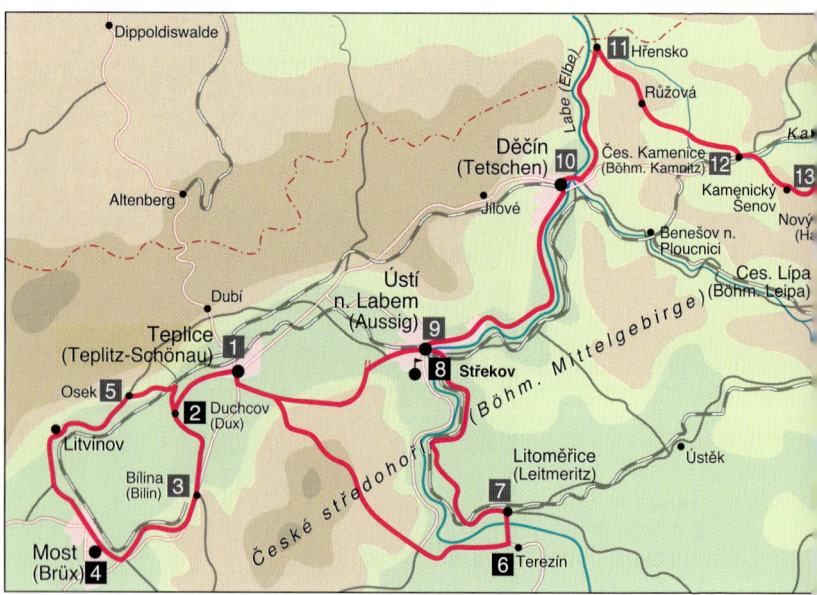

Auflassung der Feste und die Umwandlung in ein Militärgefängnis. In Theresienstadt verblieb eine kleine Garnison, deren Aufgabe in erster Linie in der Bewachung politischer Häftlinge bestand. Gavrilo Princip, Attentäter von Sarajewo 1914 und unmittelbarer Auslöser des Ersten Weltkriegs, schmachtete bis zu seinem Tod 1918 in den unmenschlichen Verliesen.

Die Henkersknechte des Nazi-Regimes sollten freilich das blutigste Kapitel von Terezín schreiben. Nach der Vertreibung der Zivilbevölkerung entstand bis Ende 1941 in der Stadt nach den Plänen Reinhard Heydrichs ein jüdisches Ghetto. Der »Reichsprotektor« wollte die Juden zuerst von der übrigen Bevölkerung isolieren und sie später in größeren geschlossenen Räumen konzentrieren, um sie dann allmählich zur endgültigen Liquidierung nach Osten zu deportieren. Insgesamt 160 000 Häftlinge aus Böhmen, Mähren, der Slowa-

Kinderzeichnung aus dem KZ Theresienstadt

kei, Ungarn, Österreich, Deutschland, den Niederlanden und Dänemark wurden hier durchgeschleust, mindestens 36 000 von ihnen starben noch in Theresienstadt an Hunger, Seuchen und den Folgen brutaler Mißhandlungen. 50 Jahre nach dem Beginn der Deportationen, am 17. Oktober 1991, konnte in einer ehemaligen Schule in Terezín endlich ein »Ghetto-Museum« mit umfangreicher Dokumentation eröffnet werden, ein langjähriges Projekt, das von der latent antisemitischen KP-Regierung ständig verhindert worden war.

In der »Kleinen Festung« installierten die Nazi-Schergen ein Konzentrationslager für politische Gegner; auch hier wurden Zehntausende Menschen umgebracht. Auf einem der Höfe steht noch der Galgen, ein einfacher Balken mit zwei Haken, unter denen die Häftlinge sich selbst den Strick um den Hals legen mußten. Und unweit des Eingangstores mit der zynischen KZ-Aufschrift »Arbeit macht frei« befindet sich ein Friedhof mit den Gräbern von 29 172 – zumeist namenlosen – Opfern des Faschismus.

Ausflüge von Teplice

Heitere böhmische Architektur verschiedener Epochen bestimmt den Kern der von Hopfenfeldern und Weingärten umgebenen Elbe-Stadt **Litoměřice** (Leitmeritz) **7** (s. S. 354), deren Ursprünge bis in das 9. Jh. zurückreichen. Weil die Bewohner dieses wichtigen Handels- und Verwaltungszentrums schon von alters her äußerst praktisch dachten, wurde die im 14. Jh. errichtete Přemysliden-Burg nicht etwa in ein Schloß, sondern in eine Brauerei umgewandelt. Reichtum erwarb Leitmeritz auch aus den Erträgen der Weinberge, die Folge war eine Blüte der Künste und Wissenschaften. Der bedeutende Barockmaler Karel Škréta (1610–1674) erhielt als Honorar für fünf Altarbilder in der St. Stephans-Kathedrale einen Weingarten. Und bereits anno 1577 gaben die Ratsherren die Zustimmung zur Sezierung einer verstorbenen schwangeren Dienstmagd, damit allgemein bekannt würde, »wie das Kindlein beschaffen sei und al-

lenfalls anderen Gebärerinnen geraten und geholfen werden könne«.

Zu Recht stehen der schöne Marktplatz mit seinem gotischen Grundriß sowie die angrenzenden Gassen unter Denkmalschutz. Die Silhouette des von gotischen, Renaissance-, Barock- und Empirehäusern gesäumten Platzes wird vom sogenannten Bergmeister-Haus *(Mrázovský dům)* mit seinem kelchähnlichen Turmdach aus dem 16. Jh. dominiert. An einem Pfeiler des Renaissance-Rathauses (interessantes Stadtmuseum) mit durchgehendem Laubengang und Rolandssäule ist die eiserne »Leitmeritzer Elle« angebracht, ein altes Maß für die Marktleute, die ihre Waren hier feilboten.

Das fröhliche Litoměřice sollte man nicht verlassen, ohne auch die Gaben der Natur – Bier und Wein – gekostet zu haben. Doch Vorsicht ist geboten. Schon im Mittelalter wußte der Stadtschreiber Paul Stransky zu berichten,

Marktplatz in Litoměřice

Kohlenzüge rollen für Devisen

daß nur derjenige Glück habe, der aus Leitmeritz ohne rechtschaffenen Rausch davonkomme...

Die stolze Burgruine **Střekov** (Schrek-kenstein) **8** (Abb. S. 19) auf einem imposanten, 85 m hohen Felsen oberhalb des rechten Elbufers hat im Laufe der Zeit zahlreiche Künstler der Romantik inspiriert. Richard Wagner ließ sich – worauf auch eine Gedenktafel hinweist – hier in einer Vollmondnacht zu seiner Oper »Tannhäuser« anregen, Ludwig Richter malte sein berühmtes Bild »Überfahrt am Schreckenstein« (heute in der Dresdner Gemäldegalerie), die Dichter Theodor Körner und Karel Hynek Mácha besangen die Burg in enthusiastischen Versen. Und Caspar David Friedrich schwärmte in einem Brief an einen Freund: »Ich sage Dir, der Rhein ist nicht schöner als dieses Stück böhmischer Erde.«

Schreckenstein wurde Anfang des 14. Jh. im Auftrag des Königs Johann von Luxemburg zur Überwachung des Schiffsverkehrs und zum Inkasso der Zollgebühren errichtet. An der Wende zum 16. Jh. erfolgte ein spätgotischer Umbau, der auch eine Erweiterung des Burgareals umfaßte. Im Dreißigjährigen Krieg von den Schweden verwüstet, verfiel das Gebäude zu einer Ruine. Mit der beginnenden Romantik des 19. Jh. rückte Střekov wieder in das Bewußtsein der Öffentlichkeit, durch Sicherungsmaßnahmen konnte die Burg vor dem totalen Verfall bewahrt werden. So blieben bis heute der 17 m hohe Bergfried, ein Teil des gotischen Palas mit Kapelle, Reste der Burgmauern mit Schanzen und zwei Wachtürmen, der Rittersaal sowie die ehemalige Burgküche erhalten, in der sich bereits 1830 ein beliebtes Ausflugsrestaurant etablierte.

Seit 1564 und – nach Enteignung und Vertreibung durch die Kommunisten – nun wieder seit 1993 befindet sich Schreckenstein im Besitz der Familie Lobkowicz, die alles daransetzt, die Burg neu zu beleben. Wenn es nach den Plänen des jungen, dynamischen William Lobkowicz geht, dann sollen schon in

William Lobkowicz: US-Manager aus böhmischen Adel

Was sind schon 40 Jahre Exil gegen 700 Jahre Familienge-schichte, hier in Böhmen sind meine Wurzeln, hier bin ich zu Hause.« William Lobkowicz, geboren 1961 in Boston, Absolvent der weltberühmten Harvard University, »ein amerikani-scher Körper mit sehr europäischem Kopf«, wie er sich selbst charakterisiert, kämpft mit modernen Management-Methoden um die Erhaltung des 1993 zurückerstatteten Erbes. Sein Vater Martin, 1948 als Zwölfjähriger des Lan-des verwiesen, ist zwar das Oberhaupt der Roudnice- und somit ersten Lobko-wicz-Linie, um die in einer Holding zu-sammengefaßten Geschäfte kümmert sich aber der junge Adelssproß. In den

USA konnte er als Banker und als ein auf historische Gebäude spezialisierter Immobilienmakler für seine Aufgaben in Böhmen wertvolle Erfahrungen sammeln.

In seinem schlichten Prager Büro spricht William Lobkowicz – das »cz« und nicht das verdeutschte »tz« am Ende ist seit mehr als 200 Jahren die offizielle Schreibweise des Familien-namens – von »großen Herausforde-rungen«. Um finanzielle Mittel für die dringend notwendigen Sanierungen des Familienbesitzes – die Schlösser Nelahozeves, Bílina und Roudnice sowie die Burgen Střekov und Vysoký Chlumec (65 km südlich von Prag) samt angeschlossenen Wirtschaftsbetrieben

naher Zukunft auf Střekov – in Zusam-menarbeit mit der Dresdner Oper – Ri-chard Wagner-Festspiele in Szene gehen. Erwächst Bayreuth Konkurrenz?

Geplündert, gebrandschatzt, bombar-diert, vergiftet – das Schicksal hat der im 10. Jh. an der alten Handelsstraße Prag – Meißen gegründeten Stadt **Ústí nad Labem** (Aussig an der Elbe) **9** (s. S. 370) stets übel mitgespielt. 1426 schlugen die Hussiten eine zahlenmäßig weit überle-gene katholisch-sächsische Streitmacht und machten die vorwiegend deutsche Ansiedlung dem Erdboden gleich. Es dauerte Jahrhunderte, bis Aussig wie-

der erblühte, begünstigt durch seinen als Warenumschlagplatz wichtigen Flußha-fen. Die Nazi-Deutschen vertrieben und ermordeten Juden und Tschechen, die Rache der Sieger war nicht minder grau-sam. Außerdem ging in den letzten Kriegstagen ein verheerender Bomben-hagel über die Stadt nieder.

Kein Wunder, daß in Ústí nad Labem von älteren Baudenkmälern kaum eine Spur übriggeblieben ist. Nach dem Krieg erfolgte eine gewaltsame Wieder-industrialisierung mit schrecklichen Fol-gen. Chemie- und metallurgische Werke spuckten ihre Giftwolken aus, wenn der

(Brauerei, Weinkellerei, Heilbad mit Kurhotel, Landwirtschaft) – aufzutreiben, wurden in den USA und in Tschechien private Stiftungen ins Leben gerufen. »Wir haben wertvolle Bilder unserer Gemäldesammlung als kurzfristige Leihgaben der Nationalgalerie in Washington überlassen, um die Aufmerksamkeit der amerikanischen Öffentlichkeit auf unser schönes Land zu lenken und auch potentielle Geldgeber anzulocken«, verrät der sportlich durchtrainierte Aristokrat seine Taktik.

Die Schlösser und Burgen mit neuem Leben zu erfüllen, sieht William Lobkowicz neben der Beseitigung der in den »bleiernen 40 Jahren« angerichteten Schäden als vordringliche Aufgabe. »Wir können doch wunderbare Geschichten erzählen, die historischen Zusammenhänge, die Verbindungen zu Musik und bildender Kunst herstellen, nicht bloß sterile Gemäldesammlungen präsentieren«, legt er sein kluges Konzept dar. »Einerseits wollen wir alle unsere Schätze in einem zeitgemäßen touristischen Angebot allgemein zugänglich machen, andererseits müssen wir uns der Realität stellen, und die heißt Geld. Man muß ja die Rechnungen bezahlen, die enormen Kosten für Strom, Heizung und für die Versicherung der unschätzbaren Kunstwerke aufbringen. Nein, reich sind wir wirklich nicht, wie manche Leute glauben. Nur strengste Kalkulation, harte Kosten-Nutzen-Rechnung, kommerzielle Verwertung der Schloßräumlichkeiten für Bankette, Konferenzen und dergleichen können uns über Wasser halten. Doch das ist für mich nicht neu, es ist, wie man in Amerika sagt, business as usual.«

William Lobkowicz – »Mister Lobkowicz, nicht Herr Graf oder sonst ein Prädikat, das ist vorbei« – sprüht vor Energie: »Wir stehen erst am Anfang und glauben an die Zukunft in diesem Land«, versichert er. In seinem Privatleben ist für die Zukunft schon vorgesorgt, seit ihm und seiner amerikanischen Ehefrau 1994 der Stammhalter Rudolf geboren wurde. Was zählen schon vier Jahrzehnte Exil gegen sieben Jahrhunderte Familiengeschichte in Böhmen?

Wind nicht gnädig war, drohte die Stadt buchstäblich im Smog zu ersticken. An solchen Tagen mußte die Bevölkerung Türen und Fenster schließen, in den Schulen verteilte man Atem-Schutzmasken. Diesmal war es keine schnelle, sondern eine schleichende Vernichtung: Die Lebenserwartung lag um 20 % unter dem EU-Durchschnitt.

Heute bemüht man sich verzweifelt um eine Beseitigung des Umwelt-Desasters. Einige der ärgsten Stinkerbetriebe wurden – nicht zuletzt auch aus wirtschaftlichen Gründen – geschlossen, andere Fabriken mit Abgas-Filteranlagen ausgerüstet. Ústí nad Labem mit seinen verrußten, abbröckelnden Häuserfassaden und öden Wohnsilos wird wohl niemals eine besonders ansehnliche Stadt werden. Aber im Rahmen eines kurzen Besuches lohnt sich zumindest eine Besichtigung der spätgotischen Erzdekanatskirche Mariä Himmelfahrt, deren Turm seit einem Bombenangriff im Zweiten Weltkrieg um 198 cm von der senkrechten Achse abweicht und durch Betoninjektionen gesichert werden mußte. Die barocke St. Adalbert-Kirche dient jetzt als Ausstellungs- und Konzertsaal.

Von Děčín nach Liberec

Ein Standortwechsel von Teplice nach Liberec bietet sich an, mit einer Tour durch die »Böhmische Schweiz«. Hochalpines darf man sich zwar nicht erwarten, dafür aber bizarre Sandstein-Gebilde, romantische Schluchten und Wasserfälle, verträumte Dörfer mit alter Volksarchitektur, lichte Laubwälder und blühende Wiesen. Zwei Burgen und viel Natur stehen auf dem Programm dieser gemütlichen Fahrt durch das Zentrum des Elbsandsteingebirges *(Labské pískovce)* (140 km).

Auf einem 50 m hohen Felsvorsprung über dem Zusammenfluß von Labe (Elbe) und Ploučnice (Polzen) thront das mächtige Schloß von **Děčín** (Tetschen)  (s. S. 343). In seiner heutigen Form entstand es durch eine Reihe von Umbauten einer ursprünglich romanischen und gotischen Burg der Přemysliden.

Die letzten Umgestaltungen stammen aus der Zeit um 1790, der derzeitige beklagenswerte Bauzustand der zuletzt als Kaserne benutzten Gebäude eignet sich allerdings nicht für Besichtigungen. Zugänglich ist lediglich – über die 300 m lange, in den Fels gehauene und zu beiden Seiten von hohen Mauern umgebene Straße Dlouhá jízda (Lange Fahrt) – der an den Hängen unter dem Schloß terrassenförmig angelegte barocke Rosengarten mit einer Sala Terrena und einer verspielten, zweistöckigen Gloriette, geschmückt mit allegorischen Figuren.

Lange Reihen von Marktständen mit billigen Textilien, Zigaretten, Schnaps, Gartenzwergen und anderem Souvenirkram, Würstelbuden, Bars, Bordelle und Straßenprostitution wie an Hamburgs »sündiger Meile« – das Grenzstädtchen

Rosengarten in Děčín

Hřensko (Herrnskretschen) **11** hat sich für den Ansturm deutscher Besucher, die »mal auf einen Sprung« herüberkommen und die enorme Kaufkraft ihrer Mark nützen, gut gerüstet. Solange Angebot und Nachfrage die Geschäfte bestimmen und das Preisgefälle zwischen beiden Ländern so stark ist, wird der laute, aufdringliche Jahrmarkt kaum verschwinden. Ruhe findet man in der einst beschaulichen Sommerfrische, bei der die Elbe übrigens die mit 115 m tiefste Stelle der Tschechischen Republik durchfließt, sicher nicht, doch eignet sie sich bestens als Ausgangspunkt für Fahrten und Wanderungen durch die **Böhmische Schweiz.**

Bereits wenige hundert Meter abseits der Hauptstraße im engen Tal der Kamenice (Kamnitz) läßt der Trubel nach, das Naturerlebnis beginnt. Der Gebirgscharakter wird von der Formenvielfalt steiler Sandsteinwände, spitzer, nadelförmiger Felsen und tiefer Taleinschnitte mit Wasserfällen bestimmt. Fichten und Kiefern, immer wieder von Laubbäumen durchsetzt, dominieren den Waldbestand, dank des strengen Landschafts- und Naturschutzes sowohl im sächsischen als auch im böhmischen Teil hat sich auch eine vielfältige Pflanzenwelt erhalten.

Zu den beliebtesten Ausflugszielen zählt das **Prebisch-Tor** *(Pravčická brána),* eine malerische, von der Natur geschaffene Sandsteinbrücke, mit einer Höhe von 16 m und einer Spannweite von 21,5 m das größte Felsentor Europas. Man erreicht es über einen bequemen Wanderweg vom Hotel-Restaurant Mezní Louka (Rainwiese, Parkplatz) aus in etwa 90 Minuten. Für Abenteuerlustige gibt es Kurse an Kletterfelsen und geführte Bootsfahrten durch die wildromantischen Schluchten des Kamnitz-Baches, die Stille Klamm *(Tichá*

soutěska) und die Wilde Klamm *(Divoká soutěska).*

Unberührt von industriellen Verschandelungen öffnet sich auf der Fahrt nach Česká Kamenice ein stilles, zauberhaftes Feriengebiet mit alten, streifenverzierten Holzhäusern, kleinen Pensionen und Privatquartieren. Entlang der schmalen, gewundenen Landstraße weiden Kühe und Pferde auf saftigen Wiesen, rauscht ein Bächlein, tragen Obstbäume schwer an ihren Früchten. In diese bukolische Idylle paßt so recht das Dörfchen **Růžová** (Rosendorf), ein Name, den man buchstäblich erschnuppern kann.

Das alte **Česká Kamenice** (Böhmisch Kamnitz) **12** wartet mit einem von zumeist barocken Bürgerhäusern gesäumten Marktplatz auf, einige von ihnen sogar großteils noch aus Holz. Als Amts- und Bürogebäude dient heute das mit Barockanbauten versehene Renaissanceschloß.

Paläste, Kirchen, Klöster, Theater, Opernhäuser und andere repräsentative Bauten in aller Welt rühmen sich der Kristall-Lüster aus **Kamenický Šenov** (Steinschönau) **13**, einem der Zentren hochwertiger Glasverarbeitung in Böhmen, deren Tradition bis in das 16. Jh. zurückreicht. 1856 wurde in dem Städtchen Europas erste Glas-Handwerksschule gegründet, aus der nach wie vor international gefragte Fachleute hervorgehen. Geschichte und Techniken dieses anspruchsvollen Gewerbes dokumentiert das sehenswerte Glasmuseum *(Sklářské muzeum)* im klassizistischen Lobmeyrhaus an der Hauptstraße.

Rund 1 km außerhalb der Stadt erhebt sich rechter Hand der Straße nach Nový Bor eine ungewöhnliche Felsformation, der **Herrnhausfelsen** *(Panská skála),* im Volksmund auch »Teufelsorgel« genannt und eines der meistfoto-

Nordböhmische »Streifenhäuser«

grafierten Naturdenkmäler Nordböhmens. Orgelpfeifen gleich reihen sich
die bis zu 25 m hohen, mehrkantigen Ba-
saltsäulen am Fuße eines kleinen Tei-
ches zu einem mächtigen Steingebilde
aneinander.

Edles Glas dominiert auch die mit
ihren Manufakturen um 1700 gegründete und im Laufe der Zeit stark gewachsene Stadt **Nový Bor** (Haida) **14**. Sie
verdankt ihren Weltruhm u.a. Friedrich
Egermann (1777–1864), dem Erfinder
des tiefrot funkelnden Rubinglases.
Auch entwickelte er eine Reihe weiterer

»Teufelsorgel« bei Kamenický Šenov

Geheimrezepte, die böhmische Bieder-meier-Gläser – sie werden heute nach-gebildet – zu begehrten Sammlerobjek-ten machten. Im Glasmuseum *(Sklářské muzeum)* befinden sich prächtige Expo-nate aus der Egermann-Produktion.

Daß Glas nicht zerbrechliches Glück, sondern soliden Wohlstand bescheren kann, beweisen die stattlichen Barock- und Empirehäuser sowie das barocke Rathaus am Hauptplatz. Oberhalb von Nový Bor, dem Ausgangspunkt in das großteils unter Naturschutz stehende **Lausitzer Gebirge** *(Lužické hory)*, erhebt sich der Berg Klíč (Kleis, 760 m). Die nahe Burg **Sloup** (Bürgstein) aus dem 14. Jh. blieb nur als malerische Ruine er-halten. In der gleichnamigen Ortschaft feierte 1901 im Saal des Gasthauses »Zum goldenen Lamm« der später welt-berühmte Schauspieler Emil Jannings sein Bühnendebüt: In Schillers »Die Räuber« spielte er – Schmiere ist Schmiere – an einem Abend sowohl den Franz als auch den Karl Moor.

Uranerzfunde in der Umgebung von **Česká Lípa** (Böhmisch Leipa) **15** ließen die Einwohnerzahl der Stadt in den 70er Jahren bis auf mehr als 40 000 ansteigen, schnell aus dem Boden gestampfte Wohnsilos für die Zuzügler zeichnen in den Außenbezirken häßliche Bilder. Das alte Leipa entstand im 12. und 13. Jh. rund um eine Wasserburg, von der nur mehr spärliche Reste vorhanden sind. Zu Beginn des 17. Jh. gründete Albrecht von Waldstein (Wallenstein) das ba-rocke Augustinerkloster mit Latein-schule und Allerheiligen-Kirche sowie eine Druckerei, in der heute das Regio-

umgestaltet und erweitert, befand sich nach zahlreichen wechselnden Besitzern zur Zeit des Wiener Kongresses (1814/15) in der Hand der Habsburger. Als man nach dem Fall Napoleons für den Sohn Bonapartes mit Marie Louise, der Tochter des österreichischen Monarchen Franz I., einen geeigneten Titel suchte, sprach sich der schlaue Reichskanzler Fürst Metternich für die Bezeichnung »Herzog von Reichstadt« aus. Damit sollte die napoleonische Abstammung des am Wiener Hof lebenden Jünglings kaschiert werden. Um die heikle Angelegenheit auch rechtlich abzusichern, wurde dem Besitztum Zákupy per kaiserlichem Erlaß die Würde eines Herzogtums verliehen. Der Sproß des weltweit geächteten Korsen freilich hat Reichstadt während seines kurzen Lebens – er starb 1832 im Alter von nur 21 Jahren – niemals gesehen.

Nach seiner kurzen Regierungszeit (1835–1848) und der Thronentsagung zugunsten seines Neffen Franz Joseph ließ Österreichs in Pension geschickter Kaiser Ferdinand I. – übrigens der letzte gekrönte König Böhmens – Schloß Zákupy als Sommerresidenz ausgestalten. Die Dekoration der repräsentativen Innenräume übernahm der prominente Prager Maler Josef Navrátil, der einen farbenprächtigen, von üppigen Ornamenten gekennzeichneten Stil – der damaligen Mode des »zweiten Rokoko« entsprechend – bevorzugte. In der frühbarocken Schloßkapelle fand am 1. Juli 1900 die heimliche Hochzeit des Thronfolgers Franz Ferdinand mit Gräfin Sophie Chotek statt (s. S. 85 und 101).

Das historische Interieur, insbesondere die Beispiele feudaler Wohnkultur des 19. Jh., lohnen eine Besichtigung des seit 1918 staatlichen Schlosses.

nalmuseum untergebracht ist. Ursprünglich aus der Spätgotik stammen die Magdalenenkirche und die Hl.-Kreuz-Kirche, beide jedoch mehrfach umgebaut. Als interessantestes Baudenkmal wird das Rote Haus *(Červený dům)* gerühmt, 1583 am Rande des Schloßgartens als Renaissance-Jagd- und Lustschlößchen errichtet. In dem mit Arkaden und Sgraffiti geschmückten Gebäude befindet sich seit 1933 eine Galerie mit Werken nordböhmischer Künstler.

Diplomatisches Ränkespiel und hohe Politik rückten Anfang des 19. Jh. den Namen des bis dahin kaum bekannten Schlosses von **Zákupy** (Reichstadt) **16** in den Blickpunkt der Öffentlichkeit. Das anstelle einer alten Festung errichtete Renaissance-Bauwerk, im 17. Jh. barock

Liberec (Reichenberg)

1 (s. S. 353) Im Kessel zwischen dem Isergebirge *(Jizerské hory)* und dem durch eine Seilbahn erschlossenen, 1012 m hohen Hausberg Jeschken *(Ještěd)* liegt an der Lausitzer Neiße *(Lužická Nisa)* das mehr als 100 000 Einwohner zählende Liberec, ehemals Reichenberg, eine Stadt, die auf eine lange Tuchmacher-Tradition zurückblicken kann. Da keine Bodenschätze vorhanden waren, mußten die Bürger mit Fleiß und Zähigkeit ihren Lebensunterhalt verdienen, hauptsächlich durch Leinen- und Textilweberei. Einwanderer aus Schlesien hatten das Handwerk im 16. Jh. mitgebracht. Ihnen verdankt das »Reichenberger Tuch« seine Weltgeltung.

Seuchen und Kriegszerstörungen setzten auch Liberec hart zu, erst die Anbindung an die Eisenbahn bescherte der Textilindustrie im 19. Jh. eine neue Blüte. Wachsende soziale Spannungen blieben jedoch nicht aus, und die Stadt wurde zum Zentrum der Arbeiterbewegung. 1877 bis 1880 befand sich in Reichenberg der Sitz des Parteivorstands der Sozialdemokraten Österreichs. 1938 war es dann für lange Zeit mit der Demokratie vorbei, als die Nazi-Machthaber hier das Verwaltungszentrum des »Reichsgaus Sudetenland« etablierten. Der braune Alptraum ging fast nahtlos in die KP-Diktatur über, die sich jedoch um den weiteren Ausbau der Textilfabriken samt entsprechender Fachhochschule bemühte.

Aufgrund der rapiden industriellen Entwicklung seit der zweiten Hälfte des 19. Jh. fehlen Liberec die Anmut und Übersichtlichkeit organisch gewachsener Städte. Das Grau der Vororte wird lediglich durch das Grün einiger Villenviertel, eines Botanischen Gartens und des ältesten Zoos des Landes (gegründet 1906) etwas aufgefrischt. Im historischen Stadtkern dominieren Bauten der Gründerzeit, wie das 1888–1893 von dem Wiener Architekten Franz Neumann im Neorenaissancestil errichtete **Rathaus**, das sein Vorbild aus der Donaumetropole nicht verleugnen kann. Ebenfalls aus Wien stammen Ferdinand Fellner und Hermann Helmer, die Reichenberg 1883 einen der schönsten ihrer zahlreichen, über die gesamte Monarchie verstreuten historisierenden **Theaterbauten** (mit einem Vorhang von Gustav Klimt) bauten.

Älteren Datums sind die **Wallenstein-Häuser** in der engen Windgasse (Větrná ulice), malerische Fachwerkbauten aus dem 17. Jh. in einem vom Herzog von Friedland gegründeten einstigen Tuchmacher-Viertel sowie das südöstlich des Stadtkerns liegende **Renaissanceschloß** (Gutenbergova ul.) mit barocken und klassizistischen Umbauten und der mit kostbarer Schnitzkunst verzierten Salvator-Kapelle (1604–1606). Das **Nordböhmische Museum** (*Severočeské muzeum*/Masarykova ul. 14) hütet hervorragende kunstgewerbliche Exponate (Glas, Keramik, Möbel, Textilien, Tapisserien), die **Regionalgalerie** (*Oblastní galérie*/U tiskárny 1), eine Stiftung des Reichenberger Textilkönigs Johann Liebig, Gemälde deutscher, französischer, niederländischer und böhmischer Maler des 17.–20. Jh.

Ausflüge von Liberec

Mächtige Burgen und glitzernde Steine

Für das mächtige Wallenstein-Schloß Frýdlant (Friedland) sollte man zumindest zwei Stunden reservieren. Dann geht es in einen hübschen Wallfahrtsort, die auf den meisten Karten eingezeichnete Straße über Bílý Potok (Weißbach) und das Isergebirge *(Jizerské Hory)* nach Tanvald ist jedoch ab der Paßhöhe Smědava (Wittighaus) angeblich aus Umweltgründen seit Jahren gesperrt. Die Route führt daher wieder über Liberec in die »Bijouterie-Welthauptstadt« Jablonec (Gablonz) und schließlich zurück zum Standort (80 km).

»Das Schloß in Friedland. Die vielen Möglichkeiten, es zu sehen: aus der Ebene, von einer Brücke aus, aus dem Parke, zwischen entlaubten Bäumen, aus dem Wald zwischen großen Tannen durch. Das überraschend übereinander gebaute Schloß, das sich, wenn man in den Hof tritt, lange nicht ordnet, da der dunkle Efeu, die grauschwarze Mauer, der weiße Schnee, das schieferartige, Abhänge überziehende Eis die Mannigfaltigkeit vergrößern. Das Schloß ist eben nicht auf einem breiten Gipfel aufgebaut, sondern der ziemlich spitze Gipfel ist umbaut. Ich ging unter fortwährendem Rutschen einen Fahrweg hinauf, während der Kastellan, mit dem ich weiter oben zusammentraf, über zwei Treppen leicht hinwegkam. Überall Efeu. Von einem spitz vorspringenden Plätzchen großer Ausblick ...«

Als Franz Kafka **Frýdlant** (Friedland) **2** (s. S. 344) besuchte und hier möglicherweise eines der Vorbilder für seinen Roman »Das Schloß« fand, war ein Teil davon bereits mehr als 100 Jahre lang für die Öffentlichkeit zugänglich. Nicht zuletzt Schillers Drama »Wallenstein« hatte das allgemeine Interesse an dem Anwesen geweckt, das der Heerführer sich nach der Schlacht auf dem Weißen Berg aus den von der Krone beschlagnahmten Gütern sicherte. So entschloß sich die Familie Clam-Gallas, in deren Besitz die Anlage nach Waldsteins Tod gelangt war, bereits 1801, die Obere Burg für Besucher zu öffnen. Friedland ist somit eines der ältesten Burgmuseen Europas.

Seit seiner Gründung in der ersten Hälfte des 13. Jh. wurde Friedland wiederholt umgebaut und erweitert, eine Entwicklung, die erst im 19. Jh. abgeschlossen war. Vor allem der schlesische Adelige Friedrich von Redern, Lutheraner und Habsburg-Feind, der das Schloß 1558 von der Familie der Biberstein erwarb, prägte mit dem Ausbau der ursprünglich gotischen Oberen Burg und den Renaissancebauten des Neuen Schlosses das Aussehen der Anlage.

Durch die Außenmauern (von den Schweden während ihrer dreijährigen Besetzung 1647 errichtet) und das Untere Tor (15. Jh.) gelangt man in den Unteren Schloßhof mit dem Renaissance-Palast (reicher Sgraffiti-Schmuck), Schauplatz sommerlicher Ritterspiele. Beachtung verdient hier vor allem die Schloßkapelle, ein prachtvolles Architekturbeispiel der Spätrenaissance mit kostbarem Interieur und einem erstaunlichen Beweis religiöser Toleranz: Einem protestantischen Altar aus der Renaissance stellte man im Barock einen katholischen gegenüber. Die Obere Burg wird von einem massiven gotischen Rundturm beherrscht, der in der Renaissance

Wallenstein: Feldherr, Polit-Abenteurer, Friedensstifter

Wallensteins Horoskop: Sein Schicksal stand in den Sternen

Der aus altem böhmischen Adel stammende Albrecht Wenzel Eusebius von Wallenstein, geboren am 24. September 1583 zu Arnau (Hostinné), rechtfertigt Schillers Wort: »Von der Parteien Haß und Gunst verwirrt, schwankt sein Charakterbild in der Geschichte.« Wer war dieser sternengläubige, angeblich vor seinen Horoskopen zitternde Mann wirklich? Siegreicher Feldherr, der sein eigenes Söldnerheer unterhielt, Generalissimus der kaiserlichen Truppen, auf den die katholische Seite im Dreißigjährigen Krieg nicht verzichten konnte, und genialer Organisator. Aber auch ein gerissener Finanzjongleur, Glücksritter, Polit-Abenteurer und Rebell, skrupellos und unbezähmbar in seinem Drang nach immer mehr Besitz, Macht und Ansehen.

Kein Wunder, daß eine solch vielschichtige Persönlichkeit zum Thema zahlreicher literarischer Bearbeitungen wurde, die wiederum das Geschichtsbild verschleiern. Die Fakten: Seit 1604

zwei Oberlichttürmchen und ein Kuppeldach erhielt.

In der Ortschaft Frýdlant sollte man den hübschen Stadtplatz und die Pfarrkirche des hl. Kreuzes nicht versäumen, in der sich neben der wertvollen Innenausstattung das aus Marmor gefertigte Renaissance-Grabmal der letzten Bibersteins und das monumentale Marmor-Epitaph der Familie Redern befinden.

Das Städtchen **Hejnice** (Haindorf) **3** im Tal der Smědá (Wittig) ist bei den Tschechen als Sommerfrische wie als Wintersportort gleichermaßen beliebt. Gläubige pilgern zur barocken, doppeltürmigen Wallfahrtskirche Mariä Heimsuchung mit dem Gnadenbild »Mater formosa«, einer kleinen Holzstatue aus dem 14. Jh. An die Kirche schließt ein Kreuzgang an, der zu dem Ende des

in kaiserlichen Diensten und nach militärischer Bewährung ab 1607 als Kämmerer am Wiener Hof, fielen Wallenstein nach dem Tod seiner ersten Frau Lukrezia von Witschkow (1614) deren riesige Ländereien in Mähren zu, so daß er dem im Krieg gegen Venedig bedrängten Erzherzog und künftigen Kaiser Ferdinand II. mit auf eigene Kosten rekrutierten Truppen 1617 zu Hilfe kommen konnte. Im böhmischen Aufstand (1618/19) kaisertreu, verlor er sein gesamtes Vermögen. Unverdrossen bekämpfte er jedoch die Rebellen und raffte als Gouverneur von Böhmen nach der siegreichen Schlacht am Weißen Berg (1620) einen gigantischen Grundbesitz zusammen: 58 konfiszierte protestantische Güter im Ausmaß von 3900 km², die 1625 vom Kaiser zum Herzogtum Friedland erhoben wurden. Wallenstein selbst stieg zum Reichsfürsten auf.

Seinen für die katholische Liga erfochtenen Sieg gegen die Dänen belohnte Kaiser Ferdinand überdies mit dem Herzogtum Mecklenburg und dem Fürstentum Sagan, doch Wallensteins Drängen nach religiöser Toleranz wies er zurück. Spanien, die Jesuiten und die deutschen Fürsten, beunruhigt über den enormen Machtzuwachs des Generals, erzwangen schließlich 1630 dessen Absetzung. Als aber noch im selben Jahr die Schweden unaufhaltsam vorrückten, übertrug Kaiser Ferdinand dem Herzog von Friedland erneut den Oberbefehl und nahezu unbeschränkte Vollmachten. Binnen kurzem stellte Wallenstein 100 000 Mann auf, befreite Bayern und schlug 1632 bei Nürnberg und bei Lützen, wo König Gustav Adolf II. fiel, gegen die Schweden die größten, letztlich aber unentschiedenen Schlachten des Dreißigjährigen Krieges.

Im Folgenden versuchte Wallenstein, kriegsmüde und gichtkrank, auf eigene Faust, die kämpfenden Parteien zum Frieden zu bewegen. Seine Nachsichtigkeit den böhmischen Rebellen gegenüber, die sich nicht der katholischen Gegenreform und der habsburgischen Gewalt beugen wollten, erregte wieder einmal heftiges Mißtrauen bei Fürsten und Kaiser. Entscheidend für sein gewaltsames Ende dürfte ein von Octavio Piccolomini, dem Kapitän seiner Leibgarde, am Wiener Hof verbreiteter – möglicherweise gefälschter – Geheimplan Wallensteins gewesen sein, der angeblich die Zerschlagung des Habsburger-Imperiums zum Ziel hatte. Wegen Hochverrats geächtet, starb der Friedländer 1634 in Eger durch die Hand eines gedungenen Mörders (s. S. 188).

17. Jh. von Marc Antonio Canevale erbauten Kloster gehört. Im Ort findet man noch einige alte, liebevoll restaurierte, schmucke Fachwerkhäuser. Von Hejnice aus lassen sich schöne Wanderungen in das **Isergebirge** mit seinen insgesamt 19 Naturschutzgebieten unternehmen, ab etwa 1000 m Seehöhe sind die Wälder jedoch von saurem Regen katastrophal geschädigt, an vielen Stellen ragen nur mehr tote Baumstümpfe in den Himmel.

Lohnend ist ein Ausflug in den 2 km entfernten, reizenden kleinen Kurort **Lázně Libverda** (Bad Liebwerda) und von dort zum Wasserfall der **Stolpich-Schlucht** (*Štolpišský vodopád*), die Carl Maria von Weber im Sommer 1814 zur Wolfsschlucht-Szene seiner Oper »Der Freischütz« angeregt haben soll. Auf

Ausflüge von Liberec

einer Anhöhe über dem Bad befindet sich eine in einem Riesenfaß eingerichtete Ausflugs-Gaststätte (Obří sud).

»Größtes Waffenarsenal der weiblichen Anmut« – diese martialische Bezeichnung für das friedliche Glasschmuck-Städtchen **Jablonec nad Nisou** (Gablonz an der Neiße) **4** (s. S. 347) findet sich in einem tschechischen Reiseführer der 60er Jahre. Nicht ganz zu Unrecht, darf sich doch Jablonec rühmen, Frauen auf der ganzen Welt mit seinen buntglitzernden Erzeugnissen erobert zu haben.

Gablonz, das seinen Namen von »*jabloň*« (Apfelbaum) ableitet und einen Apfelbaum auch im Stadtwappen trägt, war zunächst ein Leinweberort. Nach den Hussitenkriegen brachten deutsche Ansiedler das Glashandwerk mit, die erste Glashütte nahm 1548 ihren Betrieb auf. Stellte man vorerst konventionelle Produkte her, so begann Mitte des 18. Jh. mit der vorwiegend für den Export bestimmten Bijouterie-Fertigung der kometenhafte Aufstieg der Gablonzer Unternehmen, deren Zahl von 5 um das Jahr 1800 auf 600 in den 20er Jahren des 20. Jh. kletterte. 1880 folgte die Gründung einer kunstgewerblichen Schule für Herstellung und Design von Modeschmuck. Die Vertreibung der mehrheitlich deutschsprachigen Industriellen und Facharbeiter nach dem

Zweiten Weltkrieg – sie ließen sich in Deutschland und Österreich nieder und setzten dort ihre erfolgreiche Produktion fort – führte in Jablonec zu einem wirtschaftlichen Rückschlag, von dem sich die Stadt erst langsam wieder erholte.

Heute befinden sich die Unternehmen zum Großteil nicht mehr in staatlicher Hand. In der Glasmacher-Innung sind mehr als 60 private Mitglieder vereint, die Modeschmuck und Kunstglas in fast 100 Länder der Welt exportieren. Die Erfolgsgeschichte von Gablonz wird auf eindrucksvolle Weise in dem sehenswerten Museum für Glas und Bijouterie *(Muzeum skla a bižutérie)* im Stadtzentrum dokumentiert. Hier befindet sich auch die mit 220 m längste Halskette der Welt, die Studentinnen der Kunstgewerbeschule am 19. Mai 1994 in 4 Stunden und 44 Minuten anfertigten. Für das ins Guinness-Buch der Rekorde aufgenommene Prachtstück wurden 9244 Glasperlen verwendet.

Glasschmuck aus Jablonec

Jablonec besitzt keine mittelalterlichen Baudenkmäler, aber die Hochkonjunktur um die Wende zum 20. Jh. und der damit verbundene Wohlstand verwandelte die Stadt in eine Perle des Historismus und Jugendstils. Manche Gebäude haben zwar durch spätere Umbauten arg gelitten, seit Beginn der 90er Jahre ist man jedoch um stilgerechte Restaurationen bemüht.

Glasschleifer in Harrachov

Das Riesengebirge

Das Riesengebirge *(Krkonoše)* und seine Ausläufer sind das Ziel dieser längeren, nach Ostböhmen hineinreichenden Tour (230 km), die man – je nach Zeit, Wetter, Lust und Laune – auch auf zwei Tage strecken kann. Übernachtungsmöglichkeiten gibt es in allen genannten Orten. Abstecher führen in das bekannte Wintersportzentrum Špindlerův Mlýn (Spindlermühle) und in das kleine Bauerndorf Pecka mit einer interessanten Burg. Das Naturerlebnis steht jedoch im Vordergrund, die kunsthistorischen Sehenswürdigkeiten lassen sich gleichsam im Vorbeifahren absolvieren.

Nicht erst in den vergangenen Jahren hat sich das von Nadelwäldern umgebene Bergstädtchen **Harrachov** (Harrachsdorf) [5] (s. S. 344), 680 m hoch, im Tal der Mumlava (Mummel) am westlichen Eingang zum Riesengebirge und nur wenige Autominuten vom Grenzübergang zur Polnischen Republik entfernt, zu einem der bedeutendsten Fremdenverkehrszentren des Landes entwickelt. Ehe die Touristen in Scharen kamen, lebte die Bevölkerung vorwiegend von der 1712 von den Grafen Harrach errichteten Glashütte, die – seit der Privatisierung unter dem Namen Novosad & Sohn GmbH – bis heute exklusives mundgeblasenes Glas, geschliffene Gläser und kostbare Beleuchtungskörper produziert. Bei einer Besichtigung wird die Glasschleiferei in einer historischen Werkstatt aus dem Jahr 1895 vorgeführt, im angeschlossenen Museum können Prunkstücke früherer Generationen bewundert werden.

Harrachov war mehrfach Veranstaltungsort von Europa- und Weltmeisterschaften sowie Weltcup-Bewerben der nordischen Disziplinen. Langlauf-Loipen, Sprungschanzen (u. a. für Skiflug-Konkurrenzen) und Abfahrtspisten aller Schwierigkeitsgrade mit entsprechenden Aufstiegshilfen stehen den Freunden des Weißen Sports zur Verfügung. Im Sommer bieten sich zahlreiche Wanderungen an; die beliebtesten führen entlang der Mumlava zum 100 m hohen Wasserfall *Mumlavský vodopád* und weiter zu den Gipfelpartien des Grenzkammes. Für den zum Teil über polnisches Gebiet verlaufenden, jedoch durchgehend für Touristen zugänglichen Grenzkamm-Wanderweg, der bis in Höhen von 1600 m (Sněžka/Schneekoppe) führt, muß man mehrere Tage veranschlagen.

Mit einer landschaftlich besonders reizvollen Strecke überrascht die von der Straße Nr. 10 wenige Kilometer südlich von Harrachov abzweigende Straße Nr. 14, die lange Zeit entlang der Jizera (Iser) verläuft. Hohe Laub- und Nadelbäume filtern das Sonnenlicht und schaffen eine verwunschene Atmosphäre, und es scheint nicht viel zu fehlen, daß der sympathische Berggeist Rübezahl hinter einem Felsen hervortritt.

Vrchlabí (Hohenelbe) [6] (s. S. 372), einst Holzfäller- und Bergbausiedlung, heute ein Industriestädtchen (Textil, KFZ-Produktion), wartet am Marktplatz mit einem hübschen Renaissance-Rathaus (im 18. Jh. teilweise barockisiert) sowie einigen noch gut erhaltenen hölzernen Giebelhäusern auf. Das inmitten eines schönen Parks mit kleinem Botanischen Garten und Zoo (Flora und Fauna des Riesengebirges) stehende Renaissanceschloß, einst im Besitz der Czernin-Morzin, heute Sitz der Verwaltung des Nationalparks Riesengebirge, weist eine architektonische Zahlenspielerei auf: Vier Türme symbolisieren die Jahreszeiten, 12 Eingänge die Monate, 52

Das Riesengebirge
Rübezahls verlorenes Reich

Mythen und Legenden ranken sich um das höchste und größte Bergmassiv Böhmens, dessen Hauptkamm sich in einer Länge von 36 km entlang der polnischen Grenze hinzieht. Lange Zeit stand das Riesengebirge *(Krkonoše)* im Ruf der Unnahbarkeit, Nährboden für allerlei phantastische Geschichten. Die bis heute bekannteste Sagengestalt ist Rübezahl *(Krakonoš),* der Herr der Berge, dessen Wohltaten und Streiche in schriftlicher Form erstmals im 17. Jh. in der »Daemonologia Rubinzalii Silesi« des Leipziger Magisters Johannes Praetorius festgehalten wurden. 100 Jahre später faßte der Weimarer Gymnasialprofessor Karl August Musäus die Legenden in seinen »Volksmärchen der Deutschen« poesievoll zusammen und beschrieb den Berggeist folgendermaßen:

»Freund Rübezahl, sollt ihr wissen, ist geartet wie ein Kraftgenie, launisch, ungestüm, sonderbar; bengelhaft, roh, unbescheiden; stolz, eitel, wankelmütig, heute der wärmste Freund, morgen fremd und kalt; zu Zeiten gutmütig, edel und empfindsam; aber mit sich selbst in stetem Widerspruch; albern und weise, oft weich und hart in zween Augenblicken, wie ein Ei, das in siedend Wasser fällt; schalkhaft und bieder, störrisch und beugsam; nach der Stimmung, wie ihn Humor und innrer Drang beim ersten Anblick jedes Ding ergreifen läßt.«

Weil ihn die bösen Menschen von heute so verärgert hätten, habe er sich schon lange nicht mehr gezeigt, heißt es zum Schluß des Buches. Und wirklich, Rübezahl müßte trauern über sein verlorenes Paradies, dem Massentourismus und Umweltsünden übel zugesetzt haben. Als Alibi-Aktion mutet die 1963 erfolgte Schaffung des Nationalparks Riesengebirge *(Krkonošský národní park)* mit einer Kernzone von 363 km² und weiteren 184 km² Schutzzone an, wenn man die sterbenden Wälder betrachtet, für die es keine Rettung gibt, solange sich die ökologische Situation beiderseits der Grenze nicht grundlegend verbessert. Daß auch das Heer der Wanderer – das Limit der Belastungsfähigkeit ist durch den Bau immer neuer touristischer Einrichtungen längst erreicht – unwiederbringliche Schäden anrichtet und manche Gebiete zur Regenerierung auf Jahre gesperrt werden müssen, steht auf einem anderen Blatt.

Räume die Wochen und 365 Fenster und Türen die Tage eines Jahres. In einem ehemaligen Augustinerkloster am Rande des Schloßparks beschäftigt sich das Riesengebirgs-Museum *(Krkonošské muzeum)* mit der Problematik des Natur- und Umweltschutzes.

Daß der Tourismus in dieser Gegend Tradition hat, beweist ein kleines Detail am Rande: 1884 eröffnete ein gewisser Guido Rotter in Hohenelbe die erste Jugendherberge der Welt.

Auch **Špindlerův Mlýn** (Spindlermühle) **7** (s. S. 365) hat seinen Ursprung im beginnenden Wandertourismus. Am Anfang standen ein paar Berghütten, die der österreichische Riesengebirgsverein Ende des 19. Jh. für seine immer zahlreicher werdenden Mitglieder aufstellen ließ. Heute braucht Špindlerův Mlýn Vergleiche mit noblen Wintersportorten in den Alpen kaum mehr zu scheuen. Das in einer von bis zu 1300 m hohen Bergen geschützten Mulde des sonst engen Elbetals gebetete größte Skigebiet der Tschechischen Republik gilt als besonders schneesicher. Bis Ostern tummeln sich nordische und alpine Läufer auf den Loipen und Pisten, aber auch der Après-Ski kommt nicht zu kurz. Das Angebot liest sich vielversprechend: 9000 Betten in mehr als 120 Hotels und Pensionen aller Kategorien, 52 Restaurants, 17 Diskotheken, Kino, Kegelbahn, Tennis- und Squash-Hallen, Saunas und Fitness-Studios.

Sommer- und Herbsturlaubern stehen 180 km markierte Wanderwege zur Verfügung. Von den Kammlagen aus, zu denen zwei Seilbahnen hinaufführen, sind bequeme Höhenwanderungen möglich. Ein Naturlehrpfad führt in westlicher Richtung zum großen Naturschutzgebiet Prameny Labe, eine Hochebene mit Moorlandschaft und Elbquelle.

Riesen wachen über Hostinné

Zwei Riesen wachen über **Hostinné** (Arnau) **8** (s. S. 346), die mit Gründungsdatum 1275 älteste Stadt des Riesengebirges: Die beiden je 6 m hohen Steinfiguren an den Turmecken des prachtvollen, sgraffitogeschmückten Renaissance-Rathauses weisen auf jene leibhaftigen Riesen hin, die hier einst gehaust und sich mit Kegelspielen vergnügt haben sollen. Keine Frage, daß die mächtigen Männer zum Wahrzeichen des Elbstädtchens wurden, das heute vornehmlich einer florierenden Papierindustrie seinen bescheidenen Wohlstand verdankt.

Der Marktplatz ist von durchgehenden Laubenhäusern aus Gotik, Renaissance und Barock gesäumt, die Pfarrkirche der hl. Dreifaltigkeit ein imposantes Beispiel frühgotischer Baukunst mit Umgestaltungen in der Renaissance. In der ehemaligen Franziskanerkirche – durch die Angliederung eines zweiten

Schiffes an den ursprünglich einschiffigen Renaissancebau entstand 1743–1745 eine Kuriosität der mitteleuropäischen Barockarchitektur – fühlt man sich plötzlich nach Rom, Neapel oder Athen versetzt. Die 1969 in diesem schönen Rahmen eingerichtete Galerie antiker Kunst *(Galerie antického umění)* vereint etwa 100 Gipsabgüsse der berühmtesten griechischen und römischen Skulpturen der Antike, zum Teil von Werken, die nicht mehr erhalten sind oder in Fragmenten in verschiedenen Museen aufbewahrt werden. So kann etwa die vollständige Rekonstruktion der im 3. Jh. v. Chr. entstandenen griechischen Figurengruppe »Aufforderung zum Tanz« nur in Hostinné bewundert werden, befinden sich doch ihre Original-Einzelteile in Florenz, Paris, Brüssel und Dresden. Die Geschichte der weltweit einmaligen Sammlung reicht bis ins 18. Jh. zurück, nach der Gründung des Lehrstuhls für klassische Archäologie an der Karlsuniversität 1872 wurde die Kollektion im Prager Klementinum aufbewahrt und durch Gipsabgüsse von Originalen aus den führenden Museen Europas laufend erweitert.

Brände haben das Aussehen des Industriestädtchens **Nová Paka** (Neupaka) ⑨ im Riesengebirgsvorland stark verändert. Von den früheren Holz-Fachwerkbauten und barocken Häusern sind nur mehr einige Beispiele erhalten. Am Marktplatz mit Laubengängen steht das moderne Rathaus, das die »Schatzkammer von Neupaka« *(Novopacká klenotnice)*, eine sehenswerte Sammlung von Halbedelsteinen und Fossilien, hütet, Objekte aus den zahlreichen Fundstätten der Umgebung. Im Suchardův dům (Suchardova ul. 68), dem im Neorenaissance-Stil erbauten Haus der Bildhauerfamilie Suchard, befindet sich das Museum des Riesengebirgsvorlandes *(Podkrkonošské muzeum)* mit Gedenkräumen für die in Nová Paka geborenen bedeutenden tschechischen Bildhauer Stanislav Sucharda (1866–1916) und Bohumil Kafka (1878–1942). Als barockes Juwel hat die Wallfahrtskirche Mariä Himmelfahrt (beim ehemaligen Paulanerkloster) die Feuerstürme der Zeit heil überstanden.

Eine interessante, in Rekonstruktion befindliche Burgruine lohnt den kurzen Abstecher in den kleinen Ort **Pecka** (Pecka) ⑩ (s. S. 361), in den sich Fremde nur selten verirren. Das aus dem 14. Jh. stammende Bauwerk, während der zweiten Hälfte des 16. Jh. zu einem anmutigen Renaissanceschloß umgestaltet, ist untrennbar mit einer der bedeutendsten Persönlichkeiten des kulturellen und politischen Lebens in Böhmen von 1620 (Schlacht auf dem Weißen Berg) verbunden: Christoph Harrant von Poltschitz und Bezdruschitz, Forschungsreisender, Schriftsteller und Komponist, 1621 als Teilnehmer am Anti-Habsburg-Aufstand am Altstädter Ring zu Prag hingerichtet.

Dem künstlerischen Multitalent sind Gedenkräume in der Burg gewidmet, die im 19. Jh. nach einem Brand in Verfall geraten war und seit den 60er Jahren wieder instand gesetzt wird. Unermüdlich kümmert sich Kustos Dr. Jiří Červenka um das seit 1992 in Gemeindebesitz befindliche Objekt, das außerdem noch eine ständige Schau von Skulpturen des Bildhauers Bohumil Kafka beherbergt. Im Keller organisiert Červenka wechselnde Ausstellungen von Arbeiten junger Künstler. Internationale Kongresse über das noch immer nicht zur Gänze erforschte Werk Christoph Harrants finden regelmäßig im Abstand von einigen Jahren in Pecka statt.

Keine Busgruppen stören die beschauliche Stille dieses Provinznestes, das sein kulturelles Erbe so liebevoll pflegt. Vom Burgberg bietet sich ein Blick in eine beinahe toskanisch anmutende Landschaft: sanftes Hügelland, Wiesen, kleine Wälder und am Horizont Pappeln, so schlank wie die Zypressen des Südens. Nicht nur große Monumente, auch kleine Kostbarkeiten machen das Schatzhaus Böhmen so reich!

Jilemnice (Starkenbach) **11** ist ebenfalls nur ein kleines Städtchen, unscheinbar auf den ersten Blick. Doch auch es bietet einen hübschen Marktplatz mit Laubenhäusern, einige spätbarocke Holzhäuser (Zvědavá ulička), sogar ein von einem Park umgebenes Renaissanceschloß mit Riesengebirgs-Museum. Es zeigt prächtige Beispiele mechanischer Krippen und eine Ausstellung über die Geschichte des Skisports, der in Böhmen von diesem Ort aus seinen Anfang genommen hat: 1890 brachte Graf Harrach für seine Forstleute die ersten Skibretter aus Norwegen mit, bald darauf erfolgte in Jilemnice die Gründung des ersten böhmischen Skiklubs.

Keine Angst, sie explodieren nicht: Mit böhmischen Granaten hat es die Edelsteinschleifer-Stadt **Turnov** (Turnau) **12** (s. S. 369) zu Ansehen und Wohlstand gebracht. Seit im 16. Jh. auf dem nahen Hügel Kozákov, einem ehemaligen Vulkan, erstmals edles Gestein (Granate, Achate, Amethyste, Saphire) gefunden wurde, strömten nicht nur Schatzgräber aus ganz Europa in die Gegend, auch die Kunst der Steinschneider und -schleifer entwickelte sich in Turnov zu höchster Blüte. Schöne alte Schmuckstücke findet man im Museum des Böhmischen Paradieses (Okresní muzeum Českého ráje) unweit vom Stadtplatz. Daß die Tradition aber weiterlebt, beweisen mehrere Steinschleifer-Betriebe, die Ende des 19. Jh. gegründete Fachschule und Boutiquen, in

denen die glitzernden Kostbarkeiten angeboten werden.

Am Stadtrand erhebt sich über dem Tal der Jizera (Iser) das jetzt wieder private Renaissance-Schloß **Hrubý Rohozec** (Groß Rohozetz), entstanden durch den Umbau einer frühgotischen Burg. Kern der Schausammlung sind Einrichtung und Gemäldekollektion der Desfours, seit 1628 Eigentümer des Anwesens.

Durch das Böhmische Paradies

Die Prachower Felsen (Prachovské skály) gelten als das Herzstück des Böhmischen Paradieses (Český ráj), eines Naturschutzgebietes, das sich zwischen Turnov und Jičín auf einer Fläche von 120 km^2 erstreckt. Ein in seiner Harmonie überwältigender Stadtplatz, ein wie verwunschen wirkendes Dorf mit gepflegten alten Holzhäusern, ein Schloß und eine gotische Burgfeste sind die weiteren Höhepunkte der Route durch das Böhmische Paradies (120 km).

Der erste schriftliche Bericht über **Jičín** (Gitschin) **13** (s. S. 348) stammt aus dem Jahr 1293, im Verlaufe des 14. Jh. erfolgte ein großzügiger Ausbau, von dem noch die Ausmaße des von Laubengängen gesäumten, denkmalgeschützten Stadtplatzes Zeugnis ablegen. Ferner entstanden die nach Prag und Walditz (Valdice) benannten Vorstädte mit den gleichnamigen Toren, die den Zugang zu den wichtigsten Landstraßen hüteten. Von den Befestigungen blieb der Walditzer Torturm (Valdická brána) erhalten, der von seinem Umgang aus einen Ausblick über die Stadt und ihre Umgebung erschließt. Er ermöglicht eine Vorstellung von den hochfliegenden Projekten Wallensteins (s. S. 214), der Jičín zur Hauptstadt seines Her-

Landschaft bei Jičín

zogtums Friedland gemacht sowie eine eigene Münzstätte und ein Jesuiten-gymnasium gegründet hatte. Die von italienischen Architekten konzipierten Ausbaupläne wurden durch den gewalt-samen Tod des Heerführers vereitelt, zur Vollendung gelangten im wesentli-chen nur Schloß und St. Jakobs-Kirche.

Das nahezu eine ganze Seite des Stadtplatzes einnehmende Renais-sance-Schloß mußte mehrere Umge-staltungen über sich ergehen lassen, so etwa nach einer Schießpulver-Explo-sion, mit der 1620 zwei Schwestern aus dem böhmischen Geschlecht der Smiřicky ihre Erbschaftsprobleme lö-sten: Eine der beiden kam dabei ums Leben. Wallenstein übernahm das Schloß 1623 und erweiterte es auf dem Areal ehemaliger Bürgerhäuser zu einer frühbarocken, drei Arkadenhöfe um-schließenden Residenz. Heute befinden sich in dem Komplex Finanzamt, Ge-richt, Touristen-Informationsbüro, ein Museum und eine sehenswerte Galerie moderner Kunst. Ein Konferenzsaal er-innert an das »Drei-Kaiser-Treffen« (Österreich, Preußen, Rußland) 1813, das in einem in Teplice abgeschlosse-nen Bündnis gegen Napoleon gipfelte.

Eine vierreihige, aus mehr als 1200 Bäumen bestehende, rund 2 km lange und unter Wallenstein angelegte Lin-denallee (Richtung Semily) verbindet Jičín mit **Valdice** (Waldiz) und dem lei-der total verfallenen, inmitten eines ver-wilderten Parks stehenden Jagdschlöß-chen **Libosad** (Lustgarten). Seine Loggia im Stil des italienischen Manierismus erinnert an die Sala Terrena im Prager Waldstein-Palais. Das ebenfalls von Wal-lenstein gegründete Kartäuserkloster von Valdice dient seit Mitte des 19. Jh. als Zuchthaus.

Nahezu 200 ha umfaßt das Gebiet der **Prachovské skály** (Prachower Felsen) **14**, ein Labyrinth bizarrer Sandsteingebilde, schroffer Wände, tiefer Schluchten mit

Prachower Felsen im »Böhmischen Paradies«

Höhlen und mit Nadelwäldern bewachsener Felsplateaus, eine aus Ablagerungen des Kreidemeers entstandene Naturkulisse von wilder Schönheit. Um die Erschließung der unvergleichlichen Felsenwelt am Rande der Ortschaft Prachov hatte sich bereits Ende des 19. Jh. die Adelsfamilie Schlick bemüht, die – seit 1993 wieder Grundbesitzerin – die Verwaltung dem Tschechischen Touristenklub (Sektion Jičín) anvertraut hat.

Empfohlen seien zwei Rundgänge vom Parkplatz bei der Schutzhütte aus. Der gelb markierte Weg führt in etwa 45 Minuten zu den Aussichtspunkten Českého ráje und Míru und durch den Kaisergang *(Císařská chodba)* zurück zum Ausgangspunkt. Der längere Spaziergang (2 Stunden) folgt zuerst der grünen Markierung auf dem Masaryk-Weg, dann der roten auf dem Kammpfad, über den Kaisergang geht es abwärts und entlang der gelben Markierung bergauf zur Aussicht Českého ráje. Ein

rot markierter Weg führt die Wanderer durch die Grüne Schlucht *(Zelená rokle*, Pavillon mit Ausstellung »Natur und Geschichte der Felsen«) wieder zum Parkplatz.

Laubenhäuser mit Holzaufbauten und ein klassizistisch umgestaltetes Renaissance-Rathaus zieren den entzückenden kleinen Stadtplatz von **Sobotka** (Sobotka) **15**. Die spätgotische Kirche Maria Magdalena besitzt eine sehenswerte barocke Innenausstattung, vor allem Holzschnitzereien des bekannten böhmischen Künstlers Josef Jelínek.

Knapp 1 km außerhalb des Städtchens erhebt sich auf einer waldigen Kuppe der Rundbau von **Schloß Humprecht**, in der zweiten Hälfte des 17. Jh. nach Plänen des prominenten Barockbaumeisters Carlo Lurago errichtet. Das zweigeschossige Gebäude – Vorbild war der Galata-Leuchtturm in Konstantinopel – setzt sich aus zwei konzentrischen Zylindern zusammen, von denen der innere turmartig emporragt und von einem goldenen Halbmond gekrönt wird.

Nach weiteren etwa 2 km durch eine liebliche Landschaft zweigt linker Hand eine kleine Stichstraße in den Weiler **Libošovice Vesek** ab. Was wie ein perfektes Freilichtmuseum aussieht, ist eines der schmuckvollsten alten Dörfer Böhmens, von seinen Bewohnern mit sichtlicher Hingabe instand gehalten. Ein einzigartiges Ensemble verstreut liegender historischer Holzhäuser, jedes mit fürsorglich gepflegten Gärtchen, bezaubert den Besucher. Die Welt von gestern, hier ist sie noch intakt.

Auf einem Sandsteinfelsen thront über zwei romantischen Waldteichen die gotische **Burg Kost** 17 (s. S. 351), die niemals erobert wurde. Die Ursache dafür mag einerseits die Uneinnehm-

barkeit der Feste gewesen sein, andererseits das diplomatische Geschick der jeweiligen Besitzer bzw. deren schöner Ehefrauen, worüber man sich noch heute manch pikantes Histörchen erzählt. Auch der gefürchtete Hussitenführer Žižka scheiterte an Kost (deutsch: »Knochen«) und knurrte verächtlich, man solle die Burg den Hunden überlassen.

Diese Verwünschung ist nicht in Erfüllung gegangen. Zwar verfiel die Feste nach dem Dreißigjährigen Krieg allmählich, im 19. Jh. erfolgte aber ihre neugotische Restaurierung. Seit 1993 befindet sich Kost wieder im Besitz der böhmisch-italienischen Adelsfamilie Kinsky dal Borgo Netolitzky, die einen Ausbau der gegenwärtig eher mageren Schausammlung – vorwiegend eine Ahnengalerie der Kinskys – plant.

Libošovice Vesek: Unberührt vom 20. Jahrhundert

Ostböhmen: Erinnerungen an die Welt von gestern

Der östliche Teil des Riesengebirges (Krkonoše), das Adlergebirge (Orlické hory) mit seinen Ausläufern sowie Teile der Elbniederungen und der sanften mittelböhmischen Hügellandschaft sorgen für topographische Abwechslung, Burgen, Schlösser und Städte mit bewegter Vergangenheit für erlesenen Kunstgenuß. Das ist die Heimat von »Babička«, dem »Großmütterchen«, der mit starken autobiographischen Zügen ausgestatteten Hauptfigur des gleichnamigen Buches von Božena Němcová, der bedeutendsten tschechischen Schriftstellerin des 19. Jh. (s. S. 238). Jung und Alt pilgern in Scharen in das Dörfchen Ratibořice, zum Schauplatz der rührend romantischen, von Herzenswärme geprägten Geschichten, die das alte ländliche Brauchtum im Jahresablauf mit der zentralen, zutiefst humanistischen Gestalt der Großmutter verbinden. Daß sich »Babička« ungebrochener Popularität erfreut, mag wohl nicht zuletzt in der allgemeinen Sehnsucht nach der darin geschilderten heilen Natur liegen. Ostböhmen vermittelt da und dort noch eine Ahnung davon.

Náchod (Nachod)

1 (s. S. 357) Gutbürgerliche Restaurants, wohlsortierte Geschäfte und nicht zuletzt das 1994 mit Akribie bis ins kleinste Detail restaurierte Jugendstil-Hotel »U Beránka« machen das lebhafte, sympathische Städtchen nahe der polnischen Grenze zu einem idealen Standort, für den man auch längere Rückfahrten gerne in Kauf nimmt, zumal die gut ausgebaute internationale Fernstraße E 67 schnelle Verbindungen ermöglicht. Jugendstildekor von M. Aleš prägt auch das Neue Rathaus vom Beginn des 20. Jh., das zusammen mit dem Alten Rathaus (Kern aus dem 15. Jh.), der Pfarrkirche des hl. Laurentius (ursprünglich gotisch, nach Bränden im 16. Jh. umgebaut), mit den zwei ungleichen, schindelgedeckten Seitentürmen Adam und Eva, das Bild des pittoresken Hauptplatzes (náměstí TGM) bestimmt. Gut 300 Stufen führen von dort zu dem hoch über der Stadt thronenden – seit 1945 staatlichen – Schloß, das Ottavio Piccolomini als Lohn für den Verrat der angeblichen Verschwörung Wallensteins (s. S. 214) erhalten und zu einer prunkvollen Residenz ausgebaut hatte. Italienische Künstler, an ihrer Spitze Carlo Lurago, zeichneten für die Verwandlung der ehemaligen, zu einem Renaissanceschloß erweiterten Feste in einen gemütlichen Rokoko-Palast von spielerischer Leichtigkeit verantwortlich, ohne die historische Substanz zu zerstören.

So fügt sich der Piccolomini-Bau mit seinem zweistöckigen Spanischen Saal (Fresken verherrlichen den Kriegsruhm des Hausherrn), der reich geschmückten Kapelle und dem Schloßtheater harmonisch an den Renaissance-Trakt an. Darüber erhebt sich der gotische Rundturm. Die Schausammlung ist um ein ausgewogenes Verhältnis zwischen Architektur und Mobiliar bemüht, wirkt also nicht überladen. Zu den kostbarsten Exponaten gehören neun Gobelins Brüsseler Ursprungs mit ländlichen Motiven, die umfangreichste Kollektion von Blumen-Stilleben in Böhmen, Landschaftsbilder und Porträts aus der Ahnengalerie der Piccolomini.

Ausflüge von Náchod

Durch das Braunauer Ländchen

Der Besichtigung des schönsten historischen Stadtkerns des Riesengebirges folgt ein Ausflug in den »böhmischen Yellowstone-Park«, dem zum Vergleich mit seinem US-Vorbild lediglich Elche und Geysire fehlen. Abgerundet wird die landschaftlich überaus reizvolle Fahrt durch das Braunauer Ländchen *(Broumovská vrchovina)* mit dem Besuch eines monumentalen barocken Benediktinerstiftes (110 km).

Das heutige Aussehen des Städtchens **Trutnov** (Trautenau) **2** geht vorwiegend auf die zweite Hälfte des 19. Jh. zurück, nachdem 1861 eine Feuersbrunst zahlreiche Gebäude zerstört hatte. Als Zentrum der böhmischen Garnindustrie konnte es sich die »Perle des Riesengebirges«, einst Leibgedinge-Stadt und damit Einkunftsquelle der königlichen Witwen, allerdings leisten, die Laubenhäuser aus Renaissance und Barock rund um den quadratischen Marktplatz zum Teil stilgetreu wieder aufzubauen. In der Platzmitte ergänzen eine

Ausflüge von Náchod

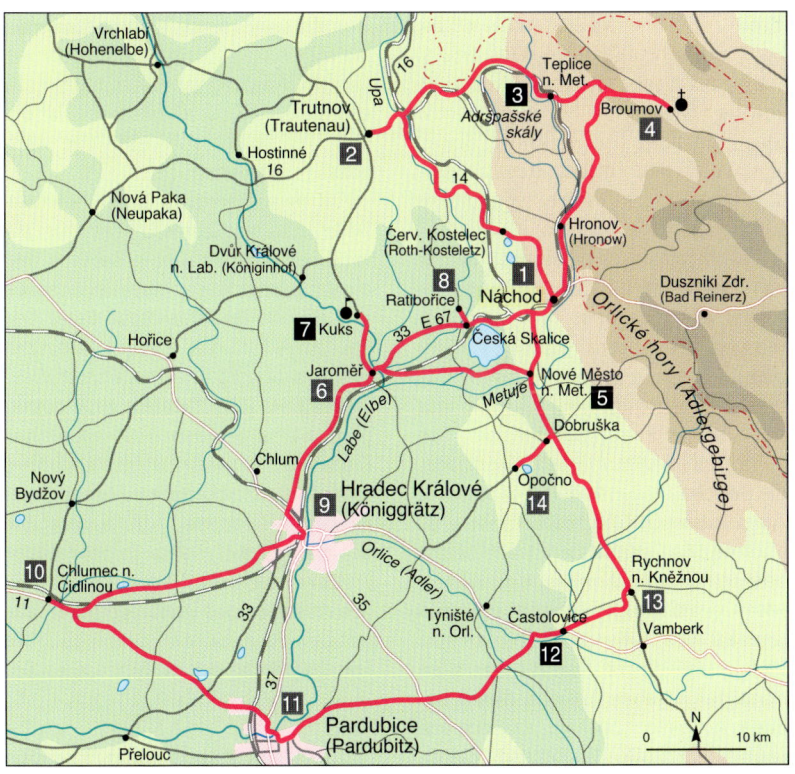

Dreifaltigkeitssäule und ein Brunnen mit Rübezahl-Statue diese Idylle bürgerlichen Wohlstands. Mehrere Denkmäler in Stadt und Umgebung – wie der 20 m hohe eiserne Obelisk für den habsburgischen Feldmarschall Ludwig von Gablenz auf dem Galgenberg – erinnern an die einzige für die Österreicher siegreiche Schlacht im Krieg gegen Preußen 1866, der mit dem Gemetzel von Königgrätz (s. S. 241) seinen blutigen Höhepunkt fand.

Als »Tollhaus der Natur« beschrieb Anfang des 19. Jh. der Forschungsreisende Johann Friedrich Reichardt die bizarren Sandsteingebilde der Adersbach-Wekelsdorfer Felsen (**Adršpašské a Teplické skály**) **3**. Es sind die Reste eines mehr als 20 km^2 großen Felsplateaus, das von der Metuje (Mettau) und ihren Zuflüssen tief zerfurcht wurde. Enge Schluchten, Höhlen, Wasserfälle, ein kleiner See und immer wieder die von den Launen der Natur gestalteten Steinformationen kennzeichnen diesen abenteuerlichen Felsengarten, zu dessen Ruhm bereits Goethe mit enthusiastischen Berichten beigetragen hatte.

Die Phantasie der Besucher verlieh den verschiedenartigen Felsgebilden Namen wie »Gotisches Tor«, »Betender Mönch«, »Zahnloses Weib«, »Moses und die Zehn Gebote«, »Teufelspforte« oder »Liebespaar«. Der Zugang zur Adersbacher Felsenwelt befindet sich beim Hotel Skalní město (Felsenstadt), die Besichtigung erfordert 2–3 Stunden. An den Besuch Goethes im Jahr 1790 erinnert eine Gedenktafel an dem bezaubernden Adersbacher See, eine weitere hat man am Tor der benachbarten Felsenstadt von Wekelsdorf (Teplice nad Metují) angebracht. Damals war allerdings das gesamte Ausmaß dieses Gebietes noch nicht bekannt, das sich erst nach einem großen Waldbrand 1824 er-

schloß. Auch hier wieder regen Felsengestalten mit Bezeichnungen wie »Nashorn«, »Schwalbennest«, »Golem« oder »Unterwelt« die Einbildungskraft an. In der langgestreckten Schlucht »Sibirien« liegt in manchen Jahren bis in den Juni hinein Schnee. Warme Kleidung sei daher für den bis zu dreistündigen Rundgang empfohlen.

Auf ihrer Flucht vor den Hussiten landeten die Mönche des Prager Benediktiner-Stiftes Břevnov (Breunau) 1322 in **Broumov** (Braunau) **4** im nordöstlichsten Winkel Böhmens und setzten dort ihre Missionstätigkeit fort. Seine heutige Gestalt erhielt das Kloster durch den Barockarchitekten Kilian Ignaz Dientzenhofer in den Jahren 1726–1748. Schon um 1690 hatte der königliche Festungsbaumeister Martino Allio auf den Grundmauern eines niedergebrannten gotischen Gotteshauses die prachtvolle, dem hl. Adalbert geweihte Stiftskirche errichtet. Die Klosterbibliothek zählt unbestritten zu den schönsten und wertvollsten Böhmens.

Auf dem Marktplatz des Städtchens findet man eine barocke Pestsäule, ein im Empirestil gestaltetes Rathaus und einige Bürgerhäuser aus Renaissance und Barock. Die Pfarrkirche Peter und Paul (westlich des Platzes) aus dem 13. Jh. wurde barock erneuert, die Wenzelskirche (südlich) anstelle einer hölzernen, 1618 abgerissenen lutherischen Kirche nach Entwürfen Dientzenhofers errichtet – mit schlimmen Folgen. Denn die vom Braunauer Abt erzwungene Schleifung der evangelischen Kirche war eine der vielen Provokationen, die den Ausbruch des Dreißigjährigen Krieges bewirkten. Sehenswert ist auch die Friedhofskirche der hl. Maria aus dem

Wildromantische Felsenstadt

15. Jh., der älteste sakrale Holzbau des Landes.

Des Grafen Traum und Großmütterchens Heimat

Nach der Besichtigung eines Renaissance-Schlosses mit Jugendstil-Ausgestaltung – so etwas gibt es nur in Böhmen – geht es in eine romantische Hölle und dann wieder einmal in ein historisches Stadtensemble. Ein anderes Unikum sind die Relikte hochfliegender Träume von einem Weltbad, von denen noch barocke Pracht Zeugnis ablegt. Der Abschluß der Tour sei endlich der vielgeliebten Božena Němcová und ihren Großmütterchen-Geschichten aus der Welt von gestern gewidmet (90 km).

Nové Město nad Metují (Neustadt an der Mettau) **5** (s. S. 358), auf einem Felsmassiv über dem Tal des Flusses Metuje (Mettau), wurde 1501 gegründet, seine Holzhäuser brannten aber bereits 1526 bis auf die Grundmauern nieder. Ein Jahr später ging die Herrschaft auf die Adelsfamilie Pernštejn über, die einen unkontrollierten Wiederaufbau verhinderte und Nové Město mit einem wohldurchdachten Plan sein heutiges Aussehen gab. Den rechteckigen, 140 m langen und 64 m breiten Marktplatz säumt ein einzigartig gut erhaltener Komplex einheitlich gebauter Renaissancehäuser mit Laubengängen und Giebelfronten – ein überwältigendes Ensemble, das in seiner Geschlossenheit nur im südmährischen Telč ein vergleichbares Pendant findet. Hinter den regelmäßig geschwungenen Bögen der Laubengänge verstecken sich hübsche Geschäfte und gediegene, gemütliche Lokale, unter ihnen eine Café-Konditorei, deren Kalorien-Bomben jede süße Sünde wider die Figur rechtfertigen.

Das Rathaus stammt aus dem Jahr 1591, die spätgotische Pfarrkirche zur Hl. Dreifaltigkeit wurde 1523 fertiggestellt.

Braun'sche Zwergenfiguren im Schloßpark von Nové Město

Josef Maria Bartoň
Frischer Wind aus Übersee

Als Siebenjähriger mußte er 1949 seine Heimat verlassen, mit knapp 50 kehrte er aus dem Exil zurück und krempelte sogleich die Ärmel auf. Josef Maria Bartoň, Doppelstaatsbürger Kanadas und Tschechiens, zuletzt in Dallas (Texas) stationierter Manager der Fluglinie American Airlines, trifft sich ein- bis zweimal pro Jahr zu einem Erfahrungsaustausch mit Heimkehrern, die wie er Schlösser, Ländereien und Fabriken zurückerhalten haben. »Mein Airline-Job war einfacher, aber ich bereue meine Entscheidung, das Erbe anzutreten, nicht«, betont der stämmige Neo-Industrielle, Herr nicht nur über das Schloß in Nové Město, sondern auch über 1800 ha Wald und zwei Textilfabriken in Náchod mit mehr als 400 Beschäftigten.

»Viel Bargeld hatte ich nicht, als ich Anfang der 90er Jahre hierherkam«, berichtet Bartoň. »Als erstes mußte ich die technisch gar nicht so schlecht ausgestatteten Fabriken umweltmäßig sanieren, da habe ich 3 Mio. Kronen investiert. Der Erfolg ist augenscheinlich: Früher war das Wasser der Mettau schmutzig und grau, heute kann man wieder den Grund des Flusses sehen. Auch im Schloß wurden die dringendsten Renovierungsarbeiten bereits abgeschlossen. Ich glaube, die Dinge laufen gut, auch wenn es immer wieder Rückschläge gibt und vor allem der Kampf mit der lahmen Bürokratie viel

Nerven kostet. Es ist schwierig, meinen ausländischen Geschäftspartnern – 35 % der Textilproduktion gehen schon in den Export – die tschechische Mentalität der Langsamkeit zu erklären. Auch mein 1970 in Kanada geborener Sohn kommt damit noch nicht ganz zurecht.«

Sohn Michael Josef – seine beiden älteren Schwestern leben nach wie vor in Dallas – ist sich in dem Renaissanceschloß der 1912 geadelten Familie »wie Alice im Wunderland« – so sein Vater – vorgekommen. »Jetzt freilich kann er nicht mehr bloß wie ein Märchenprinz herumlaufen und staunen, jetzt muß er hart arbeiten, denn er soll bald das Firmen-Management übernehmen«. Der Familienchef läßt keinen Zweifel daran, daß sich auch zukünftige Generationen der Bartoňs im nordöstlichen Winkel der Tschechischen Republik behaupten werden. Der frische Wind aus Übersee hat, wie an allen Ecken und Enden bemerkbar, die Provinz aus ihrem Dornröschenschlaf geweckt.

Peklo: Eine Hölle zum Verlieben

I n einem romantischen Abschnitt des Flußtales, nur 6 km von Nové Město entfernt, befindet sich mitten im Wald ein Weiler mit dem ganz und gar nicht passenden Namen Peklo (Hölle). Auch wenn die von Dusan Jurkovič im folkloristischen Jugendstil ausgestaltete und unter Denkmalschutz stehende Ausflugsgaststätte (mit einer urgemütlichen Wirtsstube und 5 einfachen Fremdenzimmern) – ehemals Sommerhaus der Bartoňs – verschiedene Teufelsmotive aufweist, wäre wohl »Paradies« eine treffendere Bezeichnung für dieses idyllische Fleckchen: Leichter Dunst liegt über dem kühlen Bach, Sonnenstrahlen verlieren sich im dichten Grün der Laubbäume, nur wenige Zivilisationsgeräusche stören das friedliche Vogelgezwitscher.

Erhalten geblieben sind auch die Stadtbefestigungen, mit Ausnahme der Tore. Nur ungern reißt man sich am Stadtplatz von dem Anblick dieses Meisterwerkes urbaner Baukunst los, aber nur wenige Schritte weiter wartet mit dem in seinen harmonischen Stilmischungen unvergleichlichen Schloß bereits die nächste Sehenswürdigkeit.

Nach dem Dreißigjährigen Krieg erfuhr der prachtvolle Renaissancebau mit seinem auffallenden zylindrischen Turm und einer mit Sgraffiti geschmückten Front eine behutsame barocke Umgestaltung, an der Carlo Lurago als federführender Architekt beteiligt war. Im 19. Jh. drohte der Verfall der Anlage, die als Lager für Getreide und Möbel benutzt wurde. 1908 erwarben die Textil-Industriellen Josef und Cyril Bartoň Schloß und Herrschaft. Für die dringend notwendigen Renovierungen zeichnete der prominente slowakische Architekt Dusan Jurkovič verantwortlich, dem mit Hilfe namhafter Künstler eine geglückte Verbindung von Renaissance, Barock, Jugendstil und Kubismus gelang. Zu besichtigen sind 20 Räume mit kostbaren Interieurs aus vier Jahrhunderten sowie der ebenfalls Anfang des 20. Jh. neugestaltete Terrassengarten mit 24 skurrilen Zwergenfiguren aus der Werkstatt des Barockbildhauers Matthias Bernhard Braun.

Nach der Machtübernahme der Kommunisten enteignet, erfreut sich die Familie Bartoň seit 1991 wieder ihres alten Besitzes (s. S. 233). Im Rahmen der kommerziellen Nutzung des Schlosses stehen die barocke Kapelle für Hochzeiten sowie weitere repräsentative Räumlichkeiten für Konferenzen, Bankette, Empfänge, Ausstellungen und Konzerte zur Verfügung.

An der Mündung der Úpa (Aupa) in die Labe (Elbe), wo der sanfte Ausläufer des Riesengebirgsvorlandes in die fruchtbare Ebene der südwestwärts fließenden Elbe übergeht, stand bereits im 11. Jh. eine Přemysliden-Burg, um die sich eine im 13. Jh. zur königlichen Stadt erhobene Siedlung ausbreitete. Von den historischen Bauten von **Jaroměř** (Jermer/Jaromiersch) 6 (s. S. 347) sind vor allem die gotische Dekanatskirche des hl. Nikolaus mit barockem Glockenturm und wertvoller Innenausstattung sowie der Marktplatz (Bürgerhäuser im Renais-

sance- und Barockstil, Renaissance-Rathaus, barocke Mariensäule mit Plastiken aus der Schule von Matthias Bernhard Braun) bemerkenswert.

Scharen von Besuchern lockt jedoch besonders der südöstliche Stadtteil Josefov (Josefstadt) wegen seiner hervorragend erhaltenen spätbarocken Festungsanlage an, die sich über eine Fläche von 289 ha erstreckt. Den Grundstein zu dem weitläufigen Komplex legte 1780 Kaiser Joseph II. 40 000 Arbeiter verbauten innerhalb von 7 Jahren nicht weniger als 60 Mio. Ziegelsteine in den Mauern, Schanzen, Bollwerken und dem Labyrinth der 64 km langen, streng geheimgehaltenen unterirdischen Gänge. Der Kostenaufwand von 10,5 Mio. Gulden rentierte sich jedoch nicht, denn die Festung lag stets abseits aller militärischen Operationen. Funktionslos geworden, wurde die Anlage bereits nach 100 Jahren vom Militär aufgegeben.

Ist der Welt die guldne Zeit entflogen?
O nein! Sie hat sich nur ins Kucus-Bad gezogen.
Hier hat das Waldhorn einen anderen Klang.

Diese etwas holprigen Verse widmete der Dichter Johann Christian Günther (1695–1723) dem Schloß **Kuks** (Kukus) 7 (s. S. 352), einem barocken Traum, mit dem sich der aus niederem westfälischen Adel stammende, von brennendem Ehrgeiz besessene Graf Franz Anton Sporck (1662–1738) ein Denkmal setzen wollte. Das ist ihm dank zweier außerordentlicher Künstlerpersönlichkeiten, des Architekten Giovanni Battista Alliprandi und des Bildhauers Matthias Bernhard Braun, durchaus gelungen, wenn auch von dem ursprünglichen Komplex aus Schloß, Theater, Sakralbauten, Hospital, Rennplatz, Park und Kurbad, das sogar mit Karlsbad in ernsthafte Konkurrenz trat, bloß noch Teile erhalten sind.

In seiner Residenz scharte Sporck Männer der Wissenschaft, Kunst und Literatur um sich, neben dem Lyriker Günther auch ein Genie wie Johann Sebastian Bach. Der im Charakter äußerst widersprüchliche Graf war ebenso hartherziger Geizhals wie großzügiger Kunstmäzen, verschwenderischer Gastgeber und Stifter sozialer Einrichtungen, unerbittlicher Despot wie leidenschaftlicher Verfechter liberaler Ideen und religiöser Toleranz. Mit dem jungen Tiroler Braun entdeckte und förderte er den bedeutendsten Barockbildhauer Böhmens, mit der Gründung des St. Hubertusordens knüpfte er Verbindungen zu allen europäischen Herrscherhäusern, deren Gunst er sich durch seine Unterstützung

der ihres Glaubens wegen vertriebenen böhmischen Exilanten allerdings wieder verscherzte. Auch führte der Sturschädel Sporck jahrelange hoffnungslose Prozesse, die ihn ein Vermögen kosteten.

Bereits zwei Jahre nach seinem Tod begann der Verfall des Ensembles, das sich wie ein riesiges barockes Theater an den ansteigenden Ufern der Elbe erhob: 1740 wurden ein Lustschlößchen und große Teile der Badeanlagen von einem Hochwasser vernichtet, 1896 das Schloß und angrenzende Bauten ein Raub der Flammen, und 1901 riß man es endgültig nieder. Was am rechten Ufer übriggeblieben ist und seit den 70er Jahren in Etappen restauriert wird, lohnt dennoch jeden Umweg in das »böhmische Florenz«. Ein barockes Juwel von

»Naturtheater« in Betlém bei Kuks: Bildwerke im Fels

internationalem Rang, ein meisterliches Zusammenspiel der genialen Architektur Alliprandis und der spannungsreichen Plastiken Brauns.

Nach wie vor dominierende Bauten sind die Dreifaltigkeits-Kirche mit der Familiengruft der Sporcks und das sich beiderseits des Gotteshauses erstreckende Spital, das 1743 von der Tochter des Grafen im Rahmen einer bis 1938 funktionierenden Stiftung – diese kam für 100 Pflegeplätze für mittellose alte Männer auf – den Barmherzigen Brüdern überlassen wurde. Im Spital befindet sich eine der ältesten noch im ursprünglichen Zustand erhaltenen Apotheken Europas (1740) mit einem 90 kg schweren Mörser zur Medikamentenherstellung als Prunkstück. Die Original-Plastiken Brauns stehen jetzt – geschützt vor Wind und Wetter – in einer riesigen Ausstellungshalle, während Kopien die Terrassen schmücken. Zu den Hauptwerken gehören die acht Allegorien der Glückseligkeiten, die Statuenreihe der zwölf Tugenden und der zwölf Laster (nach damaliger Auffassung durchwegs als Frauengestalten dargestellt), die Engel des leidvollen und des seligen Todes und die Statuen der Religion. Brauns Kreativität äußert sich hier in höchster künstlerischer Vollendung, die Kompositionen zeigen pralles Leben, innere Regungen und temperamentvolle Gefühlsäußerungen, als ob sie jeden Augenblick von ihrem Sockel steigen würden.

Als Höhepunkt von Brauns Schaffen gilt die Serie von Monumentalplastiken in einem Birkenwäldchen im Gebiet Nový les (Neuer Wald) bei der Ortschaft Stanovice (Stangendorf), rund 2 km westlich von Kuks. In diesem Areal, später **Betlém** (Bethlehem) genannt, entstand ein unvergleichliches »Naturtheater« biblischer Szenen, zwischen 1726 und 1733 an Ort und Stelle aus Sandstein-Felsblöcken gehauen. Die ursprünglichen Einsiedeleien und Kapellen existieren nicht mehr, auch zahlreiche Skulpturen fielen der Vernichtung anheim. Heute kann man noch die Riesengestalten der Einsiedler Onufrius und Garinus, der Maria Magdalena und Johannes des Täufers, den Jakobsbrunnen mit den Gestalten Christi und der Samariterin sowie Reliefs mit Darstellungen von Christi Geburt und der Ankunft der Heiligen Drei Könige bewundern. In Bethlehem ist Michelangelos Traum, einen Berg in ein Bildwerk zu verwandeln, ein wenig wahr geworden.

Das Städtchen **Česká Skalice** (Böhmisch Skalitz) an der Hauptstraße von Prag und Königgrätz nach Polen wäre kaum der Erwähnung wert, hätte dort nicht Božena Němcová in einem Holzbau vom Ende des 18. Jh. die Schulbank gedrückt *(Stará škola)*. Zum Gedenken an die Schriftstellerin wurde in einem ehemaligen Gasthaus ein Museum *(Muzeum Boženy Němcové)* eingerichtet, das sich gut zur Einstimmung auf das »Großmütterchen-Tal« eignet.

Von der Alten Schule führt ein Lehrpfad durch das Aupa-Tal in das 2 km entfernte **Ratibořice** (Ratiborschitz) **8**. Ein Spaziergang auf den Spuren von »Großmütterchen« beginnt beim barocken Landschloß der Piccolomini (1708), das Anfang des 19. Jh. im Empirestil umgebaut und von Herzogin Katharina Wilhelmine von Sagan (1772–1839) zu einem sommerlichen Zentrum des kulturellen und gesellschaftlichen Lebens gestaltet wurde. Die gleichermaßen schöne wie geistvolle Adelige, langjährige Geliebte des mächtigen Staatskanzlers Fürst Metternich, ist in Němcovás Roman als »Frau Fürstin« eingegangen, ihre Ziehtochter Emilie Freifrau von Binzer als »Komtesse Hortensie«. Zur Bi-

Božena Němcová
Nostalgie und Sozialkritik

Die heile Welt, wie sie sich in den Kindheitserlebnissen der Autorin, festgehalten in ihrem Buch »Babička« (»Großmütterchen«), widerspiegelt, hat Božena Němcová nur vom Hörensagen gekannt. Als Barbara Pankl am 4. Februar 1820 in Wien geboren, lernte die Tochter einer tschechischen Magd und eines österreichischen Kutschers schon früh Armut und soziale Unterdrückung kennen. Liebe und Geborgenheit fand sie lediglich bei ihrer tschechischen Großmutter in Ratibořice, der sie dann mit ihrem in mehr als 20 Sprachen übersetzten Bestseller ein Denkmal setzte. Mit 17 verehelichte man sie mit dem um 15 Jahre älteren Finanzbeamten Josef Němec, dessen ständige Dienstversetzungen sie mit vielen Regionen Böhmens und Mährens vertraut machten. In den 40er Jahren kam Božena in Kontakt mit Prager Intellektuellen und Schriftstellern. Der Dramatiker Josef Kajetán Tyl wurde ihr geistiger Mentor, George Sand und die Ideen der tschechischen Wiedergeburt inspirierten sie.

Ersten Ruhm – nach der Pensionierung ihres Mannes mußte Božena mit ihren anfangs bescheidenen Honoraren für die gesamte sechsköpfige Familie aufkommen – brachte der Autorin ihr lyrischer Aufruf »Ženám českým« (An die tschechischen Frauen). Damit trat erstmals in der tschechischen Literatur neben dem nationalen Motiv das demokratische und soziale in Erscheinung. Die Stellung der Frau, das Leben und die Nöte der – manchmal ungemein realistisch, manchmal sehr verklärt dargestellten – kleinen Leute sind die tieferen menschlichen Anliegen ihrer Dichtung. Popularität errang sie mit Sammlungen relativ frei nacherzählter Volksmärchen und Sagen. Daneben erschienen mit Novellen wie »Karla« und »Divá Bára« (Die wilde Bara) kritische Erzählwerke über den Gegensatz zwischen Natur und Zivilisation, aber auch Zeitungsartikel von aktueller politischer Brisanz (z. B. »Bauernpolitik«).

Erst 42jährig, erlag Božena Němcová am 21. Januar 1862 in Prag einem heimtückischen Leiden. Dennoch gilt ihr Schaffen als vollendet, ihr Spitzenrang in der tschechischen Literatur ist unbestritten.

bliothek mit ihren etwa 6500 Bänden hatte auch die junge Božena Zugang, deren Eltern in Diensten der Herzogin standen.

Auf den Wegen durch das romantische, fast 6 ha umfassende Naturschutzgebiet »Großmütterchen-Tal« *(Babiččino údolí)* findet man eine Mühle *(Mlýn)* von

Großmütterchen-Denkmal in Ratibořice

1773 mit Mariensäule, den Blockholzbau der Alten Bleiche (*Staré Bělidlo*, 1797), den Wirtschaftshof (langjähriges Heim der Familie Pankl – samt Großmutter), das von Otto Gutfreund 1923 geschaffene rührende Babička-Denkmal (Großmutter erzählt den Kindern ein Märchen) sowie die Ruinen der gotischen Riesenburg *(Rýzmburk)*, auf deren Freilichtbühne alljährlich im August Volksfeste veranstaltet werden.

Nach Hradec Králové und Pardubice

Gleich zwei Städte wetteifern auf dieser Route (200 km) um die Krone des schönsten historischen Marktplatzes, nämlich Hradec Králové (Königgrätz) und Pardubice (Pardubitz), beide strahlend im Glanze frischer Renovierungen. Angesichts der zahlreichen Sehenswürdigkei-

ten empfiehlt es sich, die Tour auf zwei Tage aufzuteilen und in Pardubice zu übernachten bzw. von dort nach Náchod (ca. 60 km auf guten Straßen) zurückzukehren. Denn auf dem Programm stehen je zwei Schlösser aus der Renaissance und dem Barock sowie die Besichtigung des blutgetränkten Schlachtfeldes im preußisch-österreichischen Krieg von 1866.

Schnelles, aber von klugen Architekten wohlgeplantes Wachstum hat verhindert, daß die alte Festungsstadt **Hradec Králové** (Königgrätz) **9** (s. S. 346) an der Mündung der Orlice (Adler) in die Labe (Elbe) im Zuge ihrer Entwicklung zum administrativen, wirtschaftlichen und kulturellen Zentrum Ostböhmens ihr Gesicht verlor, wie es manch anderem Industriestandort widerfuhr. Das heute gut 100 000 Einwohner zählende Hradec Králové, im 10. Jh. um eine sla-

Hradec Králové: Kathedrale zum Hl. Geist und Weißer Turm

wische Burgstätte entstanden, erhielt 1225 als eine der ersten böhmischen Gemeinden das Stadtrecht. Seit dem Tod Wenzels II. diente die Stadt als Leibgedinge der königlichen Witwen, im 15. Jh. war sie einer der wichtigsten Stützpunkte der hussitischen Taboriten. Nachdem die Jesuiten für eine radikale Rekatholisierung gesorgt hatten, erhob Papst Alexander VII. Königgrätz 1664 zum Bischofssitz. Im 18. Jh. erfolgte auf Befehl Kaiserin Maria Theresias der Ausbau in eine mächtige, gegen Preußen gerichtete Barockfestung, die erst 1884 aufgelassen wurde. Jetzt war endlich Platz für eine moderne Erweiterung der Stadt, an der sich führende Architekten wie Jan Kotěra und Josef Gočár mit beispielhaften Bauten beteiligten.

Die Besichtigung des historischen, selbstverständlich unter strengstem Denkmalschutz stehenden Zentrums beginnt auf dem dreieckigen Marktplatz Žižkovo náměstí, einem bis in die Nebengassen reichenden erlesenen Ensemble gotischer bis barocker Häuser, zum Teil mit Laubengängen. In der Mitte steht eine 19 m hohe barocke Mariensäule, flankiert von Heiligenstatuen, an der höchsten Stelle der Stadt der zweitürmige Ziegelbau der gotischen Hl.-Geist-Kathedrale, die zusammen mit dem benachbarten, aus der Renaissance stammenden Weißen Turm *(Bílá věž)* mit einer 10 t schweren Glocke aus dem Jahr 1509, der daran angebauten barocken St. Klemens-Kapelle und dem alten Renaissance-Rathaus mit seinen zwei barocken Seitentürmchen das Panorama der Stadt dominiert. Die Südseite des Platzes nehmen die ausgedehnten Barockbauten der Bischöflichen Residenz und des ehemaligen Jesuitenkollegs mit der Mariä-Himmelfahrts-Kirche ein, dazwischen befindet sich mit »U Špuláků« das schönste Bürgerhaus (Renaissance mit spätbarockem Ausbau) der Stadt. Ebenso sorgfältig restauriert wie das alte Pflaster des Zentrums wurden die Renaissance-Häuser auf dem anschließenden Husovo nám., den ein Brunnen mit Nepomuk-Statue schmückt.

Diese Stadt hat Atmosphäre, hier versteht man es, die Sonnenseiten des Lebens zu genießen, wie auch die vielen kleinen Cafés und Restaurants, Weinstuben und Bierlokale beweisen, die sich über Gästemangel nicht beklagen können. Außerhalb der ehemaligen Stadtmauern, deren Reste man noch im Park Žižkovy sady findet, ist vor allem der Ziegelbau des Ostböhmischen Bezirksmuseums *(Krajské muzeum východních Čech)* sehenswert, den der Architekt Jan Kotěra 1909–1912 am Elbeufer im Jugendstil bzw. in frühkubistischer Manier errichtet hat. Das Museum hütet wertvolle kunst- und kulturgeschichtliche Sammlungen. Eine aus der Slowakei stammende griechisch-katholische Holzkirche *(Kostel sv. Mikuláše)* wurde im Jirásek-Park *(Jiráskovy sady)* am Zusammenfluß von Adler und Elbe aufgestellt.

Nordwestlich der Stadt dehnt sich bei der Ortschaft Chlum (ca. 6 km auf der Straße Nr. 35 in Richtung Liberec) das Gelände der Schlacht von Königgrätz aus, bei der sich am 3. Juli 1866 Preußen mit seinem Sieg über Österreich die Vormachtstellung in Deutschland sicherte. Mehr als 400 000 Soldaten waren in diesem Schicksalskampf aufeinandergeprallt, die preußischen gut ausgerüstet, die österreichischen aus naiver Ignoranz Kaiser Franz Josephs und seiner Generäle mit unterlegenem Material. Mit der verheerenden Niederlage begann, wie der Dichter Johannes Urzidil feststellte, »nicht nur die Desintegration der Donaumonarchie, sondern in Wahrheit Europas«. Und Franz Grillparzer schrieb den Siegern ins Stammbuch: »Ihr glaubt, ihr habt ein Reich geboren, und habt doch nur ein Volk zerstört.«

Heute wandert man auf markierten Wegen über die Stätte des Grauens, über die mehr als 300 Denkmäler und Soldatengräber verstreut sind. Im neugotischen Ossarium inmitten der so friedlichen Hügel von Chlum schimmert das Gebein der unbekannten Toten, im kleinen Museum bewahrt man die üblichen Erinnerungsstücke auf, Devotionalien aus dem Trödelladen der Geschichte. Von einem 25 m hohen, 1901 errichteten Eisenturm bietet sich ein Blick über das gesamte Gelände. Das Wort Schlachtfeld, hier nimmt es Realität an. Schäbig gewordene Heldendenkmäler, bröckelnde Obeliske, verwitterte Grab- und Gedenksteine – das ist alles, was von Ruhm, Schmach und unermeßlichem Leid übrigblieb.

Zu Ehren Kaiser Karls VI., der 1723 in Prag zum böhmischen König gekrönt wurde, entstand im Auftrag Franz Ferdinand Kinskýs auf einem Hügel am nordwestlichen Stadtrand von **Chlumec nad Cidlinou** (Chlumetz) 🔟 (s. S. 342) Schloß Karlskrone *(Zámek Karlova Koruna)*, ein prächtiger Barockbau von G. B. Santini, dessen Gliederung an eine Krone erin-

nert: Zwei kreisrunde Säle, der einge-
schossige Säulen- und der zweistöckige
Marmorsaal, bilden die Mitte, in Stern-
form streben drei Flügel mit den Salons
und einer üppigen Freitreppe auseinan-
der.

1943 brannte mit Karlskrone einer der
Höhepunkte barocker Programmarchi-
tektur aus und konnte erst 1969 wieder
der Öffentlichkeit zugänglich gemacht
werden. Heute befinden sich das Schloß
und der 20 ha große englische Park
wieder im Besitz der Kinskýs, in den zu
besichtigenden Räumlichkeiten werden
Familienporträts und eine Gemäldesammlung mit Pferdemotiven gezeigt.
Weinstube, Restaurant und ein beschei-
denes Hotel in einem Nebengebäude
signalisieren den Beginn einer intensive-
ren kommerziellen Nutzung des Objekts.

Bei Tierschützern hat **Pardubice** (Pardubitz) **11** (s. S. 360) einen üblen Ruf, verbinden sie diesen Namen doch mit
einem seit 1874 alljährlich im Oktober
stattfindenden brutalen Pferderennen,
das für die edlen Rösser nicht selten
letal endet. Für Turf-Fans aus ganz Europa ist das »Steeplechase«, wie es in
solcher Form sonst nur noch im englischen Liverpool in Szene geht, ein span-
nender Sport: Auf der 6900 m langen
Rennbahn müssen Roß und Reiter 31
extrem schwierige Hindernisse über-
winden, z. B. den Taxis-Graben, der
einen 10 m weiten Sprung erfordert. Der
Ursprung des Rennens liegt in den Par-
force-Jagden, wie sie die Kinskýs nach
englischem Muster noch bis 1913 für
ihre adeligen Gäste veranstalteten. Sie
nahmen sich dabei ein Vorbild an den
jungen Landadeligen, die aus Langeweile Wettjagden *(chases)* veranstalteten, bei denen sie von einem bestimmten
Punkt möglichst geradeaus, ungeachtet
aller Hindernisse, auf den nächsten Kirch-
turm *(steeple)* zuhielten. Nahmen am

»Steeplechase« früher ausschließlich
Amateure teil (auch Fürst Metternich
quälte sein Pferd einmal über Hecken
und Gräben), so können heute nur mehr
Profi-Spitzenreiter diese mörderische
Strecke bewältigen. Tierquälerei? Die
Meinungen prallen heftig aufeinander.

Ein Schimmel schmückt – allerdings
nur mit seiner vorderen Hälfte – auch
das Stadtwappen von Pardubice. Die Legende dazu zeigt ein Relief am Grünen
Tor (nach einem Entwurf von Mikulás
Aleš): Bei der Eroberung von Mailand
durch böhmische Krieger 1158 trennte
das Fallgitter des Stadttores das Roß
des Ješek von Pardubice glatt in zwei
Teile. Ein verstümmeltes Pferd im Wappen? Für die Gegner des »Steeplechase« wahrlich ein Symbol.

Weder fragwürdige Sportereignisse
noch die öden Industrie-Vororte sollten
jedoch von einem Besuch der äußerst
lebendigen 100 000-Einwohner-Stadt abhalten. Der historische Hauptplatz
(Pernštýnovo nám.) und seine Nebengassen stellen in ihrer Geschlossenheit
ein einzigartiges Dokument für den
Städtebau in der ersten Hälfte des
16. Jh. dar. In der stattlichen Reihe gut
erhaltener bürgerlicher Renaissance-Ar-
chitekturen sind die Häuser mit den
Konskriptionsnummern 77 (Kern aus
Spätgotik und Renaissance, klassizistische Seitenfassade), 60 (*U bílého koníčka*/Zum weißen Pferdchen, spätgotisch mit Renaissance-Gewölben), 50 (*U
Jonáše*/Zum Jonas, Frontseite mit
Stuckreliefs biblischer Darstellungen
verziert) und 51 (mit alter Apotheke) besonders beachtenswert. Das Rathaus
entstand anstelle von vier mittelalterlichen Gebäuden 1893/94 im Stil der Neorenaissance. Um das Jahr 1510 wurde
am Haus Nr. 11 in der Pernštýnská ul.
der größte Komplex spätgotischer Malereien an einem einzigen Bürgerhaus in

Pardubice: Haus »Zum Jonas«

Böhmen angebracht. Um den streng geschützten historischen Stadtkern gruppieren sich ein Renaissanceschloß, das
an der Stelle einer gotischen Wasserfe-
ste entstand, die spätgotische, im Renaissance-Stil erneuerte St. Bartholomäus-Kirche und das Grüne Tor *(Zelená
brána)* von 1507, weiterhin die spätgotische Kirche Mariä Verkündigung *(Klá-
sterní ul.)* und das schöne Jugendstil-
theater *(Východočeské divadlo,* nám.
Republiky).

Nicht zufällig heißt es in einem alten
böhmischen Sprichwort: »Es glänzt und
strahlt wie Pardubice«. Daß man sich
diese Stadt auch auf der Zunge zergehen
lassen kann, dafür sorgt eine schmackhafte Spezialität: besonders zarter Leb-
kuchen in allen Formen und Größen, in
Schokolade getunkt oder mit Zucker-
werk verziert.

Ein überwältigend schönes Renaissanceschloß mit liebevollst arrangier-
tem Interieur und bezaubernden Dekorationen: In **Častolovice** (Tschastolowitz)
[12] (s. S. 340) merkt man an allen Ecken
und Enden die Hand einer Frau, die noch
dazu eine international gefragte Innen-
architektin ist. Franziska Diana Sternberg (Šternberk), mit Studium in den
USA und danach langjähriger Einrich-
tungspraxis in England, hat das seit
1694 – mit Unterbrechungen in der Nazi-
und KP-Ära – im Familienbesitz befindliche Schloß 1992 im Zuge des Re-
stitutionsverfahrens zurückerhalten und
den eleganten Räumlichkeiten seither
ihren ganz persönlichen Stempel aufge-
drückt. Ob es nun geschmackvolle Vor-
hänge, bunte Blumengestecke oder de-
zente Beleuchtungskörper sind – Častolovice strahlt nicht museale, sondern
wohnliche Atmosphäre aus.

»Diana Sternberg will die Vergangenheit des Schlosses wieder lebendig
machen, in Erinnerung an ihre Eltern,
die diesen Besitz sehr liebten und zweimal daraus vertrieben wurden«, erklärt

Renaissance-Juwel Častolovice

die Führerin. Vom erlesenen Kunstge-schmack der Sternbergs zeugen die kost-baren Sammlungen (Möbel, Gemälde, Tapisserien, Glas, Porzellan, insbeson-dere die einzige komplette Kollektion von Gemälden aller böhmischen Kö-nige). Die Räume haben kaum ihresglei-chen in Böhmen, vor allem der Tobias-saal (Holzkassettendecke vom Ende des 16. Jh. mit Tobias-Szenen aus dem Alten Testament), der 300 m² große Rittersaal (Renaissance-Kassettendecke), das Bro-katzimmer (Tapeten) und die kleine Ka-pelle (mit einem Tiroler Holzaltar von 1601). Durch den 40 ha großen Natur-park hinter dem Schloß streichen Dam-wild-Rudel, ein Gartenrestaurant lädt zu Speis und Trank ein.

In dem auf einer gotischen Burg und einem Renaissancebau basierenden ge-waltigen frühbarocken Schloß **Rychnov nad Kněžnou** (Reichenau an der Kniesch-na) **13** (s. S. 365), nach Plänen von Gio-vanni Santini-Aichel errichtet, wird die

kunsthistorisch bedeutende, aufgrund der sehr einseitigen Motive (Porträts, Jagd-Stilleben) aber eher langweilige Gemäldegalerie der Adelsfamilie Kolo-wrat mit Werken niederländischer, ita-lienischer, deutscher und böhmischer Künstler des 15.–19. Jh. aufbewahrt. Möbel, Glas, Porzellan und Gobelins er-gänzen die verstaubt wirkende Ausstel-lung. Seit 1993 befindet sich das Schloß wieder im Besitz der Kolowrat.

Am Ufer der Kněžná stehen noch einige malerische alte Weberhäuschen, in der vom Hauptplatz abzweigenden Fischerová ul. findet man die Synagoge (1787) mit einem 1995 eröffneten jüdi-schen Museum.

Wieder ein Juwel der Renaissance-Ar-chitektur: Das mächtige Schloß **Opočno** (Opotschno) **14** (s. S. 359) auf einer Land-zunge über dem Zlatý potok (Goldbach). Bauherr war Vilém Trčka (Tertschka), die Ausführung lag in Händen italienischer Baumeister, die 1560–1569 auf den Resten einer von den Hussiten zerstörten gotischen Burg eine repräsentative Residenz im Stil der Renaissance errichteten. Nach 1600 wurden ein Lustschlößchen, eine Kapelle und ein Ballhaus hinzugefügt. Als Wallenstein-Freunde und angebliche Mitverschwörer gegen den Kaiser gingen die Trčkas 1634 ihres Besitzes verlustig, bis zum heutigen Tag herrscht – abgesehen von den Unterbrechungen der jüngeren Geschichte – die Familie Colloredo-Mansfeld über das Anwesen. Nach einem Brand kam es 1716 zu barocken Adaptionen des Schlosses durch Giovanni Battista Alliprandi, die ebensowenig wie architektonische Eingriffe im 19. und 20. Jh. den Renaissance-Charakter des Bauwerkes schmälerten.

Das dreiflügelige Gebäude hat einen von dreigeschossigen Arkadengängen umgebenen Innenhof, der sich an einer Seite mit einer Terrasse dem mehr als 20 ha großen Park öffnet. Ein Teil der Ausstellung ist afrikanischer und amerikanischer Volkskunde, einschließlich exotischer Waffen und Jagdtrophäen, gewidmet, die ein Colloredo-Mansfeld, begeisterter Großwildjäger, auf seinen Reisen gesammelt hatte. Neben zahlreichen Beispielen aristokratischer Wohnkultur von der Renaissance bis zum Historismus tragen vor allem die Gemäldegalerie mit Werken venezianischer, neapolitanischer und niederländischer Künstler sowie die Bibliothek mit alten Buchdruck-Raritäten zum Ruhm von Opočno bei.

Svitavy (Zwittau)

1 (s. S. 366) Gewiß, es gibt interessantere Städte als das in sanftes Hügelland gebettete **Svitavy**, das geographisch und historisch bereits zu Mähren gehört, politisch jedoch nach dem Zweiten Weltkrieg Ostböhmen eingegliedert wurde. Als ruhiger Standort – jeweils rund 70 km von Brno, Hradec Králové und Pardubice entfernt – eignet es sich aber ausgezeichnet, zumal gut ausgebaute Straßen in alle Richtungen führen. Preisgünstige Übernachtungsmöglichkeiten, einige nette Restaurants und besonders aufmerksame Angestellte im Informationsbüro am Hauptplatz lassen den Reisenden das Städtchen in guter Erinnerung behalten. Auch fürs Auge ist einiges geboten, in erster Linie der nach 1990 sorgfältig restaurierte Hauptplatz (nám. Míru), einer der schönsten Straßenplätze der Tschechischen Republik

mit dem längsten zusammenhängenden Arkadengang im Lande, dem Renaissance-Rathaus, einer Mariensäule und dem Floriansbrunnen (beide barock).

Zwei Männer haben die Geschichte des im 12. Jh. gegründeten Svitavy geprägt. Der eine war Oswald Ottendorfer (1826–1900), nach der Revolution 1848 in die USA ausgewandert und dort als Verleger der »New Yorker Staatszeitung und Herold« zu Vermögen und Ansehen gekommen. Er stiftete seinem Geburtsort, der mittlerweile durch eine blühende Textilindustrie zum »Westmährischen Manchester« aufgestiegen war, nicht nur eine vorbildliche Bibliothek (Neurenaissance-Bau am Smetana-Platz), sondern auch ein Kranken-, Waisen- und Armenhaus sowie – zum Andenken an seine Mutter Katharina – den Mutterliebe-Brunnen (Adolf von Donndorf,

1893). Die zweite Persönlichkeit gelangte durch den Hollywood-Regisseur Steven Spielberg zu internationalem Filmruhm: Oskar Schindler (1908–1974), ein in jeder Beziehung listenreicher Zwittauer Fabrikant, dem es gelang, mehr als 1000 jüdische Mitbürger vor den Klauen der Nazis und damit vor dem sicheren Tod zu bewahren. Als alle Welt den mit mehreren »Oscars« preisgekrönten Film »Schindlers Liste« feierte, erinnerte man sich auch in Svitavy des Deutschen und setzte ihm 1994 im Jan-Palach-Park an der Straße nach Polička – gegenüber seinem ehemaligen Wohnhaus – ein Denkmal ohne falschen Pathos.

In privater Initiative aus dem wiedererstandenen Bereich der Kleinunternehmen und des Mittelstandes erfolgte 1990 die Gründung einer Stiftung, die den Namen des Textilunternehmers und zeit seines Lebens wohltätigen Spenders Josef Plíva (1871–1947) trägt. Sie hat sich die Förderung von Bildung und Kultur in Svitavy zum Ziel gesetzt, um der tschechischen Jugend durch Vermittlung internationaler Kontakte den »Weg zurück nach Europa«, wie es in einer Informationsschrift heißt, zu ebnen. Das von der Stiftung renovierte Stadtplatz-Haus Nr. 80 dient als »Europa-Haus« diesen zukunftsweisenden Zwecken. So provinziell, wie das Städtchen auf den ersten Blick wirkt, ist Svitavy also doch nicht.

Komponistenstädte und Bauerndörfer

Die Geburtsorte zweier berühmter tschechischer Komponisten – Bedřich Smetana und Bohuslav Martinů – stehen am Beginn der Route (180 km), Städtchen mit schönen historischen Zentren, das erste auch mit einem prunk-

Listenreicher Oskar Schindler

vollen Renaissance-Schloß samt einem der ältesten Theater des Kontinents. Volkstümliche Architektur inmitten einer friedlichen Hügellandschaft präsentiert das Freilichtmuseum Vysočina (zwischen den Ortschaften Hlinsko und Trhová Kamenice). Die Rundfahrt durch Teile der Böhmisch-Mährischen Höhen beschließen zwei traditionsreiche Städte mit hübschem Hauptplatz bzw. einer baukünstlerisch außergewöhnlichen Wallfahrtskirche.

Was den Salzburgern ihr Mozart, ist den Bürgern von **Litomyšl** (Leitomischl) **2** (s. S. 354) ihr Smetana, der in seinem Geburtsort mit internationalen Festspielen gefeiert (und wie sein österreichischer Kollege auch tüchtig vermarktet) wird. Eine zauberhafte Stadt, wären da nicht die öden Wohnblocks aus der KP-Zeit, die das Panorama arg beeinträchtigen. Spät, nämlich erst 1965, wurde das Zentrum rund um den langgestreckten Straßenplatz (Smetanovo nám.) unter

Denkmalschutz gestellt, heute versucht man zu retten, was die Kulturbarbaren aller Zeiten an historischer Substanz übriggelassen haben.

Die Geschichte im Zeitraffer: Im 10. Jh. wurde erstmals eine slawische Burgstätte erwähnt, 1145 war das Gründungsjahr eines Prämonstratenserklosters, um das sich eine Ansiedlung bildete, die 1259 Stadtrechte erhielt. 1421 fiel Jan Žižka mit seinen Horden ein, im Dreißigjährigen Krieg brandschatzten Schweden wie kaiserliche Truppen gleichermaßen. Da sich die Bevölkerung der Rekatholisierung widersetzte, berief man zum Kampf gegen die »verderbliche Ketzerflut« Ordensbrüder der Piaristen in die Stadt, die jedoch im Gegensatz zu den Jesuiten nicht mit Feuer und Schwert drohten, sondern ihre Aufgabe in der Bildung mittelloser Knaben sahen. Nach Elementarkatastrophen – Feuer und Hochwasser – erfolgten Umbauten im Stil von Hochbarock und Klassizismus.

Mitte des 19. Jh. entwickelte sich ein reiches Kultur-, vor allem Musikleben, seit 1949 findet alljährlich Ende Juni ein von den großen tschechischen Opernensembles (Prag, Brünn, Olmütz) getragenes Smetana-Festival statt, das auch Konzerte und Musiktheater-Aufführungen anderer Komponisten – von Händel über Mozart bis Verdi – umfaßt. Leider verfügt die Stadt noch über wenige Unterkunftsmöglichkeiten, so daß Musikfreunde zur Festspielzeit in die nähere Umgebung ausweichen müssen.

Unter den Sehenswürdigkeiten ragt – auch was seine dominierende Lage betrifft – das Renaissanceschloß hervor, im Auftrag von Wratislav von Pernstein (Pernštejn) 1568–1581 anstelle der ehemaligen Burg und des Klosters erbaut. Das vierflügelige Gebäude ist mit Sgraffiti und Loggien geschmückt, im großen Hof mit dreigeschossigen Arkaden an drei Seiten und überwältigenden Kratzputz-Malereien (Szenen aus der Antike und dem Alten Testament an der Stirnfront) gehen Aufführungen des Festivals in Szene. Das staatliche Schloß bietet in 13 Sälen Empire-Mobiliar, Bilder aus dem 18. Jh. sowie wertvolle Sammlungen von Meissner, Wiener und Berliner Porzellan. Die 1577 den Heiligen Monika und Michael geweihte Kapelle mit schlichtem grau-weißem Freskenschmuck, erst seit 1995 wieder öffentlich zugänglich, steht für Hochzeiten und Orgelkonzerte zur Verfügung.

In der Umgebung von Svitavy

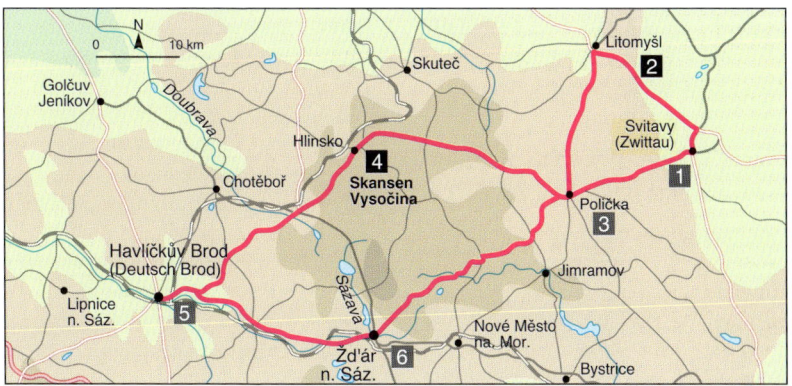

Bedřich Smetana
Musik aus Böhmens Hain und Flur

Murmelnd quillt das Wasser aus der Erde, vereinigt sich in einem immer größer werdenden Bett, leise wogen Wellen an seiner Oberfläche. Man hört die Klänge einer fröhlichen Jagdgesellschaft, später einer Bauernhochzeit: Heiter stampft die Polka dahin. Dann senkt sich die Nacht herab, der Mond glitzert auf den Fluten, Nixen tauchen auf und tanzen einen anmutigen Reigen. Jetzt nähert sich der Fluß den gefährlichen Stromschnellen, springt wirbelnd über Fels und Stein, ehe er wieder Ruhe findet. Breit strömt das Gewässer an der alt-ehrwürdigen Prager Königsburg »Vyšehrad« vorbei.

Das ist, kurz gesagt, der »Inhalt« von Bedřich Smetanas populärstem Werk, der symphonischen Dichtung »Die Moldau«, einer von sechs Teilen des Orchesterzyklus »Mein Vaterland«, gleichsam ein instrumentales Glaubensbekenntnis zur Heimat. Damit schuf der Komponist als erster nationale böhmische Musik in höchster Vollendung.

Nach Studien in Jindřichův Hradec (Neuhaus), Havlíčkův Brod (Deutsch Brod) und Prag wurde der am 2. März 1824 in Litomyšl als Sohn eines Braumeisters geborene Smetana Musiklehrer bei der Familie des Grafen Leopold Thun, leitete dann in Prag eine eigene Musikschule und ging, weil man in der Monarchie einem so betont tschechischen Künstler kein geeignetes Wirkungsfeld zur Verfügung stellte, für 5 Jahre als Dirigent nach Göteborg (Schweden). 1861 hatten sich die politischen Verhältnisse in Prag geändert; Smetana kehrte im Triumph zurück und wurde zum Führer des Musiklebens in den Böhmischen Ländern. 1866 brachte er seine heitere Oper »Die verkaufte Braut« heraus, die – anfangs gar nicht so erfolgreich – mit der Zeit zu einer Art tschechischem Nationalheiligtum wurde. Sechs weitere, meist ernste Opern folgten, doch keine konnte sich in den internationalen Repertoires bis heute so nachhaltig etablieren wie »Die verkaufte Braut«, zu deren Aufführungen das Publikum aus der Umgebung von Prag seinerzeit mit Sonderzügen anreiste.

1874 traf Smetana das Schicksal Beethovens – er wurde taub, mußte die Konzerttätigkeit einstellen und sich auf das Komponieren beschränken. Zeiten tiefer Depressionen wechselten mit Perioden intensiver Schaffenskraft ab. Ehe er am 12. Mai 1884 in Prag in geistiger Umnachtung starb, schuf er u. a. mit dem Streichquartett »Aus meinem Leben« eine musikalische Selbstbiographie, in der er ungestilltes Sehnen der Jugendzeit, die von fröhlichen Volkstänzen begleitete Seligkeit der ersten Liebe und schließlich das Erleben des reifen Mannes schildert: Die Erkenntnis der nationalen Musik.

Renaissance-Fassade von Schloß Litomyšl

Ein besonderes Erlebnis stellt der Besuch des Ende des 18. Jh. erbauten, intimen Schloßtheaters dar, das mit jenen von Drottningholm (Schweden) und Český Krumlov (Krumau) zu den ältesten noch im Originalzustand bewahrten Bühnen Europas zählt. Hier hatte Smetana im Alter von sechs Jahren seinen ersten musikalischen Auftritt. Als einzige erhaltene Originale des Künstlers hütet das Theater die für Litomyšl geschaffenen Kulissen des berühmten Theatermalers Josef Platzer, Schöpfer der Dekorationen für die Prager Uraufführung von Mozarts »Don Giovanni«.

In der ehemaligen Bierbrauerei gegenüber dem Schloß befindet sich die als Museum eingerichtete Geburtswohnung Smetanas (1824–1884). Das Interieur ist einem bürgerlichen Salon des 19. Jh. nachempfunden. Ein Museum antiker Bildhauerkunst und Architektur wurde in den Räumen der barocken Reitschule des Schlosses untergebracht (Abgüsse griechischer und römischer Plastiken). Der Komplex des Piaristenkollegs in unmittelbarer Nachbarschaft des Schloßareals umfaßt eine Schule, die von Alliprandi erbaute barocke Kirche zur Kreuzauffindung und das im ehemaligen Gymnasium untergebrachte Stadtmuseum. Am Stadtplatz mit seinen Laubengängen und den mit Giebeln und Attiken verzierten Bürgerhäusern aus dem 16.–19. Jh., in denen sich zahlreiche gemütliche Cafés, Restaurants und hübsche Geschäfte etabliert haben, sind vor allem das Alte Rathaus (1418), das spätbarocke Neue Rathaus (Nr. 61) und das wechselnden Kunstausstellungen dienende Renaissancehaus »U rytířů« (Zu den Rittern) mit seinen ornamentalen und figuralen Reliefs an der Fassade und der Kassettendecke im Inneren bemerkenswert.

Mitten im Dezemberschnee des Jahres 1890 erblickte in der Turmstube der neugotischen St. Jakobs-Pfarrkirche von

Polička (Politschka) **3** (s. S. 362) der nachmalige weltberühmte Komponist Bohuslav Martinů das Licht der Welt, der trotz internationaler Karriere – er starb 1959 in der Schweiz – in musikalischer Hinsicht stets seiner böhmischen Heimat verpflichtet blieb. Mehr als zehn Jahre verbrachte der Türmersohn hoch über der Stadt in einer Kammer, zu der 200 Stufen hinaufführen. Heute kann hier ein kleines Museum besichtigt werden.

Polička, im 13. Jh. gegründet, wurde 1845 von einer Feuersbrunst nahezu vollständig vernichtet. Kirche, Rathaus und Bürgerhäuser mußten neu erbaut werden, dabei griff man weitgehend auf die alten Baustile zurück, auch die ovale Form des Stadtzentrums mit seinem regelmäßigen Grundriß behielt man bei. Als älteste Baudenkmäler sind Reste der Stadtbefestigung (13.–15. Jh.) erhalten.

Das 1972 eröffnete Freilichtmuseum **»Skansen Vysočina« 4** zählt zu den bekanntesten Expositionen volkstümlicher Architektur in Böhmen. Für dieses Vorhaben wurden Teile der Gemeinde Vysočina mit ihren historischen Dorfbauten sowie der Bezirk Betlém des Städtchens Hlinsko ausgewählt. Später kamen dann noch Baudenkmäler in den Weilern Svobodné Hamry (ländlicher Herrensitz, Schmiede, Mühle, Wirtshaus), Možděnice (Alte Schule, Wagenbauer-Werkstatt), Dřevíkov (Dorfplatz, ehemalige Judengasse, jüdischer Waldfriedhof), Svatý Mikuláš (Einzelhof mit Kirchlein, Sammlung von Gußeisen-Kreuzen), Trhová Kamenice (Kirche, altes Rathaus, Volksbauten) und Zubří (Aussichtsort, Kapelle) dazu. Alle genannten Orte sind gut ausgeschildert und durch markierte Wanderwege verbunden.

Mittelpunkt des Freilichtmuseums ist jedoch der »Lustige Berg« (Veselý Kopec), eine ehemalige Holzfällersied-

lung. Ihr Name wird auf den Přemysli-denkönig Wenzel II. zurückgeführt, der hier 1302 mit seinen Kriegern ein lustiges Zechgelage abgehalten haben soll. Die Objekte sind typische, einfach gezimmerte Holzbauten aus dem 17. bis 19. Jh., das älteste Anwesen, »U Pilných«, stammt teilweise sogar aus dem 16. Jh. Vielbestauntes Prachtstück der Ausstellung: eine vierzehneckige Scheune aus der zweiten Hälfte des 18. Jh., das einzige noch erhaltene Exemplar dieser seinerzeit weitverbreiteten Art. Forsthaus, Sägewerk, Getreidemühle, Powidl-Siederei und verschiedene Handwerksstätten bilden die weiteren Attraktionen des meistbesuchten Denkmalkomplexes von Ostböhmen, der auch immer wieder als Schauplatz folkloristischer Veranstaltungen dient.

In der Umgebung von **Havlíčkův Brod** (Deutsch Brod) **5** (s. S. 345) wurde bereits im 13. Jh. von deutschen Kolonisten Silberbergbau betrieben, die Stadt selbst zunächst vom Deutschen Ritterorden verwaltet. Während der Hussitenkriege stand Havlíčkův Brod (bis 1945 Německý Brod = Deutsch Brod, wobei Brod nicht vom deutschen Wort »Brot« kommt, sondern auf Tschechisch »Furt« bedeutet) auf der Seite Kaiser Sigismunds und fiel der Plünderung durch Žižkas Horden anheim. Mehr als 1500 Menschen starben, der Rest der deutschen Bevölkerung flüchtete. Seither hatten nur mehr die Tschechen das Sagen, ein Jahrhunderte andauernder Wettbewerb mit dem deutschen Iglau (Jihlava) begann, wobei es zu häufigen gegenseitigen Überfällen kam. Die Iglauer bestachen sogar den Turmwächter Hnát, der ihnen 1472 im Morgengrauen das Stadttor von Brod öffnen sollte. Fleißige Frauen, die bereits am Fluß ihre Wäsche wuschen, verhinderten den drohenden Verrat. Den Türmer

Havlíčkův Brod: Stadtplatz

ereilte ein grausames Schicksal: Er wurde in einem großen Kessel gesotten, sein Skelett brachte man in einer Giebelnische des Rathauses an, wo es von nun an den Stundenschlag einläutete. Der Knochenmann – es sind allerdings nicht mehr Hnáts inzwischen zerfallene Gebeine – ist heute noch hoch oben unter der Rathausuhr zu sehen – mit der warnenden lateinischen Aufschrift am Sensenblatt: »Keiner kennt die Stunde«.

Vor dem Alten Rathaus (Renaissance) erhebt sich ein Barockbrunnen mit Tritonenstatue. Der von den Giebelbauten gotischer bis spätbarocker Bürgerhäuser gesäumte Stadtplatz ist der reizvollste Winkel des historischen Kerns. Man sieht hier das Geburtshaus (Nr. 14) des Komponisten Johann Wenzel Stamitz (1717–1757), des Begründers der »Mannheimer Schule«, sowie das Wohnhaus (Nr. 19) des politischen Journalisten und Schriftstellers Karel Havlíček-Borovský (1821–1856), eines der Wortführer der tschechischen nationalen Wiedergeburt, nach dem die Stadt 1945 benannt wurde. Die Pfarrkirche Mariä Himmelfahrt vom Ende des 13. Jh. erfuhr im Barock und mehrfach auch später Umbauten. In ihrem 51 m hohen, prismenförmigen Turm hängt die um 1300 gegossene älteste Glocke des Landes. Im Inneren befinden sich ein reich verzierter Hauptaltar, ein zinnernes Taufbecken (16. Jh.) und an einem Seitenaltar das Gemälde »Der Schutzengel« des bedeutenden Barockmalers Karel Škréta.

Ein Aufenthalt in der modernen, lebendigen Kreisstadt **Žd'ár nad Sázavou** (Saar an der Sassau) **6** (s. S. 373) lohnt höchstens für einen Einkaufsbummel oder zur Einkehr in dem gemütlichen Rathaus-Restaurant. Die Sehenswürdigkeiten liegen am Ortsrand (Straße Richtung Zdírec): der Komplex des ehemaligen Zisterzienserklosters Mariä Himmelfahrt (1784 säkularisiert und in ein Schloßareal umgewandelt, heute im Be-

Hašeks letztes Stammlokal

Fans von Jaroslav Hašek sollten den Abstecher in das rund 15 km von Havlíčkův Brod entfernte Lipnice nad Sázavou (Lipnitz/Straße Nr. 18 Richtung Svetlá) nicht versäumen, ein Städtchen in schöner Waldlage auf 611 m Seehöhe. In einem Häuschen am Fuße einer nur mehr zum Teil erhaltenen Burganlage aus dem 14. Jh. hat der Schöpfer des »Braven Soldaten Schwejk« seine letzten Lebensjahre verbracht (er starb 1923 und wurde auf dem Ortsfriedhof begraben). Häufig besuchte der ständig bierdurstige Hašek auch das nur wenige Schritte entfernte »Hostinec České Koruna«. Die »Böhmische Krone«, ein uriges Dorfwirtshaus mit hölzernen Bauernsesseln, springenden Rehlein in rustikalen Bilderrahmen und einer Lautsprecheranlage für den Samstag-Abend-Tanz, rühmt sich dieser Tatsache mit einer Gedenktafel und farbigen Schwejk-Illustrationen an der Wand. Alljährlich Ende Juni lädt Lipnice zu einem Festival des Humors und der Satire.

sitz der Kinskýs) sowie die nahe Nepomuk-Wallfahrtskirche am Grünen Berg (Zelená hora).

Das aus der zweiten Hälfte des 14. Jh. stammende Kloster erlebte unter Abt Václav Vejmluva Anfang des 18. Jh. seine Hochblüte. Der ehrgeizige geistliche Herr konnte für die Realisierung seiner umfangreichen Bauvorhaben den berühmten Barock-Architekten Giovanni Santini-Aichel gewinnen. Dieser erneuerte nicht nur die frühgotische Stiftskirche im Stil der Barockgotik, sondern auch die übrigen Bauten, insbesondere die Prälatur. Hier befindet sich seit 1957 in 21 stuckverzierten und teilweise auch mit Fresken geschmückten Räumen ein sehenswertes Buchmuseum (Dependance des Prager Nationalmuseums), dessen Bogen von der Entstehung der Schrift über die Erfindung der Buchdruckerkunst bis zum modernen Verlagswesen reicht.

Als Welt-Kulturdenkmal erster Kategorie hat die UNESCO die Nepomuk-Wallfahrtskirche am Grünen Berg eingestuft. Die Symbolik der Zahl fünf – der Legende zufolge erstrahlten beim Märtyrertod des hl. Nepomuk in der Moldau fünf Sterne – war für Santini-Aichel Anlaß zu einer geradezu phantastischen Entfaltung seiner künstlerischen Vorstellungskraft. Inmitten eines fünfeckigen Friedhofs steht auf fünfeckigem Grundriß das Kirchlein, dessen fünf Bögen sich zu einem Fünfstern vereinen. Auch die Empore ist in fünf größere und fünf kleinere Chorräume gegliedert, in fünf Kapellennischen stehen fünf Altäre. Selbstverständlich hat das Gotteshaus fünf Tore, am Hauptaltar tragen fünf Engel in pompöser Manier den Heiligen

*Žďár nad Sázavou: Nepomuk-Wallfahrts-
kirche am Grünen Berg*

empor, und das Kircheninnere erhält
Licht durch 55 Fenster. Den gewölbten
Kreuzgang rund um den Friedhof unter-
brechen fünf Tore und fünf Kapellen.
Auf geniale Weise verbindet das Fünfer-
Wunderwerk Stilprinzipien von Gotik
(Fenster, Rippennetz) und Barock, strebt
aufgrund seiner abwechselnd konvexen
und konkaven Konturen stürmisch him-
melwärts – wie ein Raumschiff vor dem
Start.

*Die Zahl fünf als architektonisches Prinzip:
Blick in die fünfeckige Kuppel der Nepomuk-
Wallfahrtskirche*

**Nordmähren
Idylle vor
rauchenden
Schloten**

Mit der Böhmisch-Mährischen Höhe *(Českomoravská vrchovina)* hat die Natur eine quer durch die Republik verlaufende Grenze zwischen die beiden Landesteile Tschechiens gezogen. Zugleich bildet das sanft gewellte Hügelland – seine höchsten Erhebungen erreichen kaum 850 m – die Wasserscheide zwischen Nordsee und Schwarzem Meer: Die Flüsse an den Nordhängen münden in Moldau und Elbe, jene aus den südlichen Ausläufern in March und Donau.

Böhmen und Mähren verhalten sich wie Geschwister, die trotz enger, herzlicher Familienbande stets ihren eigenständigen Charakter hervorkehren. Und was sich liebt, das neckt sich. Typisch dafür ist der – natürlich aus Mähren stammende – Spruch über die verschiedenartige Verwendung von Pflaumen: »In Böhmen ißt man sie, bei uns werden sie zum Schnaps veredelt und getrunken.« Dafür revanchierte man sich in Prag mit einer boshaften Interpretation der Staatshymne, deren zwei Teile vor der Trennung der Länder Böhmen und der Slowakei gewidmet waren: »Die Pause dazwischen, die gehört Mähren.«

Zahlreiche gelehrte Bücher sind über die Unterschiede zwischen den beiden Landesteilen verfaßt worden, was Mentalität, Küche oder Dialekt betrifft. Der Reisende wird von all dem höchstens die kulinarischen Differenzen bemerken, etwa daß die Kolatschen (das berühmte tschechische Hefeteig-Gebäck) in Mähren kleiner sind und Powidl und Quark als Füllung haben, während die größeren böhmischen Mehlspeisen diese Zutaten obenauf tragen. Oder daß mährische Knödel im Gegensatz zu den böhmischen ohne Semmel hergestellt werden und man das Kraut in Böhmen ohne Mehl und in größeren Stücken zubereitet, in Mähren dagegen kräftig mit Mehl staubt, dafür aber feiner schneidet.

Zurück zur Geographie und damit zum dritten, freilich nur inoffiziellen Landesteil Tschechiens: zu Schlesien, besser gesagt dem heute Nordmähren eingegliederten Gebiet, das der preußische König Friedrich II. seiner österreichischen Rivalin Maria Theresia nach drei gewonnenen Kriegen vom reichen schlesischen Kernland großmütig gelassen hatte. Die Mitte des 18. Jh. willkürlich gezogene Grenze blieb im wesentlichen bestehen und trennt heute die Tschechische Republik von Polen. Schlesische Eigenart hat sich nur mehr in Folklore und Architektur (Streifenhäuser, Holzkirchen) erhalten, der von den deutschen Siedlern einst gesprochene Dialekt ist nahezu vergessen.

Nordmähren, von den Kommunisten zum »stählernen Herzen der Republik« erhoben, stellt mit Ausnahme der vom Reichensteiner Gebirge *(Rychlebské hory)*, dem Altvater-Gebirge *(Hrubý Jeseník)* und dem Grulicher Schneeberg *(Králický Sněžník)* gebildeten Bergregion den am wenigsten attraktiven Teil des Landes dar. Wer nicht zwischen rauchenden Schloten, öden Industriewüsten und tristen Satelliten-Siedlungen Urlaub machen will, muß sich aus dem verdorbenen Kuchen die noch durchaus vorhandenen Rosinen herauspicken und Sehenswürdigkeiten ohne Umwege gezielt ansteuern.

Von Svitavy nach Velké Losiny

Eine Route (150 km) mit Standortwechsel vom böhmischen Svitavy in das liebliche, von dicht bewaldeten Bergen umgebene Erholungsgebiet von Velké Losiny. Dazwischen liegen interessante historische Städte – mit Olomouc (Olmütz) zweifellos eine der wichtigsten und geschichtsträchtigsten Tschechiens – sowie eine romantische Burg im Stil des Historismus, einst repräsentativer Sitz des Deutschen Ordens.

Während sich die nur wenige Kilometer entfernte böhmische Schwesternstadt Česká Třebová (Böhmisch Trübau) vor allem als Eisenbahn-Knotenpunkt einen Namen gemacht hat, steht **Moravská Třebová** (Mährisch Trübau) **1** (s. S. 357) wegen seiner zahlreichen Renaissance- und Barockbauten unter Denkmalschutz. Den freundlichen, mit Bäumchen bepflanzten Stadtplatz säumen zweistöckige, frisch herausgeputzte Häuser historischen Ursprungs (Haus Nr. 16 mit sehenswertem Steinportal von 1540, Haus Nr. 23 mit Frührenaissance-Erker). Das Rathaus stammt von 1539, die Renovierungsarbeiten in den 60er Jahren umfaßten auch den Zyklus von Renaissance-Wandmalereien mit allegorischen Darstellungen von Recht und Gerechtigkeit im großen Saal. Von großem Leid der Bevölkerung erzählt die lateinische Inschrift auf der barocken Pestsäule (1720): Innerhalb von sieben Monaten hatte die Epidemie des Jahres 1715 »vier fromme Fürsten, ei-

Von Svitavy nach Velké Losiny

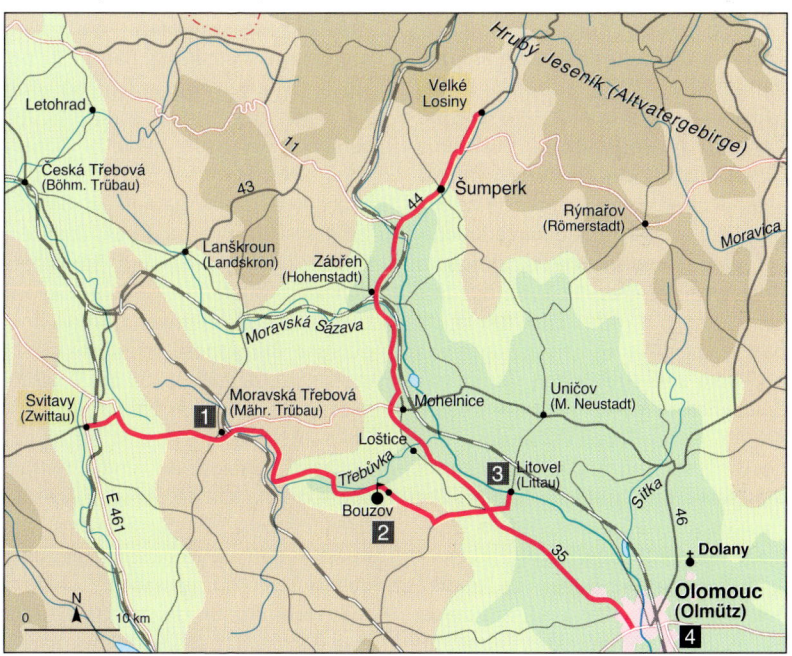

nen Bürgermeister, einen Richter, fünf Ratsherren und 900 weitere fromme Leute« dahingerafft, das war damals ein Drittel der Bewohner.

Reichen Freskenschmuck weist die Pfarrkirche Mariä Himmelfahrt auf, ursprünglich gotisch, nach Bränden barock umgestaltet. Das Frührenaissance-Schloß, das im 19. Jh. teilweise einem Brand zum Opfer gefallen war, rühmt sich mit seinem Tor von 1492 des ältesten erhaltenen Renaissance-Denkmals des Landes. Von der Umfahrungsstraße aus führt die mit Schindeln gedeckte »Totentreppe« (1575) auf den Kreuzhügel *(Křížový vrch)* mit einer spätgotischen Kapelle und einer barocken Kreuzweggruppe.

Bedeutendstes Jugendstil-Gebäude ist das Vinzenz-Holzmeister-Museum, Stiftung eines aus Mährisch Trübau stammenden amerikanischen Unternehmers und Millionärs, der seiner Geburtsstadt eine sensationelle Sammlung orientalischer Kunst vermacht hat.

Die Ursprünge der Wehrburg **Bouzov** (Busau) **2** (s. S. 338) reichen bis in das beginnende 14. Jh. zurück. 1696 ging das Anwesen in den Besitz der Hoch- und Deutschmeister des Deutschen Ordens über, die hier bis 1939 ansässig waren. Seit 1780 herrschten in ununterbrochener Folge österreichische Erzherzöge als Ordensmeister über die Burg, die dennoch zusehends verfiel. Ende des 19. Jh. beauftragte daher Erzherzog Eugen von Habsburg den Architekten Georg von Hauberrisser – er war auch der Erbauer des Münchner Neuen Rathauses – mit der Umgestaltung des Objekts zu einem repräsentativen Zeremonienschloß. Der Hochmeister stellte dafür 11 Mio. Goldkronen zur Verfügung.

1895 wurden die Ruinen des Nordflügels niedergerissen und die Arbeiten an einem neuen zweistöckigen Palast auf-

genommen. Auch den Südpalast errichtete man auf dem alten Grundriß neu, weniger beschädigte Teile der Burg erfuhren eine gründliche Renovierung, ohne daß die historische Substanz gänzlich zerstört wurde. Der Münchner Architekt schuf damit die Idealvorstellung eines mittelalterlichen, dennoch aber bequem bewohnbaren Bauwerks, dessen vielfältige Stile – insbesondere Gotik und Renaissance – in gelungenem Einklang ineinandergreifen. Als Vorbilder dienten ihm nicht zuletzt auch Details aus anderen Ordensniederlassungen, wie z. B. die Wendeltreppe im Schloß Mergentheim (Baden-Württemberg), die im Übergang zum Ostbau nachempfunden wurde. Die prachtvolle Inneneinrichtung (Möbel, Uhren, Bilder, Glasarbeiten) stammt vorwiegend aus ehemaligen Besitztümern des Deutschen Ordens.

Heute präsentiert sich die während der Nazi-Okkupation von der SS besetzte Burg – sie wird von einer staatlichen Stiftung verwaltet – als malerischer, bestens erhaltener Bau im Stil der »Butzenscheiben-Romantik«, mit allen Attributen des ausklingenden 19. Jh., betont durch ausdrucksvolle Zinnen, Erker, Schießscharten und Speier, umgeben von einem gewaltigen Befestigungssystem mit drei Toren, Basteien, Gräben, Zugbrücken und Türmchen. Von den zahlreichen Räumlichkeiten besonders beachtenswert sind die neugotische Burgkapelle mit sechs Grabsteinen der Deutschmeister des Deutschordensschlosses Horneck bei Gundelsheim am Neckar aus dem 14. bis 16. Jh., Rittersaal, Säulenhalle und Jagdsaal sowie die mit allem Komfort ausgestatteten fürstlichen Gemächer. Kitsch und Kunst in trautem Nebeneinander, aber durchaus gefällig anzusehen.

In sechs Armen durchfließt die Morava (March) das liebliche Provinzstädt-

Deutscher Orden
800 Jahre im Dienste der Kirche

Burg Bouzov: Stilgemisch im ehemaligen Deutschordenssitz

Bouzov

259

Als Gemeinschaft von Brüdern 1190 vor Akkon in Palästina zur Pflege von Kranken und Verwundeten gegründet, breitete sich der Deutsche Ritterorden im Römischen Reich Deutscher Nation rasch aus. Bis in unsere Tage zeugen Kirchen, Burgen und Hospitäler von Spanien bis ins Baltikum und von den Niederlanden bis Sizilien von seinen die europäische Geschichte mitgestaltenden, wegen seiner auf Macht und Landgewinn ausgerichteten Bestrebungen politisch freilich nicht immer unumstrittenen Aktivitäten. Von Napoleon aus Deutschland verdrängt, von Hitler in Österreich, Böhmen und Mähren aufgehoben und seiner Besitzungen beraubt, lebt er heute unter dem Namen »Brüder vom Deutschen Haus Sankt Mariens in Jerusalem«, kurz Deutscher Orden *(Ordo Teutonicus, O. T.)*, als klerikale Gemeinschaft mit dem Sitz des Hochmeisters in Wien weiter. Seine karitative Tätigkeit entfaltet er in der Pflege der Kranken, Alten, Armen und Hilfsbedürftigen, in den sich wandelnden Formen der sozialen Fürsorge und in der christlichen Erziehung und Bildung von Kindern wie Erwachsenen.

Der Orden – er verfügte auf dem Höhepunkt seiner Macht im 13. Jh. über rund zwei Dutzend Provinzen (Balleien), die Ballei Böhmen und Mähren verwaltete bis 1938 mehr als 30 Niederlassungen – gliedert sich heute in Professen (Priester, Laienbrüder und Schwestern, die das Gelübde der Armut, Keuschheit und des Gehorsams abgelegt haben), Oblaten (Laien und Kleriker ohne Ordensgelübde) und Familiaren (von Gelübden freie Katholiken verschiedener profaner Berufe). Hochgestellte Wohltäter bilden als Ehrenritter eine besondere Klasse der Familiaren. Das Motto des Deutschen Ordens: »Helfen, wehren, heilen«.

chen **Litovel** (Littau) , das seiner vielen Brücken wegen auch »Mährisches Venedig« genannt wird. Großzügige Parkanlagen mit Teichen, Reste spätgotischer Stadtmauern, ein einnehmender Marktplatz mit Renaissance- und Barockhäusern – keine außergewöhnlichen kunsthistorischen Sehenswürdigkeiten, aber eine friedliche Szenerie, die zu einem gemütlichen Bummel einlädt.

Olomouc (Olmütz)

4 (s. S. 358) Obwohl die Mitte des 11. Jh. rund um eine Přemyslidenburg entstandene Stadt immer wieder schwerste Schicksalsschläge hinnehmen mußte, hat man in Olmütz den Optimismus offenkundig nicht verloren. Zumindest die Nachschöpfer der kostbaren Astronomischen Uhr am Rathaus dachten 1955 bei der Wiederherstellung des im Zweiten Weltkrieg zerstörten technischen Denkmals vertrauensvoll an die Zukunft und stellten bei den sich automatisch fortbewegenden Jahreszahlen Nummern bis 9999 bereit.

Die ursprüngliche Uhr stammte vom Ende des 15. Jh. und war damit fast ebenso alt wie ihr berühmtes Prager Pendant. Ihre neue künstlerische Ausschmückung schuf der mährische Maler Karel Svolinský, die astronomischen und mechanischen Teile blieben im wesentlichen unverändert: Jeder Monat wird durch Feldarbeiten charakterisiert, Hammerschläge auf einen Amboß verkünden die Stunden, Figuren von Volksmusikern den Beginn des Glockenspiels mit Auszügen aus mährischen Volksliedern. Zum Abschluß des Spektakels, das sich täglich um 12 Uhr mittags abspielt, flattert ein goldener Hahn mit seinen Flügeln. Am Abend zeigt die Kunstuhr die jeweiligen Mondphasen an, ein

Rathaus Olomouc: Astronomische Uhr

Planetarium den gerade sichtbaren Sternenhimmel.

In keiner anderen Stadt Mährens ist der Boden so »geschichtsträchtig« wie in Olmütz, in keiner anderen Stadt hat sich die Macht der Kirche so etabliert. Schon 1063 erfolgte die Ernennung zum Bistum (nach Prag das zweitälteste der böhmischen Länder), 1777 zum Erzbistum, übrigens dem größten Europas. Die Olmützer Bischöfe – und später Erzbischöfe – herrschten wie Fürsten, insofern sind Vergleiche mit Salzburg oder Passau durchaus gerechtfertigt. 1573 ging aus der 7 Jahre zuvor gegründeten Jesuitenakademie die zweite Universität des Landes hervor, unter deren Studenten sich der spätere General Wallenstein befand. Für den Olmützer Wenzelsdom und dessen Erzbischof, Erzherzog Rudolf Johann von Habsburg, einen Bruder Kaiser Franz I., schrieb Beethoven seine »Missa solemnis«.

Auch die weltliche Szene erlebte turbulente Zeiten. 1306 fiel in der Burg der letzte Přemyslide, Wenzel III., einem Meuchelmord zum Opfer. Während des Dreißigjährigen Krieges wurde Olmütz von den Schweden fast gänzlich zerstört. Daher blieben nur wenige Bauten aus Gotik und Renaissance erhalten. Die neue Stadt entstand im Barockstil, doch mußte die repräsentative Bautätigkeit eingestellt werden, als Maria Theresia 1741 die Errichtung von gewaltigen Befestigungsanlagen anordnete. An diesen biß sich Preußens Friedrich II. die Zähne aus, später internierten die Österreicher in den Verliesen der Festung wichtige politische Gefangene, unter ihnen den französischen Adeligen und legendären General des amerikanischen Unabhängigkeitskrieges, Gilbert de Lafayette, sowie den russischen Anarchisten Michail Bakunin.

1848 suchte der kaiserliche Hof in Olmütz Zuflucht vor den Revolutionswirren in Wien, während der Reichstag in die Sommerresidenz der Erzbischöfe nach Kremsier übersiedelte (s. S. 286). Am 2. Dezember 1848 verzichtete Kaiser Ferdinand, entnervt durch Hofintrigen und die blutigen Ereignisse in der Residenzstadt, zugunsten seines 18jährigen Neffen Franz Joseph auf den Thron – der feierliche, aber nur wenige Minuten dauernde Akt von Abdankung und Inthronisation fand im großen Saal der Erzbischöflichen Residenz statt. Die letzten Kapitel in der fast 700jährigen Geschichte der Habsburger-Dynastie wurden damit aufgeschlagen.

Nachdem die Festung 1886 aufgelassen worden war, konnte Olmütz an die industrielle Entwicklung anderer Städte anschließen, aber erst 1919 erfolgte die Eingemeindung der umliegenden Ortschaften. Heute zählt die Stadt mehr als 100 000 Einwohner, für Besucher von Interesse ist freilich nur das historische Zentrum, das seit 1971 unter Denkmalschutz steht. Wer Zeit hat, sollte auch vom umfangreichen Kulturangebot (zwei Theater, ein Symphonieorchester, mehr als zwei Dutzend Galerien, Staatsbibliothek mit einer Million Bänden, Kunst-Museum) Gebrauch machen. Alljährlich im Mai verströmen auf der internationalen Gartenschau »Flora Olomouc« tausende Blumen betörende Düfte.

Apropos Düfte: Der weltberühmte »Olmützer Quargel« *(Olomoucké tvarůžky),* jener streng-würziges Aroma verbreitende, äußerst schmackhafte, in Nase und Gaumen unverwechselbare Handkäse, wird nicht in Olmütz selbst, sondern in dem Städtchen Loštice (Loschitz/ Straße Nr. 35 Richtung Moravská Třebová) hergestellt, ist allerdings in der Stadt, deren Namen er trägt, in jedem guten Delikatessengeschäft erhältlich.

Stadtspaziergang

Am Václavské nám. (Wenzelsplatz) im Nordosten des Stadtzentrums steht auf einem Hügel über der Morava (March) der **Přemyslidenpalast** aus dem 12. Jh. Nach einer Reihe von Umbauten sind davon allerdings lediglich spärliche Reste erhalten. Außer einigen Mauern, die heute einen Teil des gotischen Kreuzganges aus dem 14. Jh. (mit Fresken aus der Zeit um 1500) bilden, verblieben nur einige romanische Fenster mit reichhaltiger plastischer Verzierung. Die Besichtigung des Palastes schließt auch die gotische Johannes-Kapelle ein.

Der Ende des 19. Jh. im neogotischen Stil errichtete **Wenzelsdom** steht an der Stelle einer niemals gänzlich fertiggestellten romanischen Basilika (1131), die im Laufe der Jahrhunderte zahlreichen Umgestaltungen unterworfen worden war. Unverändert im Renaissance-Stil blieb die Stanislaus-Kapelle mit Fresken

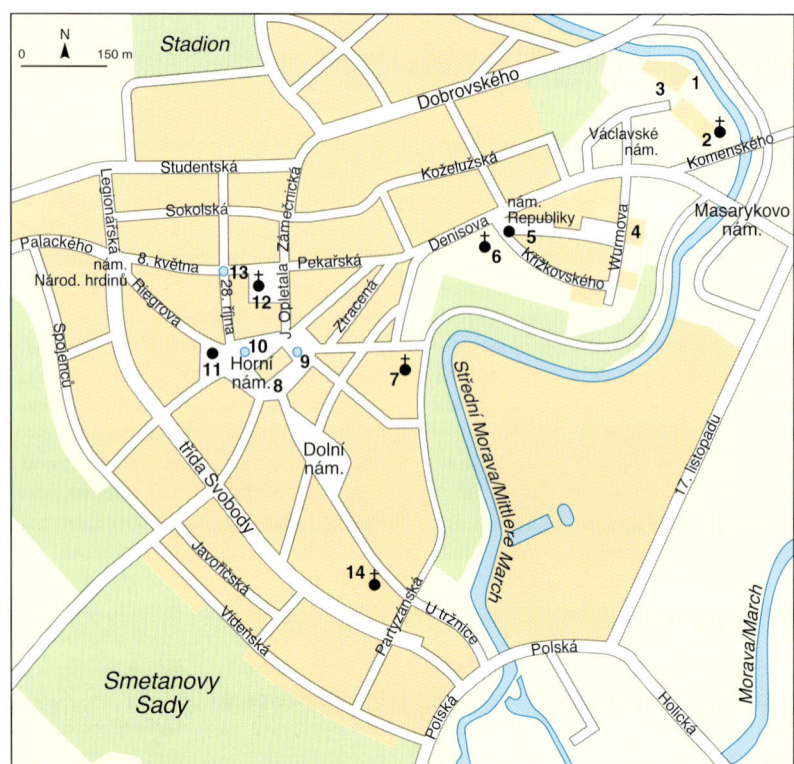

Olomouc (Olmütz) *1 Přemyslidenpalast 2 Wenzelsdom 3 Domdechantei 4 Erzbischöflicher Palast 5 Tritonen-Brunnen 6 Kirche Maria Schnee 7 Kirche St. Michael 8 Rathaus 9 Caesar-Brunnen 10 Herkules-Brunnen 11 Dreifaltigkeitssäule 12 St. Mauritius-Kirche 13 Merkur-Brunnen 14 Kirche und Kloster St. Katharina*

des Olmützer Malers Jan Kristof Handke. Im Eingangsportal hat sich das ursprüngliche Bronzegitter, eine Nürnberger Metallgußarbeit aus dem Ende des 16. Jh., erhalten. Die heutige Form der Krypta stammt aus dem Jahr 1661. An der westlichen Stirnseite befindet sich ein marmorner Behälter mit dem Herzen des Olmützer Habsburger-Bischofs Rudolf Johann, dessen übrige sterblichen Überreste in der Wiener Kapuzinergruft ruhen.

Im Norden des Platzes erhebt sich hinter einem schmeideeisernen Tor die ehemalige Domdechantei, ein frühbarocker zweiflügeliger Bau, an der Stelle der Přemysliden-Burg. Eine Gedenktafel erinnert an die Ermordung Wenzels III., eine andere an den Aufenthalt Wolfgang Amadeus Mozarts, der sich hier 1767 als Elfjähriger von einer Pocken-Erkrankung erholt und seine F-Dur-Symphonie komponiert hatte.

Durch die Dómská ulice und die Wurmová ulice gelangt man zum Biskupské nám. (Bischofsplatz) mit einer Reihe von Kanoniker-Häusern aus dem 17. und 18. Jh., dem Erzbischöflichen

Konsistorium (1681, Anfang des 20. Jh. im Jugendstil umgebaut), dem **Erzbischöflichen Palast** (frühbarocker Bau auf den Grundmauern eines Renaissancepalastes, Schauplatz der Thronbesteigung Kaiser Franz Josephs) und dem Theresianischen Zeughaus (1771–1778).

Die Křížkovského ulice mit mehreren Universitätsgebäuden führt zum nám. Republiky (Republiksplatz), auf dem der **Tritonen-Brunnen** steht, eine bedeutende Bildhauerarbeit unbekannter Künstler (1709) nach dem Vorbild des gleichnamigen Bernini-Brunnens auf der Piazza Barberini in Rom. Im ehemaligen Klarissinnen-Kloster (spätbarock, 1782 säkularisiert) ist heute das Ethnographische Bezirksmuseum untergebracht. Monu-

mentale Barockbauten sind die **Kirche Maria Schnee** der Jesuiten und das anschließende Jesuitenkolleg. Durch die Denisova ulice (auf Nr. 47 Kunst-Museum und Konzertsaal, Jugendstilbau von 1902) und die Univerzitní ulice kommt man zur **Kirche St. Michael.** Der kostbare Barockbau mit gotischem Glockenturm entstand 1673–1703 an der Stelle des ursprünglichen gotischen Dominikanerdomes (13. Jh.).

Die Michalská ulice bringt uns in wenigen Schritten zum Horní nám. (Oberring),der vom mächtigen **Rathaus** dominiert wird. Die vierflügelige Anlage, die vom Ende des 14. Jh. bis heute immer wieder umgebaut wurde und daher Stilelemente der Gotik, Renaissance und

Dreifaltigkeitssäule mit Kapellennischen in Olomouc: Die größte barocke Säule der Welt

Neogotik (Fassade des Nordflügels) aufweist, krönt ein 75 m hoher Turm (1607)
mit Umgang, hohem Renaissance-Helm
und der Astronomischen Uhr. An der
Ostseite befinden sich ein imposantes
Renaissanceportal mit Doppeltreppe und
eine Renaissance-Loggia. Im Inneren
sind vor allem der Festsaal mit Kreuzrippengewölbe (1560) und die St. Hierony-
mus-Kapelle mit wunderschönem gotischem Erker bemerkenswert. Rund um
das Rathaus erheben sich der **Caesar-
Brunnen** (die Barockplastik stellt den
sagenhaften Gründer der Stadt, Gaius
Julius Caesar, auf einem Pferd dar), der
Herkules-Brunnen und die **Dreifaltigkeitssäule**, mit 35 m die höchste Barock-
säule der Tschechischen Republik und
einer der bedeutendsten Bauten dieser
Art in Europa. Die Säule wurde 1754 im
Beisein von Kaiserin Maria Theresia geweiht.

Der Oberring wird von den sogenannten »Reichen Häusern« gesäumt, die
sich bis in die Nebenstraßen hineinzie-
hen. Es handelt sich dabei um ehemalige Besitzungen des niederen Adels
und wohlhabender Bürger. Jedes Haus
hatte seine eigene kleine Bierbrauerei,
in den Lauben wurde der Gerstensaft
verkauft. Zu den wichtigsten Gebäuden
gehören das Salm-Palais (Nr. 1), ein
monumentaler vierflügeliger Barockpalast, der Edelmann-Palast (Nr. 5), ein
prächtiger Bau im Stil der italienischen
Renaissance, in dem 1829–1831 Österreichs Feldmarschall Joseph Wenzel
Graf Radetzky, damals Festungskom-
mandant in Olmütz, lebte (Gedenktafel),
das barocke Petrasch-Palais (Nr. 25), in
dem 1746 von Freiherr Josef Petrasch
die älteste Gelehrtengesellschaft der
Monarchie (*»Societas incognitorum
eruditorum in terris Austriacis«*) gegründet wurde, das Mährische Theater (Nr.
22), ein klassizistischer Bau (1829/30), in

dem Gustav Mahler als Opernkapellmei-
ster wirkte, daneben das Café Opera (Nr.
21, im Kern Renaissancebau, barock
und klassizistisch umgebaut). Wirklich
guten Kaffee und exzellente Mehlspeisen in stilvollem Ambiente erhält man
allerdings nicht hier, sondern auf der anderen Seite des Platzes im urgemütlichen Café Mahler (Nr. 11).

Nördlich des Oberringes führt die
Opletalova ulice zur **St. Mauritius-Pfarr-
kirche**, einem dreischiffigen spätgotischen Bau, der zu den bedeutendsten
Architektur-Denkmälern dieser Epoche
in Mähren zählt. Im Chor befindet sich
die größte Barockorgel Mitteleuropas,
ein Werk von Michael Engler (1745),
nördlich davon die manieristische Grabkapelle des Bauunternehmers Wenzel
Edelmann (1572). Um die Kirche entdeckte man eine Siedlung aus dem
11. Jh. mit Resten einer Rotunde. Der
nahe **Merkur-Brunnen** gilt als der wertvollste der insgesamt sechs barocken
Stadtbrunnen von Olmütz.

Südlich des Oberrings schließt der
Dolní nám. (Niederring) an. Von reichen
Kaufleuten erbaute Häuser säumen den
Platz mit Neptun-Brunnen, Mariensäule
und Jupiter-Brunnen. Die Kateřinská
ulice bringt uns zu **Kirche und Kloster
St. Katharina**. Das einschiffige gotische
Gotteshaus wurde 1701 barock umge-
baut und 1848 wieder regotisiert. Aus
der Zeit um 1400 stammt das Portal, das
angeschlossene Kloster (1709) ruht auf
Renaissance-Fundamenten.

8 km nordöstlich des Stadtzentrums
thront über den Niederungen der Morava auf dem 412 m hohen **Heiligen
Berg** *(Svatý kopeček)* die Wallfahrtskirche Mariä Heimsuchung in jubilieren-
dem Barock. Zahlreiche Devotionalien-
stände und Imbißbuden zeugen vom
regen Besuch dieses weithin sichtbaren
Monuments des Glaubens.

Velké Losiny (Groß Ullersdorf)

1 (s. S. 371) Ein weißes Renaissance-Schloß an einem rauschenden Bächlein, umgeben von einem gepflegten Park mit Teichen, ein Kurstädtchen mit schwefelhaltigen Heilquellen, vielen Grünanlagen und hübschen Villen im malerischen Tal des Desná-Flusses (Teß) inmitten der dicht bewaldeten Ausläufer des Altvater-Gebirges *(Hrubý Jeseník)* – ein Ort, so richtig geeignet, die Seele baumeln zu lassen.

Die Sehenswürdigkeiten sind schnell absolviert. Das ehemalige Liechtenstein'sche Schloß (bis 1945), heute unter der Verwaltung des Heimatkundlichen Kreismuseums in Šumperk (Mährisch Schönberg), zählt sowohl architektonisch als auch vom Interieur her zu den besterhaltenen Zeugnissen der Renaissance in Tschechien. Da der dreiflügelige Renaissanceteil mit seinen zum Hof offenen Säulenarkaden in allen drei Geschossen im Gegensatz zum einstöckigen Barockanbau nur etwa 100 Jahre bewohnt war, wurden keinerlei bauliche Veränderungen durchgeführt. Anhand des ursprünglichen Mobiliars können die Wohnverhältnisse des Renaissance-Adels originalgetreu dokumentiert werden. Italienische Baumeister hatten das Schloß 1580–1589 für die mährische Adelsfamilie der Žerotín errichtet, die hier bis 1802 herrschte.

Der ehemalige Gerichtssaal im zweiten Stockwerk erinnert an eine düstere Periode Ende des 17. Jh. Hier führte der Inquisitionsrichter Franz Heinrich Boblig von Edelstadt Hexenprozesse durch: Innerhalb von nur 15 Jahren starben mehr als 100 Menschen – Frauen und auch Männer – auf dem Scheiterhaufen.

Zwei Holzkirchlein, kostbare Denkmäler der Volksarchitektur der Renaissance, finden sich in den nahen Weilern Žárovec (St. Martinskirche, 1611) und Maršíkov (St. Michaelskirche, 1609).

Renaissance-Schloß Velké Losiny

Edle Basis für Verträge
Die Žerotín'sche Papiermühle

Seit dem 16. Jh. wird in der ehemaligen Žerotín'schen Papiermühle kostbares handgeschöpftes Papier hergestellt. Der heute staatliche Betrieb ist das einzige Unternehmen dieser Art in der Tschechischen Republik und eines der letzten in Europa, in dem das jahrhundertealte Verfahren zur Erzeugung von Büttenpapier ohne moderne Maschinen noch angewandt wird. Die handgeschöpften Druck-, Schreib-, Aquarell- und Filterpapiere sowie Kartons entsprechen höchstem Qualitätsstandard. Sie dienen nicht nur der staatlichen Repräsentation (für diplomatische Noten, Verträge und andere Dokumente), sondern sind auch bei Künstlern sehr begehrt. In einem dem Betrieb angeschlossenen Museum wird die Geschichte der Papierherstellung veranschaulicht, in einem kleinen Laden bei der Museumskassa kann man ebenso hübsch verpacktes Briefpapier wie einzelne Blätter kaufen.

Durch das nordmährische Bergland

Drei Gebirgszüge bilden die Begleiter auf dieser Fahrt (170 km) durch das letzte, von Industrie noch weitgehend unberührte Paradies Nordmährens: Das Altvater-Gebirge *(Hrubý Jeseník)* mit dem Altvater *(Praděd)* als höchsten Gipfel Mährens und Schlesiens (1491 m), der Grulicher (auch Spieglitzer) Schneeberg *(Králický Sněžník)*, ein ebenfalls über 1400 m hohes Grenzgebirge, das die Tschechische Republik mit Polen teilt, und das um etwa 300 m niedrigere, gleichfalls grenzüberschreitende Reichensteiner Gebirge *(Rychlebské hory)*. Die Schnuppertour soll gleichermaßen Lust auf Entdeckungen kleiner kunsthistorischer Kostbarkeiten, auf längere Urlaubsaufenthalte in einem der vielen Kurbäder und auf Bergwanderungen durch eines der Naturschutzgebiete mit reichhaltiger Flora machen.

»Wen das Schicksal liebt, dem gedeiht es, in Freiwaldau zu leben.« Das alte sudetendeutsche Sprichwort trifft auf das im 13. Jh. gegründete friedliche Städtchen **Jeseník** (Freiwaldau) **2** (s. S. 348) nach wie vor zu. Streß und Hektik scheint man hier nicht zu kennen, auch wenn die beschauliche Stille durch den Straßenverkehr in Richtung polnische Grenze bisweilen gestört wird. Ruhiger als auf der Hauptstraße geht es daher auf dem rechteckigen Ringplatz mit seinen zum Teil mit Lauben versehenen Häusern zu. Das Rathaus, ursprünglich ein Werk der Spätrenaissance, erfuhr um 1800 einen größeren Umbau und erhielt dabei einen achteckigen Uhrturm mit Zwiebelhelm.

Bedeutendstes Bauwerk ist die ehemalige Wasserburg der Breslauer Fürstbischöfe, im 13. Jh. errichtet, im 16. Jh. zum Renaissanceschloß ausgebaut, in derzeitiger Gestalt aus dem 18. Jh. Als fürstbischöflicher Amtshauptmann lebte und wirkte in dem Schloß von 1794–1798 der bedeutende Komponist Karl Ditters von Dittersdorf. Heute dient das Gebäude als Museum mit Dokumentationen der Stadtgeschichte, des Bergbaus (bis ins 16. Jh. wurde in der Umgebung Gold geschürft), der Hexenprozesse und des Badewesens.

Auf die Gesundheit war man in Jeseník schon immer bedacht, und es ist kein Zufall, daß gerade hier zwei Naturheilmethoden ihren Ursprung haben, die – meist unter anderen Namen – die Welt eroberten. Lange vor dem bayrischen Pfarrer Sebastian Kneipp entdeckte der aus Gräfenberg (Lázně Jeseník, in die Stadt eingemeindet) stammende Bauer Vinzenz Priessnitz (1799–1851) die heilende Wirkung kalten Wassers. Zunächst angefeindet und wegen »Scharlatanerie« sogar zu einer Gefängnisstrafe verurteilt, konnte er die Zweifler schließlich überzeugen und erhielt 1831 – Kneipp war gerade 10 Jahre alt – die offizielle Bewilligung zur Eröffnung einer Wasser-Heilanstalt. Schon 1839 betreute Priessnitz mehr als 1500 Kurgäste, die aus ganz Europa zur Linderung ihrer Leiden herbeieilten – und »dem Genie des kalten Wassers«, so eine der Inschriften, in Dankbarkeit Denkmäler aufstellen ließen. Eines dieser mehr als ein Dutzend Monumente im Kurpark von Gräfenberg stammt von keinem geringeren als dem Münchner Bildhauer Ludwig Schwanthaler. Das berühmteste trägt einen Bronzelöwen, dessen Schwanz schon recht abgegriffen ist: Der Legende nach verleiht nämlich die Berührung dieses Teils erneute Manneskraft.

Die Methoden, mit denen Priessnitz seine Patienten behandelte, waren kalte Duschen, Umschläge, Bäder und viel Bewegung in der frischen Luft. Es wird erzählt, daß er manche bequeme Kurgäste gar mit der Peitsche ums Haus jagte, um ihr träges Blut in Wallung zu bringen. Unter den Kommunisten Staatsbad, wird der Betrieb mit einer Reihe von Kurhäusern seit 1992 von einer Aktiengesellschaft verwaltet – ein Kurort ohne Heilquelle, dafür aber mit rund 40 Brunnen, aus denen eiskaltes Wasser sprudelt.

Der zweite Freiwaldauer Pionier der Naturheilkunde war Johann Schroth (1798–1856), ein entfernter Verwandter von Priessnitz, der neben anderen Methoden die Entschlackungs-Diät mit trockenen Semmeln entwickelte – als Mayr-Kur inzwischen längst ein Begriff. Im Gegensatz zur modernen Medizin, die zu den Semmeln als Flüssigkeitsgabe nur Milch, Tee oder Mineralwasser gestattet, verabreichte Schroth seinen Patienten Wein. Die fidelen Kuren sollen sehr beliebt gewesen sein. Wissenschaftlicher, strenger und vor allem alkoholfrei geht es heutzutage im Schroth-Kurhaus im nahen Lipová Lázně (Nieder-Lindewiese) zu, wo unter fachärztlicher Aufsicht Haut- und Stoffwechselerkrankungen behandelt werden.

Das langgestreckte Straßendorf **Mikulovice** (Niklasdorf) **3** hart an der polnischen Grenze hat zwar keinerlei Sehenswürdigkeiten zu bieten, dient aber als Ausgangspunkt für Wanderungen zu

(Jauernig) **4** (s. S. 348) am Fuße des Reichensteiner Gebirges bereits in der Urzeit besiedelt war. Urkundlich erwähnt wurde Javorník, das sich durch Gold- und Mineralienabbau soliden Wohlstand erwarb, erstmals 1281. Auf dem Johannesberg *(Jánský vrch)* hoch über der Stadt thront die gleichnamige Burg, von Mitte des 14. Jh. bis 1945 Sommersitz der Breslauer Bischöfe, die für die Umbauten der ursprünglich gotischen Burg in eine repräsentative Residenz im 16., 17. und 19. Jh. verantwortlich zeichneten. In den Innenräumen ist Mobiliar von der Renaissance bis zum Biedermeier zu sehen, weiters eine umfangreiche Sammlung von Pfeifen und Rauchutensilien. Zu den wertvollsten Bestandteilen der Kollektion zählen drei

Durch das nordmährische Bergland

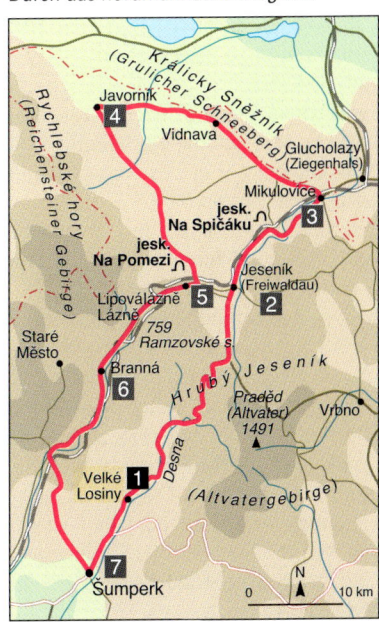

den Felsenhöhlen **Na Špičáku** (Spitzstein, 482 m), die – wie Inschriften und Zeichnungen belegen – schon im 15. Jh. kultischen Zwecken dienten.

Die schmale Straße Richtung **Vidnava** (Weidenau) verläuft nun über sanftes, in eine Tiefebene abfallendes Hügelland mehrere Kilometer direkt an der Staatsgrenze, bisweilen reichen die Gartenzäune polnischer Häuser bis an den Straßenrand. In Weidenau mit seinen hübschen Bürgerhäusern aus Renaissance und Barock erinnert eine Gedenktafel an Adolf Lorenz (1854–1946), den Begründer der modernen Orthopädie und Vater des Verhaltensforschers und Nobelpreisträgers Konrad Lorenz.

Funde von Steinwerkzeugen belegen, daß das Provinzstädtchen **Javorník**

gotische Heiligenfiguren, in der Schloß-kapelle befindet sich ein Flügelaltar der niederländischen Schule aus dem An-fang des 17. Jh.

Der Dichter Josef von Eichendorff – er hielt sich 1856/57 hier auf – schrieb an seinen Sohn: »Der Johannesberg ist ein hinreißender Ort. Es ist ein uraltes, mächtiges Schloß auf einem hohen Berg, an dessen Fuße sich malerisch das Städtchen Jauernig erstreckt. Um das Schloß herum gibt es einen großen, sehr schönen Park mit Fontänen; von einer Seite bietet sich ein Blick auf Fel-sen und Waldmulden, von der anderen ein unermeßlicher Ausblick auf halb Schlesien.«

Für den in ihren Diensten stehenden Komponisten Karl Ditters von Ditters-dorf bauten die Bischöfe im Schloß einen eigenen Musik- und Theatersaal. Im Ort erinnert eine Gedenktafel am barocken Wohnhaus des Musikers (Puškinova ulice 21) an dessen Wirken in Jauernig. Ältestes original erhaltenes Baudenkmal des Städtchens ist die spät-romanisch-frühgotische Friedhofskirche zum Hl. Kreuz.

In **Lipová Lázně** (Nieder-Lindewiese) **5** (s. S. 354) ist Johann Schroth (s. S. 268) allgegenwärtig. Als Namensgeber des Kurhauses, als Denkmal, als Büste. Tatsächlich verdankt der ehemalige Holzfäller- und Steinmetz-Ort allein dem Naturheiler seinen Aufstieg zum Kur-bad. Lipová Lázně bietet sich aber auch als Ausgangspunkt für schöne Wande-rungen ins Altvatergebirge an.

So erreicht man (grüne Markierung ab Bahnstation) in etwa einer Stunde die Tropfsteinhöhle **Na Pomezí** (Am Grenz-rain), von April bis Oktober in einer Länge von 460 m für die Öffentlichkeit zugänglich. Die Besichtigung der erst 1936 entdeckten Naturszenerie dauert etwa 50 Minuten.

Die Fahrtroute führt nun über Horní Lipová zum Ramsauer Sattel (Ramzov-ské sedlo), auf dem sich die höchstlie-gende Schnellzugstation der Tschechi-schen Republik befindet. Wegen ihrer Ähnlichkeit zum österreichischen Vor-bild nennt man diese Bergbahn-Strecke auch »schlesischer Semmering«.

Obwohl schon vom Tourismus ent-deckt, konnte **Branná** (Goldenstein) **6** seinen Ruf als reizvollstes Städtchen des Altvater-Gebirges bisher erfolgreich ver-teidigen. Reste einer gotischen Burg auf einem mächtigen Felsvorsprung do-minieren ebenso das Ortsbild wie das angebaute Renaissanceschloß, das we-gen Baufälligkeit allerdings zunächst nicht besichtigt werden kann. Eine Bo-genbrücke verbindet Burg- und Schloß-komplex mit dem anschließenden Hügel, auf dem sich der Ort mit einem bemerkenswerten Renaissance-Rathaus und der gotischen Pfarrkirche des hl. Mi-chael erhebt. Schindelgedeckte Holz-häuser, zum Teil aus der Barockzeit, ver-mitteln noch eine Ahnung von Charme und Charakter alter schlesischer Dörfer.

Ein Schild in englischer Sprache am Ortseingang von **Šumperk** (Mährisch Schönberg) **7** (s. S. 366) überrascht: Die Stadt bezeichnet sich in großen Lettern als »health city«. Der Hinweis auf die »gesunde Stadt« ist in Nordmähren gar nicht so abwegig. Denn das alte Mäh-risch-Schönberg, Tor zum Altvater-Ge-birge, liegt im breiten, grünen Tal der Desná (Treß), umgeben von waldrei-chen Hügeln und Bergen. Hier beginnt das Erholungsgebiet, hier gibt es noch unbelastete Luft, um richtig durchzuat-men. Die Zahl der Industriebetriebe (Textil, Holz, größter Produzent künstli-cher Diamanten) hält sich in Grenzen, als Schulstadt und Kulturzentrum er-freut sich Šumperk einer auch für Fremde sogleich spürbaren Vitalität.

Gewiß, es gibt schönere, interessantere Orte in der Tschechischen Republik, aber wenige, in denen der Aufschwung nach der Wende 1989 – bis dahin prägten in der Umgebung stationierte sowjetische Besatzungstruppen das Bild – so sichtbar wird: Gepflegte Parkanlagen, hübsche Villen, originelle Lokale, gut sortierte Läden lassen die Stadt durchaus lebenswert erscheinen.

Neben stattlichen Bürgerhäusern im Empirestil ragen aus der alten Bausubstanz die Johannes dem Täufer geweihte Pfarrkirche (barockisiert mit gotischem Kern) mit vier barocken Heiligenstatuen in ihrer nächsten Umgebung, ein – allerdings schon im 17. Jh. als Salzlager, Brauerei und Schule zweckentfremdetes – Renaissanceschlößchen und das sogenannte »Geschaderhaus« *(Geschaderův dům)* hervor, ein im 18. Jh. barock umgestalteter Renaissancebau, in dem die Stadtverwaltung mit der Einrichtung eines »Hauses des tschechisch-deutschen Verständnisses« wichtige Akzente setzen will.

Nový Jičín (Neutitschein)

1 (s. S. 358) Alte Hüte wird man im Zentrum der ehemaligen deutschen Sprachinsel »Kuhländchen« zur Genüge finden. Denn die traditionsreiche Hutfabrik Hückel, die einst von Neutitschein aus die gesamte Monarchie mit modischen Kopfbedeckungen belieferte, konnte auf das Gründungsjahr 1799 zurückblicken. Das Nachfolge-Unternehmen richtete im Schloß, einem in der zweiten Hälfte des 16. Jh. errichteten, teilweise im Empirestil renovierten Renaissancebau, ein sehenswertes Hut-Museum ein, das Modelle von der Gotik bis zur Gegenwart umfaßt: Barette, Mützen, Hauben, Zylinder und was sonst noch auf diesem Gebiet jemals erzeugt wurde, unter anderen Kuriositäten wie ein aus einem Baumschwamm gefertigter Hut. Die Sammlungen, einzigartig in Europa, enthalten auch Hüte bekannter Persönlichkeiten wie den Sonntagshut des ersten tschechoslowakischen Präsidenten, Tomás G. Masaryk.

Auch sonst verdient es das Städtchen, übrigens Geburtsort des Erblehre-Forschers Johann Gregor Mendel, an den im Stadtpark ein Denkmal erinnert, keineswegs, links liegengelassen zu werden. Zu entdecken gibt es Reste gotischer Stadtmauern sowie eine Fülle von Renaissance- und Barockdenkmälern. Auf dem von Laubengängen gesäumten Stadtplatz Masarykovo nám. fällt mit ihren hervorspringenden doppelstöckigen Arkaden die »Alte Post« *(Stará Pošta*/1563) ins Auge. In der Mitte steht eine barocke Mariensäule, darunter die Bronzefiguren eines tanzenden Kuhländer Bauernpaares. Die barockisierte Pfarrkirche Mariä Himmelfahrt mit einem Arkadenturm aus dem Übergang von der Gotik zur Renaissance birgt Holzschnitzereien aus dem 17. Jh.

Ausflüge von Nový Jičín

Nach Opava und Ostrava

Auf dieser Route (150 km) merkt man es deutlich: Nordmähren ist mit 177 Bewohnern pro km^2 die dichtestbesiedelte Region der Tschechischen Republik. Auf einer Fläche von 11 067 km^2 leben rund 2 Mio. Menschen, das ist etwa ein Fünftel der Gesamtbevölkerung des Landes. Von auch nur einigermaßen unberührter Natur kann hier keine Rede sein. Industriebetrieb reiht sich an Industriebetrieb, teils herabgewirtschaftet oder gar stillgelegt, teils bereits modernisiert. Dennoch gilt es, auch in dieser wenig einladenden Gegend historische Kostbarkeiten aufzuspüren, etwa das hübsche Stadtbild von Fulnek, den mächtigen Schloßkomplex von Hradec, die schlesische Metropole Opava oder Příbor, den Geburtsort Sigmund Freuds. Ostrava, das einst berühmte Mährisch-Ostrau, heruntergekommen, schäbig, trist, ist eigentlich keinen Besuch wert.

Die Ursprünge des Städtchens **Fulnek** (Fulnek) **2** gehen in das 13. Jh. zurück, im 17. Jh. war es das Zentrum der Böhmischen, später auch der Deutschen Brüdergemeinde in Mähren, einer bis in unsere Tage bestehenden protestantischen Religionsgemeinschaft, die urchristliche Brüderlichkeit verwirklichen will. Ihre Spuren findet man in Fulnek unter anderem in der spätgotischen Brüderkirche unter der Burg, heute eine Comenius-Gedenkstätte in Erinnerung an die Lehrtätigkeit des Pädagogen und Brüdergemeinde-Bischofs in dieser Stadt, in der er eigenem Bekunden zufolge 1618–1621 »die glücklichsten Jahre meines Lebens« verbracht hatte (s. S. 293).

Der Marktplatz am Fuße des Schloßberges bildet mit seinem Renaissance-Rathaus, den zumeist zweistöckigen, teilweise mit Lauben versehenen Häusern und der barocken Dreifaltigkeitssäule ein eindrucksvolles Ensemble. Das Schloß, zum Depot abgestiegen, kann nicht besichtigt werden.

Der mächtige Schloßkomplex von **Hradec nad Moravicí** (Grätz) **3** (s. S. 346) dagegen spielte zuerst in der politischen Geschichte, dann auf kulturellem Gebiet eine bedeutende Rolle. Am Anfang stand eine gotische Feste (Kern des heutigen Weißen Schlosses), die sich im Besitz der Přemysliden-Fürsten befand. Nach dem Tod Ottokars II. fiel das Gebiet um Opava (Troppau) samt Hradec der schönen Königin-Witwe Kunigunde zu, deren Liebesromanze mit Zawisch von Falkenstein aus dem Hause Rosenberg tragisch endete. Als Kunigunde von ihrem machtgierigen Geliebten einen Sohn bekam, sahen die Anhänger von Ottokars Sohn Wenzel II. darin eine Gefährdung des Throns und ließen Zawisch auf einer Wiese vor Schloß Hluboká (s. S. 127) enthaupten.

Nach mehrmaligem Besitzerwechsel gelangte die inzwischen um zwei Flügel erweiterte Burg während des Dreißigjährigen Krieges in die Hände des dänischen Kriegsherrn Joachim Mitzlauf, der hier eine Falschmünzer-Werkstatt in großem Stil betrieb. Aus minderwertigen Legierungen, vor allem Kupfer aus alten Braukesseln, stellte er Groschen und Kreuzer her und überschwemmte damit das ganze Land, bis Wallenstein Hradec für die kaiserliche Seite zurückeroberte. 1777 erwarben die oberschlesischen Fürsten von Lichnowsky die Burg. Sie blieb bis 1945 in ihrem Eigentum.

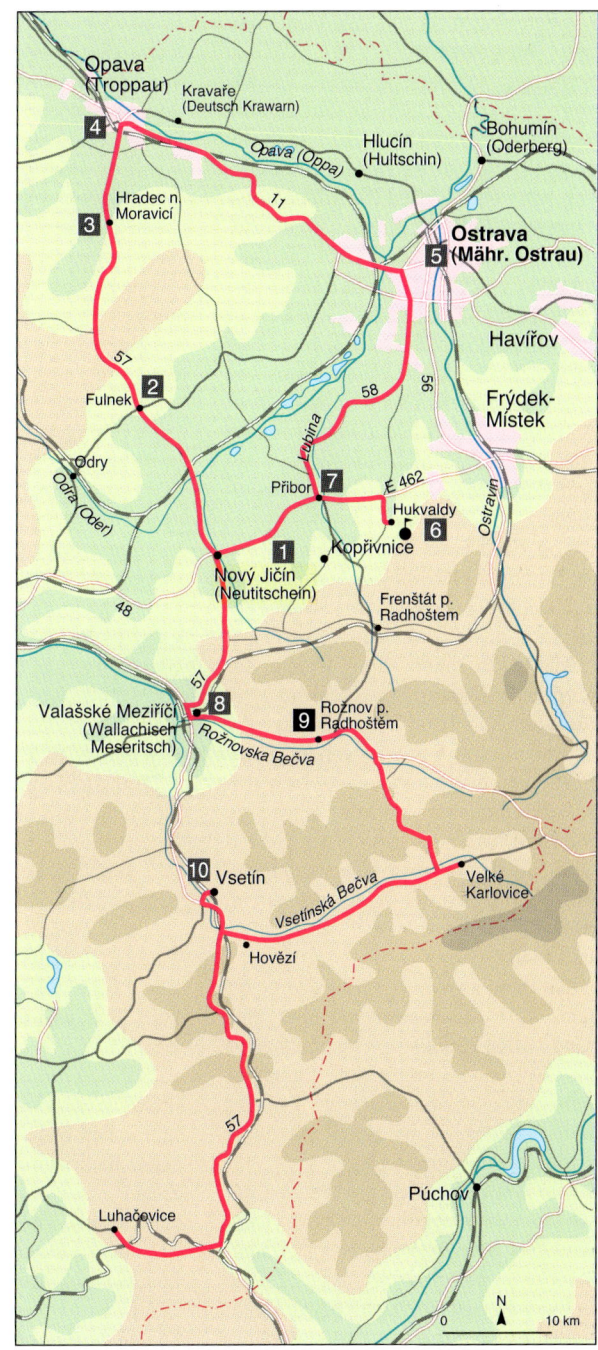

Ausflüge von Nový Jičín

Ihnen sind nicht nur zahlreiche Um- und Ausgestaltungen des Weißen Schlosses in verschiedenen, jeweils dem Zeitgeist entsprechenden Stilrichtungen zu verdanken, sondern im 19. Jh. auch der Bau eines weiteren Komplexes, des neugotischen Roten Schlosses samt dem Weißen Turm, einem mächtigen, freistehenden Bergfried. Die Lichnowskys machten Grätz zu einem der lebendigsten Kulturzentren der Monarchie. Ludwig van Beethoven, Franz Liszt und Nicolo Paganini waren ebenso zu Gast wie die zwei berühmten Wiener Aquarellmaler Jakob und Rudolf von Alt sowie die Schriftsteller Karl Kraus, Hugo von Hofmannsthal und Gerhart Hauptmann.

Von Beethoven wird erzählt, daß er im Sommer 1806 auf die Aufforderung des Hausherrn, vor französischen Offizieren zu spielen, mit überstürzter Flucht reagierte. In einem Brief wütete der Komponist: »Fürst, was Sie sind, sind Sie durch Zufall und Geburt. Fürsten hat es und wird es noch Tausende geben. Beethoven gibt's nur einen!« Trotz dieses Zerwürfnisses weilte der schwierige Künstler 1811 noch einmal auf Schloß Grätz, in dessen Park eine Beethoven-Büste steht. Ein Liszt-Obelisk erinnert an dessen Aufenthalt in den Jahren 1846 und 1848.

Während im Weißen Schloß eine sehenswerte Kunstsammlung und eine rund 16 000 Bände – von Inkunabeln bis ins 20. Jh. – umfassende Bibliothek untergebracht sind, dient ein Teil des Roten Schlosses als Hotel mit angeschlossenem Konzertsaal.

Nur langsam heilen die Wunden der jüngsten Vergangenheit in **Opava** (Troppau) ▮4 (s. S. 359) der ehemaligen Hauptstadt von Mährisch-Schlesien. Gegen Ende des Zweiten Weltkriegs wurde im Verlaufe vierwöchiger schwerster Kämp-

fe ein Großteil der Baudenkmäler zerstört, die Wiederaufbauleistungen in vier Jahrzehnten KP-Herrschaft blieben gering. Seit der Wende wird an allen Ecken und Enden geputzt und gebaut, das triste Grau gesichtsloser Betonburgen prägt aber nach wie vor das Bild.

Die geographische Lage an der Grenze zwischen den Böhmischen Ländern und Oberschlesien bestimmte durch Jahrhunderte die Geschicke von Stadt und Umgebung. Zwei nationale Kulturen – die tschechische und die deutsche – standen einander, je nach politischer Lage, befruchtend oder feindselig gegenüber. Bis 1945 lebte mit mehr als 70 % eine starke deutsche Mehrheit in Troppau, nach deren Vertreibung zogen Menschen aus verschiedensten Winkeln des Landes zu, die – wie ein lokaler Führer (Ausgabe 1994) vermerkt – »überwiegend ohne Qualifikation, ohne festere Beziehung zum Boden und manchmal auch ohne gute Beziehung zur Arbeit« waren. Von diesem Austausch konnte sich Opava lange nicht erholen.

Der historische Kern ist durch Parkanlagen – sie entstanden anstelle der Stadtmauern – von den neueren Vierteln getrennt. Den Oberen Platz (Horní nám.) dominiert der im späten Renaissancestil errichtete 72 m hohe Hláska-Turm, in dessen Nachbarschaft befindet sich das Anfang des 20. Jh. erbaute Rathaus. Das gegenüberliegende Gebäude des Schlesischen Theaters (Sleszké divadlo) stammt aus den Jahren 1882/83 und wird von einem Schauspiel-, Opern- und Ballett-Ensemble bespielt. Ein typisches Baumaterial Schlesiens sind rote Ziegel – aus ihnen besteht auch die gotische Pfarrkirche Mariä Himmelfahrt, nach einem Brand zu Beginn des 18. Jh. behutsam barockisiert.

Auf dem Unteren Platz (Dolní nám.) konnte dank der Rekonstruktion zerstörter Häuser aus Gotik, Renaissance und Barock – etwa das Haus Nr. 4 »U bílého Koníčka« (Zum weißen Rößl) – das historische Bild bewahrt werden. An der Ostseite des Platzes erhebt sich die frühbarocke St. Adalbert-Kirche (Wiederaufbau ohne Deckenfresken), das anschließende ehemalige Jesuitenkolleg diente einst als Sitz des Schlesischen Landtages. Heute ist darin das Troppauer Landesarchiv untergebracht. Im südlichen Teil der Masaryk-Straße findet man das Areal des Minoritenklosters mit der Kirche des Heiligen Geistes (gotisch, nach Brand barockisiert), in deren Krypta die Fürsten der Troppauer Přemysliden-Linie ruhen. Das Kloster wird seit 1990 wieder vom Minoritenorden verwaltet. Gegenüber der Kirche erhebt sich das barocke Sobek-Palais mit Stuckfassade und kunstvollen Schmiedearbeiten an den Fenstern, nördlich davon das ebenfalls barocke, aber kleinere Palais Blücher (auch Larisch-Palais genannt, heute naturwissenschaftliche Abteilung des Schlesischen Landesmuseums).

Durch den Smetana-Park *(Smetanovy sady)* gelangt man zum 1893 im Stil der Neorenaissance erbauten Schlesischen Landesmuseum *(Slezské zemské muzeum)* mit bedeutenden Sammlungen (Kunst, Architektur, Stadt- und Landesgeschichte, Natur).

In Opava kam 1910 die Tierforscherin und -schriftstellerin Joy Adamson zur Welt, gebürtige Friederike Gessner, die mit ihrem Buch »Die Löwin Elsa« Weltruhm erlangte und 1981 in Afrika einem Mordanschlag zum Opfer fiel (Gedenktafel am Geburtshaus Na rybníčku, westlich der Altstadt).

Hätte die Industrie-Hölle einen Namen, hieße sie **Ostrava** (Ostrau) 5 (s. S. 360): Pechschwarze, abbröckelnde Fassaden an den Häusern, häßliche Ruinen stillgelegter Betriebe, in den grauen Himmel ragende Fabrikschlote und Fördertürme, Abraumhalden, sterbende Bäume und Sträucher in den wenigen Grünanlagen, Schäbigkeit und Tristesse sogar im Zentrum. Und über allem eine Pestglocke vergifteter Luft. Kein Wunder, daß die Lebenserwartung in diesem Gebiet bis zu 20 % unter dem Landesdurchschnitt liegt. Die höchste Arbeitslosenrate der Tschechischen Republik rundet das Bild vom unmenschlichen, aber von Menschen bereiteten Inferno ab. Ausländische Firmenrepräsentanten, in die Bergbau- und Industriemetropole versetzt, dürfen sich einen monatlichen Heimaturlaub von einer Woche nehmen, andernfalls wäre wohl kaum jemand trotz extrem hoher Gehälter bereit, unter diesen Bedingungen zu arbeiten.

Ehe Ostrau in der zweiten Hälfte des 19. Jh. zum »österreichischen Ruhrgebiet« wurde, beherrschten Tuchmacher und Leinenweber das wirtschaftliche Leben der 1267 durch den Olmützer Bischof Bruno von Schaumburg gegründeten Stadt. 1767 wurden die ersten Kohlevorkommen entdeckt und durch die Grafen Wilczek erschlossen. Die Verlängerung der Eisenbahnverbindung Wien – Brünn nach Ostrau durch den Bankier Samuel Rothschild, der auch zahlreiche Kohlegruben und Stahlwerke besaß, katapultierte die Textilstadt ab 1847 an die Spitze der Schwerindustrie-Zentren der Habsburger-Monarchie.

Den Fußgängern vorbehalten ist das Herz Ostravas, der Masaryk-Platz (Masarykovo nám.), dominiert vom Alten Rathaus von 1556 mit barockem Uhrturm von 1687 (heute Stadtmuseum, vorwiegend Geschichte des Bergbaus). Die Wenzelskirche wenige Schritte östlich geht auf die erste Hälfte des 14. Jh. zurück. Südlich davon befindet sich nahe dem Ausstellungsgelände das Antonín-

Dvořák-Theater *(Divadlo Antonína Dvořáka,* Smetanovo nám.), erbaut 1906/07 im Jugendstil, einst als Deutsches Theater eine der wichtigsten deutschsprachigen Provinzbühnen. Das 1993 eröffnete Bergbau-Museum am stillgelegten Anselm-Schacht im Stadtteil Petřkovice (Petershofen, Stadtbusse Nr. 34, 52 und 56 bis Haltestelle »U Jana«) zählt als unter Schutz gestelltes tschechisches Denkmal zweifellos zu den interessantesten Sehenswürdigkeiten Ostraus.

Über **Hukvaldy** (Hochwald) **6** (s. S. 346), dem Geburtsort des weltberühmten tschechischen Komponisten Leoš Janáček (1854–1928) im bewaldeten Hügelland der Vorbeskiden, thront auf einer Felsanhöhe eine gewaltige Burgruine, Reste einer Feste aus dem 13. Jh., die – im Stil der Renaissance und des Barock ausgebaut – 1762 einem Brand zum Opfer gefallen war. Erhalten blieben Wehranlage, Wachturm, Burghof und eine Kapelle (1602). Rund um die Burgruine dehnt sich ein großer Park mit Wildgehegen und einem Freilicht-Theater aus, in dem alljährlich Ende Juni/Anfang Juli ein Internationales Janáček-Musikfestival *(Festival Janáčkovy Hukvaldy)* veranstaltet wird. Am Geburtshaus des Komponisten, der alten Schule an der Hauptstraße, wurde eine Gedenktafel angebracht, im ehemaligen Sommerhaus ein Janáček-Museum mit einer Dokumentation zu Leben und Werk des Tonkünstlers.

Die meisten, die sich nach **Příbor** (Freiberg) **7** (s. S. 363) verirren, kommen nicht wegen des hübschen Marktplatzes mit seinen tiefen Laubengängen unter barockisierten Renaissancehäusern. Für sie ist das Städtchen ausschließlich mit einem Namen verbunden: Sigmund Freud. Erblickte doch der Vater der Psychoanalyse 1856 in einem kleinen Häuschen am Rande des Stadtkerns (Zámečnická ulice 117) das Licht der Welt. Eine kleine Gedenktafel in tschechischer

Stadtplatz in Příbor

Freud-Denkmal in Příbor

Dialekt, benannt nach den Hirten aus den südöstlichen Karpaten (Walachei, heute Rumänien), die sich hier im 16. Jh. ansiedelten. Das Gebiet zwischen dem südlichen Teil der Mährisch-Schlesischen Beskiden und den Weißen Karpaten mit Berggipfel um 1100 m besitzt noch ausgedehnte Nadelwaldbestände. Die alte Volkskultur blieb in einer Reihe typischer Holzbauten erhalten, konzentriert im Freilichtmuseum von Rožnov, während die bunten Trachten nur mehr bei Folklorefestivals zu Ehren kommen.

Valašské Meziříčí (Wallachisch Meseritsch) **8** (s. S. 370) ist die an Kunstdenkmälern reichste Stadt der Walachei, doch bedarf es noch jahrelanger Restaurierungsarbeiten, bis die historische Bausubstanz wieder in altem Glanz erstrahlt. Das Stadtzentrum wahrte grundsätzlich seinen Charakter aus Renaissance und Barock. Wertvoll sind vor allem einige Häuser auf dem Marktplatz und in den umliegenden Gäßchen, wie das Renaissance-Rathaus und die ehemalige Apotheke »Zum roten Adler« mit einer Rokokofassade. Das einstmals prachtvolle Schloß der Adelsfamilie Žerotín, 1538 errichtet und im 18. Jh. barock erweitert, diente seit dem 19. Jh. als Frauen-Strafanstalt, Kaserne und Depot und ist total heruntergekommen. Im Ortsteil Krásno am rechten Flußufer findet man ein Renaissance-Rathaus (heute städtische Bibliothek), die gotische St. Jakobskirche und das klassizistische Kinský-Schloß, jetzt Stadtmuseum. Spezialität des Städtchens ist die Gobelin-Herstellung, die seit 1909 in einer eigenen Fachschule gelehrt wird.

Das Walachische Freilichtmuseum *(Valašské muzeum v přírodě)* lockt alljährlich Tausende von Besuchern aus aller Welt nach **Rožnov pod Radhoštěm** (Roschnau am Radhoscht) **9** (s. S. 364), das – von der Industrialisierung ver-

Sprache erinnert daran. Und der Name einer Firma (»U Freud«), die hier Massagen und Fußreflexzonen-Behandlungen anbietet. Eine bescheidene Freud-Büste befindet sich in einer winzigen Grünanlage an einer Straßenecke vor dem Marktplatz, versteckt unter Birkenbäumchen. Auch ein Platz im Stadtzentrum trägt den Namen des 1939 im Londoner Exil verstorbenen Seelenarztes, das Stadtmuseum im ehemaligen Piaristenkloster widmete dem großen Sohn einen Gedenkraum.

Durch die Mährische Walachei

Standortwechsel Richtung Süden: Die landschaftlich recht abwechslungsreiche Tour (110 km) führt durch die Mährische Walachei *(Valašsko)*, eine Region mit reichem Brauchtum und eigenem

schont und vom Bauboom wenig betroffen – mit einigen Holzhäusern vom Stadtplatz die Basis-Exponate für das weitläufige Ausstellungsgelände lieferte. Dazu gehören das Rathaus (1779) und das sogenannte Vašek-Gasthaus (1660), zu denen später im »Holz-Städtchen« *(Dřevěné městečko)* weitere Objekte aus dem bürgerlich-handwerklichen Bereich hinzukamen. Ein weiterer Teil des Museums ist seit den 60er Jahren das »Walachische Dorf« *(Valašská dědina)*, ein ausgedehnter Komplex von bäuerlichen Gebäuden, während im »Mühlental« *(Mlýnská dolina)* technische Bauten (Mühle, Sägewerk, Hammerwerk etc.) gezeigt werden.

Zur Weiterfahrt empfiehlt sich nun die Route über die kleine Landstraße nach Velké Karlovice (Groß Karlowitz, alte Holzkirche, Mitte des 18. Jh.) und in der Folge durch das Tal des Flüßchens Vsetínská Bečva (Wsetiner Betschwa) bis Hovězí (Howiesi). Man passiert dabei eine Reihe reizender walachischer Dörfer mit alter Volksarchitektur.

Albrecht von Wallenstein schrieb sich mit blutigen Lettern in das Geschichtsbuch des zu Beginn des 14. Jh. gegründeten Städtchens **Vsetín** (Wsetin)  (s. S. 372) ein. Mit äußerster Brutalität schlug der General und Herr über das Gut Vsetín die während des gesamten Dreißigjährigen Krieges immer wieder aufflammenden Aufstände der walachischen Bevölkerung nieder, 1644 etwa ließ er gleich 200 Rebellen an Ort und Stelle hinrichten. Die unsicheren Zeiten hinderten ihn nicht daran, die ihm durch seine Heirat mit der reichen Witwe Lukrezia von Witschkow zugefallene Renaissance-Feste Anfang des 17. Jh. zu einem vierflügeligen Schloß ausbauen zu lassen.

Der zuletzt im 19. Jh. klassizistisch umgestaltete Bau dominiert nach wie vor den Ort, der sich zunächst rund um das Schloß (Obere Stadt) und nach

Rustikales Ambiente im Museum

Walachisches Freilichtmuseum in Rožnov

Ende des Dreißigjährigen Krieges am Ufer der Bečva (Betschwa) (Untere Stadt) ausdehnte. 1849 wurden beide Teile zu einer Gemeinde zusammengelegt.

Bis zu ihrer Ausweisung 1945 war die weltberühmte Möbel-Dynastie Thonet im Besitz des Schlosses. Ihre zeitlosen Designs, insbesondere die seit 1830 dank eines von Firmengründer Michael Thonet entwickelten Verfahrens, Holz in Dampf zu biegen, produzierten Bugholzmöbel, können nun im Heimatkundlichen Bezirksmuseum bewundert werden. Die im Schloß untergebrachten Sammlungen umfassen auch Bilder walachischer Maler sowie historische Exponate.

Barockschloß Jaroměřice:
Musik- und Tanzsaal ▷

**Südmähren
Weinkeller
und
barocke
Schlösser**

Dem Charme dieser Landschaft verfällt man gern: Über die Ausläufer der pannonischen Ebene weht südländische Luft herbei und sorgt für mildes Klima. Weingärten bedecken sanfte Hügel, still winden sich Flüsse und Bäche durch Wiesen, Äcker und liebliche Täler. Lichte Wälder laden zu Spaziergängen ein, domartige Karstformationen locken in die Märchenwelt der Tropfsteinhöhlen, Schlösser, Burgen und historische Altstadtkerne garantieren erlesenen Kunstgenuß. Wenn der Winzer goldglänzenden oder dunkelroten Rebensaft mit dem Heber aus dem Faß saugt und die große Zeremonie des Verkostens beginnt, dann fühlt man sich zu Gast bei guten Freunden. Bei süffigem Wein und deftigen Speisen verfliegen die Stunden. In den Weinkellern kennt man weder Eile noch Streß, läßt man den Herrgott einen guten Mann sein.

Ebenso bei Volksfesten wie dem Königsritt in Vlčnov (s. S. 294), die von den traditionsbewußten Südmährern als Festlichkeiten des Volkes zelebriert werden und glücklicherweise – noch – nicht zu touristischen Spektakeln verkommen sind. Freilich, ganz so heil ist die Welt Südmährens auch nicht mehr, die Zerstörungen durch Menschenhand schmerzen um so mehr. Im Vergleich zum hochindustrialisierten Norden erscheint das Bauernland an den Grenzen zu Österreich und der Slowakei jedoch als ökologische Insel der Seligen.

Luhačovice (Luhatschowitz)

1 (s. S. 355) Kapitalistisches Denken brachte die Blüte: Bereits 1902 gründete der Arzt Dr. František Veselý die »Aktiengesellschaft Bad Luhačovice« und fungierte auch gleich als deren erster Direktor. In Zusammenarbeit mit dem slowakischen Architekten Dušan Jurkovič entstand ein Kurviertel mit hübschen Kolonnaden und verspielten Pavillons inmitten eines ausgedehnten Parks in Mährens größtem und meistbesuchtem Kurbad sowie Villen und Hotels, deren Baustil die Traditionen der mährischen Walachei mit Formen des Jugendstils verknüpft. Unter den Kommunisten Staatsbad, wird der Kurbetrieb heute wieder von der Aktiengesellschaft verwaltet.

Luhačovice strahlt weder die Eleganz Karlsbads noch die Heiterkeit Marienbads aus, sondern gibt sich verträumt-rustikal. Das angenehme Reizklima in einem waldumsäumten Talkessel auf einer Seehöhe von 250 m erweist sich als ideal für alle, die an Atemwegs-Erkrankungen laborieren. Der wahre Gesundbrunnen aber liegt tief im Erdinneren: Zwölf Quellen – elf alkalische Sauerbrunnen, die zu den stärksten in Europa gehören, und eine Schwefelquelle – sprudeln zum Heil der Kurgäste, weitere sechs sollen erschlossen werden. Mit einer Temperatur von 10–12 °C tritt das Heilwasser zutage, pro Minute quellen 210 l aus dem Boden, die 1,25 kg Mineralstoffe enthalten.

Von Mai bis September sorgen, wie in jedem gutbesuchten Kurbad, Konzerte, Theateraufführungen und Folklore-Darbietungen für Unterhaltung. Interessierte finden zudem ein ethnographisches Museum in der Villa Lipová sowie ein Barockschloß samt Kapelle. Auch außerhalb der Hauptsaison bietet sich

Luhačovice, das dank seines ganzjährigen Kurbetriebs über eine für Tschechien ansonsten noch ungewohnte Vielzahl an Hotels, Pensionen, Privatquartieren, Restaurants und Cafés verfügt, als idealer Ausgangspunkt zur Erforschung der Mährischen Slowakei und der Walachei an.

Am Stausee von Luhačovice

Industriearchitektur und altslawische Metropole

Ein Wechselbad der Eindrücke steht bevor: Einem Schloß mit beachtlicher Kunstsammlung folgen ein weltweit bekannt gewordenes Beispiel für vorbildliche Industriearchitektur, eine denkmalgeschützte Stadt, in der Geschichte geschrieben wurde, eine Burg, ein Schloß, eine gewaltige Wallfahrtskirche und archäologische Ausgrabungen aus dem Großmährischen Reich (150 km).

Kunstexperten pilgern der hochkarätigen Gemäldesammlung wegen in das sympathische Städtchen **Vizovice** (Wisowitz) 2 (s. S. 371) im mährisch-walachischen Bergvorland. Ihr Ziel ist das von Franz Anton Grimm entworfene spätbarocke Schloß mit Werken niederländischer, französischer, italienischer und österreichischer Meister. Freunde hochprozentiger Genüsse wiederum wissen um Vizovices flüssigen Schatz – den Sliwowitz.

Nase in den Wind, es liegt was in der Luft: Schon von weitem ist das Bittermandel-Aroma der Pflaumenkerne zu riechen, die unter den Destillierkesseln glühen. Ist schon das Heizmaterial ungewöhnlich genug, so erinnert das Brennen selbst an eine kultische Handlung. Nur ein kleiner Kreis weiß um die streng einzuhaltenden Regeln und sorgsam gehüteten Rezepturen. Ganze Waggonladungen des blauen Steinobstes, das dank Bodenbeschaffenheit und Klima hier zu besonders aromatischer Reife gelangt, durchlaufen die Gärbottiche, Destillierkessel und Ruhefässer, in denen ihr Extrakt volle zehn Jahre verweilt. Aber erst unter intensiver Sonnenbestrahlung in sogenannten Sedimentationsgläsern verteilen sich die ätherischen Öle, erst dann nimmt der Sliwo-

witz seine charakteristische, zartgoldene Farbtönung an, erhält er seinen unnachahmlichen Geschmack. Die Produktpalette enthält übrigens sogar eine koschere Variante, über die Abgesandte des Oberrabbinats von der Ernte bis zur Flasche wachen.

Und noch eine weitere Spezialität kommt aus Vizovice: Wacholdergeist *(Borovička)*, dessen Grundstoff auf Abertausend Büschen an den Hängen der mährisch-walachischen Hügel wächst, ein Gebiet, das auch »Wacholderland« genannt wird.

Die Stadt **Zlín** (Zlin) 3 (s. S. 374), nur wenige Kilometer weiter, steht unter einem ganz anderen Zeichen. Bereits vor dem Dreißigjährigen Krieg hatten sich hier viele Handwerker angesiedelt, insbesondere Schuh- und Tuchmacher, Töpfer und Fleischer. Die erste Schuhfabrik gründete 1870 der Franzose Robert Florimont, und bis heute ist das wirtschaftliche Rückgrat der Stadt eine Produktionsstätte für Fußbekleidung. »Svit«, zu deutsch »Glanz« oder »Schein«, heißt die mehrheitlich staatliche Schuhfabrik.

Doch der Schein trügt, ein anderer Name glänzt wie ein heller Stern über Zlín: »Bat'a«. Zug um Zug sind die Erben des Schuh-Kaisers Tomáš Bat'a (1876–1932), der 1894 zusammen mit seinen Geschwistern Anna, Antonín und Jan der Stadt den dynamischen Aufstieg zur modernsten Schuhmetropole Europas verschaffte, daran, das nach dem Zweiten Weltkrieg verlorengegangene mährische Terrain ihres weltweiten Imperiums zurückzuerobern. Mit einem Bein – einer starken Beteiligung an einem kleineren Unternehmen – stehen sie bereits auf vertrautem Boden, es scheint nur

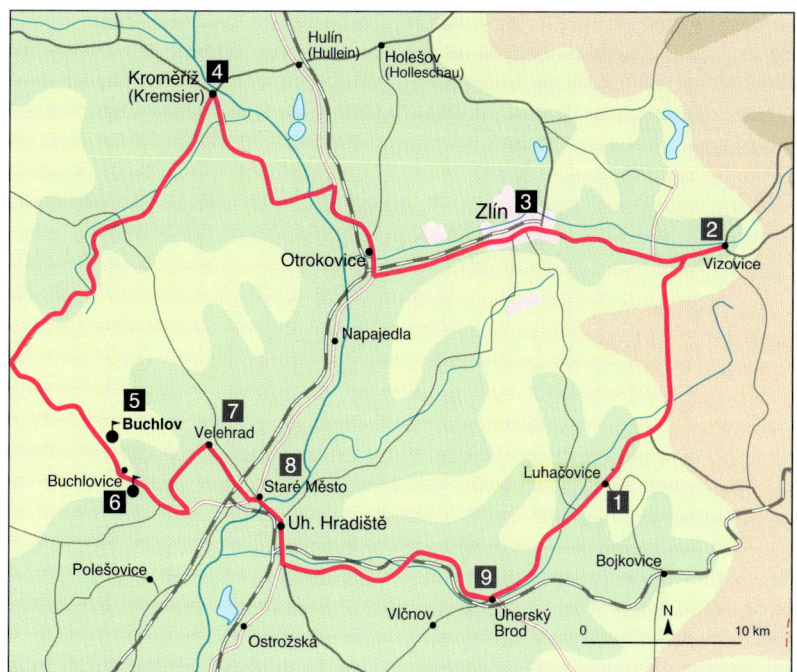

Die Umgebung von Luhačovice

mehr eine Frage der Zeit, bis dem ökonomisch bei weitem schwächeren Konkurrenten Glanz und Luft ausgeht und Baťa wieder über sämtliche Produktionsstätten herrscht.

Daß Zlín heute nichts von der deprimierenden Tristesse der meisten Industrieorte Osteuropas ausstrahlt, sondern eine moderne, gepflegte, lebendige Atmosphäre, verdankt die Stadt einzig und allein den Visionen und der enormen Dynamik des Firmengründers. Nachdem sich Tomás Baťa im Ersten Weltkrieg das Monopol für die Schuhlieferungen an die österreichisch-ungarische Armee gesichert und die Zahl seiner Arbeiter auf 4000 verzehnfacht hatte, konnte er ab 1923, nach seiner Wahl zum Bürgermeister, auch die Geschicke der Stadt steuern. Er kümmerte sich nicht nur um die Schuhproduktion, sondern auch um die Errichtung zeitgemäßer Produktionsstätten. Sein genialer Einfall war es, Bauwerke nicht anders als Fußbekleidung, nämlich in Serien und damit kostengünstig, herzustellen. Als Basis der Fabrikbauten diente ein Stahlbetonskelett mit Ziegelfüllung, das ein Technikerteam der firmeneigenen Baugesellschaft so lange standardisieren mußte, bis ein universell verwendbarer Modulraster entwickelt war, der sich auch im Wohnungsbau bewährte.

Baťas Architekten Jan Kotěra und František L. Gahura konzipierten Zlín als »Fabriksgarten«. Von den Werkstattfenstern blickt man auf Grünanlagen und nicht auf Betonwüsten und öde Mietskasernen. Auch vor den Ein- oder Zweifamilienhäusern in den Arbeitersiedlungen blieb genügend Platz für Licht, Luft, Sonne und Blumenbeete. Individuelles Wohnen mit hohem Standard, aber niedrigen Preisen schuf in der sozial brisanten Zwischenkriegsepoche ein Klima der Zufriedenheit in der Belegschaft. Erstmals gelang es der modernen Architektur, trotz Typisierung und Standardisierung hochwertige Entwürfe zu realisieren. So entstanden neben den charakteristischen ziegelroten Wohnwürfeln ein imposantes Einkaufszentrum, eine Markthalle, ein Großkino mit angeschlossenem Filmstudio, Sporthallen, Schwimmbäder, ein Krankenhaus, Schulen und Lehrlingsheime. Als einer der Höhepunkte funktionalistischer Architektur der 30er Jahre in Europa gilt das nach wie vor größte Hotel Zlíns, das Grandhotel Moskau. Baťas Kunsthaus dient heute als Sitz der Staatsgalerie und der Bohuslav-Martinů-Philharmonie. Und das 1938 errichtete Firmen-Verwaltungsgebäude war mit seinen 16 Stockwerken lange Zeit der höchste Bau im Land.

Die Internationale Architektenschaft, an ihrer Spitze kein geringerer als Le Corbusier, geriet beim Anblick dieser sensationellen Umsetzung wegweisender Städtebau-Konzepte ins Schwärmen. Zlín stellte für die Avantgarde ein Paradebeispiel ihrer leidenschaftlich propagierten »cité industrielle« und der Ideen von sozialer Vereinheitlichung auf hohem Niveau, Rationalisierung der Arbeit und Leben in einer lebenswerten Industriestadt dar. Während andernorts phantasielose Plattenbauten zu Slums verkommen, werden Tomáš Baťas zu Stein gewordene Visionen auch noch in fernerer Zukunft ihre Vorbildwirkung nicht verlieren.

Knapp 70 Jahre vor ihrem Untergang verspielte die Habsburger-Monarchie in **Kroměříž** (Kremsier) **4** (s. S. 352), der

traditionellen Sommerresidenz der Erzbischöfe von Olmütz, die Chance auf eine Lösung ihres existentiellen Problems: die Nationalitätenfrage. Als die Wirren des Revolutionsjahres 1848 im November eine Verlegung des Reichstages von Wien in das Erzbischöfliche Palais von Kremsier erforderten und Kaiser Ferdinand I. mit seinem Hofstaat nach Olmütz geflüchtet war, schien die Zeit für eine neue Verfassung nach föderalistischem Prinzip reif. Der im »Exil« von Kremsier ausgearbeitete Entwurf stellte zwar in den Augen der tschechischen Nationalisten nur einen Kompromiß dar, legte aber dennoch das Prinzip der Gleichberechtigung aller Völker der Monarchie fest. Außerdem sollten gewisse Vorrechte des Adels und die Todesstrafe aufgehoben, Religionsfreiheit garantiert und Verwaltungsreformen vorgeschlagen werden. Doch der neue Ministerpräsident und Metternich-Nachfolger Felix Fürst zu Schwarzenberg ließ am 7. März 1849 den für ihn »revolutionären« Kremsierer Reichstag mit Gewalt auflösen. Für die Donaumonarchie – und damit auch für ganz Europa – nahm das Unheil seinen Lauf: Die Gelegenheit, das Nationalitätenproblem zu einem Zeitpunkt in den Griff zu bekommen, als nationalistisches Gedankengut lediglich eine Minderheit und noch nicht die Massen erfaßt hatte, kam nicht mehr wieder.

Der mit Deckenfresken und Stuck üppig verzierte Reichstagssaal, das Prunkstück des Barockschlosses im Zentrum, dient heute häufig Versammlungen anderer Art: Kongressen, Tagungen, Firmenpräsentationen. Wenn man Pech hat, sind bei solchen Veranstaltungen gleich sämtliche historischen Räumlichkeiten – Thronsaal, Speisesaal, der 20 m lange Lehenssaal mit herrlichen Maulbertsch-Fresken, Bibliothek, Schloßkapelle – für die Öffentlichkeit gesperrt. Mit einiger Hartnäckigkeit (und gutem Trinkgeld) erhält man aber eine Sonderführung. Und erfährt dabei, daß zahlreiche Szenen von Miloš Formans berühmtem Mozart-Film »Amadeus« hier gedreht wurden (die eigens dafür angefertigten Kristall-Lüster ließ das Filmteam als Geschenk zurück), daß die Bibliothek 110 000 Bände in 36 Sprachen umfaßt und die Erzbischöfliche Münzsammlung die nach dem Vatikan zweitgrößte der Welt ist. Das immer wiederkehrende Motiv des Davidsterns erinnert an den jüdischen Olmützer Erzbischof Kohn, der in offenbar toleranterer Zeit als heute in der katholischen Hierarchie Karriere machen konnte.

Zu den wertvollsten Sammlungen europäischer Malerei des 16. und 17. Jh. in Tschechien gehört die Gemäldegalerie des Schlosses. Sie hütet unschätzbare Bilder von Tizian, Cranach, Veronese, Bassano, van Dyck und Brueghel. Das Musikarchiv verfügt über die vollstän-

digste Musikalien-Kollektion aus dem 17. Jh. in Mitteleuropa, über handschriftliche Original-Partituren von Haydn, Mozart und Stamitz sowie von Beethoven redigierte Notenblätter mit Kompositionen des Erzbischofs Rudolf Johann.

Beachtung verdienen aber auch die beiden Gärten von Kroměříz. Der ältere Untere Schloßgarten *(Zámecká zahrada)* entstand bereits im 15. Jh. und wurde im 19. Jh. als romantischer englischer Park mit drei Teichen, künstlichen Grotten, Lauben und exotischen Pflanzen angelegt. Er erstreckt sich über 64 ha bis ans Ufer der Morava (March) und enthält eine Reihe von historisierenden Gartenbauten: die Pompejanische Kolonnade mit zwei aus Pompeji stammenden Statuen, den Fischer-Pavillon und die Colloredo-Kolonnade mit Malereien des aus Kremsier stammenden bedeutenden tschechischen Künstlers Max Švabinský (1873–1962). Das zweite

Auf leisen Sohlen über schimmerndes Parkett

*Im Stil einer italienischen Barockvilla:
Schloß Buchlovice*

Kleinod historischer Gartenarchitektur ist der zauberhafte Blumengarten *Kvetná zahrada* am Rand des Städtchens (Eingang Straße Gen. Svobody), ein manieristischer italienischer Park aus dem dritten Viertel des 17. Jh. mit einer 244 m langen, mit antiken Götterstatuen geschmückten Arkadengalerie, einem Rondell, einem Labyrinth, Grotten und Pavillons.

Bei einem Bummel durch die Stadt, ob er nun zu den Resten der Stadtmauern mit dem Mühltor *(Mlýnská brána;* 1585), zur barocken Piaristenkirche Johannes der Täufer, zur gotischen Sankt-Mauritius-Kapitelkirche oder zur barocken Pfarrkirche Mariä Himmelfahrt mit Fresken von Franz Anton Maulpertsch führt, wird man immer wieder den stimmungsvollen Hauptplatz (Velké námĕstí) mit dem Renaissance-Rathaus und der barocken Mariensäule queren. Die barocken Bürgerhäuser, die ihm Atmosphäre verleihen, sind der Hartnäckigkeit von Bischof Karl von Liechtenstein zu verdanken, der nach den Zerstörungen des Dreißigjährigen Krieges das aus einer gotischen Burg hervorgegangene Schloß barock wiederaufbauen ließ und die Bürger auf denselben repräsentativen Stil verpflichtete.

Der Bischof tat sich nicht nur als Städteplaner hervor. 1688 gründete er eine der ersten Musikschulen Mitteleuropas. Das Institut besteht nach wie vor, und zwar in Form einer Fachmittelschule zur Ausbildung von Pädagogen und Berufsmusikern. Seinem Ruf als Musikstadt wird Kremsier auch mit einem Symphonieorchester, der Hanakischen Philharmonie, dem international erfolgreichen Vokalensemble »Mährische Madrigalisten« und nicht zuletzt mit dem alljährlich veranstalteten Festival »Musiksommer in Kroměříž« gerecht, seiner Bedeutung als Schulstadt mit dem Erzbischöflichen Gymnasium und einer Lehrerbildungsanstalt.

Die einst königliche Burg **Buchlov** (Buchlau) **5** (s. S. 339) in beherrschender Lage auf einer Anhöhe inmitten dichter Wälder stellt eines der besterhaltenen Beispiele mittelalterlicher Festungsbaukunst in Mähren dar. Ihre Entstehungszeit wird auf die erste Hälfte des 13. Jh. datiert, Um- und Zubauten im Stil von Renaissance und Barock erfolgten im 15. bis 18. Jh. Die Räumlichkeiten legen Zeugnis von adeliger

Wohnkultur aus der Zeit der Gotik und Renaissance ab. Neben einer beachtlichen Kunstsammlung sieht man im Verlauf der Schloßführung das interessante Familienmuseum der Grafen Berchtold, eines aus Tirol stammenden Geschlechtes, das zu Beginn des 17. Jh. nach Mähren eingewandert und von 1800–1945 im Besitz von Burg Buchlov und dem nahen Schloß Buchlovice (Buchlowitz) war.

Insgesamt 17 Jahre seines Lebens verbrachte Leopold I. Berchtold (1759–1809) auf Reisen in alle Welt, bei denen er eine kunterbunt gemischte naturwissenschaftliche Sammlung zusammentrug. Seine philanthropische Tätigkeit gipfelte in der Errichtung eines Krankenhauses in Buchlovice. Als die Betten in den napoleonischen Kriegen nicht ausreichten, räumte der Graf kurzerhand sein luxuriöses Schloß und übersiedelte auf die unbequeme Burg Buchlov. Leopold starb mit 50 Jahren an Typhus: Bei der aufopfernden Pflege der Patienten hatte er sich angesteckt. Sein Sohn Siegmund verbrachte unfreiwillig – wegen seiner Beteiligung am ungarischen Aufstand gegen die Habsburger 1848 zum Tode verurteilt, dann zu lebenslangem Hausarrest begnadigt – viel Zeit auf Buchlov, wo er die Exponate seines Vaters ordnete und damals schon der Öffentlichkeit zugänglich machte.

Zur Bereicherung des Museums hatte auch Leopolds Stiefbruder Friedrich, ein bedeutender Mediziner und Botaniker, beigetragen. Überraschendstes Ausstellungsstück, mit dem man auf einer mittelalterlichen Burg kaum rechnet: ein ägyptischer Sarkophag samt Mumie.

Ende des 17. Jh., als die Ansprüche an den Wohnkomfort stiegen und die Herren von Buchlov erkannten, daß Burgen ohnedies kaum mehr ihre Schutzfunktion erfüllen konnten, entstand in Sichtweite der Feste das zierliche Schlößchen **Buchlovice** (Buchlowitz) **6** (s. S. 340) im Stil einer italienischen Barockvilla, eingebettet in ein natürlich abfallendes Terrain, umgeben von einem zauberhaften Naturpark mit altem, zum Teil exotischem Baumbestand. Auftraggeber war Johann Dietrich Graf von Peterswald, dessen aus Italien stammende Gemahlin Eleonora hinter den kalten, feuchten Burgmauern vor Heimweh verging. In Buchlovice fühlte sie sich endlich in vertrautem Ambiente.

Das 1707 fertiggestellte Schloß setzt sich aus zwei halbkreisförmigen, mit ihren Hofseiten einander zugekehrten Gebäuden zusammen. Den zwei Stockwerke hohen Hauptsaal schmücken Deckengemälde mit Allegorien der guten Eigenschaften Eleonoras – Gerechtigkeit, Unschuld, Tapferkeit und Liebe zur Kunst. Hier ging im September 1908 – das Anwesen befand sich damals im Besitz von Leopold II. Berchtold, k.u.k.-Botschafter in Petersburg – das historische Treffen zwischen den Außenministern Rußlands und Österreich-Ungarns in Szene, bei dem die Annexion Bosnien-Herzegowinas durch die Donaumonarchie ausgehandelt wurde.

Papst Pius XI. verlieh der beliebtesten Wallfahrtskirche Mährens 1927 den Rang einer »päpstlichen Basilika«, Johannes Paul II. stellte sich 1990 höchst-persönlich mit einer goldenen Rose in **Velehrad** (Welehrad) **7** ein. An seinen Besuch in der sonst uninteressanten Ortschaft unweit von Uherské Hradiště (Ungarisch Hradisch) erinnert ein großes weißes Kreuz vor dem 1205 gegründeten ehemaligen Zisterzienserkloster, das 1784 der Säkularisierung Kaiser Josephs II. zum Opfer gefallen war. Bereits 300 Jahre zuvor hatten die Mönche von Velehrad viel Unbill zu erleiden: Die puritanischen Hussiten fanden in den Klosterkellern so gewaltige Reichtümer vor, daß sie in ihrer Wut über diese Verschwendung die Ordensbrüder in den Brunnen stürzten und den Abt inmitten kostbarer Stoffe und Truhen voll Geschmeide verbrannten.

Ihre heutige barocke Gestalt erhielten Kloster und Kirche nach einer Feuersbrunst 1681. Trotz der radikalen Eingriffe bewahrte sich vor allem die Kirche Mariä Himmelfahrt in Grundriß und Proportionen den Charakter eines romanisch-gotischen Baus. Hatten sich schon die Zisterzienser um die Erforschung des Ideenguts von Cyrill und Method (s. S. 292) verdient gemacht, so erlebten die Slawen-Apostel im Zuge des nationalen tschechischen Erwachens eine Renaissance, die sich in Statuen und Bildern im Kircheninneren niederschlug. 1963 und 1985 wurde die Erinnerung an die Ankunft der Glaubensboten (863) bzw. an den Tod des hl. Method (6. 4. 885) feierlich begangen. Die These aber, daß sich in Velehrad der Sitz des Großmährischen Reiches und dessen Erzbischofs Method befand, hielt wissenschaftlichen Untersuchungen nicht stand.

Seit 1949 laufende Ausgrabungen erbrachten nämlich den Nachweis, daß in **Staré Město u Uherského Hradiště** (Altstadt bei Ungarisch Hradisch) **8** eine bedeutende altslawische Siedlung, mit ziemlicher Sicherheit sogar das Zentrum

Die Slawenapostel Cyrill und Method

Sie kamen aus Thessaloniki und faßten dank ihrer Kenntnisse der slawischen Sprache in Mähren Fuß. Die leiblichen und geistlichen Brüder Cyrill (auch Kyrill, 826–869) und Method (auch Methodius, ca. 820–885) folgten anno 863 einem Ruf des Fürsten Rastislav in das Großmährische Reich. Dort schufen sie im Rahmen ihrer Missionsarbeit ein der griechischen Schrift angenähertes slawisches Alphabet – die kyrillische Schrift– und übersetzten biblische und liturgische Texte aus dem Griechischen ins Slawische. Nach einem Konflikt mit Missionaren des lateinischen Christentums reisten sie 868 nach Rom, um sich von Papst Hadrian II. die Legitimation für ihr Wirken einzuholen. Während Cyrill in der Ewigen Stadt einer Krankheit erlag, wurde Method zum Erzbischof von Pannonien und Mähren ernannt. Aber er konnte sich in der Folge trotz päpstlicher Privilegien nicht gegen den Salzburger Erzbischof Adalwin behaupten, der das Gebiet für sich und seine Missionare beanspruchte.

Im Verlaufe dieses Machtkampfes mußte Method zahlreiche Niederlagen einstecken, ja sogar eine Verbannung hinnehmen, bis schließlich Papst Johannes VIII. 880 die slawische Liturgie mit Einschränkungen genehmigte und die kirchliche Eigenständigkeit Großmährens sowie dessen geistliches Oberhaupt Method bestä-

tigte. Es kam zu einer Blütezeit der altslawischen Literatur, zum Bau von Kirchen und zur Gründung von Klöstern, zumal auch Rastislavs Nachfolger Svatopluk dem Slawen-Apostel zunächst seine volle Unterstützung gewährte. Nach Methods Tod entbrannte der Streit zwischen den Vertretern der lateinischen und der slawischen Liturgie erneut, Svatopluk, von Rom »bekehrt«, wies die »Ost-Priester« aus, die vor allem in Bulgarien eine neue Heimstatt fanden und dort slawisches Schrifttum und Kultur weiter entfalteten.

des Großmährischen Reiches lag. Noch zu Beginn des 12. Jh. hieß der Ort Velegrad (zu deutsch Großburg). Eine Stadt gleichen Namens nennen auch die Chronisten des Klosters Fulda, die um 871 die Metropole Rastislavs, eines Hauptfürsten dieses untergegangenen frühen Staatsgebildes, erwähnen.

Freigelegt wurden – an verschiedenen Stellen – die Grundmauern von zwei Kirchen und einer Rotunde aus dem 9. Jh., Reste von Werkstätten, von Schmelzöfen für Eisen- und Bronzegießerei und von Wohnhäusern sowie mehrere Nekropolen mit kostbaren Grabbeigaben, vorwiegend Gold- und Silberschmuck. Das Ausmaß der Siedlung betrug 250 ha, ihr landwirtschaftliches Hinterland nahm eine Fläche von mindestens 400 km^2 ein. Bei der Gemeinde Sady (Derfle) – 4 km südöstlich von Staré Město – entdeckte man die Ruinen einer ehemals zweistöckigen Barockkirche, zweifelsfrei Sitz des ältesten Bistums Mährens und damit des Slawenapostels Method. Diese Ausgrabungen können nicht besichtigt werden, eine umfangreiche Dokumentation bietet jedoch die Nationale Kultur- und Gedenkstätte Großmährisches Reich (Památník Velké Moravy), ein moderner Museumsbau in einer parallel zur Hauptstraße verlaufenden Gasse.

Jan Amos Komensky (1592–1670), besser bekannt unter dem Namen Comenius, ist der große Sohn von **Uherský Brod** (Ungarisch Brod) 9 (s. S. 370). Das Licht der Welt dürfte er zwar mit hoher Wahrscheinlichkeit im nahen Nivnice (Niwnitz) erblickt haben. Dennoch befinden sich an einem Haus am Stadtplatz eine Porträtplastik aus weißem Marmor und eine Gedenktafel, auf der es heißt, daß »einigen Berichten gemäß hier am 28. März 1592 J. A. Komensky, der letzte Bischof der Brüdergemeinde (einer hussitischen Glaubensgemeinschaft) und große Lehrer der Völker, geboren wurde und seine Kindheit verbracht hat«. Wer mehr über Persönlichkeit und Wirken des schon zu Lebzeiten in ganz Europa geschätzten Theologen und Pädagogen erfahren will, ist im Komensky-Museum im »Baraník«, einem früheren Marstall vom Anfang des 18. Jh., am richtigen Ort. Gezeigt werden hier eine ethnographische Sammlung, Andenken an Comenius und vor allem eine 10 000 Bände umfassende Bibliothek.

In der Umgebung von Uherský Brod haben sich bis heute die bunten mährisch-sklowakischen Trachten aus alter Zeit erhalten. Nach wie vor trägt man sie an Sonn- und Feiertagen, vor allem aber bei besonderen Anlässen. Wenn sich die kleine Ortschaft Vlčnov im Frühling für ihren traditionellen »Königsritt« rüstet, läßt kein Dorfbewohner sein farbenprächtiges Gewand im Schrank (s. S. 294).

Ein Fest der Sinne
Der »Königsritt«

Der Bub in der altertümlichen Mädchentracht, wie sein Pferd über und über mit Blumen, Girlanden und bunten Bändern geschmückt, fühlt sich in seiner Rolle noch sichtlich unwohl. Dem zwölfjährigen Milchgesicht mit der Rose des Schweigens zwischen den Zähnen kommt die Ehre, die ihm und seiner Familie mit seiner Wahl zum diesjährigen »König« zuteil wurde, erst nach und nach zu Bewußtsein. Vorläufig heißt es, hoch zu Roß stundenlang still zu sitzen und keinen Laut von sich zu geben, während seine ebenfalls berittenen und herausgeputzten Adjutanten von Haus zu Haus ziehen und mit kecken, herausfordernden Versen für den »keuschen, aber sehr armen König« Geschenke – Naturalien ebenso wie Bargeld – sammeln.

Seit Jahrhunderten erzählt man sich die angeblich auf einem wahren historischen Ereignis basierende Legende vom blutjungen Monarchen, der sich in Mädchenkleidern vor seinen Feinden verbarg und aus Angst vor Entdeckung kein Wort sprach. Althergebracht ist auch das Fest des »Königsritts«, ein Brauch, der bis Anfang des 20. Jh. in ganz Böhmen, Mähren und der Slowakei gepflegt wurde. Heute hat er sich in

seiner ursprünglichen, spontanen und von der Bevölkerung mit Begeisterung getragenen Form nur mehr im mährisch-slowakischen Vlčnov erhalten, an anderen Orten gerät die Veranstaltung bisweilen zum bloßen Touristenspektakel.

Jeweils am letzten Wochenende im Mai rüstet sich das kleine, verschlafene Bauerndorf zu einem dreitägigen Fest der Sinne. Alle Bewohner sind von früh bis spät auf den Beinen, Jung und Alt legt seine kostbaren bestickten, farbenprächtigen Trachten an. Bis zur Morgendämmerung wird gesungen und getanzt, geschmaust und getrunken. Auf einem Jahrmarkt bieten Kunsthandwerker ihre Erzeugnisse an, in den Weinkellern, *búdy* genannt, und Wirtshäusern geht es hoch her. Wenn nach dem Folklore-Umzug die Zymbal-Kapellen aufspielen, darf der junge »König« wieder seine Mädchenkleider ablegen und mit seinen Altersgenossen herumtollen. In einigen Jahren wird er vielleicht selbst als Adjutant fungieren und voll Stolz an den großen Augenblick seiner Einkleidung zurückdenken, die er in seinem von Menschen umlagerten Elternhaus zitternd und nicht wissend, wie ihm geschah, über sich ergehen hatte lassen.

Mikulov (Nikolsburg)

1 (s. S. 356) Die Silhouette ist unverwechselbar: das mächtige, gedrungene Schloß, die Türme der gotischen St. Wenzels-Propsteikirche, der spätbarokken Piaristenkirche St. Johannes d. Täufer (mit Maulbertsch-Fresken) und der St. Anna-Kirche vom Beginn des 18. Jh. mit ihrer reich gegliederten Doppelturm-Fassade, dazu die ziegelrote Dachlandschaft und die knödelrunde Wölbung des Heiligen Berges, einer Kalksteinerhebung mit strahlend weißer Kapelle. Der Blick von der Stadt: Weinberge auf sanften Hügeln, bis weit nach

Österreich hinein, dessen Grenze nur ein paar Steinwürfe entfernt liegt. Drasenhofen, Poysdorf, Wolkersdorf und Falkenstein heißen die Orte im Niederösterreichischen, ihr Wein, gemeinhin als »Brünnerstraßler« (an der Straße nach Brünn) bekannt, meist ein sehr trockener, naturbelassener Grüner Veltliner, ist diesseits der Grenze genauso süffig.

Bereits im 13. Jh., als sich am Fuße einer frühgotischen Burg Kaufleute und Handwerker niederließen, waren Weinbauern mit dabei. Das monumentale Re-

»Heiliger Berg« in Mikulov

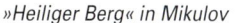

50 Jahre nach Kriegsende wiedereröffnet: Synagoge in Mikulov, heute Museum

naissance-Schloß, im 18. Jh. barock umgebaut und in den letzten Tagen des Zweiten Weltkriegs schwer beschädigt, wurde in den 50er Jahren rekonstruiert und beherbergt heute ein interessantes Regionalmuseum mit Weinbau-Ausstellung, dessen Prunkstück ein Riesenfaß von 1643 mit einem Fassungsvermögen von 1010 hl ist. Zeugnisse aus der Geschichte des Weinbaus sind auch die mittelalterlichen Weinkeller unter dem Pulverturm der Ziegenburg *(Pod kozím hrádkem)*.

Die Nähe zur Hauptstadt der Monarchie hat Mikulov über Jahrhunderte geprägt. 1753 nahm Maria Theresia hier die Huldigung der mährischen Stände entgegen, 1805 fanden Friedensverhandlungen zwischen Österreich und Napoleon Bonaparte statt, 1866 wurden in Nikolsburg zwischen den Repräsentanten Österreichs und Preußens, das noch den Triumph von Königgrätz (s.

S. 241) auskostete, die Bedingungen für einen Waffenstillstand vereinbart. Und aus dem Ghetto von Mikulov kam Joseph von Sonnenfels (1733–1817), ein zum Christentum konvertierter Staatsrechtler, Jurist und wichtigster Berater Kaiser Josephs ll.

Die jüdische Gemeinde der Stadt war einst die größte Mährens, heute kann diesen Rekord nur noch der jüdische Friedhof mit rund 4000 Grabsteinen wahrnehmen. Eine Ausstellung über die Nikolsburger Judengemeinde ist in der Synagoge orientalischen Typs zu besichtigen.

Seit dem Abbau des Eisernen Vorhangs wird eifrig daran gearbeitet, auch die Sprachbarrieren zu beseitigen. Die Schüler der österreichischen Grenzregion lernen tschechisch, ihre Altersgenossen drüben deutsch. Niemand muß mehr sehnsüchtig hinüberblicken, nicht die Mikulover in die so nahe, aber dennoch unerreichbare Freiheit, nicht die alten, 1945 vertriebenen Nikolsburger in ihre einstige Heimat. Man fährt – nicht einmal eine Autostunde – zum Einkaufen nach Wien, die Bewohner der Donaumetropole frequentieren in Mikulov die Weinkeller und decken sich mit (noch) billigen Zigaretten, Textilien und Lebensmitteln ein.

Allmählich erholt sich die Stadt von den Wunden, die ihr eine unmenschliche Grenze geschlagen hat. Unübersehbar ist die Metamorphose von der toten Region am Stacheldraht zur selbstbewußten Kulturlandschaft. In frischem Verputz strahlen die sgraffitigeschmückten Häuser am historischen Stadtplatz, im ehemaligen Judenviertel unterhalb der Burg wird gerettet, was an Bausubstanz einigermaßen noch zu retten ist. Verwaschenes Grau, früher Einheitsfarbe und -stimmung, wich auch in Mikulov bunten, fröhlichen Farben.

Ein Krokodil mit Hörnern

Krokodil mit Chef im historischen Keller

Er war wahrlich ein »bunter Hund«, dieser Pavel Brichta, Archäologe, Restaurator, Wirt und Hotelchef in Mikulov. Gemeinsam mit einem Psychiater und einem Schauspieler sowie mit Hilfe von Freunden in den USA und Österreich baute er ein verfallenes Haus im ehemaligen Judenviertel der Stadt zu einem schmucken Hotel-Restaurant aus. »Nach 1989 dachten wir uns, wir müssen etwas unternehmen, also haben wir uns ans Werk gemacht«, erzählte er im Juli 1992 anläßlich der Eröffnung des vorbildlich restaurierten Hauses mit dem nicht alltäglichen Namen »Zum gehörnten Krokodil« *(Rohatý krokodýl),* in dem auch eine Kunstgalerie mit monatlich wechselnden Ausstellungen in- und ausländischer Maler und Bildhauer untergebracht ist.

Ein Krokodil mit Hörnern? Verschmitzt lächelte Pavel und verwies auf eine Legende, nach der die Dietrichsteins, bis 1945 Herren auf Burg Mikulov, ein solches Fabeltier einst aus Ägypten mitgebracht haben sollen. Erstaunlicherweise hängt tatsächlich ein Krokodil mit Hörnern an der Wand des Speisesaals. Wie das? »Nun ja«, gestand der Wirt etwas verlegen, »das Reptil ist echt, das haben wir uns aus dem Naturgeschichts-Kabinett einer Schule besorgt – und dann haben wir ihm einfach Gemsenhörner aufgesetzt ...« Im Frühjahr 1998 erlag der Schöpfer des Fabeltieres einem schweren Leiden.

Exaktere Wissenschaft betreibt Pavels Witwe Dobromila als Direktorin des in der Burg untergebrachten Regionalmuseums. An Esprit und Elan fehlt es ihr aber ebensowenig. Ihrer Initiative ist die beispielhafte Restaurierung der alten Synagoge zu verdanken, in der seit Mai 1995 eine ständige Ausstellung über die Geschichte der Nikolsburger Juden gezeigt wird. »Mikulov hatte dank der toleranten Haltung der Dietrichstein die größte jüdische Gemeinde Mährens«, weiß die Frau Doktor, Mutter dreier Kinder der Jahrgänge 73, 74 und 78, zu berichten. »Heute gibt es keinen einzigen Juden mehr in unserer Stadt, die Erinnerung an unsere ehemaligen Mitbewohner lebt lediglich in der Synagogen-Ausstellung und auf dem jüdischen Friedhof weiter«.

Zur ältesten Frau der Welt

Die kurze, bequeme Rundfahrt (60 km) führt zu einem der schönsten Barockschlösser Südmährens, anschließend durch eine schnurgerade Kastanienallee zu einem Musterbeispiel romantisch-historisierender Architektur, das sicherlich einige Geschmacksfragen aufwirft. Wer sich für Pseudo-Tudorstil nicht begeistert, wird aber durch einen friedlichen, ausgedehnten Schloßpark mit künstlichen Seen und einem Minarett entschädigt. Den Abschluß bildet eine Reise in die Urzeit – zur »Venus von Věstonice«, einer winzigen Frauen-Skulptur von ehrwürdigem Alter.

»Ich werde kaum mehr etwas Schöneres erleben, denn im Unterschied zu der bedrückenden Buchmesse in Frankfurt lagen hier in den Regalen des riesigen, frisch renovierten Liechtensteiner Reitersaales Tausende von Flaschen voll der besten Geschmäcke, Düfte und Träume unserer Heimat.« Worüber der Schriftsteller Pavel Kohout in seinen Tagebuch-Aufzeichnungen »Wo der Hund begraben liegt« in Euphorie gerät, ist die berühmte Weinmesse, von **Valtice** (Feldsberg) **2** (s. S. 370), die Anfang Mai als bacchantisches Fest im barocken Schloß zelebriert wird. Genüsse für Leib und Seele bietet Valtice auch in der zweiten Augusthälfte, wenn das exklusive Sommerfestival mit Renaissance- und Barockmusik, Tanz, Unterhaltung und üppigem Buffet in Szene geht.

Johann Bernhard Fischer von Erlach war einer der Architekten des heute unter staatlicher Verwaltung stehenden vierflügeligen Baus, der sich von 1387 bis 1945 in ununterbrochenem Besitz der Liechtenstein befand. Dank ihres unermeßlichen Vermögens verstanden sich diese Fürsten wie kaum jemand auf repräsentative Hofhaltung und das Anhäufen einzigartiger Kunstschätze. Einblicke in die barocke Lebensart der Superreichen geben das vergoldete Stuckwerk prunkvoller Marmor- und Spiegelsäle oder die mit Edelhölzern verkleidete Schloßkapelle.

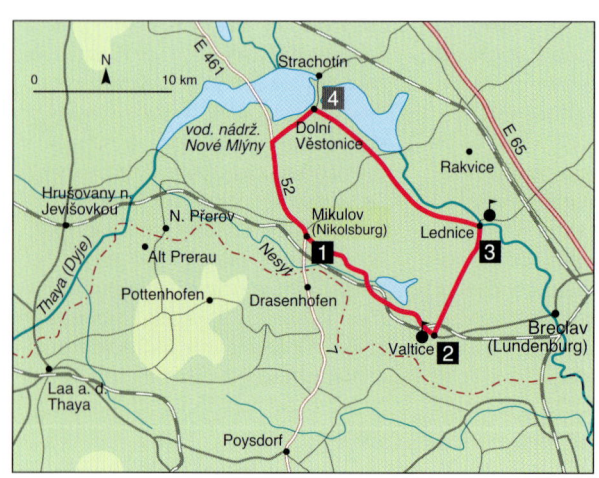

Umgebung von Mikulov

Im barocken Schloß Valtice

In den Thaya-Auen Südmährens, inmitten einer anmutigen, fast 100 km² umfassenden Parklandschaft, schufen Macht und Reichtum die unvergleichliche Schloß- und Gartenszenerie von **Lednice** (Eisgrub) **3** (s. S. 353). Die Liechtensteinschen Fürsten, die hier wie in einem Miniaturstaat residierten, ließen eine gotische Feste im 16. Jh. zu einem Renaissanceschloß und im 17. Jh. zu einer barocken Sommerresidenz umbauen. Fischer von Erlach hatte wieder mitgeplant, ein Glashaus wurde errichtet, die 7 km lange Allee von Lednice nach Valtice angelegt.

Mitte des 19. Jh. kam es zu einer kompletten Umgestaltung des Schlosses. Alois II. von Liechtenstein begeisterte sich nämlich für den eben erst in Mode gekommenen Tudor-Stil und entsandte seinen Hofarchitekten Georg Wingelmüller zum Studium nach England. Seit 1858 zeigt sich die Fürstenresidenz in neugotischem Kleid, dessen künstlerische Qualität heute freilich umstritten ist. Vom Erbe der Barockbaumeister blieben lediglich Reithalle und Stallungen übrig.

Unbestritten hingegen sind Charme und Zauber des Schloßparks, einer im Laufe der Jahrhunderte gewachsenen Kunstlandschaft mit Teichen, Inselchen, Brücken, exotischen Gewächsen und romantisierenden Bauten. Schmale Fußpfade führen zum »Tempel der drei Grazien«, zu einem »Römischen Aquädukt«, einer »Burgruine« oder einem 60 m hohen »Minarett«. Aus Zorn über die Gemeinde Lednice, die ihm den Verkauf eines für eine geplante Kirche benötigten Geländes verweigert hatte, beauftragte Alois II. von Liechtenstein den Wiener Josef Hardtmuth mit der Errichtung einer Moschee – »um die Heiden zu bestrafen«. Doch das kostspielige Projekt beschränkte sich schließlich auf einen schlanken, zugespitzten maurischen Turm, in dem manche eine vor-

Schönheitsideal der Steinzeit

miken der Welt, modelliert aus einer Mischung aus Ton und pulverisierten Knochen. Wie bei ähnlichen, jedoch um einige Jahrtausende jüngeren Steinzeit-Statuetten sind Gesicht und Gliedmaßen kaum ausgearbeitet, den Künstlern ging es vielmehr um die weiblichen Attribute Brust und Becken. Die waagrechte Furche über den Hüften könnte einen Gürtel andeuten. So mag auch die zwischen 24 000 und 28 000 Jahre alte »Venus von Věstonice« ein Fruchtbarkeitssymbol gewesen sein, vielleicht auch einfach eine Ehrerbietung gegenüber der Frau und Mutter in der matriarchalischen Gesellschaft der Mammutjäger.

An den Hängen des Höhenzuges Pavlovské vrchy (Pollauer Berge), an einer schon in Urzeiten wichtigen Wegkreuzung, liegen die altsteinzeitlichen Fundstätten, begraben unter einer 2–8 m tiefen Lößschicht. Die zeltartigen Unterkünfte der Jäger – an Holzkonstruktionen aufgespannte Tierhäute – waren mit Feuerstellen ausgestattet, jede dieser Hütten wurde von etwa 20 Angehörigen einer Muttersippe bewohnt. Mindestens 20 000 Jahre früher als anderswo in der Welt dürften hier die Menschen zu der Erkenntnis gelangt sein, daß Lehm nach dem Austrocknen und Ausbrennen die ihm verliehene Form behält. Diese zufällige Entdeckung nützten sie zum Modellieren der ersten Keramiken, vor allem Statuetten, die sie in magischen Zeremonien zu zerbrechen oder zu durchstechen pflegten, um auf diese Weise den Jagderfolg zu sichern. Aber auch die Schnitzkunst erreichte in Reliefplastiken aus Mammut-Elfenbein erstaunliches Niveau. All dies und noch weitere Funde (Mammut- und andere Tierknochen, Werkzeuge und Jagdwaffen etc.) sind in dem kleinen Spezialmuseum im alten Rathaus von Dolní Věstonice zu sehen.

weggenommene Werbebotschaft des Baumeisters zu sehen vermeinen: Hardtmuth ging nämlich nicht als Architekt in die Geschichte ein, sondern als Erfinder des Bleistifts.

Unserem heutigen Schönheitsideal entspricht sie wohl nicht, trotzdem stellte die Entdeckung der »Venus von Věstonice« in dem Dörfchen **Dolní Věstonice** (Unterwisternitz) **4** 1925 eine Sensation dar. Das wenig mehr als 10 cm große Figürchen gilt als eine der ältesten Kera-

Brno (Brünn)

1 (s. S. 339) Für Brünn gibt es viele Bezeichnungen: einstiger Vorort von Wien (jeder echte Wiener hatte – »als Böhmen noch bei Österreich war« – eine Großmutter, zumindest aber eine Tante aus Mähren), Metropole Mährens mit 400 000 Einwohnern, Stadt der Messen und Motorradrennen, der großen Baukünstler (von Meister Anton Pilgram bis Adolf Loos), Musiker (vom Komponisten Leos Janáček bis zur Opernsängerin Maria Jeritza), Wissenschaftler (Johann Gregor Mendel, Begründer der Erblehre) und Techniker (Viktor Kaplan, Erfinder der Turbine), Zentrum von Industrie und Handel, städtische Denkmalreservation. Das Passende entdeckt jeder für sich, doch das spröde Brünn ist nicht das strahlende goldene Prag und erschließt sich seinem touristischen Eroberer eher zaghaft.

Stadtspaziergang

Nur langsam kann sich Brünn vom Image der schäbigen, vernachlässigten, schmutzigen und lärmenden Stadt erholen, die rege Restaurierungstätigkeit im historischen Kern bringt endlich wieder so manches Juwel zu Tage. Der größte Platz der Stadt, **Zelný trh** (Kohlmarkt),

Brno (Brünn) *1 Reduta 2 Mährisches Landesmuseum 3 Kapuzinerkloster und Hl. Kreuz-Kirche 4 Altes Rathaus 5 Dom St. Peter und Paul 6 Velký Špalíček 7 Dominikanerkirche St. Michael 8 Neues Rathaus 9 Pfarrkirche St. Jakob 10 Jesuitenkirche Mariä Himmelfahrt 11 St. Thomas-Kirche 12 Janáček-Opernhaus 13 Mahen-Theater 14 Künstlerhaus 15 Mährische Galerie 16 Burg Spielberg 17 Kirche Mariä Himmelfahrt*

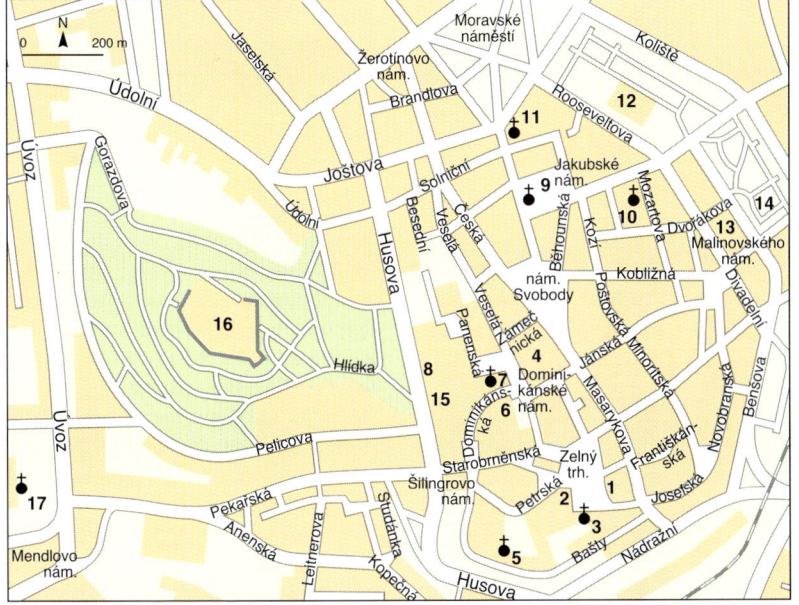

Brno: Haus der Vier Karyatiden

bestand bereits im 13. Jh. und diente auch damals als Markt. Rund um den Parnaß-Brunnen (Entwurf von Fischer von Erlach) werden an Werktagen Obst, Gemüse und Blumen verkauft. Die **Reduta** (Zelný trh 4) gehört zu den ältesten Theatergebäuden Mitteleuropas (1734). Hier wirkten Mozart und sein »Zauberflöte«-Librettist, der Schauspieler und Theaterdirektor Emanuel Schikaneder, debütierten Charlotte Wolters und Therese Krones, brillierten die Tenöre Leo Slezak und Julius Patzak. Heute gehen in der Reduta Operetten und Musicals in Szene. Im ehemaligen Dietrichstein-Palast, im Bischofshof und in weiteren anliegenden Gebäuden befinden sich die Ausstellungsräume des 1818 gegründeten **Mährischen Landesmuseums,** in der

Altes Rathaus: Baumeister-Streich am Portal

unter anderem eine »Venus von Věstonice« zu bewundern ist (s. S. 300).

Der benachbarte Kapucínské náměstí (Kapuzinerplatz), ehemals Kohlenmarkt, weist die durch das System der mittelalterlichen Gassen vorgegebene Dreiecksform auf. Das **Kapuzinerkloster** mit der **Hl. Kreuz-Kirche** stammt aus der Mitte des 17. Jh. In der Krypta kann man Mumien von Angehörigen und Wohltätern des Ordens besichtigen, aber auch den Sarkophag, unter dessen Glasdeckel der legendäre Pandurenführer Franz von

der Trenck (1711–1749) – mit falschem Kopf – ruht. Der Haudegen in österreichischen Diensten war wegen Untreue zu lebenslanger Festungshaft verurteilt worden. Obwohl er nur zwei Jahre in den unmenschlichen Kerkern der Burg Spielberg verbrachte, starb er bald danach an Wassersucht. Sein Kopf wurde gestohlen, der Leichnam mit einem unbekannten Schädel ergänzt.

Durch die Radnická ulice gelangt man zum **Alten Rathaus,** dem ältesten Profanbau Brünns, dessen Kern mit Aus-

sichtsturm ins 13. Jh. zurückreicht. Das spätgotische Portal (1510) ist ein Werk Anton Pilgrams, der als Leiter der Bauhütte des Wiener Stephansdoms bekannt wurde. Nach der Überlieferung revanchierte sich der Meister für die Weigerung der Stadt, ihm das vereinbarte Honorar auszuzahlen, mit einem boshaften Detail: Er gestaltete das mittlere Portaltürmchen krumm.

Im Durchgang zum Rathaushof finden sich zwei berühmte Brünner Wahrzeichen, ein Krokodil und ein Rad, beide von hübschen Sagen umwoben. Die Riesenechse soll ein von einem tapferen Ritter erlegter Drache gewesen sein, der einst in der Umgebung von Brünn sein Unwesen trieb. In Wahrheit stammt das Krokodil aus dem Amazonas-Gebiet und war ein Geschenk von Erzherzog Matthias, als dieser sich 1608 im habsburgischen Bruderzwist mit Kaiser Rudolf II. um die Gunst der mährischen Stände bewarb. Das zweite Wahrzeichen stellt, so die auch auf einer Gedenktafel verewigte Legende, das Ergebnis einer feucht-fröhlichen Wette des Zimmermanns Jiří Birk aus Lednice (Eisgrub) dar, dem es am 14. Mai 1636 gelungen sein soll, innerhalb eines einzigen Tages einen Baum zu fällen, ein Wagenrad zu fertigen und es von seinem Heimatort in das 40 km entfernte Brünn zu rollen. Heute käme Birk damit ins Buch der Rekorde, damals trug ihm die Aktion einen zweifelhaften Ruhm ein: Man glaubte, er sei mit dem Teufel im Bunde gewesen. 1994 wollten ihm zwei Brünner nacheifern, doch die vielbelachte Aktion endete schon nach wenigen Kilometern im Wirtshaus. Spöttischer Kommentar einer Angestellten des im Rathaus-Durchgang untergebrachten Informationszentrums: »Unsere Männer sind schon sehr stark, am stärksten aber beim Bier …«

Als Dominante der Stadtsilhouette thront auf dem Petrov (Petersberg) der **Dom St. Peter und Paul,** an der Stelle der ersten Brünner Fürstenburg und einer romanischen Basilika im 14. Jh. errichtet, Mitte des 18. und um die Wende zum 20. Jh. umgebaut. Die um 1300 entstandene steinerne Madonna im Kircheninneren zählt zu den ältesten Kunstwerken Brünns. Durch den Park Denisovy sady (Reste mittelalterlicher und barocker Mauern und Basteien, klassizistischer Obelisk zum Andenken an die Beendigung der napoleonischen Kriege,

1818) und die Biskupská ulice erreicht man die **Dominikánská ulice.** Das Haus der Herren von Kunštát (Nr. 9) ist ein zu Beginn des 18. Jh. zu einer Markthalle umgestalteter Adelssitz, im Renaissancehof finden heute Konzerte und Theatervorstellungen statt. Der Block zwischen den Straßen Dominikánská, Starobrněnská und Mečová, genannt **Velký Špalíček** (Großer Klotz), setzt sich aus interessanten Häusern – von der Gotik bis zum Jugendstil – zusammen.

Auf der Terrasse der frühbarocken **Dominikanerkirche St. Michael** stehen Steinskulpturen aus der ersten Hälfte des 18. Jh., das ehemalige Kloster (Kreuzgang aus dem 13.–15. Jh.) dient nun als Stadtamt. Aus dem Gebäudekomplex sticht das in den 30er Jahren rekonstruierte **Neue Rathaus** hervor, wobei große Teile des ursprünglichen Renaissance- und Barockbaus erhalten blieben. Durch die Zámečnická ulice gelangt man zum náměstí Svobody (Freiheitsplatz, ehemals Unterer Markt). Beachtenswert sind der Klein-Palast (Nr. 15, Mitte 19. Jh.), ein Neorenaissance-Wohnhaus des Architekten Theophil Hansen, der Schwartz-Palast (Nr. 17, schönstes Renaissance-Haus von Brünn), das ehemalige Stift für adelige Damen (Nr. 13, Ende 17. Jh., heute Volkskundemuseum), das funktionalistische Gebäude der Mährischen Bank (Nr. 21) sowie das 1901 entstandene und seither aus ästhetischen Gründen umstrittene Haus der vier Karyatiden (Nr. 10), das man in Brünn auch »Haus der vier Bengel« *(U čtyř mamlasů)* nennt.

Von der Česká ulice (Fußgängerzone) zweigt rechts die kleine Jakubská ab, die zur gotischen **Pfarrkirche St. Jakob,** zur prächtigen barocken **Jesuitenkirche**

Muntere Mähren-Metropole

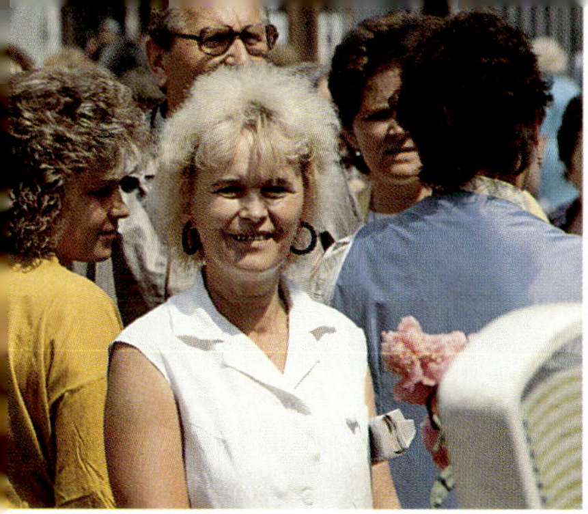

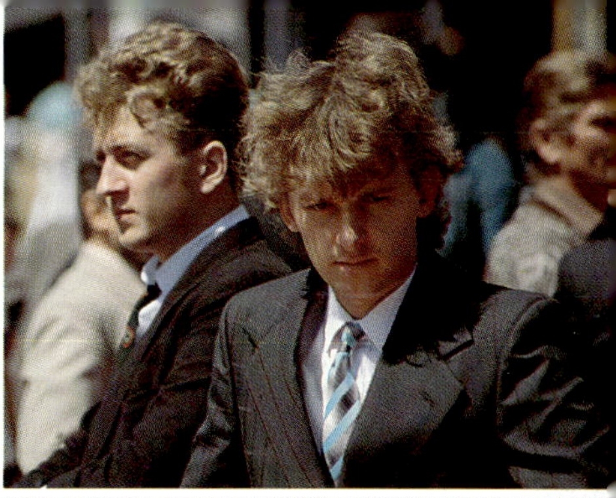

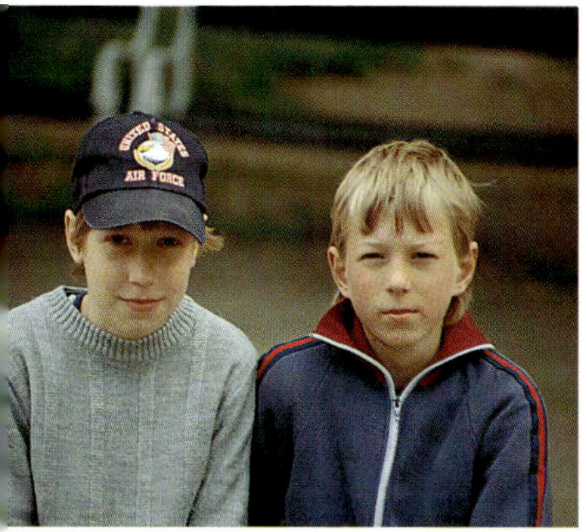
UNITED STATES
AIR FORCE

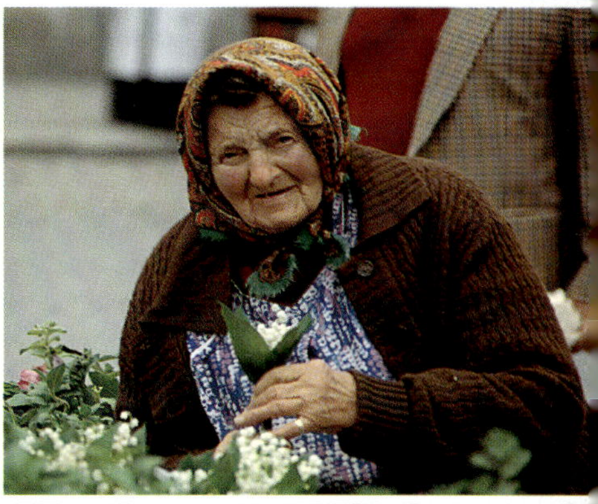

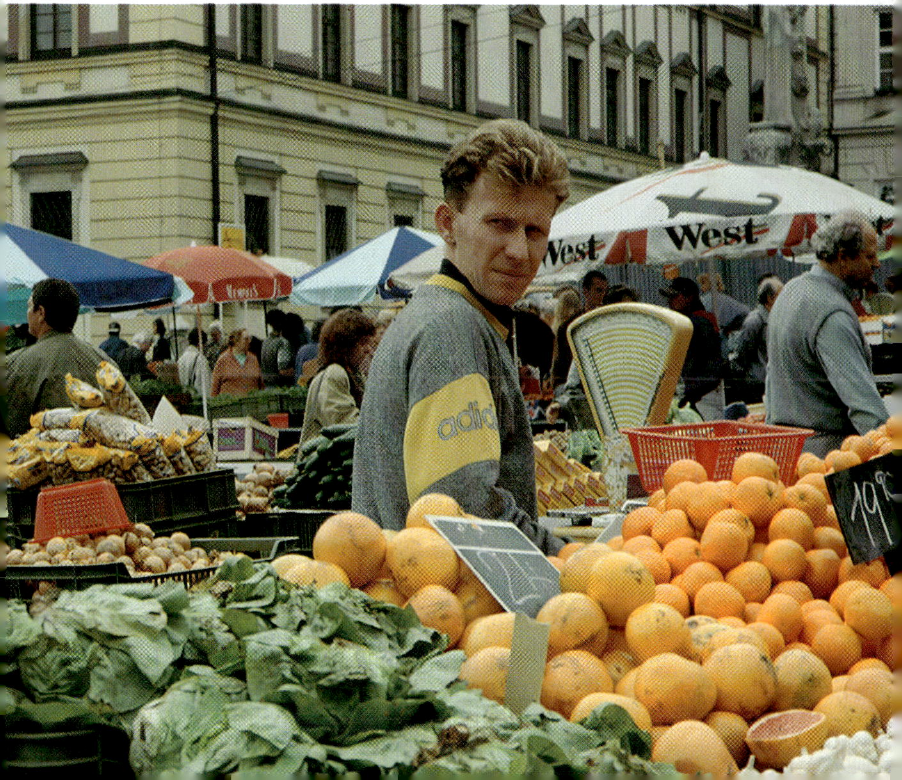
West
West

Mariä Himmelfahrt und in der Folge durch die Rašínová zur **St. Thomas-Kirche** (ursprünglich gotisch, barock umgebaut, Altarbild von Maulbertsch) führt. In dem der Kirche angeschlossenen ehemaligen Augustinerkloster befindet sich seit 1992 die sehenswerte ständige Ausstellung alter Kunst (Gotik bis 19. Jh.) der Mährischen Galerie. Über den ehemaligen Burgring (Rooseveltová) gelangt man zum modernen **Janáček-Opernhaus** (erbaut 1960–65), dessen künstlerisches Niveau weit über dem einer Provinzbühne liegt. Daran schließen das **Mahen-Theater** (1881/82, früher Oper, heute Schauspielhaus), das erste mit elektrischer Kohlestift-Beleuchtung ausgestattete Theatergebäude des Kontinents, sowie das **Künstlerhaus** der Stadt Brünn an.

Jugendstilfassade in Brno

In der Husova ulice 14 westlich der Altstadt ist in einem Neorenaissancebau (1882/83) die **Mährische Galerie** mit umfangreichen Sammlungen angewandter Kunst vom Mittelalter bis zur Moderne untergebracht. Schräg gegenüber befindet sich der Beginn des Parkweges zur **Burg Spielberg** (Špilberk). Diese wurde Ende des 13. Jh. errichtet, mehrmals umgestaltet und 1740 zu einer Festung ausgebaut. 1809 ließ Napoleon das äußere Befestigungssystem schleifen. Während Spielberg seine strategische Funktion verlor, stieg seine Bedeutung als Gefängnis. Die berühmt-berüchtigten »Kasematten« *(Kasematy)* gingen zwischen den 17. und 19. Jh. als wenig ruhmreiches Kapitel in die Geschichte der Habsburger-Monarchie ein. Vor allem nationale Freiheitskämpfer schmachteten unter unvorstellbar grausamen Bedingungen, oft Hände und Füße in Eisen gelegt, in den finsteren Verliesen. Seit einiger Zeit widerlegt ist freilich ein Histörchen über Kaiser Joseph II.: Eine volle Stunde soll der für seine Zeit unge-

wöhnlich vorurteilsfreie Habsburger in einem für Schwerverbrecher bestimmten Kerker eingeschlossen verbracht und daraufhin die schlimmsten Strafformen abgeschafft haben. Erst 1853 wurde das Gefängnis aufgehoben und die Burg in eine Kaserne umgewandelt. Aber schon während des Ersten Weltkriegs und dann unter der Nazi-Diktatur füllten sich die unterirdischen Anlagen wieder mit Häftlingen. Heute steht der schaurige Komplex zur Besichtigung offen – eine Geschichtsstunde für Leute mit guten Nerven.

Zu den weiteren Sehenswürdigkeiten Brünns zählt die hochgotische **Kirche Mariä Himmelfahrt** mit einem Gnadenbild der Schwarzen Madonna. Im angeschlossenen Augustinerkloster führte der Abt Johann Gregor Mendel (1822–1884) seine ersten Kreuzungsversuche an Erbsen- und Bohnenpflanzen durch, auf deren Grundlage er später die nach ihm benannte Vererbungslehre – die »Mendelschen Gesetze« – entwickelte (Pekařská ulice, südwestlich des Spielbergs). Die **Villa Tugendhat** (Černopolní ulice 45, nordöstlich der Altstadt) wurde 1930/32 von dem bedeutenden Bauhaus-Architekten Ludwig Mies van der Rohe errichtet.

Ausflug von Brno

Das Schlachtfeld von Austerlitz, der mumifizierte Leichnam des maria-theresia-
nischen Staatskanzlers Kaunitz, ein
Renaissanceschloß von außerordentlichem künstlerischen Rang und eine unterirdische Tropfstein-Märchenwelt: Die
Route (100 km) bietet ohne Streß eine
bunte Palette an Sehenswürdigkeiten.

An seinem 200. Todestag kehrte er
heim: In einem schlichten Sarg mit Glasdeckel ruht seit 1994 in der Schloßkapelle von **Slavkov u Brna** (Austerlitz) 2
(s. S. 365) Fürst Wenzel Anton von Kaunitz (1711–1794), der als Haus-, Hof- und
Staatskanzler Kaiserin Maria Theresias
über drei Jahrzehnte die österreichische
Politik bestimmt hatte. Hell leuchtet das
schlohweiße Haar, mit dem die greisen-
hafte Mumie des Meisterdiplomaten für
die makabre Schaustellung ausgestattet
wurde. Mehr als vier Jahrhunderte lang
befand sich das Schloß im Besitz der Fa-

milie Kaunitz. Das alte mährische Adelsgeschlecht verwandelte die ursprüngliche mittelalterliche Klosterfestung des
Deutschen Ritterordens in einen prächtigen Barockpalast, entworfen von dem
italienischen Architekten Domenico
Martinelli aus Lucca. Vollendet hat den
sich über Jahrzehnte hinziehenden Bau
erst Fürst Wenzel Anton, der in seiner
hohen Position auf einen repräsentativen Wohnsitz mit entsprechender künstlerischer Ausstattung – kostbare Gemälde des 17. und 18. Jh. – Wert legte.

Der Geist der Diplomatie wehte auch
nach dem Tod des Kanzlers durch das
Schloß. In Wien hatte Clemens Wenzel
Lothar von Metternich auf sich aufmerksam gemacht. Der karrierebewußte
junge Mann aus rheinischem Geschlecht, der später ebenfalls zum
Staatskanzler aufstieg, vermählte sich in
Austerlitz mit Eleonore von Kaunitz, der

*Umgebung von
Brno*

Enkeltochter Wenzel Antons. Die Umgebung des Städtchens freilich sollte schon zehn Jahre später unrühmlich in die österreichische Geschichte eingehen.

Als »Dreikaiserschlacht« kennt man jenes blutige Gemetzel vom 2. Dezember 1805, bei dem Napoleon die vereinigten Streitkräfte Österreichs und Rußlands vernichtend schlug. Das Kampffeld erstreckt sich etwa 8 km westlich von Austerlitz und wird durch den Friedenshügel auf der Anhöhe **Práce** (Pratzen) markiert. Ein 26 m hohes Mahnmal mit Ossarium zur Aufnahme der Gebeine der Gefallenen wurde 1911 nach Plänen des Architekten Josef Fanta errichtet. Im Inneren der pyramidenförmigen, von einem 10 m hohen Kreuz gekrönten Gedenkstätte läßt sich ein akustisches Phänomen ausprobieren: Wenn sich zwei Menschen in gegenüberliegenden Ecken aufstellen, können sie sich deutlich verständigen, auch wenn sie durch eine lärmende Besuchermenge getrennt sind.

Auf der Suche nach einem standesgemäßen Quartier war die Wahl Napoleons natürlich auf den Kaunitz-Besitz gefallen, wo sich die Verlierer dann auch die Bedingungen für einen Vorfrieden diktieren lassen mußten. Über die Details der Schlacht informiert nüchtern und objektiv ein im (heute staatlichen) Schloß eingerichtetes Museum.

Der erste Eindruck verspricht von **Bučovice** (Butschowitz) **3** (s. S. 340) wenig. Nackt und schutzlos erhebt sich ein mächtiges Gebäude hinter einem weiten, öden Platz, nachdem die Kommunisten in ihrem Bestreben, einen Feudalsitz dem Volk zugänglich zu machen, in den 80er Jahren alle das Vor-

◁ *Renaissance-Juwel Schloß Bučovice*

Hasenjagd – einmal anders

schloß zur Stadt hin abgrenzenden Mauern niederreißen ließen. Im Inneren verbirgt sich jedoch ein Renaissance-Juwel, das schon zur Zeit seiner Entstehung (1567–1582) alles übertraf, was Bauherren und Künstler in dieser Richtung in den böhmischen Ländern geschaffen hatten.

Auftraggeber war der hochgebildete Adelige Johann Schembera Černohorský von Boskowitz, der den Schöpfer des Wiener Lustschlosses von Kaiser Maximilian II., auch als »Neugebäude« bekannt, nach Mähren holte. Während über die künstlerische Verbindung der beiden Bauten kein Zweifel bestand, konnte die Person des Architekten erst in jüngster Zeit eindeutig identifiziert werden. Hielt man zunächst Pietro Ferrabosco für den Erbauer des Schlosses, so wird dieses nun neuesten Forschungen zufolge dem Wiener Hofkünstler und Gelehrten Jacopo Strada (1515–1588) zugeschrieben. Nach dem Tod Johann Schemberas gelangte Bučovice durch Heirat in den Besitz der Fürsten Liechtenstein, seit 1945 wird das Schloß staatlich verwaltet.

Südländische Beschwingtheit zeichnet die dreigeschossigen, von 96 schlanken Säulen getragenen Renaissance-Arkaden des Innenhofes aus, der an Stilreinheit seinesgleichen nördlich der Alpen sucht. In der Mitte steht ein Brunnen mit

Meeresjungfrauen, phantastischen Ungeheuern und einem Bacchanten, ein Meisterwerk des florentinischen Manierismus (1637). Staunend betrachten Besucher den prunkvollsten Raum, den durch ein zierliches Lünettengewölbe abgeschlossenen Kaisersaal mit seinen zahlreichen manieristischen Arabesken, Stuckplastiken sowie antiken und historischen Motiven: die anmutige Diana auf der Jagd, der grimmige Kriegsgott Mars, Europa auf dem Stier, Karl V. als Ritter zu Pferd, einen überwundenen Türken zu Füßen, und Büsten römischer Kaiser. Im benachbarten Vogelsaal sieht man Leda mit dem Schwan und Zeus auf einem gewaltigen Adler, die Decke des Venuszimmers beherrscht das Temperagemälde »Venus und Adonis«, gemalt nach der Vorlage Paolo Veroneses. Das Hasenzimmer wurde als Bühne für humorvolle Jagdszenen gestaltet, in denen Jäger und Gejagte ihre Rollen vertauscht haben, der Saal der fünf Sinne schließlich weist entsprechende allegorische Malereien auf.

Das Industriestädtchen **Vyškov** (Wischau) 4 wäre wohl kaum einen Umweg wert, da es jedoch auf der Route liegt, lohnt es sich, dem historischen Kern Aufmerksamkeit zu schenken und einen Blick auf das Renaissance-Rathaus zu werfen, das freilich ebenso wie die gotische Pfarrkirche Mariä Himmelfahrt ein barockes Kleid erhielt. Wischau war das Zentrum der kleinsten deutschen Sprachinsel Mährens, die aus sieben Dörfern mit charakteristischer, heute jedoch kaum mehr erhaltener Architektur – mit Stroh gedeckte Lehmbauten – bestand. In der kommunistischen Ära bildete Vyškov ein politisches Zwangs-Pilgerziel, nachdem man ein Haus im eingemeindeten Ortsteil Dědice zur Geburtsstätte des ersten KP-Präsidenten Klement Gottwald erklärt hatte. Ein Schwindel, wie sich nach der Wende herausstellte. Wo der

Tropfstein-Märchenwelt im Mährischen Karst

Macocha-Schlucht: Ende einer bösen Stiefmutter

unehelich geborene Altstalinist wirklich zur Welt gekommen war, weiß keiner – und will heute auch keiner mehr wissen. Die unfreiwilligen Besuchermassen bescherten dem Städtchen zumindest eine einigermaßen funktionierende Infrastruktur.

Moravský Kras (Mährischer Karst) **5**, das umfangreichste Karstgebiet der Tschechischen Republik, erstreckt sich auf einer 3 bis 6 km breiten und etwa 25 km langen Kalksteinplatte, die sich von Brünn nach Norden zieht. Tiefe Abgründe, enge Täler, atemberaubende Schluchten und schier unendliche Wasserschlünde zerfurchen das beinahe flache, 100 km² umfassende und von lichten Mischwäldern bedeckte Terrain. Aus den umliegenden Gebieten fließen große Wassermassen heran, die das Entstehen von mehr als 1000 Höhlen ermöglichten. Diese liegen in drei Ebenen übereinander und sind durch Kamine und unterirdische Dome miteinander verbunden. Die meisten Höhlen der mittleren Ebene werden von Wasserläufen wie dem Fluß Punkva durchflossen, was zur Bildung einer überwältigenden Tropfstein-Zauberwelt führte.

Ausgangspunkt für Ausflüge in den Mährischen Karst, seit 1956 Landschafts-schutzgebiet, ist die Kreisstadt **Blansko**. Vier Schaugrotten wurden für die Öffentlichkeit zugänglich gemacht, von denen die **Punkva-Höhlen** *(Punkevní jámy)* das längste System bilden und sowohl zu Fuß als auch per Boot besichtigt werden können. Im Verlaufe des unterirdischen Rundganges betritt man den Boden der 138 m tiefen Macocha-(Stiefmutter-) Schlucht, um die sich eine dramatische Legende rankt. Eine Frau aus dem nahen Dorf Vilémovice wollte sich, weil ihr eigenes Kind häßlich war, aus Eifersucht ihres hübschen Stiefsohnes entledigen. Sie befahl dem Knaben, am Rand der Schlucht Heilkräuter zu pflücken, und stürzte ihn dabei in die Tiefe. Im Fallen konnte sich das Kind – von einem Engel sanft getragen – an einen aus der Felswand wachsenden Strauch klammern. Dorfleute retteten es und warfen die grausame Stiefmutter in den Abgrund.

Von zwei Aussichtsplattformen, per Seilbahn zu erreichen, bietet sich ein Blick in den Schlund, den kaum ein Sonnenstrahl berührt. Ebenso gewaltig ist der Eindruck vom Grund des durch Deckeneinsturz einer riesigen Höhle entstandenen Kessels. Magisch bricht sich das Tageslicht in diffusem Grün nochmals in dem kleinen, 3 m tiefen Teich.

Slawisches Epos in monumentalem Jugendstil

Kunstfreunde aus aller Welt pilgern nach Moravský Krumlov (Mährisch Kromau, 30 km südwestlich von Brünn) zur Besichtigung des wohl monumentalsten Bilderzyklus des Jugendstils: das »Slawische Epos« von Alfons Mucha (1860–1939). Der tschechische Künstler, der in München und Paris studiert und noch vor der Jahrhundertwende mit Plakaten – u. a. für die gefeierte Schauspielerin Sarah Bernhardt – international auf sich aufmerksam gemacht hatte, begann nach einem sechsjährigen USA-Aufenthalt 1910 mit den Arbeiten an den Riesengemälden mit Szenen aus der slawischen Geschichte. Erst 1926 waren die Bilder im Ausmaß zwischen 6 × 4 und 6 × 8 m fertiggestellt. So beeindruckend die Kunstwerke selbst sind, die 1994 auf einer Ausstellung in Japan das Publikum begeisterten, so enttäuschend ist deren lieblose Präsentation in einem vom Verfall gezeichneten Renaissanceschloß. Ein Mucha-Gedenkraum wurde im Museum von Ivančice (Eibenschitz, 21 km südwestlich von Brünn), dem Geburtshaus des Künstlers, eingerichtet.

Unterirdische Seen mit kristallklarem, grünlich schimmerndem Wasser, das eine ganzjährig gleichbleibende Temperatur von 6 °C aufweist, enge, niedrige Gänge, die in hohe Dome münden, und immer wieder bizarr geformte Tropfsteingebilde in allen Größen und Farben – ein unvergeßliches Naturerlebnis.

Die Zufahrt zu diesem Höhlensystem erfolgt von Blansko aus durch das Tal der Punkva. Bei der **Felsenmühle** *(»Skalní mlýn«,* Hotel, Restaurant, Parkplätze) ist Endstation. Zum Schutze der Umwelt, wie es offiziell heißt, um gute Geschäfte zu machen, wie Kritiker behaupten, wurden die weiterführenden Straßen für den Autoverkehr gesperrt. Wer sich den 3 km langen Fußmarsch bis zum Höhleneingang ersparen will, muß in (kostenpflichtige) Elektrowägelchen umsteigen. Unweit von Skalní mlýn befindet sich auch die Katharinen-Höhle mit dem größten unterirdischen Dom – 95 m lang, 20 m hoch und 44 m breit – des gesamten Karstgebietes. Aufgrund seiner hervorragenden Akustik dient er zuweilen auch als Konzertsaal.

Der 6,5 km lange Höhlenkomplex **Sloup-Šošůvka** (beim Dörfchen Sloup) war bereits in der Urzeit von Menschen bewohnt. 1965 wurde hier ein menschlicher Oberkiefer mit vier Zähnen gefunden, dessen Alter auf 40 000 Jahre geschätzt wird. Die **Balcarka-Höhle** (bei der Ortschaft Ostrov), von Touristen am wenigsten besucht, bietet gleichfalls einen knapp einstündigen Rundgang durch die Tropfstein-Wunderwelt.

Telč (Teltsch)

1 (s. S. 274) »Ich möchte wetten, daß es bei uns keinen schöneren Marktplatz als den in Telč gibt. Er ist sehr lang, von Toren abgeschlossen und ringsum von Laubengängen gesäumt. Jedes Haus hat einen hohen Giebel mit schönen Konturen und mit Stuck und ist rosa oder blau oder weiß angestrichen, und das alles ist altertümlich sauber und friedlich; durch irgendein Wunder gibt es dort kein neues Rathaus und keine neue Schule, sondern lauter solche würdigen Nachbarhäuser und mitten auf dem Marktplatz einen Brunnen und eine gewundene Säule und dann in einer Ecke ein Schloß, ich weiß nicht, wem es gehört. Und dort im Hof sieht man wunderschöne Arkaden und eine Statue von Adam und Eva, die beide sehr mager und keusch sind. Aber der mit Katzenköpfen gepflasterte Marktplatz ist das Schönste von allem. Männer von Telč, laßt ihm nichts geschehen!«

Auch ohne den Appell des Schriftstellers Karel Čapek weiß man in Telč schon seit langem mit dem großen historischen Erbe behutsam umzugehen. Denn Superlative sind hier wie kaum andernorts angebracht. Der dreieckige **náměstí Zachariáše z Hradce** (Zacharias von Neuhaus-Platz), ein schier überwältigendes Gesamtkunstwerk, ist beispiellos in seiner Perfektion und Geschlossenheit. Im ganzen Ensemble findet sich kein Haus, dessen Fassade oder Giebel sich nicht harmonisch ins Ganze einfügt. Dennoch weist jedes Gebäude seine unverwechselbare Eigenart auf, da man den Besitzern freie Hand gelassen hatte, als nach dem großen Stadtbrand des Jahres 1530 die Bürgerhäuser im Stil von Renaissance und Frühbarock erneuert wurden. Je nach Tageszeit und Licht mutet der im wesentlichen auf den Marktplatz und kurze Gäßchen zu den Toren und zum Schloß beschränkte Stadtkern wie eine Sammlung kostbarer Spielzeug-Häuser oder eine Kulisse zu einem Shakespeare-Stück an. Oder wie eine venezianische Vedute, wenn die dunklen Säulen der Arkaden hinter dem in der Sonne flimmernden Pflaster die Illusion erwecken, als schwebten sie über glitzerndem Wasser.

Viel ließe sich berichten über Geschichte und Charakter der unvergleichlichen Bürgerbauten, über ihre hohen, zinnengeschmückten Attiken, ihre kreisförmigen Dachaufsätze nach italienischem Vorbild, ihren stufenförmig gegliederten Oberstock, ihre Blendfassaden, die manchmal ein nicht existierendes Stockwerk vortäuschen, und ihre ebenerdigen, von Gewölben überspannten Flurhallen, Maßhäuser genannt, von denen aus Gänge zu den Stadtmauern führen. Auch den Schmuck der Fassaden, ob Sgraffiti, Wandmalereien oder Pilaster, sollte man in Ruhe studieren. Aber schon wartet mit dem **Renaissance-Schloß** das feudale Pendant als weiterer Glanzpunkt auf die Besichtigung.

Seit fünf Jahrhunderten begrenzt es in nahezu unveränderter Gestalt das schmale Ende des Stadtplatzes. Zacharias von Neuhaus finanzierte den kostspieligen Renaissance-Umbau der ehemals gotischen Burg durch die Mitgift seiner Gemahlin Katharina von Waldstein. Der ältere Teil entstand um 1554, die zweite Bauetappe, für die Baldassare Maggi da Arogno verantwortlich zeichnete, erstreckte sich bis 1568. Nur vier Familien herrschten über das (heute staatliche) Schloß: Nach den Hradec

Historischer Marktplatz von Telč

(Neuhaus) die Slawata (Wilhelm Slawata von Chlum wurde 1618 als treuer Habsburg-Anhänger und königlicher Statthalter eines der Opfer des zweiten Prager Fenstersturzes), danach die Liechtenstein-Kastelkorn und schließlich vom Ende des 18. Jh. bis 1945 die Podstatský-Liechtenstein. »Durch sensible und kunstverständige Vorgangsweise der ehemaligen Schloßherren blieb die ursprüngliche Innenarchitektur vorzüglich erhalten«, merkt man in der offiziellen Stadt-Broschüre dankbar an.

Bankettsaal, Schatzkammer und St. Georgs-Kapelle, alle reich mit Sgraffiti versehen, sowie die ehemalige Waffenkammer, deren zartes Sterngewölbe mit stuckverzierten Rippen einer spanischen Spitzenmantilla gleicht, sind im Erdgeschoß zu besichtigen. Der Rundgang durch die zweite Etage beginnt im Theatersaal, in dem im 19. Jh. unter dem musikbegeisterten Leopold II. von Podstatský-Liechtenstein – er hatte den Bei-namen »K.K. Hofmusikgraf« – Konzerte und Opernaufführungen in Szene gingen. Durch den Afrikanischen Saal mit Jagdtrophäen und ethnographischen Exponaten verläßt man den älteren Teil des Schlosses und betritt über einen Arkadengang den Marmorsaal (hölzerne Kassettendecke mit mythologischen Szenen) mit einer Kollektion von Waffen und Rüstungen. Ein Porträt der Perchta (Berta) von Rosenberg – melancholische Augen, Stupsnäschen und trauriger Mund – erinnert daran, daß auch hier die »Weiße Frau« (s. S. 116) durch die Gemächer geistert. Als ob er keiner Fliege etwas zuleide tun könnte, blickt der Bösewicht Johann von Liechtenstein zu seiner unglücklichen Gemahlin herüber.

Zwei Räumlichkeiten sind noch von Bedeutung: Der prunkvolle Goldene Saal mit seiner aus 30 achteckigen Kas-

Unvergleichliches Architekturensemble :
Marktplatz inTelč ▷

setten bestehenden Decke, einem der schönsten Beispiele von Renaissance-Schnitzarbeit in Europa, sowie die mit Figuralstuckwerk üppig ausgestattete Allerheiligen-Kapelle, in deren Mitte sich hinter einem dekorativen schmiedeeisernen Gitter der Sarkophag mit den sterblichen Überresten des Zacharias von Neuhaus und seiner Frau Katharina befindet. Sehenswert ist auch das kleine Museum mit einer Dokumentation der Stadtgeschichte und einer aus der zweiten Hälfte des 19. Jh. stammenden mechanischen Krippe.

Am anderen Ende des leicht ansteigenden Marktplatzes, dessen Fläche von einer barocken Mariensäule und zwei ebensolchen Brunnen gegliedert wird, ist eine letzte Erinnerung an eine alte landesfürstliche Feste erhalten: ein spätromanischer Turm, der an die gotische Hl.-Geist-Kirche angebaut wurde.

Frühere Zeiten nannten das von zwei Teichen umschlossene Telč auch »Seerose«. Gibt es einen schöneren Beinamen für dieses weltweit einzigartige Kulturdenkmal?

Unter den Lauben des Marktplatzes

Ausflüge von Telč

Ins Tal der Dyje

Die Weinberge haben wir hinter uns gelassen. Im Westen Südmährens breiten sich weite Felder aus, auf denen im Spätfrühling der Raps blüht. Wie Inseln in diesem goldgelben Meer erheben sich kleine, dunkle Wälder, die um so dichter werden, je mehr man sich dem romantischen Tal der Dyje (Thaya) nähert. Dominierender Kunststil auf dieser Rundfahrt (170 km) ist die Renaissance, aber auch ein monumentales Barockschloß und eine alte Grenzstadt, die zu Unrecht nur mit Gurken in Verbindung gebracht wird, stehen auf dem Programm.

Das im 15. Jh. gegründete Städtchen **Dačice** (Datschitz) **2** (s. S. 342) liegt in einer Region, die ihres rauhen Klimas wegen »Mährisches Sibirien« genannt wird. Seine wirtschaftliche Bedeutung als Schnittpunkt wichtiger Handelsstraßen spiegelt sich in zwei repräsentativen Schlössern wider, dem mit Sgraffitoschmuck ausgestatteten Herrenhaus der Edlen Krajíř von Krajek aus dem 16. Jh. (Marktplatz) und dem Neuen Schloß (Renaissancebau mit einem im Empire umgestalteten Hauptflügel und kostbarer Empiremöbel-Sammlung). Historische Bürgerhäuser und das Renaissance-Rathaus mit seiner eindrucksvollen Sgraffitofront säumen den Stadtplatz, über dem sich die spätbarocke Pfarrkirche St. Laurentius und ihr siebenstöckiger Renaissanceturm mit Arkadengalerie erheben.

Dieses verflixte Südmähren! Da glaubt man, mit Telč das Non-Plus-Ultra einer Stadtlandschaft erlebt zu haben, und steht plötzlich schon wieder mitten in der Welt der Renaissance. Zwar wird – im Gegensatz zu Telč – das einheitliche Bild von **Slavonice** (Zlabings) **3** (s. S. 365) durch so manche Bausünde getrübt, auch macht das verschlafene Städtchen längst nicht einen so adretten und lebendigen Eindruck, weil auf Restauratoren noch viel Arbeit wartet und es der unmittelbaren Grenzregion, allzu lang vernachlässigt, an touristischer Infrastruktur fehlt. Aber die mit wahren Sgraffiti-Bilderbüchern geschmückten Fassaden, die vielgestaltigen Giebel und Attiken sowie die Zellen- und Diamantgewölbe in den Flurhallen – und manchmal auch in den Stockwerken – der Häuser sind pures 15. und 16. Jh.

Der Mitte des 13. Jh. gegründete Ort befand sich lange Zeit im Besitz der Herren von Hradec (Neuhaus). Schon 100 Jahre später hatte der Stadtkern seine bis heute unveränderte Form: An den trapezförmigen Unteren Platz (Dolní nám.) schließt nach einem kurzen Straßenstück der kleinere, längliche Obere Platz (Horní nám.) an, der vom Znaimer Tor (Znojemská brána) abgegrenzt wird. Dazwischen liegt die gotische Pfarrkirche Mariä Himmelfahrt mit dem ehemaligen Herrenhaus, das 1898 durch ein pseudohistorisches Gebäude ersetzt wurde.

Tuchmacher und andere Handwerksbetriebe, die ihre Ware über die nahe Grenze nach Österreich exportierten, führten das Städtchen im 15. und 16. Jh. zu hoher wirtschaftlicher Blüte. In dieser Zeit entstanden auch die prächtigen Bürgerhäuser. Die Verlegung der Poststraße zwischen Wien und Prag, Verwüstungen des Dreißigjährigen Kriegs und verheerende Feuersbrünste trugen zum Niedergang bei, von dem sich Slavonice bis heute nicht erholen konnte. Anfang

Rot-weißer Kratzputz bringt Farbe ins Stadtbild

Typisch für Slavonice: Bürgerhäuser mit Ziergiebeln und Sgraffito-Schmuck, der häufig ganze Bilderzyklen zeigt

des 20. Jh. erfolgte die Schleifung von Teilen der Stadtbefestigung, des alten Rathauses, das 1910 einem Neubau weichen mußte, sowie eines schönen Renaissance-Hauses am Unteren Platz, an dessen Stelle man ein häßliches Schulgebäude setzte. Trotz dieser Wunden blieb der historische Ortskern in seinem Wesen erhalten. Keine Frage, daß Slavonice heute zu den bestgehüteten Denkmalschutzzonen des Landes gehört.

Der Bauboom zu Beginn der Neuzeit brachte zahlreiche ausländische Architekten, Sgraffito-Künstler und Maler in die Stadt. Viele Räume wurden damals mit Wandmalereien biblischer und profaner Themen ausgestattet. Die Häuserfassaden erhielten reichgestaltete Sgraffiti im Geist der Renaissance: ornamentale Motive, vor allem aber komplizierte Figuralszenen mit Episoden aus dem Alten Testament, manchmal sogar mit erläuterndem Text, sowie Abbildungen von Kaisern, Königen, Herzögen und Helden der antiken Mythologie.

Der aus einer Bergmannssiedlung unterhalb einer landesherrlichen Burg entstandene Ort **Jemnice** (Jamnitz) 4 wurde Anfang des 14. Jh. zur königlichen Stadt erhoben, um die sich eine Befestigung samt Graben zog. Reste der alten Stadtmauern sind noch an mehreren Stellen im Umkreis des Ortskerns zu sehen. Hinter dem Stadtplatz mit gotischen und barocken Häusern kann man beim Museum eine aus dem 13. Jh. stammende Skulptur entdecken. Sie stellt die Jungfer Jemna dar, der Sage

nach die Gründerin der Stadt. Die Pfarrkirche des hl. Stanislaus hat ein hochgotisches Presbyterium und ein Schiff im Renaissancestil. Im Vorort Podolí blieben bei der St. Jakobs-Friedhofskirche mit dem Turm einer romanischen Rotunde die Reste einer ehemaligen Wehrkirche erhalten.

Anstelle der mittelalterlichen Burg entstand 1661 ein Barockschloß, Ende des 19. Jh. neubarock umgebaut (keine Besichtigung möglich). Im gräflichen Park erging sich Franz Grillparzer in langen Spaziergängen. Als Ministerialbeamter war der österreichische Dichter mehrmals zu Gast auf dem Sommersitz

Ausflüge von Telč

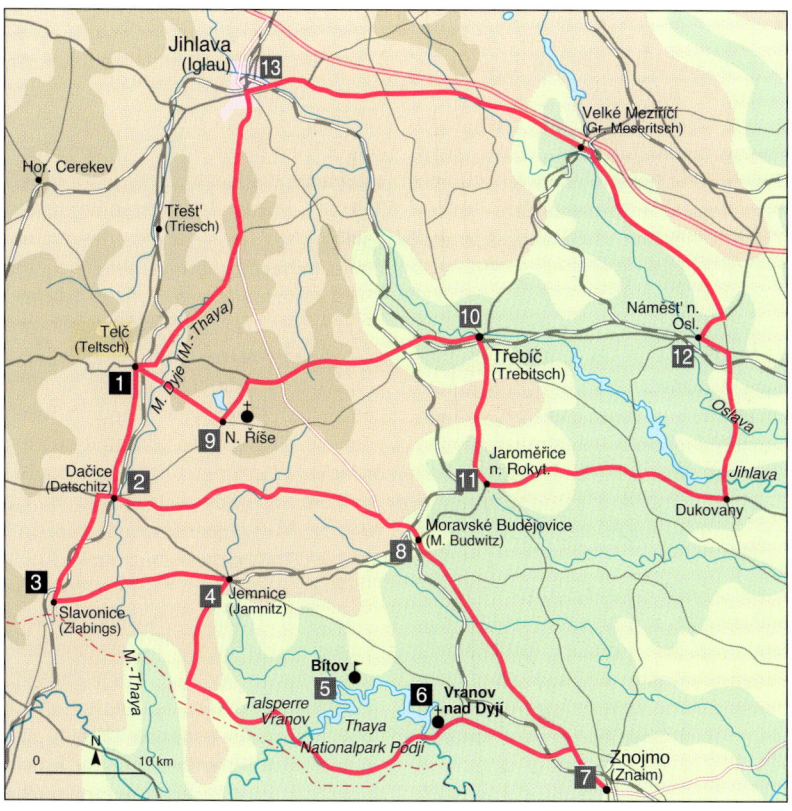

seines obersten Chefs, des k.u.k. Finanz-ministers Graf Stadion. In Erinnerung an den Aufenthalt des böhmischen Königs Johann von Luxemburg auf Burg Jemnice findet alljährlich Mitte Juni im Schloßpark das Volksfest »Barchan« statt, das mit der Verteilung von Stoffen, Halstüchern, Strümpfen und Blumengebinden verbunden ist: Als Johanns Gemahlin Elisabeth 1312 von einer siegreichen Schlacht berichtet wurde, belohnte sie die vier Überbringer der guten Nachricht mit einem Mantel, einem Schal, seidenen Beinkleidern und einem Blütenkranz.

Die **Talsperre Vranov** (Frain) 5 wurde 1933 zur Regulierung der Dyje (Thaya) errichtet, da der Fluß – er bildet stellenweise die natürliche Grenze zwischen Tschechien und Österreich – vor allem im Frühjahr an seinem Unterlauf verheerende Überschwemmungen verursachte. An der oberhalb des Städtchens Vranov (Frain) erbauten, 60 m hohen Staumauer steht ein Kraftwerk. Durch das aufgestaute Wasser bildete sich ein 32 km langer See in romantischer, von dichten Wäldern gesäumter Umgebung. Bei der Flutung versank das alte Dörfchen Bítov (Vöttau), die als Grenzfeste im 11. Jh. auf einem Grantifelsen über dem Thayatal entstandene Burg **Bítov**, im 19. Jh. neugotisch gestaltet, spiegelt sich jetzt im See. In der Burg können naturwissenschaftliche Sammlungen, unter ihnen präparierte Hunde, sowie Waffen- und Jagdkollektionen besichtigt werden.

Nach dem Fall des Eisernen Vorhangs entstand der teilweise grenzüberschreitende, 62 km² große **Nationalpark Podyjí** (Thayatal) mit markierten Wanderwegen von 70 km Länge und 30 km langen Radlertrassen. Er reicht von Vranov (Frain) bis Znojmo (Znaim) und schützt eine der letzten beinahe im Urzu-

stand erhaltenen Flußtal-Landschaften im mitteleuropäischen Hügelland. Fast 100 bedrohte Pflanzenarten – vom Silberblatt bis zur Pracht-Königskerze, von der Türkenbundlilie bis zur Großen Küchenschelle – sind im Nationalpark vertreten, ebenso 55 Arten von Säugetieren – vom Fischotter bis zur Erdmaus und 165 Vogelarten (Schwarzstorch, Wiedehopf, Uhu, Eisvogel etc.).

Das monumentale Barockschloß **Vranov nad Dyjí** (Frain an der Thaya) 6 (s. S. 372), nicht nur aufgrund seiner beherrschenden Lage auf einem 76 m hohen, schroffen Felsen über der Thaya eines der eindrucksvollsten Tschechiens, wurde im ausklingenden 17. Jh. vom Hofedelmann Graf Michael Johann II. von Althann erbaut, der die einst landesherrliche, um 1100 erstmals in Chroniken erwähnte Trutzburg 1680 erworben hatte. Knapp 100 Jahre zog sich der Umbau hin. Von niemand geringerem als Johann Bernhard Fischer von Erlach stammen die Pläne zu der in ihrer perfekten, strahlenden Harmonie unvergleichlichen Rondellanlage des Ahnensaals mit symbolisch-verherrlichendem Freskenschmuck von Johann Michael Rottmayer und zur Schloßkapelle mit der unterirdischen Gruft der Althanner. Der Wiener Hofarchitekt plädierte auch erfolgreich für die Erhaltung von Teilen der alten gotischen Burgbefestigung wie dem Wasserturm, dem sogenannten Krähenturm an der Ostseite der Anlage und der 57 m langen Zugangsbrücke.

Nach Graf Michael Johanns Tod 1702 setzten dessen Sohn Michael Hermann und nach 1722 hauptsächlich dessen Schwiegertochter Maria Anna Pignatelli, die anmutige Favoritin Kaiser Karls VI., die Bauarbeiten fort. Die ebenso schöne wie intelligente Italienerin beauftragte Anton Erhard Martinelli mit der Errichtung des dreiflügeligen Schloßgebäu-

Barockmonument Schloß Vranov

des. Ein persönliches Geschenk des Kaisers an die kultivierte Gräfin, die den Monarchen auf Frain einige Male beherbergte, waren die beiden kolossalen Statuengruppen an der prächtigen Freitreppe des Ehrenhofs (Herkules im Kampf mit dem Riesen Antäus, Äneas trägt seinen Vater Anchises aus dem brennenden Troja), Werke des Bildhauers Lorenzo Mattielli.

Spärlich nur blieben Kunstwerke aus der kurzen Wirkungszeit des neuen Schloßbesitzers Josef Hilgartner von Lilienborn (ab 1793) erhalten, der den grundlegenden Umbau des Schlosses zu Ende führte. Die Räumlichkeiten wurden um diese Zeit mit klassizistischen Veduten sowie mit Figural- und Ornamentalmalereien – teilweise mit Freimaurer-Symbolen versehen – ausgeschmückt. An die Ära der weiteren Eigentümer von Vranov, der polnischen Aristokratenfamilien Mniszek und Stadnický, erinnern neben einigen Porträt-

gemälden und der großen Bibliothek vor allem kostbare Keramiken. 1816 hatte Stanislaus Mniszek die Frainer Steingut-Fabrik erworben, die er durch die Verpflichtung ausländischer Spezialisten zu so hohem künstlerischen Niveau führte, daß die Erzeugnisse als »Frainer Wedgwood« international begehrt waren.

Nach 1938 im Besitz eines von den NS-Machthabern eingesetzten deutschen Barons, wurde das Schloß nach dem Zweiten Weltkrieg in staatliche Verwaltung übernommen und in den 70er Jahren von Grund auf restauriert. Heute kann man in den weitläufigen Räumlichkeiten – neben dem Ahnensaal u. a. das Schlafzimmer der Gräfin Pignatelli, Gesellschaftssalon, Orientalischer Salon, Freimaurer-Zimmer, Gemäldegalerie und Bibliothek – insgesamt mehr als 10 000 Exponate besichtigen, die allerdings zum Teil aus anderen Schlössern stammen.

Znaimer Gurken
Oft kopiert, nie erreicht

Anno 1571, so berichtet die Chronik, brachte Sebastian Freytek von Cepirohu, Abt des Prämonstratenserstiftes Klosterbruck (Louka, heute in die Stadt eingemeindet) und Erzieher Kaiser Rudolfs II., die ersten Gurkensamen aus Indien nach Znaim. Die exotischen Früchte galten als Vorbeugemittel gegen die Pest. Um die prophylaktische Kur angenehmer zu gestalten, wurden die Gurken mit allerlei Kräutern garniert. 1628 äußerte sich Kaiser Ferdinand höchstpersönlich lobend über die neue Spezialität. Damit fiel das Startzeichen für einen Anbau in großem Stil, die in Töpfen und Beeten gezogenen Pflanzen übersiedelten auf Äcker. 1862 fanden in Znaim die ersten Gurkenmärkte statt, und als im Jahr darauf eine gewisse Frau Tekla Henesch bekanntgab, sie werde außer frischen auch saure Früchte anbieten, schlug die Geburtsstunde der unvergleichlichen »Znaimer Delikateßgurken«, die – in Gläsern und Konservendosen eingelegt – die Welt eroberten.

Nachdem in den letzten Jahren des KP-Regimes eine geheimnisvolle Krankheit mehrere Ernten vernichtet hatte und »echte Znaimer Gurken« vorwiegend auf österreichischen Feldern wuchsen, können Feinschmecker die begehrte süß-saure, knackige Köstlichkeit jetzt wieder auf dem Marktplatz und in den Lebensmittelläden der Stadt erstehen.

Heiß umkämpft und wild umstritten – auf diesen kurzen Nenner könnte man die wechselvollen Geschicke der Stadt **Znojmo** (Znaim) **7** (s. S. 374) bringen. Ein typisches Beispiel: 1404 zogen Herzog Albrecht IV. von Österreich und König Sigismund von Ungarn, Sohn Karls IV. und späterer Deutscher Kaiser, gegen die Stadt zu Felde, deren Verteidiger erstmals in der Kriegsgeschichte so etwas wie bakterielle Waffen einsetzten: Sie schleuderten riesige Fässer mit Fäkalien ins feindliche Lager, in dem prompt die Ruhr ausbrach. Auch Albrecht und Sigismund erkrankten, und der aus Wien gerufene Medikus ordnete für die beiden Heerführer eine wahre Roßkur an. Energisch ließ der Arzt 24 Stunden lang die beiden an den Beinen, mit dem Kopf nach unten, aufhängen, damit das Gift dort abgehe, wo es in den Leib gekommen war – durch den Mund. Der zartere Albrecht hauchte dabei seine Seele aus, der robustere Sigismund überlebte.

Das Schicksal des 1433 zum Kaiser gewählten Fürsten sollte sich dennoch in Znaim erfüllen. Als er 1437 die Stadt – in friedlicher Absicht – besuchte, befiel ihn eine solche Übelkeit, daß er sich in vollem Ornat und mit der Krone auf dem Haupt in die Kirche setzte, um während der Messe auf den Tod zu warten. Obwohl die Priester sich bemühten, den letzten Willen des hohen Gastes zu erfüllen, und den Gottesdienst mit allen Tricks in die Länge zogen, verließ Sigismund höchst lebendig die Kirche. Erst einige Wochen späber starb der Kaiser in Znaim – im Sterbehemd auf seinem Thron sitzend.

In der Folgezeit hatte Znaim fast in jedem Jahrhundert unter den Wirren der europäischen Politik zu leiden: 1648 wurde es von den Schweden eingenommen, 1742 von den Preußen, 1809 von Napoleon. Die zunehmenden nationalen Spannungen zwischen Tschechen und Deutschen schlugen sich 1918 in der Proklamation des »Deutschen Südmäh-

Bauernmarkt in Znojmo

rens« mit der Hauptstadt Znaim nieder, bereits zwei Monate später marschierte die tschechoslowakische Armee ein und beendete das eigenmächtige Spiel.

Nicht nur für süß-saure Gurken, auch für trockenen, herben Rebensaft ist Znaim von altersher berühmt. Seit der Grenzöffnung, die der unter Nazi-Okku-pation und KP-Herrschaft stagnierenden Wirtschaft durch den starken Grenz-Ausflugsverkehr wieder einen erfreuli-chen Aufschwung bescherte, haben sich wieder viele gemütliche Weinstuben in den aus Gotik, Renaissance und Barock stammenden, liebevoll restaurierten Häusern mit Freskenschmuck oder Stuckwerk etabliert. Ein buntes Weinle-sefest mit Umzügen in historischen Ko-stümen verwandelt Mitte September ein Wochenende lang die Stadt in eine mit-telalterliche Bühne: Ritter jagen hoch zu Roß über Straßen und Plätze, Minne-sänger zupfen die Laute, Burgfräulein lassen ihre Reize spielen.

Von den vielen Sehenswürdigkeiten des Zentrums, das sich seinen mittelal-terlichen Stadtgrundriß und Teile der Stadtbefestigungen (Basteien, Schan-zen und spätgotischer Turm mit *Pražská bróna*/Prager Tor) bis heute bewahrt hat, sei vor allem die 1134 mit prächtigen Wandmalereien ausgestattete Rotunde der hl. Katharina *(rotunda sv. Kateřiny)* hervorgehoben, die älteste romanische Kirche Mährens. Im 17. und 18. Jh. wurde die ursprünglich gotische Burg in ein barockes Schloß umgebaut, seit 1920 Dependance des Südmährischen Museums. Am Unteren Marktplatz *(Ma-sarykovo nám.)*, dem wichtigsten Stadt-platz Znaims, dessen Bild leider durch den häßlichen Betonbau eines 1974 er-richteten Kaufhauses arg getrübt wird, befindet sich das Haus der Kunst *(Dům umění)* des Südmährischen Museums, das 1550 auf den Grundmauern zweier

gotischer Häuser aufgebaut wurde. Die hintere Gebäudefassade zur ulice Dolní Česká ist auf der ganzen Fläche mit Sgraffito-Ornamenten bedeckt.

Vom fast 80 m hohen spätgotischen Rathausturm *(radniční věž)* mit der mar-kanten Spitze genießt man an klaren Tagen eine Aussicht bis zu den Alpen-gipfeln. Eine Besichtigung wert sollte auch Znaims »Unterwelt« sein, bis zu vier Geschosse umfassende Keller und Gänge mit einer Gesamtlänge von 12 km, die seit dem Ende des 14. Jh. zum Schutz der Bevölkerung auf einer Fläche von 40 ha unter dem Stadtkern gegraben wurden.

Autofahrer auf der Strecke zwischen Wien und Prag kennen **Moravské Budějovice** (Mährisch Budwitz) 8 meist nur vom Durchfahren (hier kassiert die Polizei gern von Temposündern!). Einen kurzen Aufenthalt verdient der Mitte des 13. Jh. gegründete Ort jedoch allemal, auch wenn sich das Zentrum häufig in eine Verkehrshölle verwandelt. Aus hi-storischen Zeiten haben sich Teile von Wallmauern mit Schießscharten und zwei alten Toren, Bürgerhäuser aus Gotik, Renaissance und Barock, ein ro-manischer Karner und ein Barockschloß erhalten, das am Marktplatz anstelle von vier Renaissancehäusern erbaut wurde (heute Museum mit Exponaten unterge-gangener Handwerksberufe).

Auf die Böhmisch-Mährische Höhe

Von einem imposanten Barockkloster über ein altes mährisches Städtchen mit bedeutender romanischer Basilika, ein »Mini-Versailles« und ein Renaissance-Schloß bis zum Zentrum der Böhmisch-Mährischen Höhe, jener historischen, leider noch recht vernachlässigten Stadt Jihlava (Iglau), in der Gustav Mahler

Wein aus Südmähren: Einladung zur Kellerpartie

seine Kindheit verbrachte, reicht der Bogen der Sehenswürdigkeiten. Das landschaftliche Ambiente: sanfte Hügel mit Wäldern und Äckern, Teichen und kleinen Flüssen (180 km).

Heute dominiert wieder das strahlende Weiß der Mönchskutten die Räumlichkeiten des Prämonstratenser-Klosters. **Nová Říše** (Neureisch) **9** ist die kleinste Gemeinde des in Tschechien seit der Wende erneut aktiven Ordens, dem außerdem die Stifte in Strahov/Prag, Zeliv (Seelau) und Teplá (Tepl) (s. S. 183) zurückerstattet wurden. Das eindrucksvolle Barockareal wird von der Peter und Pauls-Kirche (1677–1707) mit prächtiger Innenausstattung gekrönt. Im Kloster können die wertvolle Barockbibliothek und eine Gemäldegalerie besichtigt werden.

Drei Mönchskapuzen zieren das Stadtwappen von **Třebič** (Trebitsch) **10**, in Erinnerung an die erste, um ein 1101 gegründetes Benediktinerkloster entstandene Ansiedlung. Als Baudenkmal von außerordentlichem Rang rühmen

Kunsthistoriker die dem hl. Prokop geweihte romanische Basilika, einst Abteikirche des um 1530 verfallenen Klosters, das zunächst in ein Renaissanceschloß und später barock umgebaut wurde. Einflüsse rheinischer und südfranzösischer Bauhütten führten zu einer in Mitteleuropa einmaligen Raumgestaltung der dreischiffigen, aus behauenen Quadern 1240–1260 errichteten Basilika mit reich verziertem romanischem Portal, romanischen und gotischen Fenstern und einer großen Krypta, die gleichfalls aus der ursprünglichen Bauzeit stammt. Im anschließenden Schloß – bemerkenswert sind die Treppe und der große Saal mit den Familienwappen der Waldstein, bis 1945 Eigentümer des heute staatlichen Gebäudekomplexes – zeigt das Westmährische Museum Sammlungen von Mineralien und Volkskunst sowie eine Dokumentation der Krippenbaukunst, für die Třebíč seit Beginn des 19. Jh. in ganz Europa berühmt war.

Am Ufer der Jihlava (Igel) findet man noch Reste der Stadtbefestigungen, am großen Marktplatz (Karlovo nám.) wert- volle, detailgetreu restaurierte Bürger- häuser gotischen Ursprungs mit üppi- gem Renaissance-Sgraffitoschmuck wie z. B. das »Bemalte Haus« *(Malovaný dům)*, einst von einem venezianischen Kaufmann errichtet, oder das »Schwar- ze Haus« *(Černý dům)*. So einladend die- ser Platz mit seinen hübschen Läden und Lokalen ist, so häßlich sind die Vor- orte dieser Industriestadt – die zwei Ge- sichter Tschechiens.

Den Beinamen »Mini-Versailles« trägt das aus einer gotischen Wasserburg hervorgegangene, seit 1945 staatliche Barockschloß von **Jaroměřice nad Ro- kytnou** (Jaromeritz) **11** (s S. 348) zu Recht. »Mini« mag es zwar im Vergleich zu den gewaltigen Ausmaßen seines französischen Pendants sein, in Mittel- europa aber stellt es eines der edelsten Baudenkmäler der Barockzeit dar, das Vergleiche mit berühmten Vorbildern nicht zu scheuen braucht. Graf Johann

Adam von Questenberg (1678–1752), dessen habsburgtreuer, aus Köln am Rhein stammender Familie die Herr- schaft nach der Schlacht auf dem Wei- ßen Berg zugefallen war, beauftragte Jakob Prandtauer (1658–1726), den öster- reichischen Stararchitekten des Barock, mit den Planungen. Gleichzeitig mit den Gebäuden legte man zwischen 1700 und 1737 auch den Schloßgarten französi- schen Typs an.

Unter Johann Adam, der am Kaiser- hof diente und sich auch in der Wiener Johannesgasse ein repräsentatives Pa- lais (heute Sitz des österreichischen Fi- nanzministeriums) erbauen ließ, er- blühte Jaroměřice zu einem hochrangi- gen Kulturzentrum Mährens. Der Hausherr beherrschte mehrere Musikin- strumente und hielt sich eine von dem Komponisten František Václav Míča ge- leitete Schloßkapelle. 1730 brachten die gräflichen Musiker auf einer Insel des Flüßchens Rokytná die erste in böhmi-

Sgraffito-Pracht am Marktplatz von Třebíč

*Sala Terrena im Schloß
Jaroměřice*

schen Ländern komponierte Oper, »Die Entstehung von Jaroměřice in Mähren«, zur Aufführung. Allerdings nicht auf tschechisch, sondern in italienischer Sprache, wie es dem Zeitgeist entsprach. Auch im Schloßtheater spielte sich reges kulturelles Leben ab. Noch heute finden hier klassische Konzerte statt, viele der musealen Exponate sind ebenfalls der musikalischen Tradition des Hauses gewidmet.

Die Schloßführung umfaßt zwei große Säle – den Ahnensaal mit Jahreszeiten-Deckenfresken und Porträts der Questenberg sowie den riesigen, reich verzierten Tanzsaal – und zehn Salons im ersten Stock des Hauptflügels, von denen das Chinesische Kabinett die prunkvollste Ausstattung besitzt. Im Erdgeschoß kann der Besucher noch die

Sala Terrena – die Malereien an Wänden und Tonnengewölbe imitieren eine mit Kletterpflanzen bewachsene Pergola – und das mit Muscheln und Steinen verzierte Römische Bad besichtigen. Die hochbarocke Schloß-, heute auch Pfarrkirche, der hl. Margarethe geweiht, schließt sich im Westen an den zweistöckigen Gebäudekomplex an (Eingang von der Seitengasse).

Ein irrealer Wald aus dem Boden wuchernder Strommasten kündigt Bedrohliches an. Jäh wird der beschauliche Friede der sanften Hügellandschaft mit ihren gelben Rapsfelder-Teppichen gestört, wenn am Horizont die Kühltürme des Atomkraftwerks von **Dukovany** auftauchen. Unwillkürlich denkt man an Tschernobyl, gibt Gas, will den Gefahren unsichtbarer, tödlicher Strahlen

Mini-Karlsbrücke in Náměšť nad Oslavou

schnellstmöglich entfliehen. Die Straße führt unmittelbar an den Betonmonstern vorbei, aber die moderne, angeblich so sichere Technologie versteckt sich hinter hohen Stacheldraht-Umzäunungen, schützt sich mit einem raffinierten Eisernen Vorhang vor eventuellen Demonstranten. Doch Verständnis für das Dilemma ist angebracht: Einerseits will die Tschechische Republik aus Umweltschutzgründen die schwerstens luftbelastende Verfeuerung von Braunkohle eindämmen, benötigt aber andererseits nicht zuletzt für ihre hochentwickelte Industrie dringend Energie. So bleibt lediglich die Hoffnung, daß technisches Know-how aus dem Westen ein Desaster à la Tschernobyl verhindern hilft.

Mit einem kleinen Déjà-vu-Erlebnis überrascht das Städtchen **Náměšť nad Oslavou** (Namiest an der Oslawa) **12** im Tal der Oslawa: Über das Flüßchen spannt sich eine Miniaturausgabe der Prager Karlsbrücke, nicht so überlaufen und auch nicht ganz so malerisch, aber zu beiden Seiten mit 20 Barockstatuen

aus den Jahren 1730–1740 geschmückt. Auch diese alte Steinbrücke ist für den Verkehr gesperrt, ihre Skulpturen sind jedoch nicht so rußgeschwärzt wie jene in der Moldau-Metropole.

Náměšť war einst das Zentrum der hussitischen Gemeinschaft der Böhmischen Brüder, die hier ihre erste Druckerei einrichteten und 1533 erstmals eine gedruckte Grammatik der tschechischen Sprache herausbrachten. Hoch über dem Ort thront das im 16. Jh. von einem italienischen Architekten entworfene Renaissanceschloß mit einem arkadengesäumten Innenhof. Seine Funktion als Sommersitz des Staatspräsidenten erfüllt der repräsentative Bau längst nicht mehr, dafür bestaunen Besucher aus Nah und Fern die wertvolle Sammlung von Tapisserien des 16.–19. Jh. Zu den kostbarsten Exponaten zählen zwei spätgotische Stickereien venezianischen Ursprungs, eine Serie spätbarocker französischer Gobelins aus der königlichen Manufaktur in Beauvais und Wandteppiche mit Szenen aus dem Landleben nach Vorlagen von Francesco Casanova, dem Bruder des berühmten, in Böhmen verstorbenen Abenteurers (s. S. 196).

Jihlava (Iglau)

13 (s. S. 348) Um das historische Ensemble des schönen **Stadtplatzes** *(Masarykovo nám.)*, mit 3,6 ha einer der größten des Landes, ungestört genießen zu können, müßte zuvor ein modernes Betonmonster abgerissen werden: Mitten auf die sonst nur von zwei Brunnen und einer barocken Mariensäule bestandene Fläche haben brutale Stadtplaner ein Kaufhaus geknallt – die berühmte Faust aufs Auge. Das schmerzt um so mehr, je eingehender man die mit Akribie renovierten Bürgerhäuser betrachtet, die mit Lauben, gotischen Gewölben, Renaissance-Erkern, prunkvollen Portalen sowie barocken und klassizistischen Fassaden vom besseren Geschmack der Alten zeugen.

Im Tuchmacher-Zunfthaus und einem ebenfalls aus der Renaissance stammenden Nebengebäude fand das **Bergland-Museum** *(Muzeum Vysočiny,* Nr. 57/58) eine Heimstätte, im Stadtarchiv (Nr. 66) – hier sieht man Reste von Fresken aus dem 15. Jh. mit der Anbetung der Könige – werden u. a. die Originalurkunden des Iglauer Berg- und Stadtrechtes aus dem 13. Jh. aufbewahrt. Das überwiegend von deutschen Kolonisten bewohnte Städtchen war nämlich ab dem 13. Jh. einer der bedeutendsten Bergbauorte Böhmens. Die Silbererzminen bescherten Iglau bis zum Dreißigjährigen Krieg einen sagenhaften Reichtum, das Iglauer Bergrecht wurde zum Vorbild für zahlreiche Bergbauorte Europas und Amerikas.

Drei gotische Bauten bildeten die Basis für das Mitte des 16. Jh. errichtete **Rathaus** (Nr. 1), das 200 Jahre später eine barocke Fassade erhielt. Der große Saal im ersten Stock weist ein Backstein-Rippengewölbe auf, die kunstvolle Täfelung im hinteren Teil stellt ein besonders gelungenes Beispiel gotischer Holzschnitt-Arbeit dar. Führungen durch einige Abschnitte der unterirdischen Gänge der Stadt – Gesamtlänge 25 km – starten beim Rathaus.

Nicht alltäglich ist die Entstehungsgeschichte der beiden **Stadtbrunnen** am Hauptplatz, der eine mit Poseidon, der andere mit dessen Gemahlin Amphitrite an der Spitze. Die 1799 von dem Iglauer Bildhauer Václav Prchal geschaffenen Figuren wurden nämlich aus dem Vermögen finanziert, das ein Bettler namens Krejcárek hinterlassen hatte. Der Jesuitenorden stand Pate beim Bau der barocken **St. Ignatius-Kirche,** die als größten Schatz ein gotisches Kruzifix, das sogenannte Přemyslidenkreuz, hütet.

Durch das alte Pfarrgäßchen Farní ul. gelangt man zur 1250 erbauten **Jakobs-Kirche** mit zwei ungleich hohen Türmen, von denen der eine, 63 m hoch, als Stadt- und Aussichtsturm dient. Im Inneren des Gotteshauses findet man eine Kalkstein-Skulptur der hl. Katharina (um 1400), ein vergoldetes Renaissance-Taufbecken (1599) des Nürnberger Meisters Johann Hirt und eine steinerne Pietà – eine kleine Madonna mit großer Würde, unscheinbar auf den ersten Blick, ein hinreißendes Kunstwerk bei näherer Betrachtung. Wenn eine Stadt solche Augenblicke gewährt, vergißt man auch die Schäbigkeit und Tristesse außerhalb des unmittelbaren Zentrums.

Auf der gegenüberliegenden Seite des Hauptplatzes führt ein Gäßchen zum **Frauentor-Turm** *(Brána Matky Boží),* dem letzten erhaltenen der einst fünf Stadttore. Von hier sind es nur wenige Schritte zur **Minoritenkirche Mariä Himmelfahrt,** einer romanisch-goti-

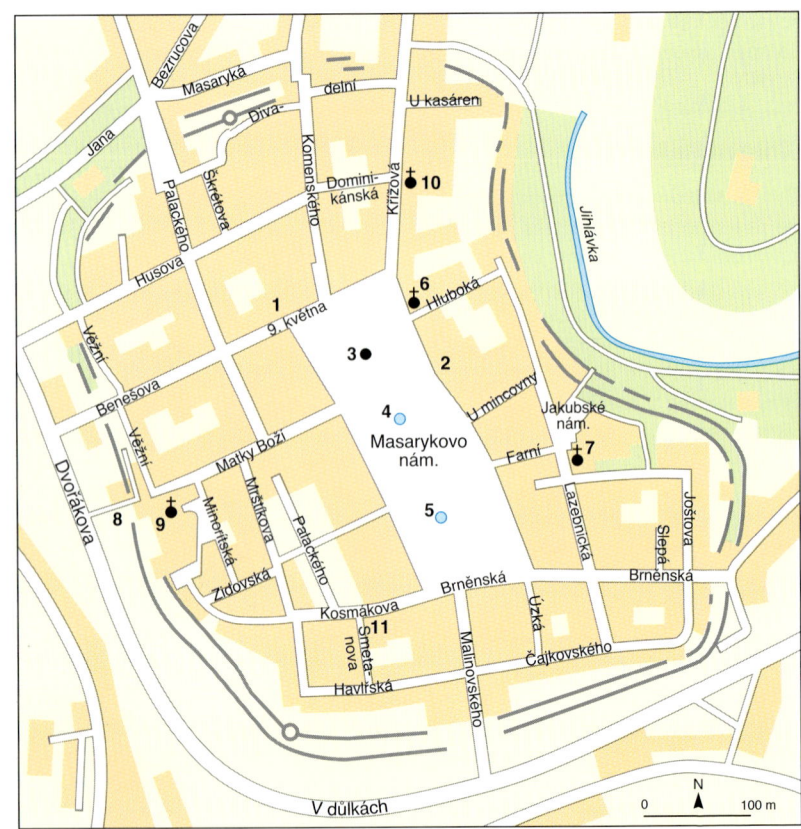

Jihlava (Iglau) *1 Bergland-Museum 2 Rathaus 3 Mariensäule 4 Poseidon-Brunnen 5 Amphitrite-Brunnen 6 St. Ignatius-Kirche 7 St. Jakobs-Kirche 8 Frauentor-Turm 9 Minoritenkirche Mariä Himmelfahrt 10 Dominikanerkloster und -Kirche 11 Gustav-Mahler-Gedenkstätte*

schen Basilika aus dem 13. Jh. mit barocker Fassade.

Das in den Nachkriegsjahrzehnten verkommene gotische **Dominikanerkloster** in der Křižová ul. konnte buchstäblich im letzten Moment vor dem Verfall gerettet werden. In seinem West-Trakt wurde ein komfortables Hotel eingerichtet, das den Namen Gustav Mahlers (1860–1911) trägt. Dem großen Komponisten, der in Iglau seine Kinder- und Jugendjahre verbracht hatte, ist eine **Ge-**denkstätte in der Kosmákova ul. 9, einer Seitengasse des Hauptplatzes, gewidmet. Das Museum, finanziert von einem internationalen Verein, der hier auch eine Begegnungsstätte der drei Iglauer Nationalitäten, Tschechen, Deutsche und Juden, schaffen wollte, zeigt die Dauerausstellung »Der junge Gustav Mahler und Iglau«. Eine Mahler-Gedenktafel befindet sich am Haus Znojemská ul. 4, in dem die Familie gewohnt hatte.

Gustav Mahlers Weg von Iglau in die Welt

Seine Wiege stand in dem kleinen mittelböhmischen Ort Kaliště (Kalischt), doch noch als Säugling kam Gustav Mahler (7. 7. 1860–18. 5. 1911), Sohn eines deutschsprachigen jüdischen Kaufmanns, nach Iglau, das damals eine fast ausschließlich deutsche Stadt war. Bereits im zarten Alter zeigte der Knabe eine außergewöhnliche musikalische Begabung, begegnete er doch von seinen ersten Schritten an überall der Musik – ob es die böhmischen Volkslieder der Dienstmädchen, die Trinklieder der Gäste in der väterlichen Branntweinschenke, die Klänge der fahrenden Spielleute oder die Märsche der Militärkapellen waren. Als Zehnjähriger trat Mahler erstmals in einem Konzert im Iglauer Stadttheater auf und wurde als »künftiger großer Virtuose« gefeiert.

Grundschule und Gymnasium absolvierte Gustav in seiner Heimatstadt, wobei seine Lernerfolge eher mittelmäßig waren. Sein Ruhm als Musiker verbreitete sich aber rasch. 1875–78 studierte er an der Wiener Musikakademie, kehrte jedoch in den Ferien immer nach Iglau zurück. In diese Zeit fallen auch seine ersten bedeutenden Kompositionen. Als Dirigent war er bald in ganz Europa gefragt. 1883 kam er einer einjährigen Verpflichtung in Olmütz nach, es folgten Kassel, Prag, Leipzig, Budapest und Hamburg.

1897 berief man ihn für 10 Jahre als Direktor der Hofoper nach Wien, 1907 folgte er dem Ruf an die Metropolitan Opera in New York. In all diesen Jahren blieb er auch als Komponist aktiv. Mit neun Symphonien und verschiedenen Liederzyklen erwies er sich als der bedeutendste Nachfahre der romantischen Symphoniker, gleichzeitig jedoch ebenso als Wegbereiter des Expressionismus, der in der »Wiener Schule« (Schönberg, Berg, Webern) seinen Höhepunkt finden sollte.

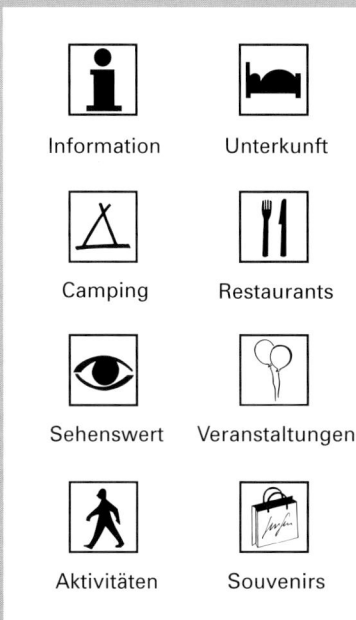

Information   Unterkunft

Camping   Restaurants

Sehenswert   Veranstaltungen

Aktivitäten   Souvenirs

Serviceteil

Serviceteil

So nutzen Sie den Serviceteil richtig

▼ Das erste Kapitel, **Adressen und Tips von Ort zu Ort**, listet die im Reiseteil beschriebenen Orte in alphabetischer Reihenfolge auf. Zu jedem Ort finden Sie hier Empfehlungen für Unterkünfte und Restaurants sowie Hinweise zu den Öffnungszeiten von Museen und anderen Sehenswürdigkeiten, zu Festen, Unterhaltungsangeboten etc. Piktogramme helfen Ihnen bei der raschen Orientierung.

▼ Die **Reiseinformationen von A bis Z** bieten von A wie ›Anreise‹ bis Z wie ›Zollbestimmungen‹ eine Fülle an nützlichen Hinweisen – Antworten auf Fragen, die sich vor und während der Reise stellen.

Inhalt

Adressen und Tips von Ort zu Ort

Hotelkategorien: Der Standard der Hotels in Tschechien ist recht unterschiedlich und entspricht vielfach noch nicht dem international gewohnten. Auch die Preise schwanken von Ort zu Ort: Während man in Prag in der Regel mit einem westlichen Preisniveau rechnen muß, kann man in kleineren Orten ein komfortables Zimmer für einen sehr bescheidenen Preis bekommen.
* = sehr einfache Pensionszimmer;
** = einfach, Dusche und WC auf dem Gang;
*** = Zimmer mit Dusche und WC, TV (häufig mit Satellitenanschluß);
**** = gehobene Kategorie;
***** = Luxushotels.
Telefonnummern: Da die Tschechische Telecom derzeit das gesamte Telefonnetz des Landes digitalisiert, was noch mehrere Jahre in Anspruch nehmen werden, kann für die hier angegebenen Telefon- und Faxnummern keine Gewähr übernommen werden. Ausgenommen sind die achtstelligen Nummern in Städten wie Prag und Brünn.

Bílina (Bilin)

Industrie- und Kurstadt am Rande des böhmischen Mittelgebirges, Kreis Teplice, 17 000 Ew., 207 m, ⌀ Vorwahl 04 17, PLZ 41814

 Unterkunft: ***Parkhotel, ⌀/Fax 92 52 53.

 **Sehenswert: Barockschloß** der Familie Lobkowicz, Schloßpark (Zámek Bíliná, 41814 Bílina, ⌀ 92 51 24).

Blatná (Blatna)

Südböhmische Kleinstadt im Landkreis Strakonice, 8000 Ew., 450 m, ⌀ Vorwahl 03 44, PLZ 38801

 Unterkunft: **Hotel Beránek, nám. Míru, ⌀ 22 31; ***Tesla Penzion**, Boženy Němcové 30, ⌀ 25 58, Fax 22 77.

 Sehenswert: Gotische Wasserburg der Familie Hildebrandt, im 19. Jh. regotisiert; englischer Park mit Empire-Gartenpavillon (Zámek Blatná, 38801 Blatná, ⌀ 29 34).

Bouzov (Busau)

 Ehemalige Deutschordensburg vom Anfang des 14. Jh., 1896–1901 in romantisch-neugotischem Stil umgebaut, Zámek Bouzov, 78325 Bouzov, ⌀ 06 44/9 32 02.

Březnice (Brschesnitz)

Städtchen im Landkreis Příbram an der Straße Plzeň-Tábor, 4000 Ew., 462 m, ⌀ Vorwahl 03 06.

 Sehenswert: Gotische Burg, zu **Renaissanceschloß** umgebaut, historisches Interieur, Galerie mit Bildern von Ludvík Kuba (Januar bis Oktober geöffnet, ⌀ 98 21 79); in der Stadt Empirehäuser und barocke **St. Ignatius-Kirche** (Carlo Lurago).

Brno (Brünn)

Hauptstadt Mährens, zweitgrößte Stadt der Tschechischen Republik, 390 000 Ew., ca. 200 m, ✆ Vorwahl 05. Bedeutendes Industrie- und Handelszentrum, Ort internationaler Messen und Ausstellungen, Zentrum der Wissenschaft, Kunst, Kultur, des Schulwesens und des Sports.

Information: Informační Centrum Města Brna, 65878 Brno, Radnická 8, ✆ 42 21-10 90, Fax 41 21-32 67.

Unterkunft: ****Austrotel Brno-Grandhotel, 65783 Brno, Benešova 18/20, ✆ 42 32-12 87, Fax 42 21-03 45; ****International Hotel, 65921 Brno, Husova 16, ✆ 42 12-21 11, Fax 42 21-08 43; ***Hotel Austerlitz Best Western, 63900 Brno, Táborského nábř. 3, ✆ 43 21-47 18, Fax 32 21 51; ***Hotel Brno, 63900 Brno, Horní 19, ✆ 43 21-40 46, Fax 43 21-53 08; **Hotel Pyramida, 60300 Brno, Zahradnícká 19, ✆ 43 23-23 47, Fax 43 23-22 54; *Hotel Kozák, 61600 Brno, Horova 30, ✆ 41 21-03 30, Fax 41 21-03 31

Restaurants: Gourmand, Josefská 14 (französische und mährische Küche, Mo–Sa 12–3 Uhr, höchste Preisklasse); **Myslivna**, Nad Pisárkami 1 (internationale Küche, tgl. 7–23 Uhr); **Hlídka 2**, Špilberk (modernes Café-Restaurant unter der Burg, tgl. 10–22 Uhr); **Vinárna Gracie**, Svatopluka Čecha 81 (Weinstube mit internationaler Küche, Di–Sa 17–1 Uhr); **U zlatého Meče**, Mecová 3 (südmährische Spezialitäten, Mo–So 11–22 Uhr); **Stopkas Pilsner Bierstube**, Česká 5 (Traditionslokal in historischem Gemäuer, große Auswahl an Speisen und Getränken, tgl. 10–23 Uhr); **Špalíček,** Zelný trh 12 (Bierstube und Restaurant, Pfannen- und fertige Gerichte, Mo–Fr 10–22, Sa 8–14 Uhr); **Černohorská pivnice,** Kapucínské nám. 1 (populäre Bierstube, ausgeschenkt wird Schwarzenberger Vollbier, Mo–Fr 8–22, Sa 9–18 Uhr).

Museen: Mährisches Landesmuseum, Ausstellung über die Geschichte Mährens (Dietrichstein-Palast, Zelný trh 6, tgl. außer Mo 9–18 Uhr); **Ethnographisches Museum**, Volkskunst aus Mähren (Kobližná 1, tgl. außer Mo 9–18 Uhr); **Mendelianum**, Darstellung der Forschungsarbeit Gregor Mendels (Mendlovo nám. 1, tgl. außer Sa und So 9–16 Uhr); **Mährische Galerie**, Kunstgewerbe vom Mittelalter bis zur Gegenwart (Husova 14, tgl. außer Mo 9–18 Uhr); Alte Kunst von der Gotik bis zum 19. Jh. im **Stadthalter-Palais** (Moravské nám., tgl. außer Mo 9–18 Uhr); **Museum der Stadt Brünn**, wechselnde historische Ausstellungen und Besichtigung der Kasematten (Burg Špilberk, April/Mai 9–17, Juni–Sept. 9–18, Okt.–März 9–16.45 Uhr).

Theater: Janáčkovo divadlo, Oper, Ballett (Rooseveltova 1/7); **Reduta**, Operette, Musical (Zelný trh 4).

Buchlov (Buchlau)

Königliche **Schutzburg** in Südmähren (Landkreis Uherské Hradiště) aus der 1. Hälfte des 13. Jh., spätgotisch, Umbauten und Erweiterungen in Renaissance und Barock. Ausstellung wertvoller Kunstsammlungen (Hrád Buchlov, 68708 Buchlovice, ✆ 06 32/9 51 61, Juli/August tgl. geöffnet).

Buchlovice (Buchlowitz)

Städtchen im südmährischen Landkreis Uherské Hradiště, 3000 Ew., 230 m, ✆ Vorwahl 06 32, PLZ 68708.

 Unterkunft: Pension Knop, ✆ 9 51 05.

 Camping: ATC Smarad'avka, ✆ 9 53 67 (1. 4.–31. 10.)

 Sehenswert: Barockschloß mit französischem Garten und ausgedehntem englischen Park (✆ 9 51 10, Juli/Aug. tgl. geöffnet).

Bučovice (Butschowitz)

Südmährische Gemeinde im sanften Hügelland (Landkreis Vyškov), 6800 Ew., 220 m, ✆ Vorwahl 05 07, PLZ 68501

 Unterkunft: Motel Arkáda, nám. Svobody 32, ✆ 91 24 70, Fax 91 24 72.

 Sehenswert: Renaissanceschloß mit schönem Arkadenhof, Innenräume mit reicher Stuckausschmückung (✆ 9 12 15).

Častolovice (Tschastolowitz)

Sommerfrische im nordostböhmischen Landkreis Rychnov nad Kněžnou, 2500 Ew., 270 m, ✆ Vorwahl 04 44, PLZ 51750.

 Unterkunft: *Beseda-Hotel, ✆ 84 04.

 Sehenswert: Renaissanceschloß mit einzigartigem Interieur im Besitz der Familie Šternberk , (✆ 2 16 46, Fax 2 17 29, Nov.–März Besichtigung nur mit Voranmeldung möglich).

Červená Lhota (Roth Lhota)

Romantisches **Wasserschlößchen** im südböhmischen Landkreis Jindřichův Hradec. Ursprünglich gotische Feste, Umbauten im Renaissancestil sowie im 19. und 20. Jh. Die Musikgeschichte des Schlosses ist mit dem Komponisten Karl Ditters von Dittersdorf verbunden (Zámek Červená Lhota, 37825 Destné, ✆ 03 11-8 42 28).

České Budějovice (Budweis)

Südböhmische Stadt, weltberühmt für ihr Bier, 100 000 Ew., 385 m, ✆ Vorwahl 0 38.

 Information: Čedok, 37021 České Budějovice, nám. P. Otakara II. 39, ✆ 5 21 27, Fax 5 38 88.

 Unterkunft: ****Hotel Gomel, 37004 České Budějovice, Pražská 14, ✆ 7 31 13 90, Fax 7 31 13 65; ****Hotel Zvon**, 37001 České Budějovice, nám. Otakara II. 28, ✆ 7 31 13 83, Fax 7 31 13 85; ***Hotel U solné brány**, 37001 České Budějovice, Radničí 11, ✆ 5 41 21, Fax 5 41 20; ***Hotel Amadeus**, 37001 České Budějovice, Matice školské 9, ✆/Fax 6 35 21 60; **Hotel K.I.T. Garni**, 37004 České Budějovice, Kostelní 22, ✆/Fax 3 56 16.

Camping: ATC Dlouhá louka, 37001 České Budějovice, Stromovka 8, ☎ 7 31 17 57, Fax 5 31 41 (1. 4.–31. 10.).

Restaurants: Jihočeská chalupa, Husova 5 (südböhmische Küche, tgl. 10–22 Uhr); **Masné krámy**, Krajinská 13 (lokale Spezialitäten, tgl. 10–23 Uhr); **Budvar**, Karolíny Světlé 2 (tschechische und internationale Küche, tgl. 10–23 Uhr); **Split**, Česká 41 (südböhmische Speisen, Mo–Sa 10–2 Uhr).

Sehenswert: Altstadt mit quadratischem Stadtplatz, Häuser mit Laubengängen, **Samson-Brunnen** (1720), **Schwarzer Turm** (16. Jh.), ehem. **Fleischbänke** (Masné krámy) aus der Zeit um 1560, **Salzhaus** (1564), Stadtkern unter Denkmalschutz.

Český Krumlov (Krumau)

Eine der schönsten historischen Städte Tschechiens (UNESCO-Denkmalschutz), südböhmische Kreisstadt mit 15 000 Ew., 560 m, ☎ Vorwahl 03 37.

Information: Infocentrum, 38100 Český Krumlov, nám. Svornosti 1, ☎/Fax 71 11 83.

Unterkunft: ****Hotel Růže, 38101 Český Krumlov, Horní 154, ☎ 71 11 41, Fax 71 13 46; *****Hotel-Restaurant Konvice**, 38101 Český Krumlov, Horní ůlice 144, ☎ 71 16 11, Fax 71 13 27 (s. S. 107); ****Minihotel Abraka**, 38101 Český Krumlov, Kájovská 64, ☎ 71 17 16; ****Pension U Galerie**, 38101 Český Krumlov, Rybářská 40, ☎ 71 18 29, Fax 71 13 87

Restaurants: Hospoda »Na louži«, Kájovská 66 (Gasthaus mit Originaleinrichtung aus dem Jahr 1932, gute Hausmannskost, tgl. 9–23 Uhr, angeschlossen ist eine kleine Pension mit ländlich möblierten Zimmerchen); **Cikánská jizba** (Zigeunerstube), Dlouhá 12 (Spezialität: Zigeuner-Flekkerln, abends geöffnet).

Sehenswert: Burg und **Schloß** (Státní hrad a zámek, 38101 Český Krumlov, ☎/Fax 71 14 65, April und Okt. 9–15 Uhr, Mai–Aug. 8–16 Uhr, Sept. 9–16 Uhr, jeweils Mittagspause von 12–13 Uhr); **Egon-Schiele-Centrum** ständige Ausstellung mit Dokumentation über Leben und Werk Schieles sowie Wechselausstellungen zur Kunst des 20. Jh., Café und Museumsshop, (38101 Český Krumlov, Široká 70–72, ☎ 71 12 24, Fax 71 11 91, tgl. 10–18 Uhr); **Atelier Karel Hrubeš** (Parkán 122, ☎ 24 03 oder 32 36, nur mit Voranmeldung, s. S. 133); Besichtigung **Graphitgrube** (Grafit A.G., 38111 Český Krumlov, Chvalšinská, ☎ 71 11 99, Mai/Juni und Sept./Okt. nur Sa, So, Juli/August tgl. 8.30–15 Uhr).

Veranstaltungen: Fest der fünfblättrigen Rose mit Volksmusik, Straßentheater und historischem Umzug (Wochenende Mitte Juni); **Festival der Alten Musik** und **Klavierfestival** (Juli); **Internationales Musikfestival** (August); **Theater** vor der drehbaren Freilicht-Zuschauertribüne, Schauspiel- und Ballettaufführungen (Juni–Sept.).

Český Šternberk (Böhmisch Sternberg)

Ortschaft im Landkreis Benešov, 310 m, ☎ Vorwahl 03 03.

Auf einem Felsen über dem Fluß Sázava (Sasau) gotische **Burg**, seit Mitte des 13. Jh. bis 1949 und wieder seit 1991 im Besitz der Familie Šternberk, im 18. Jh. im Barockstil zum Schloß umgestaltet, stilgemäßes Interieur, Sammlungen aus der Zeit des Dreißigjährigen Krieges (Hrad a zámek Český Šternberk, 25727 Český Šternberk, ✆ 5 51 01).

Cheb (Eger)

Westböhmische Kreisstadt mit denk-malgeschütztem Stadtkern, 33 000 Ew., 450 m, ✆ Vorwahl 01 66, PLZ 35001

Information: Info-Zentrum und Wechselstube, 17 Listopadu 11, ✆/Fax 43 27 74.

 Unterkunft: **Hotel Slávie, Svobody 32, ✆ 43 32 16; ****Hotel Hradní Dvůr**, Dlouhá 12, ✆ 42 20 06, Fax 42 24 44; ****Hotel Hvězda**, nám. krále Jiřího 4–6, ✆ 42 25 49, Fax 42 25 46.

Camping: ATC Karel, P.O.B. 119, 35002 Cheb, Dřenice 337, ✆ 43 03 09, Fax 43 03 34.

Restaurants: Zlaté Slunce, nám. krále Jiřího 38 (Grill-Bar, Restau-rant mit böhmischer Küche, tgl. 11–24 Uhr); **U Cechů**, Kamenná 28 (Wein- und Bierstube mit guter Küche); **U Mikuláše**, nám. krále Jiřího (tgl. 10–22 Uhr); **Monika**, Svobody 9 (Café-Konditorei, tgl. 9–21 Uhr).

Sehenswert: Historisches Zen-trum mit Bürgerhäusern aus Gotik, Renaissance und Barock sowie den elf hohen, schmalen Krämer-häusern, genannt **»Stöckl«**; Burg, ehemalige Kaiserpfalz (Chebský hrad, Trčky z Lipy, ✆ 42 29 42).

Museen: Pachelbel-Haus, Schauplatz von Wallensteins Ermordung, Geschichte, Kunst und Kultur des Egerlandes (nám. krále Jiřího 51, tgl. außer Mo 9–17 Uhr; Staatl. Galerie der bildenden Künste, Exponate des 19. und 20. Jh. (nám. krále Jiřího 3, 1. 4.–31. 10. tgl. außer Mo 9–12 und 13–18 Uhr, 1. 11.–31. 3. tgl. außer Mo 10–12 und 13–17 Uhr); Außenstelle **St. Bartholomäus-Kirche,** gotische Holzplastiken (Křižovnická 2, 1. 4.–30. 9. Mi–So 9–17 Uhr).

Chlumec nad Cidlinou (Chlumetz)

Ostböhmische Stadt mit Leichtindustrie und Landwirtschaft (Landkreis Hradec Králové), 5500 Ew., 205 m, ✆ Vorwahl 04 48, PLZ 50351.

 Unterkunft: **Hotel Astra, Klicperovo nám. 58, ✆ 59 45 55; ***Zámecký Hotel** (Schloßhotel mit Restaurant, sehr einfach), ✆ 92 64 67.

Sehenswert: Barockschloß Karlskrone im Besitz der Familie Kinsky, großer englischer Park (Zámek Karlova Koruna, ✆ 92 61 19).

Dačice (Datschitz)

Stadt im gleichnamigen Becken der Böhmisch-Mährischen Höhe (Landkreis Jindřichův Hradec), 8000 Ew., 480 m, ✆ Vorwahl 03 32, PLZ 38001.

Unterkunft: **Hotel Dyje, Dačice 3/I, ✆ 25 39.

 Sehenswert: Gotische **Laurentius-kirche**, barockisiert, mit Renais-sanceturm; barockes **Franziskaner-kloster** und Kirche des hl. Antonius von Padua; in einem Haus auf dem **Palacký-Platz** wurde im 19. Jh. der erste Würfelzucker der Welt hergestellt; **Renaissanceschloß**, im 19. Jh. im Empirestil umgebaut, einzigartige Sammlung von Empire-Möbel (Zámek Dačice, ✆ 23 92).

Děčín (Tetschen)

Nordwestböhmische Kreisstadt an der Elbe, Tor zum Elbsandsteingebirge, 55 000 Ew., 110 m, ✆ Vorwahl 04 12, PLZ 40501.

 Unterkunft: ***Hotel Česká koruna, Masarykovo nám. 60, ✆ 2 20 93, Fax 2 22 71; **Hotel Faust**, U plovárny 43, ✆ 2 62 56, Fax 2 62 67; **Pension Nela**, U starého mostu 111/4, ✆ 2 35 66.

Restaurants: Zámecká vinárna, U brány 21 (tschechische Küche, tgl. 11–24 Uhr); **U mostu restaurace**, Labské nábř. 304/45 (Hausmannskost, tgl. 14–24 Uhr).

 Sehenswert: Rosengarten mit Sandstein-Statuen und Gloriette (das barockisierte Renaissance-Schloß, ehemals Kaserne, wird restauriert).

Domažlice (Taus)

Westböhmische Kreisstadt, Hauptort des Chodenlandes, 12 000 Ew., 430 m, ✆ Vorwahl 01 89, PLZ 34401.

 Unterkunft: ***Hotel Prom Praha, 34531 Babylon bei Domažlice, ✆ 79 35 00, Fax 79 35 02; ***Pension Viola**, Thomayerova 170, ✆ 72 24 35; **Hotel Družba**, Mánesova 569, ✆ 31 51, Fax 30 95.

Restaurants: U kláštera, Boženy Němcové 74 (tschechische Küche, So–Do 11–24, Fr, Sa 11–2 Uhr); **U Šnajderů**, Břetislavova 99 (Haus-mannskost, Mo–Sa 10–22 Uhr).

 Sehenswert: Stadtplatz mit mittelalterlichen Laubenhäusern, Reste der Stadtbefestigung mit Stadt-tor.
Museen: Ethnographisches Museum Jindřich Jindřich mit einzigartiger Hin-terglas-Bilder-Kollektion (nám. Svobody 61, 15. 4.–15. 10., tgl. außer Mo 8–12 und 13–16.30 Uhr); **Choden-Museum** in der ehemaligen Choden-Burg, im 18. Jh. in ein Schloß umgebaut, Kunst-handwerk, Geschichte der Stadt (15. 4.–15. 10. tgl. außer Mo 8–12 und 13–16.30 Uhr).

 Veranstaltung: Chodenland-Festival, das große Volksfest der Region mit Volksmusik und Trachten-Umzügen (Mitte August).

Duchcov (Dux)

Nordböhmisches Städtchen am Rande des riesigen Braunkohle-Abbaugebietes (Kreis Teplice), 9000 Ew., 210 m, ✆ Vorwahl 04 17, PLZ 41901.

 Sehenswert: Barockschloß mit bedeutender Stilmöbel-Samm-lung und Casanova-Gedenkräumen (Zámek Duchcov, ✆ 93 53 01).

Františkovy Lázně (Franzensbad)

Berühmter westböhmischer Kurort (Landkreis Cheb), einer der Punkte des »Bäder-Dreiecks«, 6000 Ew., 450 m, ✆ Vorwahl 01 66, PLZ 35101.

Information: Kurverwaltung Bad Franzensbad AG, Jiráskova 17, ✆ 54 22 25 (Kurinformationen und Bestellungen, Fax 54 29 70).

Unterkunft: ****Kurhotel Monti, Kollárova 170, ✆ 54 29 01, Fax 54 23 87; *****Hotel Palace**, Ruská 25, ✆ 54 24 08, Fax 54 22 35; *****Hotel Slovan**, Národní 5, ✆ 54 28 41, Fax 54 28 43; *****Pension Nezvalka**, Nezvalova 61/1, ✆ 54 25 96.

Camping: ATC Amerika, Jezerní ulice (2 km von Stadtmitte in Richtung Eger), ✆ 54 25 18, Fax 54 28 43.

Restaurants: Rybářská bašta, Dlouhá 9 (Fischrestaurant, im Sommer Seeterrasse, Mo–Fr 14–22, Sa, So 12–22 Uhr); **Česká restaurace**, Americká 39 (altböhmische Küche, Wildspezialitäten, tgl. 11–22 Uhr); **Boženy Němcové**, China-Restaurant, 50 m von der Post entfernt, Di–So 11–14 und 18–22 Uhr); **Café Tři Lilie**, Národní 3 (Garten-Café und Restaurant im ältesten Kurhaus »Drei Lilien«, erbaut 1793/94, tgl. 10–22 Uhr); **Savoy**, Jiráskova 9 (Tages-Weinstube mit Tanz, tgl. 10–22 Uhr).

Sehenswert: 250 ha große **Kurpark-Anlagen** mit klassizistischen Pavillons. **Stadtmuseum** mit Dokumentation über Geschichte der Stadt und des Badewesens (Dr. Pohoreckého 117, Mo–Fr 9–12 und 14–17 Uhr).

Frýdlant (Friedland)

Nordböhmische Stadt am Rande des Isergebirges (Landkreis Liberec), 8000 Ew., 300 m, ✆ Vorwahl 04 27, PLZ 46401.

Unterkunft: **Valdštejn Hotel, Míru 169, ✆ 2 12 88.

Sehenswert: Gotische **Burg**, erweitert im 14. und 15. Jh., und **Renaissanceschloß** einst im Besitz Wallensteins, mit ältestem Burgmuseum Europas, 55 Schauräumen (Zámek Frýdlant, 46411 Frýdlant v Čechách, Zámecká 4001, ✆ 2 13 82).

Frymburk (Friedberg)

Erholungsort am Nordufer des Lipno-Stausees im Böhmerwald (Landkreis Český Krumlov), 2000 Ew., 730 m, ✆ Vorwahl 03 37, PLZ 38279.

Information: Náměstí 5, ✆/Fax 9 51 21.

Unterkunft: ***Hotel K-fontána, Frymburk-Hrdoňov, ✆ 9 52 11, Fax 9 52 14; *****Hotel Maxant**, náměsti 5, ✆/Fax 9 52 29; ****Pension Barborka**, Přední Výtoň 32, ✆ 9 51 76, Fax 95 81 19.

Camping: Camping Frymburk (direkt am Seeufer), ✆ 9 52 84, Fax 9 52 83.

Harrachov (Harrachsdorf)

Sommerfrische und Wintersportgemeinde am Westrand des Riesengebirges (Landkreis Semily), 3000 Ew., 600–720 m, ✆ Vorwahl 04 32, PLZ 51246.

Information: Městské informační centrum, Harrachov 150, ✆ 92 92 02, Fax 92 94 80; **HIC** (privates Info-Zentrum), Harrachov 112, ✆ 92 96 28, Fax 92 96 29.

 Unterkunft: ***RiWo-Skicentrum, Harrachov 346, ✆ 52 81 56, Fax 52 95 24; *****Hotel Graf**, Harrachov 217, ✆ 52 93 06, Fax 52 96 29; *****Hotel Golden**, Harrachov 441, ✆/Fax 52 81 43.

 Sehenswert: Glasmuseum Harrachov (Harrachov 96, tgl. außer Mo 9–17 Uhr); Führung durch die **Glashütte Novosad & Sohn GmbH** (Voranmeldung empfehlenswert, ✆ 52 93 35 oder 52 81 41, Fax 52 81 48).

Havlíčkův Brod (Deutsch Brod)

Kreisstadt am Rande der Böhmisch-Mährischen Höhe, 25 000 Ew., 440 m, ✆ Vorwahl 04 51, PLZ 58001.

 Information: Čedok, Havlíčkovo nám., ✆ 2 25 05.

 Unterkunft: **Hotel Slunce, Jihlavská, ✆ 2 14 81.

🍴 **Restaurant: Rolnický dům**, Nádražni 397 (böhm. Küche).

👁 **Sehenswert: Marktplatz** mit schönen historischen Häusern.

Hluboká nad Vltavou (Frauenberg)

Städtchen an der Moldau (Landkreis České Budějovice), 3200 Ew., 360 m, ✆ Vorwahl 0 38, PLZ 37341.

 Unterkunft: ***Hotel Bakalář, Masarykova 69, ✆/Fax 96 55 16; ****Parkhotel**, Masarykova 602, ✆ 96 52 81, Fax 96 53 41.

 Camping: ATC Chatová osada Bezdrev, ✆/Fax 96 51 44 (15. 5.–30. 9.).

👁 **Sehenswert:** Ehemaliges **Schwarzenberg-Schloß**, im 19. Jh. im neugotischen Windsor-Stil umgebaut, kostbare Sammlungen von Tapisserien, Gobelins, Waffen, Möbel und Gemälden (Zámek Hluboká, ✆ 96 50 45); **Reitschule** mit Museum der südböhmischen Aleš-Galerie.

Horšovský Týn (Bischofteinitz)

Kleinstadt im Vorland des Böhmerwaldes (Landkreis Domažlice), 5000 Ew., 370 m, ✆ Vorwahl 01 88, PLZ 34601.

 Information: nám. Republiky 107, ✆ 24 38, Fax 30 28.

 Unterkunft: *Hotel Šumava, nám. Republiky 11, ✆ 23 05.

🍴 **Restaurant: Stará pošta**, nám. Republiky 105 (uriges Gasthaus, deftige Speisen, tgl. 10–22 Uhr).

 Sehenswert: Langgestreckter **Hauptplatz** mit vielen alten Häusern (Gotik, Renaissance, Barock); Staatliches **Schloß,** ehemals gotische Bischofspfalz, im 16. Jh. zum Teil im Renaissance-Stil erneuert (Zámek Horšovský Týn, nám. Republiky 1, ✆ 31 11, Fax 31 13).

Hostinné (Arnau)

Nordböhmisches Industriestädtchen im Elbtal am Rande des Riesengebirges (Landkreis Trutnov), 5200 Ew., 350 m, ✆ Vorwahl 04 38, PLZ 54371.

 Unterkunft: *Městský Hotel, ✆ 94 24 70.

Sehenswert: Quadratischer **Stadtplatz** mit Renaissance- und Barockhäusern, an der Fassade des Renaissance-**Rathauses** Figuren von zwei Riesen; in der Kirche des ehemaligen **Franziskanerklosters** einzigartige Galerie von Kopien antiker Skulpturen (*Galerie antického Umění Hostinné*, ✆ 94 22 39, Mai–Oktober tgl. außer Mo 9–12 und 13–17 Uhr).

Hradec Králové (Königgrätz)

Ostböhmische Metropole, Industrie-, Kultur-, Schul- und Verwaltungszentrum des Gebiets, 100 000 Ew., 220 m, ✆ Vorwahl 0 49.

Information: **Čedok**, 50139 Hradec Králové, Gocárova 63, ✆ 3 23 21, Fax 3 25 86.

 Unterkunft: ***Hotel Alessandria, 50003 Hradec Králové, SNP 733, ✆ 4 15 21, Fax 4 28 74; **Hotel Flora, 50301 Hradec Králové, Říčařova 277, ✆ 61 66 84, Fax 61 56 57.

Restaurant: Balkán, Karla IV. 600 (Grill-Spezialitäten, tgl. 10–22 Uhr).

 Sehenswert: Historischer **Stadtkern** (unter Denkmalschutz) mit Renaissance- und Barockhäusern, gotischer Backstein-**Kathedrale zum Hl. Geist, Weißem Turm** (16. Jh.) und frühbarocker **Jesuitenkirche**; unmittelbar außerhalb des Stadtkerns moderne tschechische Architektur vom Beginn des 20. Jh.

Hradec nad Moravicí (Grätz)

Städtchen vor den Toren von Opava, 5800 Ew., 260 m, ✆ Vorwahl 06 53, PLZ 74741.

 Unterkunft: ***Hotel Belaria, Zimrovická 663, ✆ 91 17 82, Fax 91 17 35; **Červený Zámek Hotel (Schloßhotel), Městečko 1, ✆ 91 12 17, Fax 91 15 88; Hotel Starý ještěr, ✆ 91 11 81, Fax 91 17 10.

Camping: ATC Hradec osada, Kajlovec, ✆ 91 11 14 (1. 5.–30. 9.).

Restaurants: Schloßrestaurant (tgl. 10–22 Uhr); **U bílé paní**, Městečko 8 (Dorfwirtshaus).

 Sehenswert: Renaissanceschloß zuerst im Empire-Stil, dann teilweise neugotisch umgestaltet und um das »Rote Schloß« erweitert, prachtvoller Park, Gedenkräume für Beethoven und Liszt (Zámek Hradec, 74741 Hradec nad Moravicí, ✆ 91 11 85).

Hukvaldy (Hochwald)

Geburtsort des Komponisten Leoš Janáček im waldigen Vor-Beskidenland (Landkreis Frýdek-Mistek), 1500 Ew., 360 m, ✆ Vorwahl 06 58, PLZ 73946.

Information: Im **Geschäft Zdenica** an der Hauptstraße.

 Unterkunft: Im Ort selbst keine zufriedenstellenden Angebote.

 Restaurant: Gaststätte **Pod hradem**, unter der Burg.

 Sehenswert: Burgruine mit Exposition zur Baugeschichte (✆ 9 73 23); **Janáček-Museum**.

 Veranstaltung: Janáček-Festival: Information über das alljährlich Ende Juni stattfindende Festival bei Národní divadlo Moravskoslezské, Festival Janáčkovy Hukvaldy, Čs. legií 14, 70100 Ostrava 1, ✆ 0 69-6 11 28 21-1 32, Fax 0 69-6 11 28 81.

Jablonec nad Nisou (Gablonz a. d. Neisse)

Kreisstadt unterhalb des Isergebirges, weltberühmt für ihre Glas- und Bijouterie-Erzeugung, 55 000 Ew., 500 m, ✆ Vorwahl 04 28.

 Unterkunft: ***Hotel Merkur, 46608 Jablonec nad Nisou, Anenské nám. 8, ✆ 5 33, Fax 2 91 54; *****Hotel Zlatý jelen**, 46604 Jablonec nad Nisou, Palackého 61, ✆ 31 14 21, Fax 2 10 22; ****Hotel Diana**, 46601 Jablonec nad Nisou, 5. Května 30, ✆/Fax 2 29 29.

 Restaurant: Bon Výstaviště, Jiráskova (Hausmannskost, tgl. 10–22 Uhr).

 Sehenswert: Museum für Glas und Bijouterie (U muzea, ✆ 2 25 22, tgl. außer Mo 9–16 Uhr).

 Souvenirs: Straß-Bijouterie, Modeschmuck, Repliken historischer Gläser bei »Bohemia Strass«, Mírové nám. 15, ✆/Fax 2 52 61.

Jáchymov (Sankt Joachimsthal)

Berühmter Kurort (Erstes Radium-Bad der Welt) in einem Tal des Keilberg-Massivs des Erzgebirges (Landkreis Karlovy Vary), 2800 Ew., 672 m, ✆ Vorwahl 01 64, PLZ 36251.

 Information: Kurverwaltung Léčebné Lázně a.s., ✆ 91 12 08, Fax 91 17 30.

 Unterkunft: ***Hotel Panorama, Na Panoráme 931, ✆/Fax 91 11 06; *****Pension H.**, Vršek 36, ✆ 91 17 35.

 Restaurant: Radniční sklípek (Rathauskeller), nám. Republiky 1 (stilvolles Ambiente, tgl. 10.30–23 Uhr, Weinstube Fr, Sa 21–4 Uhr).

 Sehenswert: Spitalskirche (ältestes erhaltenes Bauwerk, 1520), Renaissance-**Rathaus**.

Jaroměř (Jermer)

Ostböhmische Industriestadt (Landkreis Náchod), 13 000 Ew., 265 m, ✆ Vorwahl 04 42, PLZ 55101.

 Unterkunft: **Hotel Praha, Husova 134, ✆ 55 92.

 Sehenswert: Ehemalige k.u.k. **Militärfestung** im Stadtteil Josefov.

Jaroměřice nad Rokytnou (Jaromeritz)

Landwirtschaftliches Städtchen in einem Becken der Böhmisch-Mährischen Höhe (Landkreis Třebíč), 4900 Ew., 422 m, ℐ Vorwahl 06 17, PLZ 67551.

 Unterkunft: **Hotel Opera, Komenského nám., ℐ 44 02 30.

 Sehenswert: Monumentales **Barockschloß**, Sammlung historischer Musikinstrumente (Zámek Jaroměřice n.R., ℐ 44 02 37).

Javorník (Jauernig)

Kleinstadt im nordwestlichen Ausläufer Schlesiens am Fuß des Reichensteiner Gebirges (Landkreis Šumperk), 3000 Ew., 230 m, ℐ Vorwahl 06 45, PLZ 79070.

 Unterkunft: Hotel Pod zámkem, ℐ 95 62 36.

 Sehenswert: Schloß Jánský vrch (Johannesberg), Jahrhunderte hindurch Residenz der Breslauer Bischöfe, Ausstattung aus dem 18. und 19. Jh. (Zámek Jánský vrch, ℐ 95 64 05).

Jeseník (Freiwaldau)

Städtchen am Rande des Altvatergebirges (Landkreis Šumperk), 13 000 Ew., 450 m, eingemeindet Kurort Lázně Jeseník (Gräfenberg), 620 m, ℐ Vorwahl 06 45.

 Information: Kurverwaltung Heilbad Priessnitz AG (Priessnitzovy léčebné lázně a. s.), 79003 Jeseník, ℐ 28 51-4, Fax 32 79.

 Unterkunft Jeseník: ***Hotel **Morava**, 79001 Jeseník, Puškinova 288, ℐ/Fax 28 33; **Pension Slezský dům**, Lipovská 630, ℐ 29 13; **Hotel Na mýtince**, Na mýtince, ℐ 21 37, Fax 23 09. In Lázně Jeseník stehen mehrere Kurhotels zur Verfügung.

 Sehenswert: Ehemalige **Wasserburg**, heute Museum; Denkmäler und Dank-Monumente für den Naturheiler Vinzenz Priessnitz im Kurort.

Jičín (Gitschin)

Nordböhmische Kreisstadt, städtisches Denkmalschutzreservat, »Tor zum Böhmischen Paradies«, 17 000 Ew., 280 m, ℐ Vorwahl 04 33, PLZ 50601.

 Information: Městské informační centrum, Valdštejnovo nám. 1, ℐ 2 43 90.

Unterkunft: ***Pension Bohemia, Markova 303, ℐ/Fax 2 44 31; ***Pension U České koruny**, Valdštejnovo nám. 77, ℐ 2 12 41; ***Park Hotel Skalní město**, Pařezská lhota 34, ℐ 35 13, Fax 35 38.

Restaurant: U Andela, Valdštejnovo nám. 34 (Weinstube und Restaurant, tgl. 10–22 Uhr).

Sehenswert: Stadtplatz mit barockem Waldstein-Palais, Reste der Stadtmauern; **Naturschutzgebiet Český ráj** (»Böhmisches Paradies«).

Jihlava (Iglau)

Bedeutendes wirtschaftliches und kulturelles Zentrum im Hügelgebiet

der Böhmisch-Mährischen Höhe,
Kreisstadt, 55 000 Ew., 550 m,
✆ Vorwahl 0 66, PLZ 58601.

ℹ️ Information: Městské informační centrum, Masarykovo nám. 1,
✆ 2 07 09.

🛏️ Unterkunft: ****Grandhotel Jihlava, Husova 1, ✆ 2 35 41,
Fax 7 31 01 99; *****Hotel Gustav Mahler**, Křížová 4, ✆ 2 73 71-5, Fax 2 73 77;
**Pension Horácká Rychta,
Komenského 11, ✆ 2 27 21; ****Hotel Zlatá hvězda**, Masarykovo nám. 32,
✆/Fax 2 94 96.

🍴 Restaurants: Grandhotel,
Husova 1 (erstklassige internationale Küche, tgl. bis 22 Uhr);
Sklípek, Masarykovo nám. 7
(Hausmannskost, tgl. 10–23 Uhr).

👁️ Sehenswert: Teile der Stadtbefestigung mit Turm, Stadtplatz
mit Häusern aus Gotik, Renaissance
und Barock, gotisches, später barock
umgebautes **Rathaus**; frühgotische Kirchen, unterirdische Gänge und Räume,
Gustav Mahler-Gedenkstätte
(Kosmákova 9).

Jindřichův Hradec (Neuhaus)

Südböhmische Kreisstadt, 22 000 Ew.,
470 m, ✆ Vorwahl 03 31, PLZ 37701.

🛏️ Unterkunft: ***Grand Hotel Schneider, nám. Míru 165/I,
✆ 36 12 52, Fax 2 49 64; ******Hotel Concertino**, nám. Míru 141, ✆ 36 23 20, Fax
36 23 23; *****Hotel Pension Eva**, Nová
944/II, ✆/Fax 2 27 10; ****Pension U Muzea**, Smetanova 17/I, ✆/Fax 36 16 98.

🍴 Restaurants: Bílá paní,
Dobrovského 5/1 (gepflegte
Atmosphäre, feine böhmische Küche,
tgl. 10–22 Uhr); **Jiskra**, U nádraži 814/II
(Fisch und südböhmische Spezialitäten).

👁️ Sehenswert: Frühgotische Burg,
im 14. und 15. Jh. zum Schloß
erweitert, im 16. Jh. Renaissance-
Umbau (Zámek Jindřichův Hradec,
✆ 2 21 32); zahlreiche historische
Bürgerhäuser, Teile der Befestigungsanlagen.

Karlovy Vary (Karlsbad)

Westböhmische Kreisstadt, größter und
berühmtester Kurort der Tschechischen
Republik im tief eingeschnittenen Tal
der Teplá (Tepl) gelegen, die neueren
Viertel sind an der Ohře (Eger), 60 000
Ew., 380–450 m, ✆ Vorwahl 0 17.

ℹ️ Information: Stadt-Info, 36000
Karlovy Vary, tř. T. G. Masaryka,
✆ 2 33 51; **Kur-Info**: Vřídelní kolonáda,
✆ 3 22 40 97, Fax 3 22 46 67; **Čedok**, tř.
Karla IV., ✆ 2 67 05, Fax 2 78 35.
Die in Buchhandlungen und bei
Zeitungsständen erhältliche Monats-
zeitschrift »*Promenáda*« (Redaktion:
Jaltská 7, ✆ 2 91 85) informiert – auch
in deutscher Sprache – über Hotels,
Restaurants, Cafés, Konditoreien,
Nachtlokale sowie kulturelle (Kino,
Theater, Konzerte, Ausstellungen) und
sportliche Veranstaltungen, Dienst-
leistungen und Ausflugsmöglichkeiten.

🛏️ Unterkunft: Abgesehen von
Pensionen und Privatquartieren,
gibt es an die 50 Hotels und Sanatorien.
****Grandhotel Pupp, 36091 Karlovy
Vary, Mírové nám. 2, ✆ 3 10 91 11, Fax
3 22 40 32; ******Hotel Imperial**, 36121
Karlovy Vary, Libušina 18, ✆ 3 10 61 05,

Fax 3 22 56 47 (angeblich das größte Hotel Europas); ***Richmond, 36001 Karlovy Vary, Slovenská 3, ℘ 3 22 63 26, Fax 3 22 21 69; **Hotel Adria, 36001 Karlovy Vary, Západni 1, ℘ 3 22 37 65; *Pension Elefant, 36001 Karlovy Vary, Stará Louka 30, ℘ 3 22 34 06 (kleine, preisgünstige Pension in zentraler Lage, angeschlossen an das Café Elefant, eines der traditionsreichsten Kaffeehäuser).

 Restaurants: Verhungern muß man hier nicht: Mehr als 130 Restaurants aller Klassen bieten böhmische, deutsche, wienerische, italienische oder chinesische Küche an. Dazu kommen nochmals an die 100 Wein- oder Bierstuben und für die Naschkatzen gut 70 Café-Konditoreien. Ein Tip: **Restaurant Abbazia**, Vřídelni 134/51 (gediegene Atmosphäre im 1. Stock, freundliche Bedienung, exzellente internationale Speisen, tgl. 11–22 Uhr).

Museen: Städtisches Museum, Geschichte und Natur Karlsbads, Böhmisches Glas (Nová Louka 23, Mi–So 9–12 und 13–17 Uhr); **Muzeum Zlatý Klíč**, ständige Sammlung von Jugendstilgemälden des Wiener Malers Wilhelm Gause sowie Wechselausstellungen (Lázeňská 3, Mi–So 9–12 und 13–17 Uhr).

Karlštejn (Karlstein)

Kleiner Fremdenverkehrsort im Naturschutzgebiet des böhmischen Karsts (Landkreis Beroun), 2500 Ew., 350 m, ℘ Vorwahl 03 11, PLZ 26718.

Unterkunft: ***Hotel Elma, Srbsko 179, ℘ 62 29 74, Fax 62 33 16; ***Hotel Mlýn, ℘ 68 42 08, Fax 68 42 19; **Hotel U Berounky, Srbsko 32, ℘/Fax 62 23 95; **Pension U Královny Dagmar, Karlštejn 2, ℘ 68 46 14, Fax 68 46 15.

Restaurants: Bohemia, c. 58 (tschechische Küche, Di–So 11–21 Uhr); **U Karla IV.** (intern. Speisen, März–Dez. Di–So 9–17 Uhr); **U Janu** c. 90 (Wild, Fisch, tschechische Küche, Di–So 9–22 Uhr); **Blanky z Valois**, auf der Strecke zur Burg (böhmische Spezialitäten, tgl. außer Mo 11–23 Uhr).

Sehenswert: Gotische **Burg**, gegründet von Karl IV., eines der meistbesuchten Kulturdenkmäler Tschechiens (Hrád Karlštejn, ℘/Fax 68 42 11).

Klatovy (Klattau)

Kreisstadt 40 km südlich von Pilsen, 23 000 Ew., 500 m, ℘ Vorwahl 01 86, PLZ 33901.

Unterkunft: ***Hotel Centrál, Masarykova 300, ℘ 2 45 71, Fax 2 47 45; *Hotel Garni, Voříškova 822/II, ℘ 2 25 14, Fax 2 47 12; Umgebung: ****Parkhotel Tosch**, 34192 Kašperské Hory 1, ℘ 01 87-92 25 92, Fax 01 87-92 25 00.

Restaurant: U Radu, Pražská 181 (gemütliche Weinstube, Mo–Sa 10–24, So 10–18 Uhr).

Sehenswert: Gut erhaltene Reste der **Befestigungsanlagen** (14.–15. Jh.), **Rathaus** (16. Jh., im 19. und 20. Jh. umgebaut), **Schwarzer Turm** am Rathaus (16. Jh.), spätgotische **Kirche Mariä Geburt**, original erhaltene **Barockapotheke** (tgl. außer Mo 9–17 Uhr, Nov.–März geschlossen).

Kolín (Kolin)

Mittelböhmische Kreisstadt an der Elbe, 33 000 Ew., 210 m, ℰ Vorwahl 03 21.

 Unterkunft: ***Hotel-Pension U rabína, 28002 Kolín, Karoliny Světlé 151, ℰ/Fax 2 44 63 (auch gutes Restaurant); ****Hotel Savoy**, 28001 Kolín, Rubešova 61, ℰ 2 20 22.

 Sehenswert: Im Zentrum, das zur städtischen Denkmalschutz-Reservation gehört, mittelalterliche und barocke Bürgerhäuser, ursprünglich gotisches **Rathaus**, im 19. Jh. im Stil der »böhmischen Renaissance« umgebaut; **St. Bartholomäus-Kirche**, eines der bedeutendsten gotischen Gotteshäuser des Landes (mit Chor von Peter Parler); Frühbarocke **Synagoge**.

Konopiště (Konopischt)

Teil der mittelböhmischen Kreisstadt Benešov, berühmt durch sein mächtiges Schloß inmitten einer ausgedehnten Parklandschaft, 16 000 Ew., 360 m, ℰ Vorwahl 03 01, PLZ 25601.

 Unterkunft: ***Motel Konopiště, ℰ 2 27 32, Fax 2 20 53; *****Hotel Pošta**, Tyršova 162, ℰ 2 10 71, Fax 2 23 55.

 Camping: ATC Konopiště, ℰ 2 27 32, Fax 2 20 53 (1. 5.–30. 10.).

 Sehenswert: Burg französischen Typs vom Ende des 13. Jh., Umbauten und Erweiterungen im 16., 18. und ausgehenden 19. Jh., zuletzt im Auftrag des Schloßherrn Franz Ferdinand, des1914 in Sarajevo ermordeten österreichischen Thronfolgers (Zámek Konopiště, ℰ/Fax 2 13 66).

Konstantinovy Lázně (Konstantinsbad)

Kleinster – und ruhigster – der westböhmischen Kurorte (Landkreis Tachov), 2000 Ew., 430 m, ℰ Vorwahl 01 83, PLZ 34952.

 Information: Kurverwaltung Léčebné lázně, ℰ 94 52 20, Fax 94 55 50.

 Unterkunft: **Hotel Jítřenka, ℰ 94 52 18; ****Hotel Tvorba**, ℰ 94 52 15; ****Hotel Garni Mánes**, ℰ 94 55 82.

Kost (Kost)

Gotische Burg in der Gemeinde Libošovice (Landkreis Jičín), im 15. und 16. Jh. erweitert, seit 1993 wieder im Privatbesitz der Familie Kinský.

 Unterkunft: *Hotel Ort, 50744 Libošovice, Nepřívěc U Sobotky 18, ℰ 04 33-57 11 37.

 Sehenswert: Burg (Hrad Kost, 50744 Libošovice, ℰ 04 33-71 44); Dörfchen **Libošovice Vesek** mit einzigartigem Ensemble alter bäuerlicher Architektur.

Kratochvíle (Kurzweil)

Renaissance-Lustschlößchen im Stil italienischer Villen, Gemeinde Netolice, Landkreis Prachatice. (Unterkunft/Restaurants: siehe Prachatice.)

Sehenswert: Schloß mit Dokumentation des tschechischen Trickfilms, auch für Kinder sehr interessant (Zámek Kratochvíle, 38411 Netolice, ✆ 03 38-8 23 80).

Křivoklát (Pürglitz)

Mittelböhmische Ortschaft im Landkreis Rakovník, 2500 Ew., 250 m, ✆ Vorwahl 03 13, PLZ 27023.

 Unterkunft: **Hotel Sýkora, nám. Svat. Čecha 85, ✆ 51 81 14.

 Sehenswert: Gotische **Burg**, nach dem Verfall wurde sie am Ende des 19. Jh. und nach 1945 restauriert (✆ 51 81 20).

Kroměříž (Kremsier)

Denkmalgeschützte mährische Kreisstadt, 28 000 Ew., 200 m, ✆ Vorwahl 06 34, PLZ 76701.

 Information: Städtisches Informationsbüro, Kovárská 116, ✆ 2 12 19.

 Unterkunft: ***Hotel Bouček, Velké nám. 31, ✆/Fax 2 57 77 (sympathisches Haus im historischen Zentrum); *****Hotel Oskol**, Oskol 3203, ✆ 2 42 40, Fax 2 42 46 (im Außenbezirk).

 Sehenswert: Im Stadtzentrum **Marktplatz** (Velké nám.) mit vorwiegend Renaissancehäusern; **Erzbischöfliches Schloß** (ursprünglich Renaissance, barock umgebaut) mit kostbarem Interieur und bedeutender Galerie (✆ 2 13 60), Schloßgarten im englischen Stil; Blumengarten **Květná**

mit Empiregebäuden (Eingang Straße Gen. Svobody).

Kuks (Kukus)

Nordböhmische Gemeinde an der Elbe (Landkreis Trutnov), 3000 Ew., 280 m, ✆ Vorwahl 04 37.

 Unterkunft: Nächste Übernachtungsmöglichkeiten in den nahen Städtchen Dvůr Králové **(Hotel-Restaurant Tinis**, nám. TGM 60, ✆ 04 37-26 90) oder Jaroměř (s. dort).

 Sehenswert: Großartiger **Barockkomplex** (Spital, Kirche, Schloß) mit vielen Plastiken ausgeschmückt, Statuen von M. B. Braun, ✆ 47 61; 2 km westlich von Kuks in Nový les (Neuwald) Anlage **Bethlehem** *(Betlém)* mit Freilicht-Museum (Sandstein-Plastiken von Braun, immer offen).

Kutná Hora (Kuttenberg)

Mittelböhmische Kreisstadt von historischer Bedeutung, 22 000 Ew., 315 m, ✆ Vorwahl 03 27, PLZ 28401.

 Information: Čedok, Palackého nám. 330, ✆ 51 35 10.

 Unterkunft: ***Hotel Mědínek, Palackého nám. 316, ✆ 51 27 41, Fax 51 27 43; *****U Růže**, Sedlec, Zámecká 52, ✆ 52 41 15 (auch gutes Restaurant); *****U hrnčíře**, Barborská 24, ✆ 51 21 13; *****Pension Safrane**, Na Bylance 61, ✆ 51 43 81; *****Pension U Kamenného domu**, Lierova, ✆ 51 44 25; *****Pension U Vlašského dvora**, Havlíčkovo nám. 511, ✆ 51 46 18, Fax 51 46 27.

Restaurants: China-Restaurant, nám. Národního odboje 48 (ausgezeichnete chinesische Küche mit böhmischem Einschlag, Lokal in historischem Gebäude aus dem 15. Jh., Garten, tgl. 10–22 Uhr); **Na Růžku**, Štefánikova 44B (klassische böhmische Gaststätte, gepflegtes Bier); **Na kometě**, Barborská 29 (warme und kalte Speisen, tgl. 20–22 Uhr); **Piazza Navona**, Palackého nám. 90 (zur Abwechslung einmal Pizza oder Spaghetti).

Sehenswert: Denkmalgeschütz- ter **Stadtkern** mit Bürgerhäusern aus Gotik, Renaissance und Barock: **Steinernes Haus** (heute Museum); **Steinerner Brunnen; Welscher Hof**, ehemals Königspalast mit Kapelle von 1400; **St. Barbara-Kathedrale** (14.–16. Jh.); barockes **Jesuiten-Kolleg; Kleine Burg** (von hier aus Besichtigung eines mittelalterlichen Stollens); gotische **St. Jakobs-Kirche**; barockes **Ursuline-rinnen-Kloster** mit Kunsthandwerk-Ausstellung; **Im Vorort Sedlec:** barockgotische **Klosterkirche** (in Restaurierung) und **Friedhofskirche** mit bizarrem Beinhaus.

Lázně Kynžvart (Bad Königswart)

Kleiner westböhmischer Kurort in waldreichem Hügelland (Landkreis Cheb), 1800 Ew., 680 m, ✆ Vorwahl 01 65, PLZ 36491.

Sehenswert: 2 km westlich des Ortes barockes, klassizistisch erweitertes **Schloß**, ehemals im Besitz des österreichischen Staatskanzlers Metternich (nach Restaurierung zu besichtigen sind Kuriositäten-Sammlung und Bibliothek), freier Zugang zum Großen Schloßpark (Zámek Kynžvart, ✆ 9 12 69).

Lednice na Moravě (Eisgrub)

Südmährische Gemeinde (Landkreis Břeclav), 2800 Ew., 170 m, ✆ Vorwahl 06 27, PLZ 69144.

Unterkunft: ***Hotel Harlekin, 21. dubna 657, ✆ 34 01 30, Fax 34 01 66.

 Restaurant: Obecní dům, nám. č. 70 (mährische Küche, tgl. 8–22 Uhr).

Sehenswert: Schloß im Stil der Tudor-Gotik, prachtvoller Naturpark mit Teichen und romantischen Bauten des 19. Jh. (Zámek Lednice, ✆ 34 83 06).

Liberec (Reichenberg)

Nordböhmische Kreisstadt im Talkessel zwischen Iser- und Lausitzer Gebirge, 102 000 Ew., 375 m, ✆ Vorwahl 0 48.

Unterkunft: ***Hotel Praha, 46001 Liberec, Železná 2/I, ✆ 5 10 26 55 (Jugendstil-Haus im Zentrum); ****Hotel Radnice**, 46001 Liberec, Moskovská 11, ✆ 5 10 05 62-3; ***Hotel Atrium**, 46013 Liberec, Gen. Svobody 312, ✆ 5 10 66 18, Fax 5 10 66 17; **Hotel Liberec**, 46001 Liberec, Šaldovo nám. 1354, ✆ 42 19 32.

 Restaurants: Radnice, Eduarda Beneše 6/7 (internationale Küche, tgl. 10–24 Uhr); **Radniční Sklípek**, Eduarda Beneše 1 (Bierhaus, böhm. Küche, Di–Sa 11–1.30, So, Mo 11–22 Uhr); **Kalifornia**, Gen. Svobody 33 (Steak-Spezialitäten, Mo–Do 12–1, Fr 12–3, Sa, So 11–3 Uhr).

 Sehenswert: Neo-Renaissance-**Rathaus, Stadttheater**, Fachwerkhäuser (Mitte 17. Jh.) und Empire-Häuser; **Altes Renaissance-Schloß** im 18. Jh. umgebaut, **Neues Schloß** (18. Jh.); Zoo, Botanischer Garten.

Libochovice (Libochowitz)

Nordböhmische Stadt am Ohře (Eger) im Landkreis Litoměřice, 3700 Ew., 160 m, ⌀ Vorwahl 04 19, PLZ 41117.

 Unterkunft: Černý Orel Hotel, ⌀ 9 23 27.

🍴 **Restaurants: Říp**, Vackova 30 (Hausmannskost, im Sommer Gartenbetrieb, tgl. außer Mo 11–22 Uhr); **Zámecký Šenk** (Weinstube, ganztägig warme Küche, tgl. außer Mo 11–21 Uhr).

 Sehenswert: Gotische Feste, 1560 in ein **Renaissanceschloß** umgewandelt, weiterer Umbau im Stil des Frühbarock, interessantes Interieur, französischer Schloßpark (⌀ 9 26 50).

Lipová Lázně (Nieder Lindewiese)

Kleiner Kurort am Rande des Altvatergebirges (Landkreis Šumperk), 2500 Ew., 500 m, ⌀ Vorwahl 06 45, PLZ 79061.

ℹ️ **Information: Kurverwaltung Schroth, spol. s.r.o.**, 79061

Lipová-Lázně 248, ⌀ 3 83 51, Fax 3 83 55.

 Unterkunft: *Hotel Selská světnička, c.p. 420, ⌀/Fax 42 12 81; ***Pension Slatina**, ⌀ 42 12 37.

Litoměřice (Leitmeritz)

Denkmalgeschützte nordböhmische Kreisstadt, 28 000 Ew., 136 m, ⌀ Vorwahl 04 16, PLZ 41201.

 Unterkunft: ***Hotel Roosevelt, Rooseveltova 18, ⌀ 73 35 90, Fax 73 35 93 (auch gutes Restaurant und Weinstube); ***Hotel Helena**, Železnická 10–12, ⌀/Fax 73 90 02.

 Sehenswert: Domhügel mit **St. Stefans-Kathedrale** und bischöflicher Residenz, schöner **Stadtplatz** mit Bürgerhäusern aus Gotik, Renaissance und Barock, **Rathaus** (gotisch, Renaissance) mit interessantem Kreismuseum, **Allerheiligen-Kirche** (gotisch, barock erneuert).

Litomyšl (Leitomischl)

Ostböhmische Stadt mit denkmalgeschütztem Zentrum (Landkreis Svitavy), Geburtsort des Komponisten Bedřich Smetana, 11 000 Ew., 330 m, ⌀ Vorwahl 04 64, PLZ 57001.

ℹ️ **Information: Informační centrum**, Smetanovo nám. 72, ⌀/Fax 41 50.

 Unterkunft: ***Hotel Dalibor, Komenského nám. 1053, ⌀ 61 85 84, Fax 61 23 88; ***Hotel Zlatá hvězda**, Smetanovo nám., ⌀ 23 38,

Fax 20 91; ***Pension Kraus**,
Havlíčkova 444, ✆ 40 73; **Hotel
Slezák**, Smetanovo nám., ✆ 30 76;
****Pension Petra**, B. Němcové 166,
✆/Fax 61 30 61.

 Camping: ATC Primátor, ✆ 32 38
(1. 5.–30. 9.).

 Restaurant: Slunce, Stadtzentrum (böhm. Spezialitäten, tgl.
10–23 Uhr).

 **Sehenswert: Staatliches Renais-
sance-Schloß** mit historischem
Theater, Sammlungen von Empire-
Möbel, Porzellan und Bildern, Museum
antiker Bildhauerkunst und Architektur
in der barocken Reitschule des Schlosses (✆ 20 67, Mai–Okt. tgl. außer Mo
9–12 und 13–17 Uhr); **Geburtshaus
Smetanas** im ehemaligen Brauhaus gegenüber dem Schloß (Öffnungszeiten
wie Schloß); **Piaristenkirche**; langgestreckter **Hauptplatz** (Smetanovo nám.)
mit schönen Laubenhäusern.

Veranstaltungen: Alljährlich
Ende Juni internationale Musik-
festspiele **»Smetanova Litomyšl«**
(Opern, Konzerte)

Loket (Elbogen)

Stadt mit mittelalterlicher Burg im
westböhmischen Bäder-Dreieck (Landkreis Sokolov), 3300 Ew., 395 m,
✆ Vorwahl 01 68, PLZ 35733.

**Information: Reisebüro Goethe-
Tour**, Radniční 1, ✆ 68 44 24.

 Unterkunft: ***Hotel Goethe,
nám. Masaryka 22,
✆/Fax 68 41 84.

 Sehenswert: Burg mit romanischen Fundamenten, im 16. Jh.
ausgebaut (✆ 9 41 04); Reste der
mittelalterlichen Stadtbefestigung,
frühbarockes **Rathaus**, historische
Bürgerhäuser.

Luhačovice (Luhatschowitz)

Größter mährischer Kurort in geschütz-
tem Talkessel, umgeben von bewaldeten
Hügeln (Landkreis Zlín), 6000 Ew.,
250 m, ✆ Vorwahl 0 67, PLZ 76326.

Information: Luha-Info, nám. 28.
října 205, ✆/Fax 93 39 80; **Kurverwaltung Lázně Luhačovice a.s.**,
Lázeňské nám. 436, ✆ 93 11,
Fax 93 32 16.

Unterkunft: ***Hotel Fontána,
im Erholungsgebiet des Kurortes, ✆ 93 12, Fax 93 38 49; ***Hotel
Vega**, Pozlovice, ✆ 7 13 12 16, Fax
93 23 98; ***Hotel Adamantino**, Pozlovice, ✆ 7 13 10 82, Fax 93 26 17;
****Hotel Zálesi**, Zatloukalova 70,
✆ 93 19, Fax 93 29 35; ****Villa Dagmar**,
Dr. Veselého 310, ✆ 7 13 12 92,
Fax 7 13 13 11.

Restaurant: Loreta, Holubyho
448 (intern. Küche, tgl. 7–23
Uhr).

Sehenswert: Gebäude von
Dušan Jurkovič im Stil der Volksarchitektur der Walachei.

Veranstaltungen: Während der
Hauptsaison (Mai–Sept.) regelmäßige Kurkonzerte, Auftritte von Folk-
lore-Ensembles; **Musikfestival
»Janáček und Luhačovice«**; Kunstausstellungen.

Mariánské Lázně (Marienbad)

Weltberühmter Kurort und Erholungs-
zentrum im westböhmischen Landkreis
Cheb, 16 000 Ew., 550–800 m,
✆ Vorwahl 01 65, PLZ 35329.

 Information: Kurbäder AG (Léčebné Lázně a.s.), Masarykova 22,
✆ 62 21 70, Fax 62 29 82; **Info und Wechselstube** in der Nehrova 29, ✆ 21 19.

 Unterkunft: ****Park Hotel Golf,
Zádub 55, ✆ 62 26 51, Fax
62 26 55; ****Hotel Palace**, Hlavní tř. 67,
✆ 62 22 22-3, Fax 62 42 62; ***Kurhotel
Hvězda**, Goethovo nám. 7, ✆ 57 81-2,
Fax 36 92; **Hotel Speedway**, Na
Průhonu 329/16, ✆ 62 42 42, Fax 7 63 19.

 Camping: ATC Start, Plzeňská
7A, ✆ 20 62 (1. 4.–31. 10.).

 Restaurant: U Tetřeva, Kladská
(8 km außerhalb von Marienbad
im Naturschutzgebiet, altböhmische
Küche, Wild- und Fischspezialitäten, tgl.
10–22 Uhr) mit angeschlossenem Jagdschlößchen als romantisches Hotel,
✆ 9 13 39, Fax 9 12 81).

 Städt. Museum im Goethehaus,
vorwiegend Erinnerungen an
den berühmten Kurgast (Goethovo
nám. 11, tgl. außer Mo 9–16 Uhr).

Mělník (Melnik)

Mittelböhmische Kreisstadt auf einem
Tuffsteinhügel über der Mündung von
Moldau und Moldaukanal in die Elbe,
ehemals Leibgedingestadt der böhmi-
schen Königinnen, 30 000 Ew., 200 m,
✆ Vorwahl 02 06, PLZ 27601.

Unterkunft: ***Hotel Ludmila,
Pražská 2639, ✆ 62 24 23,
Fax 62 33 90; ***Hotel U Cinků**,
Českolipská 1166, ✆ 67 04 01, Fax 67 03
36; **Hotel U Nádraži**, Nádraži 2005,
✆ 62 48 48.

Camping: ATC Mělník, Klášterní
720, ✆ 62 38 56 (ganzjährig).

Restaurant: Stará škola, Na
vyhlidce 159 (Weinstube, im
Sommer Gartenbetrieb, gepflegte
böhmische Speisen, tgl. 11–23 Uhr).

Sehenswert: Reste der gotischen
Stadtbefestigung mit **Prager Tor**;
gotisches **Rathaus** mit Barbara-Kapelle;
Peter- und Paulskirche mit altem Bein-
haus (✆ 67 00 61); **Schloß** der Familie
Lobkowicz mit Weinkeller, Restaurant,
Boutique und Schloßmuseum
(✆ 62 21 21, Fax 62 21 25).

Mikulov (Nikolsburg)

Südmährisches Grenzstädtchen am
Fuß der Pollauer Berge (Landkreis
Břeclav), unter Denkmalschutz gestellt,
7500 Ew., 230 m, ✆ Vorwahl 06 25,
PLZ 69201.

**Information: Tourist-Centre
Adonis**, Náměstí 32, ✆/Fax 28 55.

**Unterkunft: **Hotel Rohatý
Krokodýl**, Husova 8, ✆ 26 92,
Fax 36 95 (auch gutes Restaurant und
Kunstgalerie, s. S. 297); *Hotel Blanka**,
Klentnice 115, ✆ 51 51 31; *Pension
Prima**, Piaristů 8, ✆ 37 93, Fax 23 83.

Restaurants: Dionysos, Náměstí
1 (Rathaus-Weinstube, gute
Hausmannskost, tgl. mittags und

abends); **Lípa**, Dukelská 32 (südmährische Spezialitäten, tgl. 11–24 Uhr);
Heuriger: Ladislav Solařík, Pod Kozím hrádkem (uriges Lokal unter dem Pulverturm, im Sommer tgl. ab 15 Uhr).

 Sehenswert: Ursprünglich gotisches, in der Renaissance und im Barock umgebautes **Schloß** mit interessantem Regionalmuseum (Mai–Sept. 9–17 Uhr, Okt.–April 9–16 Uhr, Mo geschlossen), im Schloßkeller Weinfaß von 1643 mit Fassungsvermögen von 1010 hl.; **St. Wenzels-Kirche** (ursprünglich romanisch), barocke Piaristenkirche; **St. Anna-Kirche** mit Gruft der Familie Dietrichstein; Stadtzentrum mit schönen alten Bürgerhäusern, z. T. mit Sgraffiti; **Synagoge** mit jüdischem Museum (April–Sept. tgl. außer Mo 12–17 Uhr), jüdischer Friedhof.

Moravská Třebová (Mährisch Trübau)

Ostböhmische Stadt (Kreis Svitavy), Zentrum unter Denkmalschutz, 12 000 Ew., 360 m, ✆ Vorwahl 04 62, PLZ 57101.

 Unterkunft: **Hotel Garni Orka, Lanškrounská 93, ✆ 24 25-8, Fax 24 29; *Hotel Morava, Osvoboditelů 2, ✆ 60 61; *Hotel Slavia, Náměstí 34, ✆ 2 27 91.

 Restaurants: Třebovská, Cihlářova 1 (böhmische und chinesische Küche, tgl. 10–22 Uhr); **Slavia**, nám. TGM 34 (heimische Spezialitäten); **Morava**, Svitavská 2 (böhm. Gerichte).

 Sehenswert: Großer quadratischer **Stadtplatz** mit Renaissance-Häusern, **Rathaus**, barocke Marienkirche, **Renaissance-Schloß**, nur zum Teil erhalten.

Moravský Krumlov (Mährisch Krumau)

Südmährische Industriestadt in einem Talkessel (Landkreis Znojmo), 6000 Ew., 230 m, ✆ Vorwahl 06 21, PLZ 67201.

 Unterkunft: **Hotel Jednota, Masarykovo nám. 27, ✆ 23 73.

 Sehenswert: Renaissanceschloß (in Restaurierung) mit Ausstellung von Alfons Muchas monumentalen Slawen-Gemälden und einer kleinen Paracelsus-Dokumentation (✆ 27 89).

Most (Brüx)

Moderne Kreisstadt am Rande des riesigen nordböhmischen Braunkohle-Beckens, dem die alte Stadt geopfert wurde, 73 000 Ew., 250–350 m, ✆ Vorwahl 0 35.

 Sehenswert: Spätgotische **Mariä-Himmelfahrts-Kirche**, 1975 wegen Braunkohleabbau verschoben (✆ 61 49).

Náchod (Nachod)

Ostböhmische Kreisstadt nahe der polnischen Grenze, 21 000 Ew., 340 m, ✆ Vorwahl 04 41, PLZ 54701.

 Information: Informační Centrum, nám. TGM 1, ✆ 2 14 19.

 Unterkunft: ***Hotel U Beránka, nám. TGM 74, ✆ 43 31 18,

Fax 43 30 52 (traumhafter Jugendstil-Bau); **Hotel Vyhlídka**, Pod Vyhlídkou 283, ℘ 2 16 20.

👁 **Sehenswert:** Frühgotische Burg, in **Renaissanceschloß** umgebaut, barock erweitert mit kostbarem Mobiliar und Tapisserien (℘ 2 12 01); gotische **St. Laurentius-Kirche; Friedhofskirche Johannes der Täufer; Altes Rathaus** (Renaissance) mit Pranger.

Nelahozeves (Mühlhausen a. d. Moldau)

Dorf an der Moldau (Landkreis Mělník), 900 Ew., 177 m, ℘ Vorwahl 02 05.

🍴 **Restaurant: U Víchu** (oberhalb Dvořák-Museum, tschechische Küche, tgl. außer Do 10–18 Uhr).

👁 **Sehenswert: Renaissanceschloß** im Besitz der Familie Lobkowicz mit bedeutender Gemäldesammlung, Restaurant, Boutique (Zámek Nelahozeves, 27751 Nelahozeves, ℘ 2 29 95); **Dvořák-Museum** im Geburtshaus des Komponisten (tgl. außer Mo 9–12 und 14–17 Uhr).

Nové Město nad Metují (Neustadt an der Mettau)

Historisches Städtchen unter Denkmalschutz auf einem hohen Felsen im Vorland des Adlergebirges (Landkreis Náchod), 10 000 Ew., 320 m, ℘ Vorwahl 04 41, PLZ 54901.

🛏 **Unterkunft: ***Hotel Rambousek**, Komenského 60, ℘ 7 29 33; **Hotel Metuje**, Klosova 476, ℘ 7 20 37, Fax 7 21 34; **Peklo Hotel**, Jestrebí u Nového M., ℘ 2 34 52 (s.S.234)

 Sehenswert: Großer **Stadtplatz** mit Renaissancehäusern, **Rathaus** (1591), spätgotische **Dreifaltigkeitskirche, Schloß** mit Interieurs von der Renaissance bis Jugendstil und Kubismus, Schloßgarten mit Barockstatuen von Braun (Privatbesitz, Statky Bartoň s.r.o., Husovo nám. 1211, ℘ 7 11 37, April–Juni und Sept., Okt. Di–So 9–16, Juli, August tgl. 9–17 Uhr, Nov.–März nach Voranmeldung).

Nový Jičín (Neutitschein)

Kreisstadt und Zentrum des Kuhländchens in Nordmähren, 30 000 Ew., 280 m, ℘ Vorwahl 06 56, PLZ 74111.

ℹ️ **Information: Okresni úřad Nový Jičín**, Divadelní 3, ℘ 27 24 23, Fax 2 34 68.

🛏 **Unterkunft: ***Hotel Praha**, Lidická 6, ℘ 70 12 29; ***Pension Florian**, Malé nám. 4, ℘ 2 19 18.

🍴 **Restaurant: Hostinec Dolní dvůr**, Veřovice 28 (gepflegtes Gasthaus, Sommerterrasse, tgl. 11–23 Uhr).

👁 **Sehenswert:** Bezaubernder **Stadtplatz** mit Laubenhäusern aus Renaissance und Barock; **Pfarrkirche** mit Renaissance-Turm; **Hutmacher-Museum** im Renaissance-Schloß.

Olomouc (Olmütz)

Mährische Stadt und Bischofssitz mit großer Vergangenheit, ursprünglich eine Přemysliden-Burg, bereits vor 1055 bekannt, dann gotische Siedlung und Mitte des 18. Jh. in eine barocke

Festung umgebaut, heute Industriege-
meinde (Maschinen, Nahrungsmittel),
105 000 Ew., 220 m, ✆ Vorwahl 0 68,
PLZ 77200.

**Information: Städt. Informa-
tionsbüro**, Horní nám. (Rathaus-
arkaden), ✆ 5 51 33 85; **Tourist-Cen-
trum**, Rooseveltova 56,
✆/Fax 5 43 10 29.

Unterkunft: ***Hotel Gemo,
Pavelčákova 22, ✆ 5 22 20 65,
Fax 5 23 17 30; ***Hotel Flora**, Krap-
kova 34, ✆ 5 42 22 00, Fax 5 42 12 11;
***Hotel Sigma**, Jeremenkova 36, ✆
5 23 20 76; ***Hotel Lafayette**, Alšova
8, ✆ 5 43 66 00, Fax 5 22 50 89; **Hotel
Milotel**, Hamerská 46, ✆/Fax 5 31 13 57.

In Chudobin: Hotel Zámek, 78321 Chudobin, ✆ 41 31 91, Fax 41 30 09.

Restaurants: Neptun,
Komenského 5 (Fischspeziali-
täten, tgl. 11–23 Uhr); **Sakura**, Jeremenkova 22 (China-Restaurant, tgl. 11–23
Uhr); **U Huberta**, tř. Svobody 11 (Wild-
gerichte, tgl. außer So 10–22 Uhr);
Vegetka, Dolní nám. 39 (vegetarisch,
tgl. außer So 10–21 Uhr); **Maxim Gril
Club**, Divadelní 2 (Speisen vom Grill,
tgl. 11.30–23 Uhr).

Museen: Kunstmuseum *(Muzeum umění)*, Denisova 47 (tgl.
außer Mo 10–18 Uhr); **Heimatmuseum**
(Vlastivědné muzeum), nám. Republiky
5 (tgl. außer Mo 9–17 Uhr); **Přemyslidenpalast**, Václavské nám. (tgl. außer
Mo 9–17 Uhr).

Opava (Troppau)

Nordmährische Kreisstadt, seit dem
14. Jh. Fürstensitz, 1742–1928 Landes-

hauptstadt von Rest-Schlesien, schwer-
ste Zerstörungen gegen Ende des
Zweiten Weltkriegs, 65 000 Ew., 260 m,
✆ Vorwahl 06 53, PLZ 74601.

Unterkunft: ***Hotel Koruna,
nám. Republiky 17, ✆ 21 69 15;
Parkhotel, Lípová 2, ✆ 21 37 45,
Fax 21 51 25; **Pension A Club**,
Pekařská 65, ✆/Fax 62 50 91.

Restaurants: Contact, U cukrovaru 6 (mährische Küche, tgl.
11–23 Uhr); **Hradecká brána**, nám.
Svobody 1 (Hausmannskost, tgl. 10–22
Uhr).

Sehenswert: Schmetterhaus mit
Stadtturm Hláska, **Stadttheater,
Pfarrkirche Mariä Himmelfahrt** (gotisch,
barockisiert), **Jesuitenkirche des hl.
Adalbert** (barock, nach dem Krieg wiederaufgebaut), barocke **Palais Blücher**
und **Palais Sobek**; Renaissancehäuser
im Stadtkern. **Schlesisches Landesmuseum**, sady U muzea 1 (tgl. außer
Mo 9–17 Uhr).

Opočno (Opotschno)

Ortschaft im nordböhmischen Landkreis Rychnov nad Kněžnou, 2000 Ew.,
290 m, ✆ Vorwahl 04 43, PLZ 51773.

Unterkunft: ** Hotel Zámecký
(Schloßhotel, auch Restaurant),
Trčkovo nám. 2, ✆ 4 21 25.

**Sehenswert: Mächtiges Renais-
sanceschloß** mit bedeutender
Bildergalerie, Bibliothek und Waffen-
sammlung (wieder in Privatbesitz,
✆ 4 22 16).

Orlík nad Vltavou (Worlik)

Kleine Sommerfrische am Moldau-Stausee (Landkreis Písek), 1500 Ew., 390 m, ℰ Vorwahl 03 62, PLZ 39807.

 Unterkunft: Feriendorf Ingo-Orlík, 26284 Zalužany, Vystrkov, ℰ 03 06/9 52 84, Fax 03 06/9 52 83.

 Camping: ATC Velký vír, Kozlí u Orlíka, ℰ 9 61 10 (1. 5.–30. 9.).

 Restaurant: Schloßgaststätte **U Toryka** (internationale Küche).

 Sehenswert: Einst gotisches, dann Renaissance- und **Barock-schloß,** im 19. Jh. regotisiert, im Besitz der Familie Schwarzenberg.

Osek (Ossegg)

Nordböhmisches Bergarbeiter-Städt-chen (Landkreis Teplice), ärmlich und schäbig, 5200 Ew., 330–780 m, . ℰ Vorwahl 04 17.

 Sehenswert: Zisterzienserklo-ster, Ende des 12. Jh. gegründet, gotisch bis barock, aufgenommen in die UNESCO-Liste des Welt-Kulturerbes (ℰ 93 73 93).

Ostrava (Ostrau)

Nordmährisches Industriezentrum (Kohle, Stahl, Chemie) und Kreisstadt, 340 000 Ew., 340 m, ℰ Vorwahl 0 69.

 Unterkunft: **** Hotel Atom, 70400 Ostrava, Zkrácená 2703, ℰ 6 70 28 07, Fax 6 70 28 60; ***** Hotel Polský dům,** 70100 Ostrava, Poděbra-dova 53, ℰ 6 12 20 01; **** Hotel Vista,** 70030 Ostrava, kpt. Vajdy 2, ℰ 6 70 11 11; **** Pension Vitkovice,** 70200 Ostrava, Sadová 29, ℰ 6 21 24 01.

 Restaurants: Asia-Bar, Porubská 827 (asiatische Spezialitäten, tgl. 10–24 Uhr); **Na Kamenci,** Bohumínská 50 (tschechische Küche, tgl. 11–23 Uhr).

 Sehenswert: Altes Rathaus von 1556, heute Stadtmuseum (tgl. außer Mo 9–17 Uhr); **Wenzelskirche** (gotisch, barockisiert); **Bergbaumu-seum** am Anselm-Schacht im Stadtteil Petřkovice (tgl. außer Mo 9–16 Uhr).

Pardubice (Pardubitz)

Ostböhmische Industrie- und Kreisstadt (Chemie, Textil, Elektrik, Maschinen) mit einem schönen historischen Kern, vorwiegend aus der Renaissance (Denkmalschutz), 100 000 Ew., 220 m, ℰ Vorwahl 0 40, PLZ 53002.

 Information: Okresní úřad Par-dubice, nám. Republiky 12, ℰ 58 41 11, Fax 51 79 02.

 Unterkunft: *** Hotel Labe, Ma-sarykovo nám. 2633, ℰ 51 72 86, Fax 51 72 81; **** Hotel 100,** Kostelní 100, ℰ 51 11 79, Fax 51 88 25; *** Hotel Zlatá štika,** Štrossova 127, ℰ 51 62 82.

Restaurants: Laguna, Sladkov-ského 514 (Meeres-Spezialitäten, Mo–Sa 11–23 Uhr, So 11–19 Uhr); **Galanta,** Na drážce 1548 (slowakische Küche, tgl. 11–23 Uhr).

Sehenswert: Geschlossener **Stadtplatz** mit mehr als 100 Renaissance-Häusern, Rathaus aus der Neorenaissancezeit; **Tor Zelená brána** (16. Jh.); gotische **St. Bartholomäus-Kirche; Renaissanceschloß** mit mächtiger Befestigungsanlage, Sitz des Denkmalinstitutes und der Ostböhmischen Galerie.

Pecka (Pecka)

Nordböhmische Gemeinde in sanftem Hügelland (Landkreis Jičín), 3000 Ew., 400 m, ✆ Vorwahl 04 34, PLZ 50782.

 Unterkunft: *Hotel Koruna, ✆ 9 31 68; *Pension Pavel,** Pecka 294, ✆ 69 92 93.

 Sehenswert: Renaissance-**Burg** mit Dokumentation über das Leben des Forschers und Komponisten Christoph Harant sowie Ausstellung von Plastiken Bohumil Kafkas.

Pelhřimov (Pilgram)

Südböhmische Kreisstadt am Rande der Böhmisch-Mährischen Höhe, 17 000 Ew., 494 m, ✆ Vorwahl 03 66, PLZ 39301.

 Unterkunft: * Hotel Rekrea,** Slovanského 1664, ✆ 35 01 11, Fax 2 53 57; ** Hotel Grand,** Palackého 69, ✆ 2 12 37, Fax 2 42 36.

Restaurant: Vrbičky Zahradní Restaurace, Osvobození 1932 (böhmische Küche, tgl. 11–24 Uhr).

Sehenswert: Renaissance- und Barockhäuser im **Stadtkern,** gotische **St. Bartholomäus-Kirche,** Renaissance-**Rathaus** mit Kreismuseum, Reste der gotischen **Stadtbefestigung** mit drei Stadttoren.

Písek (Pisek)

Südböhmische Kreisstadt an der Otava (Wottawa), 30 000 Ew., 373 m, ✆ Vorwahl 03 62, PLZ 39701.

 Unterkunft: ** Hotel Amerika,** R. Weinera 2375, ✆ 21 93 57, Fax 21 23 61; *** Hotel Bilá růže,** Šrámkova 169, ✆ 21 49 31, Fax 21 90 02; *** Hotel Otava,** Komenského 56, ✆ 21 28 61.

 Restaurant: U Putimské Brány, Šrámkova 156 (internationale Küche, tgl. 9–22 Uhr).

 Sehenswert: Reste der mittelalterlichen Befestigung und der frühgotischen **Burg,** heute Museum; frühgotische **Kirche Mariä Geburt;** barockes **Rathaus;** älteste erhaltene **Brücke** Böhmens (13. Jh.).

Plzeň (Pilsen)

Zweitgrößte Stadt Böhmens, Industriezentrum (Skoda-Werke), weltberühmte Bierbrauerei (gegründet 1842), 170 000 Ew., 311 m, ✆ Vorwahl 0 19.

 Information: Magistrat Města Plzeň, nám. Republiky 1, ✆ 22 69 45, Fax 22 61 64. **Čedok,** Prešovká 10, ✆ 3 50 59, Fax 22 37 03.

Unterkunft: ** Hotel Central,** 30531 Plzeň, nám. Republiky 33, ✆ 7 22 67 57, Fax 7 22 60 64; *** Hotel Slovan,** 30528 Plzen, Smetanovy sady 1, ✆ 7 22 72 56, Fax 7 22 70 12; *** Hotel York,** 32200 Plzeň-Křimice, ✆ 7 82 25 92, Fax 7 82 25 90.

Restaurants: Na spilce, U Praz-droje 7 (Pilsner Urquell direkt von der Quelle – im Brauerei-Gasthof, tgl. ab 9 Uhr); **U zlatého poháru,** Rooseveltova 1 (böhmische Spezialitäten, tgl. 10–22 Uhr); **Carda,** Americká 49 (ungarische Küche, tgl. 11–23 Uhr); **Na Parkáně,** Veleslavínova 4 (Bierstube, gute Küche, Mo–Sa 10.30–22 Uhr, So 10.30–14 Uhr).

Sehenswert: Stadtkern mit Bürgerhäusern aus Gotik, Renaissance und Barock; gotische **Bartholomäus-Kirche; Brauerei. Museen: Brauerei-Museum** *(Pivovarské muzeum),* Veleslavínova 6 (tgl. 10–18 Uhr, Okt.–Mai Mo geschlossen); **Westböhmisches Museum** *(Západočeské muzeum),* Kopecky sady 2 (Mo geschlossen).

Polička (Politschka)

Malerisches Städtchen am Rande der Böhmisch-Mährischen Höhe (Landkreis Svitavy), 9000 Ew., 555 m, ✆ Vorwahl 04 63, PLZ 57201.

Information: Informační centrum, Palackého nám. 2, ✆/Fax 2 33 11.

Unterkunft: ** Hotel Opus, Družstevni 893, ✆ 2 25 11, Fax 2 35 51; *Hotel Lichtáp, Riegrova 35, ✆ 2 20 66.

Restaurant: Holy, Palackého nám. 16 (Weinstube, böhmische Speisen, tgl. 10–22 Uhr).

Sehenswert: Gut erhaltene **Stadtmauern** (13.–15. Jh.), barockes **Rathaus,** neugotische **Jakobs-Kirche** mit Martinů-Gedenkraum im Türmerstübchen.

Prachatice (Prachatitz)

Südböhmische Kreisstadt im Böhmerwald-Vorland, 12 000 Ew., 570 m, ✆ Vorwahl 03 38, PLZ 38301.

 Information: Info-Centrum, Velké nám. 2, ✆/Fax 2 25 63.

 Unterkunft: * Hotel Černý medvěd,** Velké nám. 42, ✆ 31 35 09, Fax 31 23 38; *** Hotel Garnet,** Slámova 27, ✆ 31 18 21, Fax 31 17 73; *** Hotel Parkán,** Věžní 51, ✆/Fax 31 18 68; ** Hotel Zlatá stezka,** Velké nám. 46, ✆ 31 38 70, Fax 31 37 33.

 Restaurant: Hubertus, Zvolenská 509 (böhm. Küche, tgl. 11–22 Uhr).

 Sehenswert: Denkmalgeschütztes **Stadtzentrum** mit Bauten aus Gotik und Renaissance (z. T. mit reicher Sgraffito-Verzierung); gotische **St. Jakobs-Kirche;** alte **Stadtbefestigung** mit monumentalem Stadttor.

Veranstaltungen: Fest des Goldenen Steiges im Juni, mit Theater- und Musikprogramm, altböhmischem Markt und Umzug in historischen Kostümen.

Praha (Prag)

Hauptstadt der Tschechischen Republik, eingetragen in das UNESCO-Verzeichnis des Weltkulturerbes, 1,2 Mio. Ew., 235 m, ✆ Vorwahl: 02.

Information: Prager Informationsdienst, Staroměstské nám. (Altstädter Rathaus), ✆ 24 81 40 20, Fax 24 81 40 21 (auch Theaterkarten);

Čedok, 11135 Praha 1, Na příkopě 18, ✆ 24 19 73 50, Fax 2 32 16 56.

🛏 **Unterkunft:** Prag verfügt inzwischen über ausreichende Hotel-Kapazitäten aller Kategorien, dennoch empfiehlt es sich, rechtzeitig zu buchen. ***** **Esplanade,** Washingtonova 19, ✆ 24 21 18 44, Fax 24 22 93 06; ***** **Savoy,** Keplerova 6, ✆ 24 30 21 11, Fax 24 30 21 28; **** **Diplomat,** Evropská 15, ✆ 24 39 41 11, Fax 24 39 42 15; **** **Olympik,** Sokolovská 138, ✆ 66 18 11 11, Fax 66 31 05 59; **** **Paříž,** U Obecního domu 1, ✆ 24 22 21 51, Fax 24 22 54 75; *** **Ametyst,** Jana Masaryka 11, ✆ 24 25 41 85, Fax 6 91 17 90; *** **Astra,** Mukařovská 18, ✆ 7 81 35 95, Fax 7 81 07 65; *** **Atlantic,** Na poříčí 9, ✆ 24 81 10 84, Fax 24 81 23 78; *** **Betlem Club,** Betlémske nám. 9, ✆ 24 21 68 72, Fax 24 21 80 54; *** **International,** Koulova 15, ✆ 24 39 31 11, ✆ 24 31 06 16; *** **Apollo,** Kubišova 23, ✆ 6 88 06 28, Fax 6 88 45 70; ** **City,** Belgická 10, ✆ 6 91 13 34, Fax 6 91 09 77; ** **Meran,** Václavské nám. 27, ✆ 24 23 04 11, Fax 24 22 78 42; * **Viator,** Radlická 113, ✆ 52 55 50, Fax 52 25 01; * **Pension Unitas,** Bartolomějská 9, ✆ 2 32 77 00, Fax 2 32 77 09; **Jugendherberge Braník,** Vrbova 1233, ✆ 46 26 41, Fax 46 26 43.

⛺ **Camping: ATC Trojská,** Trojská 375, ✆ 66 41 60 36, Fax 8 54 29 45; **Triocamp,** Praha 8, Dolní Chabry, Ústecká ul., ✆ 66 41 11 80, Fax 6 88 11 80 (ganzjährig).

🍴 **Restaurants: Neustadt: Craizy Daisy,** Vodičkova 9 (amerikanischer Stil, vegetarische Gerichte); **Adria,** Národní 40 (traditionelle tschechische Küche); **Parnas,** Smetanovo nábřeží 2 (eleganter Rahmen am Moldaukai, internationale Küche). **Altstadt: U Fleků,** Křemencova 11 (Prags berühmtes Bierhaus, einfache Speisen); **U Sixtů,** Celetná 2 (gotischer Weinkeller, böhmische Küche); **V Zátiší,** Lilová 1 (internationale Küche vom Feinsten).

Kleinseite: U Mecenáše, Malostranské nám. 10 (böhmische Küche in historischem Ambiente); **Club Kampa,** Na Kampě 14 (feine böhmische Gerichte); **Snackbar Sidi,** Na Kampě 10 (leichte Zwischenmahlzeiten).

Hradschin: U Laury, Nerudova 10 (deftige tschechische Küche); **U Zlaté Hrušky,** Nový svět 3 (internationale Gerichte); **Vinárna U Lorety,** Loretánské nám. 9 (Wildspezialitäten).

👁 **Museen: Nationalmuseum** (Václavské nám. 68, tgl. 10–18 Uhr); **Museum der Hauptstadt Prag** (Na poříčí 52, tgl. außer Mo 10–18 Uhr); **Bertramka Mozart-Museum** (Mozartova 169, tgl. 9.30–18 Uhr); **Jüdisches Museum** (Jáchymova 3, tgl. außer Sa 9–17 Uhr); **Franz-Kafka-Museum** (U radnice 5, tgl. außer Mo 10–18 Uhr); **Sammlungen der Nationalgalerie** (tgl. außer Mo 10–18 Uhr); **Sternberg-Palais,** alte europ. Kunst (Hradčanské nám. 15), **St. Georgs-Kloster,** alte tschechische Kunst (Jiřské nám. 33), **Anges-Kloster,** tschech. Malerei des 19. Jh. (U milosrdných 17), **Schloß Zbraslav,** tschech. Bildhauerei des 19. und 20. Jh. (Prag 5, Zbraslav, nur im Sommer).

Príbor (Freiberg)

Eine der ältesten Städte Nordostmährens im Landkreis Nový Jičín, Stadterhebung bereits 1251, 9000 Ew., 297 m, ✆ Vorwahl 06 56, PLZ 74258.

Unterkunft: ** Letka Hotel, Dukelská ul., ☎/Fax 91 10 62-4.

 Sehenswert: Rechteckiger **Marktplatz** mit barockisierten Renaissance-Häusern, gotische **Pfarrkirche Mariä Geburt,** barockes **Piaristenkloster** mit St. Valentins-Kirche.

Příbram (Pribram)

Südwestböhmische Kreisstadt (Bergbau und Industrie), 38 000 Ew., 500 m, ☎ Vorwahl 03 06, PLZ 26102.

 Unterkunft: ** Hotel Asia, Gen. Kholla 180, ☎/Fax 2 46 68; ** Hotel Minerál,** Mariánská 431, ☎ 2 44 63; ** Hotel Modrý hrozen,** nám. TGM 143, ☎ 2 80 07, Fax 2 89 01.

 Sehenswert: Marktplatz mit gotischer **Jakobskirche; Heiliger Berg** *(Svatá Hora),* bedeutendster Marien-Wallfahrtsort Böhmens. **Museum: Bergbau-Museum** auf dem Areal des historischen Ševčín-Schachtes (nám. Hynka Kličky 293, April–Okt. tgl. außer Mo 9–17 Uhr, Nov.–März Di–Fr 9–16 Uhr).

Roudnice nad Labem (Raudnitz)

Nordböhmische Stadt in der fruchtbaren Elbniederung (Landkreis Litoměřice), 14 000 Ew., 195 m, ☎ Vorwahl 04 11, PLZ 41301.

 Unterkunft: * Hotel U Starého Vavřince,** Karlovo nám. 20, ☎/Fax 83 82 15.

 Restaurant: Český Lev, Budyně nad Ohří (gemütliche Weinstube, böhmische Küche, tgl. außer Mo ab 11 Uhr).

 Sehenswert: Schloß im Besitz der Familie Lobkowicz (zugänglich ist die Bildergalerie und die Weinkellerei, ☎ 21 37).

Rožmberk (Rosenberg)

Südböhmische Ortschaft an der Moldau (Landkreis Český Krumlov), 1500 Ew., 528 m, ☎ Vorwahl 03 37, PLZ 38218.

 Unterkunft: * Hotel Studenec,** Studenec 15, ☎/Fax 74 98 18.

 Sehenswert: Obere und **Untere Burg** mit historischem Interieur (☎ 98 38); gotische **Marien-Kirche.**

Rožnov pod Radhoštěm (Roschnau am Radhoscht)

Nordmährische Stadt im Landkreis Vsetín, 18 000 Ew., 407 m, ☎ Vorwahl 06 51, PLZ 75661.

 Unterkunft: ** Hotel Eroplán,** Horní Paseky, ☎ 5 58 35, Fax 5 72 17; *** Hotel Tesla,** Meziříčská 1653, ☎ 5 45 35, Fax 5 45 46; ** Hotel Koruna,** Palackého 455, ☎ 5 58 77.

 Camping: Camping Rožnov, ☎/Fax 5 54 42 (1. 5.–30. 9.).

 Sehenswert: Walachisches Freilicht-Museum (ganzjährig geöffnet).

Rychnov nad Kněžnou (Reichenau an der Knieschna)

Ostböhmische Kreisstadt, 12 000 Ew., 320 m, ✆ Vorwahl 04 45, PLZ 51601.

 Unterkunft: * Hotel Labuť Jiráskova 316, ✆ 2 12 08.

 Sehenswert: Barockschloß mit Gemäldesammlung der Kolowrat (✆ 2 19 16); **Jüdisches Museum** in alter Synagoge (Fischerová ul.).

Slavkov u Brna (Austerlitz)

Südmährisches Städtchen im Landkreis Vyškov, 6100 Ew., 210 m, ✆ Vorwahl 05, PLZ 68401.

 Unterkunft: ** Hotel Soult, Nádražní 909, ✆ 44 22 11 98; * Pension Olga, Zborovská 45, ✆ 44 22 13 26.

 Restaurants: Bonapart, Palackého nám. 51 (mährische Spezialitäten, tgl. 10–24 Uhr); **Josefina,** Palackéko nám. 126 (Hausmannskost, Mo–Do 11–24 Uhr, Fr., Sa 11–02 Uhr).

 Sehenswert: Barockschloß mit Bilder-Galerie, Dauerausstellung »Napoleon und die Schlacht von Austerlitz«, ausgedehnter Park.

Slavonice (Zlabings)

Südböhmisches Städtchen an der Grenze zu Österreich (Landkreis Jindřichův Hradec), 2700 Ew., 560 m, ✆ Vorwahl 03 32, PLZ 37881.

 Sehenswert: Einzigartiger Komplex von Häusern aus der Spätgotik und Renaissance mit Sgraffiti und Diamantgewölben (steht unter Denkmalschutz); gotische **Pfarrkirche,** Reste der **Stadtbefestigung** mit Stadttor. **Museum: Muzeum Slavonice,** B. Němcové 552.

Špindlerův Mlýn (Spindlermühle)

Internationales Wintersportzentrum im Riesengebirge (Landkreis Trutnov), 1300 Ew., 715–1310 m, ✆ Vorwahl 04 38, PLZ 54351.

 Information: Verkehrsamt, Postfach 24, ✆ 9 36 56, Fax 9 39 89.

 Unterkunft: Mehr als 160 Betriebe (9000 Betten) vom 4-Sterne-Hotel bis zur einfachen Pension, z. B. **** Hotel Harmony, Bedřichov 106, ✆ 96 91 11, Fax 9 37 67; *** Hotel Alpský, Svatý Petr 45, ✆ 9 32 42, Fax 9 33 47; *** Hotel Arnika, Labská 111, ✆ 9 36 71-2, Fax 9 37 75; *** Hotel Start, Bedřichov 17/B, ✆ 9 33 05, Fax 9 39 58; ** Hotel Jana, Svatý Petr 44, ✆ 9 35 02.

Strakonice (Strakonitz)

Südwestböhmische Kreisstadt, 25 000 Ew., 397 m, ✆ Vorwahl 03 42, PLZ 38601.

 Unterkunft: **** Hotel Bavor, Na ohradě 31, ✆ 32 13 00, Fax 32 12 99; ** Hotel Fontána, Lidická 203, ✆ 32 14 40; ** Bílý Vlk Hotel, Komenského 29, ✆ 32 30 09.

Sehenswert: Burg, Prokop-Kirche, Museum des mittleren Wottawalandes *(Muzeum středního Pootaví)* im zweiten Burgpalast, Archäologie, Geschichte, Landeskunde (Mai–Okt. tgl. außer Mo 9–16 Uhr).

Šumperk (Mährisch Schönberg)

Nordmährische Kreisstadt, Zentrum der Textilindustrie, 35 000 Ew., 330 m, ✆ Vorwahl 06 49, PLZ 78701.

 Unterkunft: *** Hotel Hansa, Langrova 29, ✆ 21 61 10, Fax 21 61 15; *** Pension Moravan,** Americká 3, ✆ 21 74 24.

 Sehenswert: Teile der Stadtbefestigungen (15. Jh.); barockisierte gotische **Kirche Johannes des Täufers;** frühbarocke **Kirche Mariä Verkündigung; Geschaderhaus;** Barock- und Empirehäuser im Zentrum.

Sušice (Schüttenhofen)

Westböhmische Industriestadt (Zündhölzer) im Landkreis Klatovy, 12 000 Ew., 468–778 m, ✆ Vorwahl 01 87, PLZ 34201.

Unterkunft: *** Hotel Gabreta, Americké arm. 73, ✆ 52 33 08; ***** Hotel Paleček,** Pravdova 216, ✆ 52 34 50, Fax 52 34 52.

Sehenswert: Rathaus, ursprünglich im Renaissancestil, barock umgebaut; am Hauptplatz Häuser mit gotischem Kern und Renaissance-Giebeln. **Museum: Museum des Böhmerwaldes** *(Muzeum Šumavy),* Dokumentation über Zündhölzer, archäologische Funde, Böhmerwald-Volkskunst (nám. Svobody 40, Mai–Okt. Di–Sa 9–17 Uhr, So 9–12 Uhr).

Svitavy (Zwittau)

Ostböhmische Kreisstadt, wichtiges Industriezentrum (Textil), 18 000 Ew., 434 m, ✆ Vorwahl 04 61, PLZ 56802.

 Information: Informační Centrum, nám. Míru 80, ✆ 2 32 33.

 Unterkunft: *** Hotel Fontána, U Stadionu 6, ✆ 53 05 04; **** Hotel Slavia,** nám. Míru 70, ✆ 2 15 27.

Restaurant: Martin, nám. Míru 49 (Café-Restaurant, Frühstück, Mittag- und Abendessen, tgl. 9–22 Uhr).

 Sehenswert: Schöner **Stadtplatz** mit Renaissance-Laubenhäusern, Renaissance-**Rathaus,** Reste der Stadtbefestigung, spätbarocke **Marienkirche, Oskar Schindler-Denkmal. Museum: Postkarten-Museum Orbis Pictus** *(Muzeum pohlednic),* Bezručova 24 (tgl. außer Mo 9–16 Uhr).

Tábor (Tabor)

Südböhmische Kreisstadt mit historischem Kern, seit 1962 nationales Kulturdenkmal, 36 000 Ew., 450 m, ✆ Vorwahl 03 61, PLZ 39001.

Information: Städt. Informationsbüro, Žižkova 235; **Čedok,** tř. 9. května 1282, ✆ 2 22 35, Fax 25 22 35.

Unterkunft: * Pension Villa Černý leknín,** Příběnická 695, ⌀ 25 64 05, Fax 25 25 74; *** **Hotel Kapitál,** tř. 9. května 617, ⌀ 25 60 96, Fax 25 24 11; ** **Pension Sylva,** Roháčova 668, ⌀ 25 38 67.

 Restaurants: Vinárna U Drsů, Varšavská 2708 (Weinstube mit böhmischer Küche); **Kubra,** tř. 9. května 515 (amerikanische und orientalische Spezialitäten, tgl. 10–24 Uhr).

 Sehenswert: Teilweise erhalten gebliebene **Stadtbefestigung** aus dem 15. Jh.; Reste der Burg aus dem 14. Jh. (**Kotnov-Turm** und das mit ihm verbundene **Bechyně-Tor,** Ausstellung über die mittelalterliche Gesellschaft); spätgotische und Renaissance-Häuser; **Altes Rathaus** (1440–1515), jetzt Sitz des Hussiten-Museums und einer Galerie der bildenden Künste (tgl. außer Mo 9–16 Uhr, von hier auch Führungen durch die mittelalterliche unterirdische Stadt); **Pfarrkirche »Zur Verklärung Christi auf dem Berg Tabor«** (spätgotisch); barocke **Marien-Wallfahrtskirche** im Außenbezirk Klokoty.

Telč (Teltsch)

Südböhmische Kleinstadt mit kostbarem historischen Kern, 1993 in das UNESCO-Verzeichnis des Weltkulturerbes aufgenommen (Landkreis Jihlava) 6100 Ew., 522 m, ⌀ Vorwahl 0 66, PLZ 58856.

 Unterkunft: * Hotel Celerin,** nám. Zachariáše z Hradce I/43, ⌀/Fax 96 24 77; *** **Hotel Telč,** Na můstku 37, ⌀ 96 21 09, Fax 9 68 87; ** **Hotel Černý Orel,** nám. Zachariáše z

Hradce 7, ⌀ 96 22 21, Fax 96 22 20; ** **Pension Pod Kaštany,** Štěpnická 409, ⌀ 7 21 30 42, Fax 7 21 30 13; **Privatzimmer Jiří Javůrek,** nám. Zachariáše z Hradce 58, ⌀ 96 20 94.

 Camping: ATC Velkopařezitý, Řásná bei Telč, ⌀ 7 21 64 49 (April–November).

 Restaurants: U Zachariáše, nám. Zachariáše z Hradce 33 (Spezialitäten der tschechischen und internationalen Küche, tgl. 9.30–23 Uhr); **Schloßrestaurant** (böhm. Speisen, tgl. 9–21 Uhr, Weinstube abends bis Mitternacht, Fr, Sa bis 3 Uhr früh).

Sehenswert: Schloß (⌀ 96 28 21); einzigartiger historischer **Stadtplatz; Pfarrkirche St. Jakob.**

Teplá (Tepl)

Agrargemeinde im Landkreis Karlovy Vary, 3000 Ew., 884 m, ⌀ Vorwahl 01 69, PLZ 36461.

Unterkunft: Klášterní Hospic Teplá (Kloster-Hospiz Tepl), ⌀ 9 22 64, Fax 9 23 12 (1993 eröffnet, Zimmer einfach bis gediegen, Restaurant und Bierstube mit böhmischen Spezialitäten, ganztägig warme Küche).

Sehenswert: Prämonstratenserkloster mit Böhmens zweitgrößter Bibliothek und barocker Abteikirche (Apr., Okt. 9–15 Uhr, Mai, Sept. 9–16 Uhr, Juni, Juli, Aug. 9–17 Uhr, tgl. außer Mo, Nov.–März nur nach Anmeldung, ⌀ 9 26 91, Fax 9 26 32).

Teplice (Teplitz-Schönau)

Industrie- und Kurstadt zwischen dem Böhmischen Mittelgebirge und dem Erzgebirge, 57 000 Ew., 230 m, ✆ Vorwahl 04 17, PLZ 41502.

 Information: Okresní úřad Teplice, Husitská 5, ✆ 31 31/2 13, Fax 2 93 44.

 Unterkunft: *** Hotel Prince de Ligne, Zámecké nám. 136, ✆ 2 47 55, Fax 2 47 49; ***** Hotel Palermo,** U Kamenných lázní 23, ✆/Fax 2 34 61; ***** Hotel Aleka,** Masarykova 170, ✆ 4 42 25; **** Pension Pinocchio,** U Kamenných lázní 25, ✆ 2 79 06, Fax 2 34 61; **** Pension Gizela,** Vrchlického 1243/17, ✆/Fax 2 88 67; **Sanatorium Beethoven** (für Kuren), Lázeňský sad 2, ✆ 2 78 11, Fax 2 76 61.

 Restaurants: Městské sály, Em. Dvořákové (eines der ältesten Restaurants der Stadt, großer Garten, böhmische Spezialitäten); **U Jogína,** Mlýnská 51 (chinesische und tschechische Küche, tgl. 13–22 Uhr); **Diplomat,** Chelčického 1600 (internationale Speisen, tgl. 11–23 Uhr); **Vinárna-Bar Bogart,** Masarykova 380 (internationale Küche, gepflegte Biere, Wochenende Tanz, tgl. 12–05 Uhr; **U Pavlíků,** Thámova 9 (warme Speisen, Kaffee, Wein, tgl. 10–23 Uhr).

 Sehenswert: Badehäuser im Empirestil; **Schloß** mit Schloßtheater und Kirche; Schloßplatz mit Dreifaltigkeitssäule und historischen Bürgerhäusern; Parkanlagen.

Terezín (Theresienstadt)

Ehemaliges, von Kaiser Joseph II. begründetes Festungsstädtchen, später berüchtigtes Ghetto und Konzentrationslager (Landkreis Litoměřice), 1780 Ew., 152 m, ✆ Vorwahl 04 16, PLZ 41155.

 Unterkunft: ** Parkhotel, Máchova 162, ✆ 78 22 60.

Sehenswert: Gedenkstätten **Kleine Festung, Nationalfriedhof, Krematorium, Ghetto-Museum** (tgl. ab 8 Uhr geöffnet, im Winter bis 16.30 Uhr, im Frühjahr bis 17.30 Uhr und im Sommer bis 18.30 Uhr. Geschlossen am 24., 25. und 26. 12. sowie am 1. 1.).

Třebíč (Trebitsch)

Südmährische Kreis- und Industriestadt, 40 000 Ew., 470 m, ✆ Vorwahl 06 18, PLZ 67401.

Information: Čedok, Karlovo nám. 33, ✆ 2 12 81, Fax 2 24 43.

Unterkunft: *** Hotel Atom, Velkomezeříčská 45, ✆ 82 07 91; **** Pension Vis-à-vis,** Šmila Osovského 14, ✆ 2 20 56, Fax 25 08.

Sehenswert: Ehem. Benediktinerkloster, zu Renaissanceschloß umgebaut, heute Museum; romanisch-gotische **Klosterbasilika St. Prokop;** gotisch-barocke **St. Martins-Kirche;** barocke **Kapuzinerkirche;** im Zentrum Bürgerhäuser im Stil der Gotik, Renaissance (mit Sgraffiti) und des Barock.

Třeboň (Wittingau)

Südböhmisches Städtchen im Landkreis Jindřichův Hradec, berühmt für sein aus dem 16. Jh. stammendes System von Teichen und Kanälen (unter städt. Denkmalschutz), 8000 Ew., 320 m, ∅ Vorwahl 03 33, PLZ 37901.

 Unterkunft: * Hotel Regent,** Lázeňská 1008/II, ∅ 72 13 94; *** **Hotel Zlatá hvězda,** Masarykovo nám. 97, ∅ 75 71 11, Fax 75 73 00; *** **Hotel Myslivina,** Rožmberská 33, ∅ 72 18 33; *** **Pension U M í š k ů,** Husova 11, ∅ 72 16 98, Fax 39 17; *** **Pension U Kostela,** Mláka 69, ∅ 79 12 10.

 Restaurant: U Zámku, Žižkovo nám. 51 (südböhmische Küche, Fisch-Spezialitäten, tgl. 11–23 Uhr).

 Sehenswert: Bestens erhaltenes historisches **Zentrum,** umgeben von Stadtmauern mit drei noch erhaltenen Toren; Stadtplatz mit Bürgerhäusern aus Gotik und Renaissance, teilweise mit Lauben; **Renaissance-Schloß** (nur wenige Räume zugänglich, Rest staatliches Archiv) mit schönem Park; gotische **Pfarrkirche St. Ägidius** mit der »Wittingauer Madonna«; neugotische **Gruftkapelle** der Schwarzenberg (etwas außerhalb des Zentrums); Teichlandschaft.

Turnov (Turnau)

Nordostböhmische Stadt, Fremdenverkehrs- und Industriezentrum (Maschinen, Glas, Schmuck), (Landkreis Semily), 14 500 Ew., 260 m, ∅ Vorwahl 04 36, PLZ 51101.

 Unterkunft: * Hotel Korunní princ,** nám. Českého ráje 137, ∅/Fax 2 42 12; *** **Hotel Slavie,** Hluboká 146, ∅ 2 22 46, Fax 2 21 13; *** **Pension U svatého Jana,** Hluboká 142, ∅/Fax 2 33 25, ** **Hotel Sport,** Koškova 1766, ∅ 2 28 22.

 Restaurant: Takano Kavárna, Hluboká 144 (Café-Restaurant, ganztägig warme Küche, tgl. 10–22 Uhr).

Souvenirs: Böhmischer Granatschmuck, DUV Granát, 5. Května 27 und Palackého 188.

Sehenswert: Gotische bis barocke Baudenkmäler im Zentrum, alle durchweg im Empirestil oder im Historismus umgebaut (Rathaus, Franziskanerkloster mit Kirche des hl. Franz von Assisi, Pfarrkirche St. Niklas, Kirche Mariä Himmelfahrt). In der Umgebung: Naturschutzgebiet Böhmisches Paradies *(Český ráj).*

Uherské Hradiště (Ungarisch Hradisch)

Südmährische Kreisstadt an der Morava (March), 27 000 Ew., 332 m, ∅ Vorwahl 06 32, PLZ 68601.

Unterkunft: ** Grand Hotel, Palackého nám. 349, ∅ 55 15 11, Fax 55 21 19; ** **Hotel Morava,** Šafaříkova 855, ∅ 55 15 08.

Sehenswert: Historischer Kern (gotische Struktur mit überwiegend spätbarocker Bebauung); **Museum des Großmährischen Reiches** im Vorort Staré Město *(Velkomoravský památník,* tgl. außer Mo 9–16 Uhr);

Kloster Velehrad (5 km) mit gewaltiger spätromanischer Basilika (barock umgebaut).

Uherský Brod (Ungarisch Brod)

Südmährische Stadt (Landkreis Uherské Hradiště), 18 000 Ew., 300 m, ✆ Vorwahl 06 33, PLZ 68801.

 Unterkunft: ** Pension Pikola, Mariánské nám. 308, ✆ 63 78 15.

Restaurant: U Radnice, Masarykovo nám. 74 (mährische Küche, einfach, tgl. 10–23 Uhr).

Sehenswert: Renaissance-Schlößchen (barock umgebaut); **Comenius-Museum** im barocken ehemaligen Marstall des Schlosses; **Altes Rathaus** (15. Jh., barocker Umbau); zwei Barockkirchen; Reste der Stadtmauern (13. Jh.).

Ústí nad Labem (Aussig an der Elbe)

Gegen Ende des Zweiten Weltkriegs schwer zerstörte nordböhmische Kreisstadt, viel Industrie (Chemie, Maschinen, Glas, Textil), wichtiger Elbhafen, 100 000 Ew., 130 m, ✆ Vorwahl 0 47, PLZ 40021.

Unterkunft: * Hotel Bohemia,** Mírové nám. 6, ✆ 5 31 11 11, Fax 5 21 26 98; ** Hotel Palace,** Malá hradebni 57, ✆/Fax 5 21 05 91; ** Hotel Slavie Střekov,** Železničářská 242, ✆ 3 12 13.

Restaurants: Savoy, Pařížská 20 (durchgehend kalte und warme Speisen, tgl. 10–22 Uhr); **Pod vyhlídkou Střekov,** Kojetická 1114/3 (Weinstube, Fischspezialitäten, tgl. 11–23 Uhr).

Sehenswert: Zoo 1300 Tiere, Kinderwelt, Restaurant (Drážďanská 23, tgl. geöffnet, im Sommer 8.30–18.30 Uhr, Winter 8.30–16.30 Uhr); **Pfarrkirche Mariä Himmelfahrt** (wiederaufgebaut, schiefer Turm); Dominikanerkloster mit **St. Adalbert-Kirche; Jugendstil-Theater.**

Valašské Meziříčí (Wallachisch Meseritsch)

Nordmährische Industriestadt (Textil, Glas, Elektro, Holz, Chemie) im Landkreis Vsetín, 29 000 Ew., 330 m, ✆ Vorwahl 06 51, PLZ 75701.

Unterkunft: * Hotel Panáček,** Žerotínova 8, ✆ 2 20 45; ** Hotel Apollo,** sídlište Křížná, ✆ 2 20 20.

Restaurant: Fontána, Sokolská 16 (Fischspezialitäten, tgl. 11–22 Uhr).

Sehenswert: denkmalgeschützter **Stadtplatz** mit barocken Bürgerhäusern; gotisch-barockisierte **Pfarrkirche Mariä Himmelfahrt; Museum im Kinský-Schloß,** Stadtgeschichte, Glas und Wandteppiche, Holzarbeiten (tgl. außer Mo 9–17 Uhr).

Valtice (Feldsberg)

Südmährisches Städtchen an der Grenze zu Österreich (Landkreis Břeclav), 3600 Ew., 192 m,

$\oslash$ Vorwahl 06 27, PLZ 69142, Information: siehe Mikulov.

 Unterkunft: *** Hotel Rendez-vous, Střelecká 155, $\oslash$/Fax 9 42 31; **** Hotel Hubertus** (Schloßhotel), $\oslash$ 9 45 37, Fax 9 45 38; **** Hotel Apollon,** P. Bezruče 720, $\oslash$/Fax 9 46 25.

 Sehenswert: Barockschloß mit großem Naturpark ($\oslash$ 9 44 23).

 Veranstaltung: Barockfestival im Schloß (Mitte August, Information: LILA Agency, 16000 Praha 6, Na křídle 3, $\oslash$ 02/2 31 83 84, Fax 02/2 31 55 30).

Velké Losiny (Groß Ullersdorf)

Nordmährisches Kurbad (Erkrankungen der Nerven und der Atemwege) am Fuße des Altvater-Gebirges (Landkreis Šumperk), 2500 Ew., 405 m, $\oslash$ Vorwahl 06 49, PLZ 78815.

 Information: Kurverwaltung Lázně Velké Losiny, Lázeňská 240.

 Unterkunft: *** Hotel Diana, č. p. 618, $\oslash$/Fax 24 84 98; ***** Hotel Praděd,** Lázeňská, $\oslash$ 24 82 15, Fax 24 84 15; **** Pension Rejoneo,** Vernířovice 7, $\oslash$ 23 70 42, Fax 23 70 53.

 Sehenswert: Renaissanceschloß, frühbarock erweitert ($\oslash$ 94 93 80); **Handpapiermühle** mit Museum und Verkaufsladen (LEVIA spol. s.r.o., Ruční papírna, $\oslash$ 94 92 33, Fax 94 92 18); Renaissance-Holzkirchen in der Umgebung (Žárová, Maršíkov).

Veltrusy (Weltrus)

Mittelböhmisches Städtchen am rechten Moldau-Ufer (Landkreis Mělník), 2000 Ew., 172 m, $\oslash$ Vorwahl 02 05.

 Unterkunft: In Kralupy nad Vltavou (4 km): ***** Hotel Sport,** 27801 Kralupy nad Vltavou, Na cukrovaru 10/86, $\oslash$ 2 10 43, Fax 2 15 43.

 Camping: ATC Obora Veltrusy, $\oslash$ 2 45 30, Fax 2 42 70 (1. 4.–30. 10.)

 Sehenswert: Barockschloß, ausgedehnter natürlicher Landschaftspark mit Empire- und romantischen Gebäuden ($\oslash$ 8 12 07).

Vimperk (Winterberg)

Südböhmische Stadt, Böhmerwald-Vorland (Landkreis Prachatice), 8500 Ew., 720 m, $\oslash$ Vorwahl 03 39, PLZ 38501.

 Unterkunft: **** Schloß Zdíkov (7 km), 38472 Zdíkov 1, $\oslash$ 42 68 28, Fax 42 67 29 (komfortable Zimmer, hervorragendes Restaurant, prachtvolle Böhmerwald-Lage).

 Sehenswert: Schloß aus der Renaissance, mehrere spätere Umbauten, heute Stadtmuseum (Mai–Okt. tgl. außer Mo 9–16 Uhr); spätgotische **Kirche Mariä Heimsuchung;** Stadtplatz mit Bürgerhäusern aus Gotik, Renaissance und Barock.

Vizovice (Wisowitz)

Südmährisches Städtchen im Landkreis Zlín, 4500 Ew., 305 m, $\oslash$ Vorwahl 0 67.

Restaurant: Walachische Wein-schenke Sokolovna, Nádražní (urig, meist nur abends).

 Sehenswert: Barockschloß mit bedeutender Gemäldegalerie und ausgedehntem Park (✆ 95 27 62); Areal der Firma Jelínek (Sliwowitz).

Volary (Wallern)

Südböhmische Gemeinde unweit der Grenze zu Österreich und Deutschland (Landkreis Prachatice), Sommerfrische und Wintersportort, 4000 Ew., 770 m, ✆ Vorwahl 03 38, PLZ 38451.

 Unterkunft: ** Hotel Bobik, Náměstí 325, ✆ 33 33 51–4.

 Sehenswert: Barocke St. Katha-rinen-Kirche; Holzhäuser alpinen Typs.

 Ausflüge in die Umgebung: Böh-merwald, Plöckensteiner See, Lipno-Stausee, Urwald Boubín.

Vranov nad Dyjí (Frain an der Thaya)

Südmährische Sommerfrische an der Grenze zu Österreich (Landkreis Znojmo), 1300 Ew., 310 m, ✆ Vorwahl 06 24, PLZ 67103.

 Unterkunft: * Pension Lena, Hav-líčkovo nábř. 386, ✆ 29 61 31.

Restaurant: Výletní (Hausmannskost, tgl. 10–22 Uhr).

Sehenswert: Prachtvolles **Barockschloß** auf einem Felsen

über der Thaya (✆ 9 72 15); historische **Wassermühle.**

 Ausflüge in die Umgebung: Nationalpark Thayatal (Fluß- und Radwanderwege).

Vrchlabí (Hohenelbe)

Nordostböhmische Stadt und Fremden-verkehrsgemeinde im Vorland des Riesengebirges (Landkreis Trutnov), 4000 Ew., 465 m, ✆ Vorwahl 04 38, PLZ 54301.

 Unterkunft: * Hotel Labuť,** Krkonošská 188, ✆ 2 29 64, Fax 2 20 75; ** Hotel Albis,** Horská 12, ✆ 2 10 21.

 Camping: ATC Vejsplachy, ✆ 2 21 96 (1. 6.–15. 9.).

Sehenswert: Renaissanceschloß mit englischem Park (Amtsge-bäude und Sitz der Verwaltung des Nationalparks Riesengebirge, im Park kleiner botanischer Garten und Zoo); Renaissance-**Rathaus** (barockisiert); **Informations- und Ausstellungszen-trum** des Nationalparks Riesengebirge (gegenüber neugotischer Pfarrkirche).

Vsetín (Wsetin)

Nordostmährische Kreisstadt, Verwal-tungs- und Handelszentrum, 35 000 Ew., 340 m, ✆ Vorwahl 06 57, PLZ 75501.

Unterkunft: * Hotel Britannia,** Žerotínova 993, ✆ 61 21 30.

Restaurant: Bečva, Trávníky 1824 (Hausmannskost, tgl. 10–22 Uhr).

 Sehenswert: Renaissanceschloß mit Umbauten in Barock und Empire (Heimatmuseum und Kunstgalerie, tgl. außer Mo 9–17 Uhr).

Vyšší Brod (Hohenfurth)

Südböhmische Marktgemeinde an der oberen Moldau (Landkreis Český Krumlov), 1500 Ew., 570 m, ⌀ Vorwahl 03 37, PLZ 38273; Information: Siehe Český Krumlov.

 Unterkunft: *** **Hotel Archa,** Česká 187, ⌀/Fax 9 22 01, *** **Pension Horní mlýn,** Herbertov 15, ⌀/Fax 9 23 02; ** **Hotel Vlzet,** Třída míru 87, ⌀ 9 26 69, Fax 9 26 60.

 Sehenswert: Zisterzienserstift mit gotischer Klosterkirche, Kreuzgang, Kapitelsaal, Klostergarten, Bibliothek und Kunstgalerie, Postmuseum im ehemaligen Abts-Gebäude (*Cisterciácké opatství*, ⌀ 9 22 44, Fax 9 25 88, Apr.–Sept. tgl. außer Mo 9–17 Uhr, Okt.–März nach Voranmeldung).

Žďár nad Sázavou (Saar)

Kreisstadt auf der Böhmisch-Mährischen Höhe, 25 000 Ew., 580 m, ⌀ Vorwahl 06 16, PLZ 59101.

i **Information: Čedok,** Nádražní 633, ⌀/Fax 2 13 86.

Unterkunft: *** **Hotel Fit,** Horní 30, ⌀ 2 35 08, Fax 2 37 61;

** **Hotel U labutě,** nám. Republiky 70, ⌀ 2 29 49; ** **Hotel Bílý lev,** nám. Republiky 65, ⌀ 2 22 06.

 Restaurant: Radniční (Rathauskeller, tschechische Küche, tgl. 12–01 Uhr).

Sehenswert: Ehemaliges Zisterzienserkloster, 1784 säkularisiert und in **Barockschloß** umgebaut (im Besitz der Familie Kinský, ⌀ 2 19 35); interessantes **Buch-Museum** in der ehemaligen Prälatur; barockgotische **Klosterkirche Mariä Himmelfahrt;** in unmittelbarer Nähe (ca. 10 Min. zu Fuß) barocke **Wallfahrtskirche** auf dem Grünen Berg; **Steinbrücke** mit barocker Statuengalerie.

Zlatá Koruna (Goldenkron)

Südböhmische Gemeinde am linken Moldauufer (Landkreis Český Krumlov), 1500 Ew., 470 m, ⌀ Vorwahl 03 37.

 Restaurants: U Huberta (Frühstück, Mittag- und Abendessen); **Koruna** (Dorfwirtshaus).

Sehenswert: Ehemaliges Zisterzienserkloster mit Kreuzgang, Schutzengel-Kapelle, Kapitelsaal, Abtei, ständige Ausstellung »Literatur in Südböhmen« (⌀ 8 41 26, tgl. außer Mo Mai–Sept. 8–17 Uhr, April, Okt. 8–16 Uhr); gewaltige spätgotische, barockisierte **Pfarrkirche Mariä Himmelfahrt** (Schlüssel bei deutschsprachiger Führerin, Frau Homolková, Haus Nr. 38, ⌀ 8 41 16).

Zlín (Zlin)

Bedeutendes südmährisches Industriezentrum (Schuhe) und Kreisstadt mit
vorbildlichen Industriebauten aus der
ersten Hälfte des 20. Jh., 90 000 Ew.,
225 m, ✆ Vorwahl 0 67, PLZ 76001.

 Information: Čedok, Kvítkova 80,
✆ 2 68 68, Fax 2 70 18.

Unterkunft: *** Parkhotel,**
76315 Zlín-Všemina, ✆ 7 98
61 44, Fax 7 98 61 12; *** **Hotel Ondráš,**
Kvítková 4323, ✆ 7 21 01 78, Fax 7 21
75 87; *** **Hotel Lázně,** 76314 Kostelec
U Zlina, ✆ 7 91 43 40, Fax 7 91 43 14.

**Restaurants: Schloßrestaurant-
Weinstube,** Soudní 1 (mährische
und internationale Spezialitäten, tgl.
11–23 Uhr); **Vinárna Monika,** Sevčovská
29 (reichhaltige Auswahl, tgl. 11–24 Uhr).

Sehenswert: Spätgotische **Pfarrkirche: Rathaus** (1586); barocki-
siertes **Renaissanceschloß** (Regionalmuseum und Teil der Staatsgalerie);
Haus der Künste *(Dům umění),* Sitz der
Bohuslav Martinů-Philharmonie,
Schallplattenverkauf, Staatsgalerie;
moderne Industrie- und Siedlungsbau-
ten; **Museum des Schuhmacherhand-
werks** *(Obuvnické muzeum,* Mo–Fr
7–13, Sa 8–14 Uhr).

Znojmo (Znaim)

Südmährische Kreisstadt nahe der
österreichischen Grenze, berühmt für
ihre Gewürzgurken, 38 000 Ew., 295 m,
✆ Vorwahl 06 27, PLZ 66902.

 **Information: Städt. Kultur- und
Informationszentrum,** nám.

TGM 22, ✆ 22 43 69 (tgl. 8–11.30 und
13–20 Uhr).

Unterkunft: * Hotel Družba,**
Pražská 100, ✆ 22 45 95,
Fax 24 66 21; *** **Hotel Kárník,**
Zelenářská 25, ✆ 22 68 26; *** **Hotel
»N«,** Přímětice 62, ✆ 24 16 72; *** **Mo-
torest E 59,** Oblekovice 349, ✆ 22 67 24,
Fax 22 19 10.

Restaurants: Budweiser Restaurant **Křížovi & Kolmanovi,**
Zámečnická 6 (Wiener Küche, tgl.
10–22 Uhr); **Corso,** J. Palacha 1 (Restaurant, Weinstube, mährische Spezialitäten, tgl. 9–06 Uhr früh); **U
Kormorána,** Přemyslovců 5 (Fischspezialitäten, tgl. 11–22 Uhr); **Havelka,**
Mikulášské nám. 3 (böhmische Küche,
Golatschen, Kaffee).

 Sehenswert: Romanische **St.
Katharinen-Rotunde;** barockes
Schloß (Teil des Südmährischen
Museums); Stadtmauern (14.–16. Jh.)
mit **Prager Tor;** romanisch-gotische
Wenzelskirche; gotische **Pfarrkirche St.
Nikolaus; Minoritenkloster** (Südmäh-
risches Museum) mit Kirche Mariä
Himmelfahrt; barockes **Palais Althan;**
romanisch-gotisch-barocke **Kirche
St. Michael;** barockisierte **Heiligkreuz-
Kirche, Rathaus** mit Turm (Ende
15. Jh.), **Masaryk-Platz** mit historischen
Bürgerhäusern.
Museen: Südmährisches Museum im
Schloß und im Minoritenkloster, Mo–Fr.
8–16 Uhr, 1. 5.–30. 9. auch Sa, So 9–16
Uhr); **Haus der Kunst** (nám. TGM 11,
Mo–Fr 9–17 Uhr, 1. 5.–30. 9. auch Sa,
So); Führung durch das unterirdische
Znaim (Eingang Slepičí trh 2/Rathaus-
turm, Mo–Fr 8.30–16 Uhr, 1. 5.–30. 9.
auch Sa, So 8.30–12 Uhr).

Reiseinformationen von A–Z

Anreise

... mit dem Flugzeug

Lufthansa, Swissair, Austrian Airlines und die tschechische Airline ČSA bieten täglich mehrere Linienflüge von Frankfurt, Berlin, Zürich und Wien nach Prag (Flughafen Ruzyně) an. Mit einem Flughafenbus gelangt man ins Stadtzentrum.

... mit der Bahn

Von Deutschland gibt es täglich Intercity- bzw. D-Zug-Verbindungen nach Prag; Fahrzeiten: Berlin 5 Std. Köln 11 Std., München: 7 Sd.). Von Österreich aus bestehen ab Wien Süd-, bzw. Franz-Josephs-Bahnhof ebenfalls tägliche Verbindungen nach Prag; Fahrzeit 5 Std.).

Eisenbahngrenzübergänge
von Deutschland:
Zittau – Hrádek nad Nisou
Bad Schandau – Děčín
Schirding – Cheb
Furth im Walde – Česká Kubice
von Österreich:
Summerau – Horní Dvořiště
Gmünd – České Velenice
Retz – Šatov
Bernhardthal – Břeclav

... mit dem Auto

Straßengrenzübergänge
 von Deutschland:
Philippsreuth – Strážný
Bayrisch Eisenstein – Železná Ruda
Eschlkam – Všeruby
Furth im Wald/Schaftberg – Folmova

Waldmünchen – Lísková
Waidhaus – Rozvadov
Mähring – Broumov
Waldsassen – Savtý Kříž
Schirding – Pomezí
Selb – Aš
Schönberg – Vojtanov/Cheb
Oberwiesenthal – Boži Dar
Reitzenhain – Hora Sv. Šebastiána
Zinnwald – Cínovec
Schmilka – Hřensko
Neugersdorf – Jiříkov
von Österreich:
Reinthal – Poštorná
Drasenhofen – Mikulov
Laa a. d. Thaya – Hevlín
Kleinhaugsdorf – Hatě/Znojmo
Retz – Hnánice
Drosendorf – Vratěnín
Fratres – Slavonice
Grametten – Nová Bystřice
Neu Nagelberg – Halámky
Gmünd – České Velenice
Wullowitz – Dolní Dvořiště
Weigetschlag – Studánky

Außerdem gibt es noch eine Reihe von Grenzübergängen ausschließlich für Fußgänger und Radfahrer, die jedoch nachts geschlossen sind. Diese Übergänge sind insbesondere für Wanderer und Radtouristen interessant.

Ärztliche Versorgung

In größeren Städten sowie in allen Kurbädern gibt es ausreichend Ärzte und Krankenhäuser. Da Arztbesuche und Krankenhausaufenthalte bar bezahlt werden müssen, sollte man für den Fall des Falles vor Reisebeginn eine Reise-Krankenversicherung abschließen.

Ärztlicher Notruf ℤ 1 55

Apotheken

Da nicht immer alle Arzneimittel in der Tschechischen Republik erhältlich sind, empfiehlt es sich, bestimmte Medikamente, die man unbedingt braucht, in ausreichender Menge mitzunehmen. Im allgemeinen aber sind die Apotheken (*lékárna*) gut sortiert.

Auskünfte

Für Beratung, Information und Prospektmaterial (keine Buchungen) empfehlen sich die **Tschechischen Zentren:**

... in Deutschland
Leipzigerstraße 60
D-10117 Berlin
ℤ 0 30/2 08 28 36, Fax 0 30/2 00 44 15

... in Österreich
Herrengasse 17
A-1010 Wien
ℤ 01/5 35 23 61, Fax 01/8 94 28 74

Für Reiseauskünfte und Buchungen stehen auch die Reisebüros der **Čedok-AG** zur Verfügung:

... in Deutschland
Kaiserstraße 54
D-60329 Frankfurt/Main
ℤ 0 69/27 40 17-0, Fax 0 69/23 58 90

Leipzigerstraße 60
D-10117 Berlin
ℤ 0 30/2 00 46 44, Fax 0 30/2 00 46 23

... in der Schweiz
Pelikanstraße 38
CH-8020 Zürich
ℤ 01/2 21 31 31, Fax 01/2 21 31 41

... in Österreich
Parkring 10
A-1010 Wien
ℤ 01/5 12 43 72,
Fax 01/5 12 43 72-85

Autofahren

Die **Verkehrsregeln** entsprechen weitgehend den EU-Vorschriften. Höchstgeschwindigkeiten für Pkw: 110 km/h auf Autobahnen und mindestens vierspurigen Autostraßen, 90 km/h auf allen übrigen Straßen außerhalb von Ortsgebieten, 60 km/h innerhalb geschlossener Ortschaften, 30 km/h vor Bahnübergängen. Für Pkw mit Anhänger, Motorräder und Busse gelten strengere Tempolimits. Außerdem besteht für Pkw-Insassen Gurtpflicht und für den Fahrer **absolutes Alkoholverbot** (0,0 Promille!). Für die Benutzung von Fernstraßen und Autobahnen ist eine Jahresplakette **(Vignette)** erforderlich, die an der Windschutzscheibe anzubringen ist. Man erhält sie an den Grenzübergängen und an Tankstellen, die nahe oder direkt an den Autobahnen liegen.

Das **Tankstellennetz** ist inzwischen recht dicht. Die Tankstellen sind meist nur tagsüber geöffnet. Angeboten werden *natural* (Bleifrei, 95 Oktan), *super* (Super verbleit, 96 Oktan), *special* (Benzin verbleit, 90 Oktan) und *nafta* (Diesel).

Notruf Pannenhilfe ℤ 1 54

Diplomatische Vertretungen

Botschaft der Bundesrepublik Deutschland
Vlašska 19
12560 Praha 1
✆ 02/24 51 03 23

Botschaft der Republik Österreich
Victora Huga 10
12543 Praha 5
✆ 02/24 51 16 77

Botschaft der Schweiz
Pevnosti 7
16200 Praha 6
✆ 02/24 31 12 28

Einreisebestimmungen

Für die Einreise in die Tschechische Republik benötigen EU-Bürger für einen Aufenthalt bis zu 90 Tagen einen bei Ankunft mindestens noch 3 Monate gültigen Reisepaß oder Personalausweis, Schweizer einen gültigen Reisepaß. Kinder unter 15 Jahren können im Paß eines Elternteils eingetragen sein oder müssen einen eigenen Kinderausweis mitführen, der ab 4 Jahren ein Lichtbild enthalten muß.

Autofahrer müssen ihren Führerschein und den Fahrzeugschein mitführen. Bei Schadensfällen muß man die Internationale Grüne Versicherungskarte vorweisen.

Für Haustiere ohne internationalen Impfpaß ist ein amtstierärztliches Gesundheitszeugnis (bei Ankunft nicht älter als drei Tage!) mit Nachweis der Tollwutimpfung erforderlich.

Feiertage

1. Januar – Neujahr
1. Mai – Tag der Arbeit
8. Mai – Tag der Befreiung 1945
5. Juli – Märtyrertod Jan Hus
28. Oktober – Nationalfeiertag, Erinnerung an Gründung der Ersten Tschechoslowakischen Republik 1918
24., 25., 26. Dezember – Weihnachten

Festspiele

März/April: Pardubitzer Musikfrühling, Prager Osterfestspiele, Brünner Folklore-Festival
Mai/Juni: Dvořák-Festival Příbram, Prager Frühling, Olmützer Musikfrühling, Internationales Big-Band-Festival Pilsen, Tschechisches Jazzfestival Karlsbad, Internationales Janáček-Musikfestival Hukvaldy
Juli: Internationales Smetana-Opernfestival Litomyšl, Internationales Marienbad-Festival, Klavierfestival und Festival Alter Musik in Český Krumlov, Festival »Musiklandschaft« in Telč, Festival »Mozart und Karlsbad«, Janáček-Festival Luhačovice.
August: Beethoven-Tage Karlsbad, Internationale Musik- und Theater-Festspiele Český Krumlov, Chopin-Festival Marienbad, Folklore-Fest des Chodenlandes in Domažlice.
September: Smetana-Festival Prag, Dvořáks Karlsbader Herbst, Musiksommer Kremsier, Beethoven-Festival Teplitz
Oktober: Mährischer Herbst Brünn, Mozart in Prag, Internationales Jazzfestival Prag (nur in ungeraden Jahren).
Dezember: »Jazztival Brno«.

Eine detaillierte Übersicht sämtlicher Musikveranstaltungen enthält die jährliche Broschüre der »Stiftung Tschechischer Musikfonds« *(Nadace Český hudební fond),* Besední 3, 11800 Praha 1, ℘ 02/24 51 00 75, Fax 02/53 97 20. Darüber hinaus informiert über Messen, Kongresse, Ausstellungen und Sportveranstaltungen auch der »Kalender des Fremdenverkehrs der Tschechischen Republik«, erhältlich bei den tschechischen Informationsstellen im In- und Ausland.

Fotografieren

Filme der gängigen Marken sind überall erhältlich, doch sollte man sie nicht an Souvenirständen kaufen – diese haben häufig Produkte mit abgelaufenem Haltbarkeitsdatum –, sondern in Fachgeschäften. Das Ablichten von militärischen Objekten ist verboten. Für das Fotografieren und Videofilmen im Inneren von Schlössern und Kirchen benötigt man meist eine gesonderte Bewilligung, die gegen eine geringe Gebühr an der Kasse erhältlich ist.

Fremdenführer

Prag: Marta Sukova, Na Truhlářce 20, 18000 Praha 8, ℘ 02/6 89 89 84, Fax 02/6 89 87 92: Deutsch-Diplomdolmetscherin, mit eigenem Reisebüro, sie bietet Reiseleitungen, Stadtführungen, Hotelreservierungen, Theaterkarten u. a. Serviceleistungen an.

Brünn: Heda Svobodova, Nahorni 14, 61600 Brno, ℘ 05/74 11 27, Fax 05/41 21 31 74: Diplomierte Chemikerin (Studium in Deutschland), eigenes Reisebüro mit Schwerpunkt Kulturreisen. Sie bietet deutschsprachige Reiseleitungen für Individualtouristen und Gruppen in der gesamten Tschechischen Republik an.

Geld

Die Währungseinheit der Tschechischen Republik ist die Krone *(koruna,* Kčs) zu 100 Heller *(haléřů).*

Geldwechsel ist nur in Banken, offiziellen Wechselstuben oder Hotels gestattet. In den Hotels ist der Wechselkurs oft am ungünstigsten. Vor Straßen-Geldwechslern wird nachdrücklich gewarnt, da diese häufig betrügen.

Die meisten Hotels und Restaurants in den Städten akzeptieren die gängigen Kreditkarten. Eurochecks werden in den Hotels und Geschäften der gehobeneren Preisklasse nur in Ausnahmefällen eingelöst und sind sonst lediglich in Banken zu tauschen.

Banken haben in der Regel Mo–Fr von 8–12 und von 13–16.30 Uhr geöffnet, Wechselstuben sind auch an Wochenenden geöffnet.

Ausländer zahlen in Hotels, Restaurants, Museen und Schlössern zumeist das Doppelte, manchmal auch das Vierfache des Einheimischen-Preises. Man erkennt dies an einem offiziellen Schild mit der Aufschrift *»Domaci polovic«* (Einheimische zahlen die Hälfte), denn sonst könnten sich die Tschechen ihr eigenes Land nicht mehr leisten.

Lesetips

Die Literatur über Böhmen und Mähren – sowohl deutschsprachiger Autoren als auch in Übersetzungen – füllt ganze Bibliotheken. Sie reicht von Goethes »Elegie von Marienbad« über Adalbert Stifter (»Witiko«, »Der Nachsommer«), Jan Neruda (»Bilder aus dem alten

Prag«, »Kleinseitner Geschichten«),
Franz Kafka (»Das Schloß«, »Der
Prozeß«), Max Brod (»Prager Tag-
blatt«), Franz Werfel (»Der Abiturienten-
tag«), Johannes Urzidil (»Prager Trip-
tychon«), Leo Perutz (»Nachts unter der
steinernen Brücke«), Jaroslav Hašek
(»Die Abenteuer des braven Soldaten
Schweijk«) und Golo Mann (»Wallen-
stein«) bis zu modernen tschechischen
Autoren wie Bohumil Hrabal (»Die
Schur«, »Schöntrauer«, »Ich habe den
englischen König bedient«), Milan
Kundera (»Der Scherz«, »Das Leben ist
anderswo«, »Abschiedswalzer«),
Jaroslav Seifert (»Alle Schönheiten der
Welt«, Gedichte) und Pavel Kohout
(»Wo der Hund begraben ist«). Über
den Prager Dichterkreis der ersten
Hälfte des 20. Jh. informiert Max Brods
»Der Prager Kreis«.

Notruf

Polizei	✆ 1 58
Notarzt	✆ 1 55
Pannenhilfe	✆ 1 54

Öffentlicher Verkehr

Bus

Das dichte Busnetz verbindet praktisch
auch das kleinste Dorf mit der Außen-
welt. Von größeren Städten gibt es
preisgünstige Wochenendfahrten in
Erholungsgebiete, z. B. im Winter in die
Skizentren. Fahrscheine gibt es bei den
lokalen Informationsbüros.

Bahn

Die Eisenbahn ist nur auf den Haupt-
strecken zu empfehlen, wo die Züge in
kürzeren Intervallen verkehren. Schnell-
züge sind zuschlagpflichtig.

Taxi

Taxis können in allen Orten telefonisch
bestellt werden, in größeren Städten
gibt es eigene Standplätze. Wenn kein
(eingeschalteter!) Taxameter vorhanden ist, sollte man unbedingt vorher
den Fahrpreis aushandeln (das gilt besonders in Prag).

Öffnungszeiten

Geschäfte haben üblicherweise Mo–Fr
von 9–18 Uhr und Sa 9–12 Uhr offen,
Lebensmittelläden öffnen bereits ab
7 Uhr. Doch sind die Ladenschlußzeiten
im Zeichen des freien Unternehmer-
tums nicht so streng geregelt, so daß
man in Prag und anderen großen Städten und Grenzorten an manchen Wo-
chentagen bis 20 Uhr und auch an
Sonn- und Feiertagen einkaufen kann.
In kleineren Städten schließen die Geschäfte mittags von 12–13 oder 14 Uhr.
   Touristische Sehenswürdigkeiten
bleiben montags und an Tagen, die
einem gesetzlichen Feiertag folgen, fast
durchgehend geschlossen. Burgen und
Schlösser sind meist nur in der Saison
(Mai bis September) von 8 bzw. 9–12
und 13–17 Uhr zugänglich; im April und
Oktober wird lediglich an Wochenenden oder gegen Voranmeldung geöffnet. Museen und Galerien können
auch im Winter besichtigt werden.

Post

Postämter haben Mo–Fr von 8–18 Uhr
(Mittagspause 12–13 Uhr) und Sa bis 12
Uhr geöffnet. Das Prager Hauptpostamt
in der Nähe des Wenzelplatzes (Jindřiš-
ská 14) hat rund um die Uhr offen.

Sicherheit

Während sich die großen Städte bereits dem »europäischen Kriminalitäts-Niveau« angepaßt haben und man daher mit Geld und Wertsachen nicht sorglos umgehen kann (auch Autos, insbesondere teurere Modelle, sollten in sicheren Garagen oder auf bewachten Parkplätzen abgestellt werden), herrscht in der Provinz diesbezüglich noch tiefster Friede. Im allgemeinen ist das Reisen in Tschechien nicht gefährlicher als in allen anderen Ländern Mitteleuropas.

Souvenirs

Reservieren Sie sich viel Platz in Ihrem Koffer, denn die riesige Auswahl an Souvenirs – und auch die noch sehr günstigen Preise – verleiten leicht zu einem Kaufrausch! An der Spitze stehen dabei die berühmten böhmischen Glas- und Porzellanwaren, gefolgt von bildschönem Modeschmuck (Hauptort: Jablonec nad Nisou), geschmackvollem Kunstgewerbe (Textilien, Keramik, Holzschnitzereien), Lederwaren, Spielzeug, technisch hervorragenden CD's mit vornehmlich klassischer Musik, Büchern (in Prag und Brünn gibt es Buchhandlungen mit deutschsprachigen Büchern) und Antiquitäten. Beliebte kulinarische Mitbringsel sind Prager Schinken (in Dosen), Znaimer Gurken, Powidl, Oblaten, Becherovka (ein Kräuterschnaps), Slibowitz, Wein und Bier.

Sprache

Mit Deutsch und Englisch kommt man im ganzen Land gut voran. Um sich aber besser orientieren zu können, sollte man wissen, was folgende **Schilder** und **Aufschriften** bedeuten:

brána	Tor
clo	Zoll
divadlo	Theater
dům	Haus
hostinec	Gasthaus
hrad	Burg
informace	Auskunft
kaple	Kapelle
klášter	Kloster
kostel	Kirche
lékař	Arzt
lékárna	Apotheke
letiště	Flughafen
město	Stadt
most	Brücke
nábřeží	Kai
nádraží	Bahnhof
náměstí (nám.)	Platz
nemocnice	Krankenhaus
občerstvení	Schnellimbiß
palác	Palast
památník	Denkmal
parkoviště	Parkplatz
pivnice	Bierhaus
pokladna	Kasse
restaurace	Restaurant
sady	Park
směnárna	Wechselstube
toalety	Toiletten
muži/páni	Männer
ženy/dámy	Frauen
třída	Straße
ubytování	Unterkunft
ulice	Gasse
vchod	Eingang
věž	Turm
východ	Ausgang
zahrada	Garten
zámek	Schloß

Aussprache

Im Tschechischen werden alle Wörter
stets auf der ersten Silbe betont.

c wie ts
č wie tsch
ď wie dj
ě wie je
ň wie nj
ř wie rsch
š wie sch
ť wie tj

Nützliche Vokabeln

Allgemein

Auf Wiedersehen	na shledanou
bitte	prosím
Botschaft	vyslanectví
danke	děkuji
Geld	peníze
geöffnet	otevřeno
geschlossen	zavřeno
gestern	včera
Guten Tag	dobrý den
heute	dnes
ja	ano
morgen	zítra
Nacht	noc
nein	ne
Paß	pas
Polizei	policie
Post	pošta
Rechnung	účet
Telefon	telefon
Telegramm	telegram
Toiletten	toalety
– Frauen/Damen	ženy/dámy
– Männer/Herren	muži/páni
Unterkunft	ubytování
(ich) verstehe	rozumím
(ich) verstehe nicht	nerozumím
wann?	kdy?
was?	co?
wer?	kdo?
was kostet das	kolik to stojí?
wo?	kde?
wohin?	kam?
zahlen	platit

Zahlen

eins	jeden, jedna, jedno
zwei	dva, dvě
drei	tři
vier	čtyři
fünf	pět
sechs	šest
sieben	sedm
acht	osm
neun	devět
zehn	deset
fünfzig	padesát
hundert	sto
tausend	tisíc

Sport

Die Tschechische Republik ist ein auch
international erfolgreiches Sportland;
den Möglichkeiten zur aktiven Freizeit-
gestaltung sind kaum Grenzen gesetzt.
Sportausrüstungen können meistens
an Ort und Stelle gekauft oder gemietet
werden. Aktivitäten wie Jagen oder
Angeln unterliegen besonderen
Vorschriften und erfordern entsprechende Genehmigungen.

Golf: Die schönsten Plätze, auf denen
auch internationale Turniere gespielt
werden, befinden sich in Karlsbad und
Marienbad.

Jagen: Neben den Revieren in Staatsbesitz (*Lesy České Republiky*, Přemys-
lova 1106, 50168 Hradec Králové,
✆ 0 49/2 29 91, Fax 0 49/3 73 29), bei
denen man auch eine entsprechende
Genehmigung erhält, bieten private
Genossenschaften und Forstbesitzer
in- und ausländischen Waidmännern
Jagden an. Auf den Jagd-Tourismus
spezialisiert hat sich die Firma

»Pragolov« mit Büros in Prag (Národní třída 37, 11000 Praha 1, ℘ 02/24 21 84 19, Fax 02/24 21 84 67) und Deutschland (Carl-Zeiss-Straße 39, 63322 Rödermark, ℘ 0 60 74/9 50 50, Fax 0 60 74/9 41 74).

Radfahren: Für längere Touren sollte man das eigene Fahrrad mitbringen, da Leihräder oft nicht den gewünschten technischen Standard aufweisen. Lokale Radwanderkarten erhält man bei den örtlichen Informationsstellen (s. Tips von Ort zu Ort).

Reiten kommt immer mehr in Mode. Über das aktuelle Angebot informieren die Čedok-Reisebüros (s. Auskünfte).

Wandern: Ob im Böhmerwald oder im Riesengebirge, im Erz- oder im Adlergebirge, Wandern hat in den Böhmischen Ländern eine mehr als hundertjährige Tradition. Das dichte Netz der Wanderwege bedient sich einer einheitlichen, dreistreifigen **Markierung** mit vier unterschiedlichen Farben im mittleren Streifen: **rot** (Kammwege und andere Fernwanderstrecken), **blau** (Strecken mittlerer Länge), **grün** (kurze Strecken) und **gelb** (kurze, verbindende Abschnitte). Naturlehrpfade sind **weiß-grün** markiert. Detaillierte Wanderkarten und auch deutschsprachige Führer werden in den jeweiligen Informationsstellen der Ausgangsorte angeboten.

Wassersport: Kajak-, Kanu- und Rudersport wird im Sommer auf Flüssen, Teichen und Seen betrieben. Beim Baden ist wegen mangelnder Wasserqualität häufig Vorsicht geboten.

Wintersport: Skifahrer, ob alpin oder nordisch, finden in den Randgebirgen des Landes ausreichende und gut präparierte Pisten sowie gegnügend Aufstiegshilfen. Auch zum Rodeln und Snowboardfahren eignen sich die Bergregionen bestens.

Telefonieren

Auslandsgespräche führt man am preisgünstigsten von öffentlichen Wertkarten-Telefonen. Die Wertkarten sind auf Postämtern erhältlich. Für Gespräche vom Ausland in die Tschechische Republik gilt die Vorwahl 0 04 20. Für eine Verbindung von der Tschechischen Republik nach Deutschland wählt man 00 49, nach Österreich 00 43, in die Schweiz 00 41. Die Null der Ortskennzahl wird dann immer weggelassen.

Achtung: Da die Tschechische Telecom derzeit das komplette Telefonnetz des Landes digitalisiert und diese Arbeiten noch mehrere Jahre in Anspruch nehmen werden, kann für die in diesem Buch aufgeführten Telefonnummern keine Gewähr übernommen werden, ausgenommen sind die achtstelligen Nummern in Prag und anderen großen Städten.

Tiere

Hunde und Katzen sind fast überall willkommen. Tschechien ist eines der tierfreundlichsten Länder Europas. In manchen Restaurants steht die Wasserschüssel für den vierbeinigen Liebling schon bereit, ehe der Kellner die Bestellung aufnimmt. Hotels berechnen für Hunde nur sehr selten einen geringen Zuschlag zum Zimmerpreis.

Trinkgeld

Wie in allen anderen Ländern Europas sind bei Serviceleistungen rund 10 % des Rechnungsbetrages als Trinkgeld üblich.

Zecken

Beim Wandern, vor allem in Südmähren, kann es schon einmal vorkommen, daß man sich einen Zeckenbiß zuzieht. Dabei bohrt sich die Zecke mit dem Kopf voran in die Haut und beißt sich dort fest. Ihre Körperflüssigkeit kann, wenn sie in den Blutkreislauf gerät, zu schweren Erkrankungen, z. B. Hirnhautentzündung führen. Daher muß man das Tier so schnell wie möglich entfernen: Vorsichtig mit Daumen und Zeigefinger fassen und »heraushebeln«. Dabei nicht zu ruckartig vorgehen, damit der Kopf nicht abreißt. Nicht mit Öl beträufeln, wie oft geraten wird, weil das Öl die Zecke in Atemnot bringt, wodurch sie besonders viel Flüssigkeit absondert. Auf jeden Fall sollte man so schnell wie möglich einen Arzt aufsuchen.

Zeitungen, Zeitschriften, TV

Internationale Tageszeitungen und Journale erhält man nur in Prag oder Brünn sowie in den größeren Orten nahe der österreichischen und deutschen Grenze.

Die meisten Hotels und auch zahlreiche Privatquartiere haben sich mit Satelliten-TV-Empfang ausgerüstet, so daß man dort auch deutschsprachige Programme empfangen kann.

Zollbestimmungen

Gegenstände für den persönlichen Bedarf sind zollfrei. Ebenso dürfen 200 Zigaretten oder 100 Zigarillos oder 50 Zigarren oder 250 g Tabak, 1 l Spirituosen und 2 l Wein, 0,25 l Eau de Toilette oder 50 g Parfüm sowie Geschenke bis zu einem Gesamtwert von 3000 Kronen zollfrei mitgeführt werden.

Für Antiquitäten ist eine Ausfuhrerlaubnis erforderlich. Man sollte sich schon bei der Einreise am Zoll nach den entsprechenden Ausfuhrbestimmungen erkundigen (Zollmerkblatt).

Die Ein- und Ausfuhr tschechischer Währung ist bis zu 5000 Kronen, die Mitnahme von Fremdwährungen unbegrenzt erlaubt. Aktuelle Informationen erteilen die Tschechischen Zentren oder die Čedok-Reisebüros (s. Auskünfte).

Abbildungsnachweis

Archiv der Autoren S. 39 o., 128, 167, 194, 201, 246

Archiv des Verlags S. 300

Archiv für Kunst und Geschichte, Berlin S. 101, 113, 333

Dorn, Jürgen, Krefeld Umschlagvor- derseite, Rückseite, Umschlaginnen- klappe, S. 2 o., 3 u., 4 o., 5 o. und u., 6 o. und u., 7, 9, 12, 13, 14/15, 16, 19, 20, 21, 22, 24, 29, 30, 31, 33, 35, 37, 39 u., 40, 41 o. und u., 45, 49, 51, 53, 60, 64, 65, 70, 72/73, 74/75, 80 o., 85 (2), 86/87, 91, 98 (2), 100, 103, 104/105, 107, 109, 111, 118, 120, 124/125, 126, 132, 133, 134, 137, 138/139 o., 138/139, 139, 142, 143, 146, 151 (2), 152, 153, 154/155, 160, 162, 165, 170, 171 (2)., 177, 178/179, 181, 182, 197, 199, 202, 203, 206, 208 o., 208 (2), 209, 214, 217 (2), 220, 223, 225, 226/227, 232, 233, 234, 236, 239, 244, 249, 251, 253 (2), 254/255, 256, 259, 260, 263, 265, 266, 268/269, 271, 276, 277, 280/281, 283, 287, 288/289, 290 (2), 292, 293, 295, 296, 299, 302 li.u., 302/303, 305 (2), 306, 308/309, 310, 311, 312, 315, 316/317, 320 (2), 323, 324, 327, 328, 329, 330, 334

Frei, Franz Marc / laif, Köln S. 2 unten

Karasek, Oldrich, Prag S. 57, 68

Landisch, Bohumil, Prag S. 34

Meixner, Traute, Paris S. 80 u., 171 u., 186, 224, 278, 279, 297, 318, 325

Müller, Helmut, Passau S.116/117

Neumann, Anna / laif, Köln S. 42/43

Sitensky, Daniel, Prag S. 3 oben

Spitta, Wilkin, Loham/Mariaposching S. 4 u., 8, 41 Mitte, 83, 88, 94, 96, 102, 127, 130, 148/149, 157, 168, 175, 184, 187, 189, 190/191, 210/211, 231, 240, 243

Thoma, Zdenek, Prag S. 63

Register

Ortsregister (deutsche Namen)

Personenregister

Forman, Miloš 287
Franz Ferdinand, österr. Thronfolger 85, 101, 211
Franz I., Kaiser von Österreich 24
Franz Joseph I. 25, 101, 241, 261
Freud, Sigmund 276
Friedrich II. (preuß. König) 19, 23, 90, 200, 256, 261
Friedrich V. von der Pfalz 23, 52
Friedrich, Caspar David 203
Fürth, Bernard 157

Gahura, František L. 285
Galli, Agostino 165
Gehry, Frank O. 48
Georg von Poděbrad und Kunštat 22, 93
Gočár, Josef 35
Goethe, Johann Wolfgang von 174f., 176f., 188, 192, 230
Gottwald, Klement 25, 64, 175, 311
Griesbeck von Griesbach, Florian 82
Grillparzer, Franz 116, 241, 321
Grimm, Franz Anton 284
Günther, Johann Christian 235
Gutfreund, Otto 239

Handke, Jan Kristof 262
Hardtmuth, Josef 299
Hašek, Jaroslav 37, 252
Hauberrisser, Georg von 258
Havel, Václav 25, 26f., 37, 48
Havlíček-Borovský, Karel 251
Hebbel, Friedrich 183
Heilmann, Jakob 198
Helmer, Hermann 212
Henlein, Konrad 25
Heydrich, Reinhard 25, 47, 201
Hildebrandt, Johann Lucas von 34
Hirt, Johann 331
Hrabal, Bohumil 37

Hus, Jan 21, 46, 93, 134, **141**
Huß, Carl 186

Jäckel, Matthäus Wenzel 62
Janáček, Leo 36, 276
Jannings, Emil 210
Johann von Luxemburg 20f., 203, 322
Johannes VIII., Papst 292
Joseph II. (österr. Kaiser) 23, 66, 192, 200, 235, 306
Jurkovič, Dušan 282

Kafka, Bohumil 76, 221
Kafka, Franz 44, 54, 213
Kaňka, František Maximilián 83, 97
Karl IV. 20f., 31, 32, 46, 50, 62, 69, 70, 80, 86, 91, 92, 173
Karl V. 22
Karl VI. 322
Kaunitz, Eleonore von 307
Kaunitz, Wenzel Anton von 307
Kelley, Edward 73, 81
Klaproth, Martin 177
Klaus, Václav 29
Klimt, Gustav 212
Kmoch, František 92
Kohout, Pavel 44, 298
Komensky, J.A. (Comenius) 292, 293
Kotěra, Jan 241, 285
Kunigunde, Königin-Witwe 272

Lafayette, Gilbert de 261
Langer, František 37
Lederer, Josef 113
Lessing, Theodor 180
Levetzow, Ulrike von 175
Libussa 18
Liechtenstein, Alois II. von 299
Liechtenstein, Karl von 288
Ligne, Karl Josef, Fürst de 192
Liliencron, Detlef von 44
Lobkowicz (böhm. Adelsfamilie) 82, 86
Lobkowicz, Wenzel Eusebius 89

Lobkowicz, Bettina von 86
Lobkowicz, William 204
Lokšan von Lokšany, Jiří 160
Lorenz, Adolf 269
Lurago, Carlo 161, 162, 164, 224, 228, 235

Mahler, Gustav 36, 264, 332, 333
Margarethe Maultasch 147
Maria Theresia (österr. Kaiserin) 23, 47, 49, 90, 94, 256, 261, 264, 296
Martinelli, Anton Erhard 322
Martinelli, Domenico 307
Martinů, Bohuslav 36, 250
Masaryk, Jan 52
Masaryk, Tomáš G. 25, 140
Mathey, Jean Baptiste 66, 195
Matiegka, Jindřich 87
Maximilian II. 22, 61
Mečiar, Vladimir 27
Meissner, Alfred 44
Meister Theoderich 31, 77
Mendel, Johann Gregor 306
Method, hl. 18, 292
Metternich, Klemens Wenzel Fürst von 185, 211, 237, 307
Meyrink, Gustav 49
Milunic, Vlado 48
Mitzlauf, Joachim 272
Mozart, Wolfgang Amadeus 58, 262, 302
Mucha, Alfons 35, 50, 313
Müllerová, Helena 107
Musäus, Karl August 219
Myslbek, Josef Václav 76

Nádherná von Borutin, Sidonie 102
Navrátil, Josef 211
Nepomuk, Johannes von 62, 169
Neruda, Jan 37, 58, 180
Neuhaus, Zacharias von 314
Neumann, Franz 212
Němcová, Božena 37, 237, 238
Nobile, Pedro 186

DUMONT

RICHTIG REISEN

»Den äußerst attraktiven Mittelweg zwischen kunsthistorisch orientiertem Sightseeing und touristischem Freilauf geht die inzwischen sehr umfangreich gewordene, blendend bebilderte Reihe ›Richtig Reisen‹. Die Bücher haben fast schon Bildbandqualität, sind nicht nur zum Nachschlagen, sondern auch zum Durchlesen konzipiert. Meist vorbildlich der Versuch, auch jenseits der ›Drei-Sterne-Attraktionen‹ auf versteckte Sehenswürdigkeiten hinzuweisen, die zum eigenständigen Entdecken abseits der ausgetrampelten Touristenpfade anregen.«

Abendzeitung, München

»Zum einen bieten die Bände der Reihe ›Richtig Reisen‹. dem Leser eine vorzügliche Einstimmung, zum anderen eignen sie sich in hohem Maß als Wegweiser, die den Touristen auf der Reise selbst begleiten.«

Neue Zürcher Zeitung

Weitere Informationen über die Titel der Reihe DUMONT Richtig Reisen erhalten Sie bei Ihrem Buchhändler oder beim DUMONT Buchverlag • Postfach 10 10 45 • 50450 Köln • http://www.dumontverlag.de

DUMONT
REISE-TASCHENBÜCHER

»Was den DUMONT-Leuten gelungen ist: Trotz der Kürze steckt in diesen Büchern genügend Würze. Immer wieder sind unerwartete Informationen zu finden, nicht trocken eingestreut, sondern lebhaft geschrieben... Diese Mischung aus journalistisch aufgearbeiteten Hinter-grund-informationen, Erzählung und die ungewöhnlichen Blickwinkel, die nicht nur bei den Farb- und Schwarzweißfotos gewählt wurden – diese Mischung macht's. Eine sympathische Reiseführer-Reihe.«

Südwestfunk

»Zur Konzeption der Reise-Taschenbücher gehören zahlreiche, lebendig beschriebene Exkurse im allgemeinen landeskund-lichen Teil wie im praktischen Reiseteil. Diese Exkurse vertiefen zentrale Themen der Geschichte, Kunst und des sozialen Lebens und sollen so zu einem abgerundeten Verständnis des Reiselandes führen.« *Main Echo*

Umschlagvorderseite: Marktplatz von České Budějovice
Umschlaginnenklappe: Mariánské Lazně
Umschlagrückseite: Kunsthandwerk in Prag

Über die Autoren: Eva Gründel, geb. 1948 in Wien, Promotion in Publizistik und
Kunstgeschichte. Heinz Tomek, geb. 1939 in Wien, Studium der Rechts- und Staats-
wissenschaften. Die Autoren leben als freie Journalisten und Fotografen in Wien
und auf Sizilien. Im DuMont Buchverlag publizierten sie außerdem die Richtig
Reisen-Bände ›Prag‹, ›Sizilien‹, ›Golf von Neapel‹ und ›Süditalien‹ sowie die Reise-
Taschenbücher ›Elba‹ und ›Liparische Inseln‹.

Für Traute
Ohne ihre Hilfe wäre für uns ganz Tschechien ein einziges Böhmisches Dorf geblie-
ben. Wir bedanken uns bei Nicole Catta-Penna, Margarete Graf, Doris und Christian
Kaltenbrunner, Josef und Peter Klatt, Sonja Loy, Traute und Bernard Meixner,
Helmut Müller, Petr Nemec, Heda Svobodova

© DuMont Buchverlag
2., aktualisierte Auflage 1998
Alle Rechte vorbehalten
Satz und Druck: Rasch, Bramsche
Buchbinderische Verarbeitung: Bramscher Buchbinder Betriebe

Printed in Germany   ISBN 3-7701-3590-3